PT553 SP1

Friedemann Spicker

Deutsche Wanderer-, Vagabunden- und Vagantenlyrik

Quellen und Forschungen zur Sprach- und Kulturgeschichte der germanischen Völker

Begründet von

Bernhard Ten Brink und Wilhelm Scherer

Neue Folge

Herausgegeben von

Stefan Sonderegger

66 (190)

Walter de Gruyter · Berlin · New York

1976

Deutsche Wanderer-, Vagabunden- und Vagantenlyrik in den Jahren 1910—1933

Wege zum Heil — Straßen der Flucht

von

Friedemann Spicker

Walter de Gruyter · Berlin · New York
1976

CIP-Kurztitelaufnahme der Deutschen Bibliothek

Spicker, Friedemann

Deutsche Wanderer-, Vagabunden- und Vagantenlyrik in den Jahren 1910—1933 [neunzehnhundertzehn bis neunzehnhundertdreiunddreißig].

   (Quellen und Forschungen zur Sprach- und Kulturgeschichte der germanischen Völker: N. F.; 66 = 190)
   ISBN 3-11-004936-8

© 1976 by Walter de Gruyter & Co.,

vormals G. J. Göschen'sche Verlagshandlung · J. Guttentag, Verlagsbuchhandlung · Georg Reimer · Karl J. Trübner · Veit & Comp., Berlin 30 · Alle Rechte, insbesondere das der Übersetzung in fremde Sprachen, vorbehalten. Ohne ausdrückliche Genehmigung des Verlages ist es auch nicht gestattet, dieses Buch oder Teile daraus auf photomechanischem Wege (Photokopie, Mikrokopie) zu vervielfältigen.

Satz und Druck: Omnium-Druck, Berlin
Buchbindearbeiten: Lüderitz & Bauer, Berlin

Printed in Germany

In memoriam

ALFRED LIEDE

20. 10. 1926 · 6. 1. 1975

DANK

Ich danke Herrn Direktor Fritz Hüser als dem Leiter des Archivs für Arbeiterdichtung und soziale Literatur in Dortmund: Er unterstützte mich in freundlichster Weise bei der Bearbeitung seiner Bestände.

Ich danke Herrn Professor Dr. Helmut Kreuzer: Er gab mir in unserer Korrespondenz über Vagabundenliteratur einige wertvolle Hinweise.

Als dem Vertreter der vielen unmittelbaren Zeugen, die mir Auskünfte gaben, Lyrikern teils, teils Personen aus ihrem Umkreis, sei namentlich Herrn Tomi Spenser für die Mitteilungen über seinen Vater Hugo Sonnenschein gedankt.

Den Damen und Herren der Universitäts- und Stadtbibliothek Köln danke ich: Sie halfen stets gern, auch Entlegeneres im auswärtigen Leihverkehr zu beschaffen.

Der Kultusminister des Landes Nordrhein-Westfalen förderte die Veröffentlichung durch einen Druckkostenzuschuß; dankbar sei es hier vermerkt.

Mit einem Gefühl dankbarer Verpflichtung gedenke ich meines verehrten Lehrers, Herrn Professors Dr. Alfred Liede †: Er vermittelte mir das Bewußtsein, es folge der Arbeit jemand mit tätigem Interesse und jederzeit bereitwilliger Aufmerksamkeit.

In eigener Weise danke ich meiner Frau für ihre ständige mittelbare und ihre unmittelbare Unterstützung vom ersten Quellensammeln bis zur letzten Korrektur.

INHALTSVERZEICHNIS

VORWORT

Die Arbeit geht von der literarischen Gestaltung des biographischen Motivs »Zu-Fuß-unterwegs-Sein« aus und lehnt sich in ihrer Gliederung eng an den jeweiligen Gegenstand an. Die vorgeprägten Typen Wandersmann und Vagabund verlangen eine Behandlung in Motivkreisen, der Arbeiterwanderer, innerhalb dessen sich der Übergang zwischen beiden in mehreren Stufen vollzieht, ist in Untergruppen zu sondern, während der Vagant als die individuell bestimmte, ungleich stärkere künstlerische Persönlichkeit in einzelnen Dichtern exemplarisch vorgestellt werden muß; wie hier die Zusammenfassung den Versuch einer Typologie unternehmen kann, so muß sie beim Wandersmann von der Romantik als Vorwurf handeln.

Entsprechend ihren scheinbar nah verwandten heterogenen Gegenständen verfolgt die Arbeit mehrere Ziele. Aufs Ganze gesehen ist sie bemüht, zur Differenzierung beizutragen und das leichtfertige Verwischen und Vermischen von Benennungen, aus denen sich immer auch Erkenntnis herleitet, vermeiden zu helfen. Im Hinblick auf den Vaganten wünscht sie, zu intensiverer Beschäftigung mit modernen Lyrikern anzuregen, die nicht zuletzt gerade durch ihr Vagieren fast verschollen scheinen. Im Zusammenhang damit rückt sie in der Vagabundenlyrik ein aus rein technischen Gründen schwer zugängliches Randgebiet in den Blick. In der Gruppe des Wandersmannes möchte sie auf den breiten Unterstrom traditioneller Lyrik in der Zeit des Expressionismus aufmerksam machen.

Einen wichtigen Nebenzweck verfolgt sie sodann, wenn sie in dem, was das scheinbar Nächstliegende unterscheidet, konstitutive Gegensätze erkennt, die sich drastisch und in unerwarteter Weise politisch 1933 auftun, als, überspitzt gesagt, Wandern Flucht zu und Vagieren Flucht vor den Nationalsozialisten wird. Wie die Terminologie des Wandersmannes unversehens unter die ideologischen Vorläufer eines totalitären Staates gerät, wie also höchst Unpolitisches politisch werden kann: das zu verfolgen, leistet einen Beitrag zur Erklärung des Scheiterns der Weimarer Republik, der gerade in seiner Unerheblichkeit erheblich wird, weil er die großen Kräfte in Kleinem wirken sieht.

ERSTER TEIL:
EINFÜHRUNG

Einer Untersuchung der deutschen Wanderer-, Vagabunden- und Vagantenlyrik im 20. Jahrhundert stellen sich verschiedene methodische Schwierigkeiten in den Weg. Den Titel erläutern heißt sie darstellen.

Die Begriffe »Wanderer«, »Vagabund« und »Vagant« werden in der Literatur, die sich vorwiegend der juristischen, soziologischen und psychologischen Aspekte annimmt, wie in der Lyrik so ununterschieden gebraucht, daß über das Zu-Fuß-Gehen hinaus keine festen Inhalte mit ihnen zu verbinden sind. Gegen diese Verwirrung ist zweierlei zu tun möglich: sie zu übernehmen (das kann nur zu verwirrten Ergebnissen führen) oder sie mit der klärenden ›Verwirrung‹ zu beantworten, die ungeachtet der jeweiligen Benennung Namen erteilt. Für den Philologen ist nur der zweite Weg gangbar. Nur auf diese Weise kann er erkennen, daß gerade mitten durch die selbstgewählten Bezeichnungen hindurch eine Grenze führt, die einander entgegengesetzte Gruppen scheidet.

Auch in einem anderen Falle verlangt die Sache eine zunächst gewaltsam anmutende Lösung. (Der Rest an Unbehagen, der dabei bleiben mag, ist nur eben der, den das Durchschreiten des hermeneutischen Zirkels stets zurückläßt.)

Es wäre eine rein motivgeschichtliche Untersuchung möglich. Indem aber die Biographie als Folie unberücksichtigt bliebe, ließen sich möglicherweise viele Merkmale nicht oder nur falsch erkennen und erklären. Aussagen über den Rollencharakter des jeweiligen Gedichts und seine etwaigen formalen Konsequenzen erlaubte ein solches Vorgehen zum Beispiel nicht.

Als Alternative böte sich also an, von der Biographie auszugehen und die Gedichte Wandernder und Vagierender zu untersuchen. Diesem auf eine Typologie hinarbeitenden Verfahren gerieten freilich Wandern und Vagieren selbst weitgehend aus dem Blick; praktisch ist es zudem aus Mangel an entsprechenden Hinweisen kaum durchführbar.

Beide Möglichkeiten zu verbinden, scheint deshalb geboten: Auf das biographische Motiv hinzuarbeiten, erlaubt erst die angemessene Darstellung und Wertung. Vom Zu-Fuß-unterwegs-Sein im Werk ausgehend, werden die biographischen Zeugnisse derer einbezogen, die sich durch Qualität oder Quantität der Gedichte um diesen Motivkreis auszeichnen. Die schon vorab inhaltlich wie formal zu beobachtende Zweiteilung erweist sich sodann, noch in einer undifferenzierten Schematisierung, als eine solche zwischen Wanderern einerseits und Vagabunden und Vaganten andererseits. Der Nachteil, damit zweierlei zu verquicken, müßte bei den anfangs erläuterten Möglichkeiten auch, aber dort zusätzlich, in Kauf genommen werden, indem man den biographischen Hintergrund (im ersten Fall) oder den motivischen Vordergrund (im zweiten Fall) ununterschieden beließe.

I. KAPITEL: GRENZEN

A. Begriffliche Eingrenzung

Die Wandervögel bezeichnen sich als Vaganten, der Vagabund nennt sich einen Wanderer oder Vaganten, der Vagant einen Wanderer und Vagabunden[1]: Die Unschärfe der Begriffe macht eine Definition für die Zwecke dieser Arbeit unumgänglich.[2]

Wandern bedeutet nach dem Deutschen Wörterbuch zunächst: ohne festen Wohnsitz in der Fremde von Ort zu Ort umherziehen. Es kann sich dem Verb eine Zielbestimmung anschließen, die ihm oft auch dort eignet, wo sie nicht ausdrücklich genannt ist. Im 19. Jahrhundert tritt als Sonderbedeutung hinzu: frohes Durchstreifen der Natur, um Körper und Geist zu erfrischen.

Eben diese Zielbestimmung erweist sich bei der Definition als zentrale Frage. Zur klareren Trennung unterscheide ich mit Tramer ein äußeres Ziel: »eine bestimmte Gegend, ein bestimmtes Land« und ein inneres Ziel: »Kennenlernen derselben [der Gegend], Genuß der Natur, Pflege der Kameradschaft, der Selbstdisziplin, der Hilfsbereitschaft, im letzteren also Entfaltung des Charakters.«[3] Während man im Einzelfall zugeben wird, daß der *Wanderer* zeitweilig kein bestimmtes äußeres Ziel hat (meist allerdings will er sich mit dieser Behauptung den Anschein von Bedeutsamkeit geben), so hat er doch ein inneres Ziel immer; aus der Erörterung der Wandergründe wird es ersichtlich.

Sein Tun ist höchst freiwillig, Wanderlust ist sein Antrieb: »Wanderlust is a longing for new experience. It is the yearning to see new places, to feel the thrill of new sensations, to encounter new situations, and to know the freedom and the exhilaration of being a stranger.«[4] Zum glücklichen Ausnahmezustand des Wanderns treiben Naturliebe, Abenteuerlust, Neugier und gelegentlich der Wunsch nach Bildung und Erholung. Zu den persönlichen

---

[1] Das beste Beispiel für diese Begriffsverwirrung gibt Ludwig Mayer: Der Wandertrieb. Phil. Diss. Würzburg 1934. S. 30, der auf *einer* Seite dieselbe Gruppe mit allen drei Bezeichnungen belegt.

[2] Ich bin mir bewußt, daß auch dabei ein im strengen Sinne unkorrekter Kreisgang nicht vermeidbar ist, indem nämlich das aufgrund der Definition zu Betrachtende in der Definition schon mitgedacht wird.

[3] Moritz Tramer: Motive und Formen der jugendlichen Vagabundage. — In: Schweizer. Zs. f. Gemeinnützigkeit 71 (1932) S. 416.

[4] Nels Anderson: The Hobo. Chicago: The University of Chicago (1923). S. 82.

Motiven treten traditionelle Antriebe: Auf den Spuren (und in der Art) Dürers, Goethes und der Romantiker wandelnd, wird der Zug des Deutschen zum Süden fortgesetzt.

So ergibt sich das Bild eines Wanderers, der sich zeitweilig freiwillig von zu Hause fort- und in die Natur begibt, meist, wenn auch nicht immer ganz zielstrebig, zu einem bestimmten Ziel, und, unter Umständen nach längerer Zeit, heimkehrt.

Jede Bewegung ist eine Bewegung »von — weg« und eine Bewegung »auf — hin«[5]. In dieser Bestimmung ergibt sich der erste Unterschied zwischen dem Wanderer, für den eindeutig die »auf — hin«-Komponente überwiegt, und dem *Vagierenden*, für den »von — weg« im Mittelpunkt steht, denn ihn kennzeichnet im Gegensatz zur Wanderlust des Wanderers der Wandertrieb, der ihn heimat- und innerlich und äußerlich ziellos umherstreifen läßt: Während Wandern als wichtiges Mittel zu Heimatliebe und Nationalgefühl angesehen wird, schlägt dem Vagierenden als dem wurzellosen Fremden Verachtung entgegen.

An die große Gruppe der *Vagabunden*[6] ist hier zu denken, Landstreicher im herkömmlichen Sinne, denen Pickus (Essen), Soruff (Schnaps) und Sänfte (Bett) schnell ein Zuhause für eine Nacht bilden.

Dagegen soll der Begriff des *Vaganten*[7], der, dem Deutschen Wörterbuch zufolge, zuerst auf die fahrenden Schüler des 17. Jahrhunderts angewandt, dann auf die Scholaren des 13. Jahrhunderts übertragen wird und sich mit ihnen fest verbindet, den vagierenden Dichter abheben als den Vereinzelten, weit Bedeutenderen, aus einer inneren Haltlosigkeit Unbehausten, der seinen Zustand viel tiefer faßt und ihm stärkeren Ausdruck zu verleihen vermag.[8]

[5] Arnold Stenzel: Die anthropologische Funktion des Wanderns und ihre pädagogische Bedeutung. Phil. Diss. Tübingen 1955. S. 1 ff.
[6] Zur Wortgeschichte vgl. Helmut Kreuzer: Zum Begriff der Bohème. — In: DVjS Sonderheft 1964. S. 175—179.
[7] Der moderne Vagant hat keinerlei Beziehung zu den Besonderheiten, die das Bild des fahrenden Scholaren des 13. Jahrhunderts prägen. Historische Modelle dieser Art sind für ihn irrelevant.
[8] Eine ähnliche Unterscheidung, allerdings nur nach »positiv« und »negativ«, beabsichtigt K. Stechert: Der Vagabund und seine Welt. — In: Urania (Jena) 5 (1928/29): »Vom Vaganten zum Vagabunden ist nur ein Schritt« (S. 88), während Moritz Tramer umgekehrt zu verfahren scheint: »Noch Vagabunden, oder schon Vaganten« (Tramer: Motive und Formen der jugendlichen Vagabundage, S. 417). Definiert finden sich die Unterschiede, die hier im Vorverständnis vorzuliegen scheinen, nicht. — »Von der Vorstellung des Umherschweifens, des Mangels an Seßhaftigkeit, [...] ist nur ein kleiner Schritt zu der des Bummelns, des Bohèmelebens, und nur gar zu leicht drängt diese sich ein, wenn von ›Vaganten‹ und ›Vagantendichtung‹ die Rede ist« (Alfons Hilka, Otto Schumann [Hrsg.]: Carmina Burana. II. Band: Kommentar. Heidelberg: Winter 1930. S. 83). Helmut Kreuzer: Die Bohème. Beiträge zu ihrer Beschreibung. Stuttgart: Metzler 1968 ist diesen Zusammenhängen nachgegangen. Es gebe einen Zwischenbereich, den

Exogene Gründe überwiegen bei den Vagabunden. Ihre Motive sind einfacher, direkter, oberflächlicher und vordergründiger und leiten sich vor allem aus Schwierigkeiten in Familie (enttäuschte Liebe, Ehezerwürfnisse) und Berufsleben (Arbeitslosigkeit, Saisonarbeit, Wanderberuf)[9] her. Angst vor Diskriminierung oder Strafe kann die Vagabundage auslösen, aber auch Geisteskrankheit, Sucht, entwicklungsbedingte Unreife[10].

Beim Vaganten herrscht ein Bündel endogener Motive vor, das mit Begriffen wie soziale Distanz oder Freiheitsdrang zu umschreiben ist. Die starke Vereinzelung, die sich damit verbindet, wirkt jeder überindividuellen Betrachtungsweise entgegen.

B. Zeitliche Eingrenzung

Die nach 1900 in vorher nicht gekanntem Maße einsetzende Reaktion gegen Positivismus und Materialismus, gegen die von technischem Fortschritt und industriellem Wachstum bestimmte großstädtische Welt und ihre Wertordnung wirkt sich als Flucht in Irrationalismus und Rückkehr zum Heimisch-Altvertrauten aus. »Im Zeichen dieser Umkehr steht das beginnende Jahrhundert, [...] fest entschlossen, gegen die Zweckausrichtung des technischen Zeitalters eine neue seelisch-geistige Grundhaltung durchzusetzen.«[11] Daß sie in kurzer Zeit einen »ungeheuren, fast ungeheuerlichen Aufschwung des Wan-

---

beide Begriffe überlagern, im übrigen stünden sie für verwandte, gleichwohl sorgsam zu trennende Inhalte (S. 228—236). Sonnenschein beispielsweise gehöre nicht zur »Vagabundendichtung in einem literatursoziologisch strengen Sinn« (S. 233).

[9] Näheres bei Dieter Aderhold: Nichtseßhaftigkeit. (Köln:) Dt. Gemeindeverlag (1970). — Die Grenze zu den Wanderern ist an diesen Stellen fließend. Denn nicht selten gleiten die von Ort zu Ort wandernden Gesellen aus innerer Schwäche oder aus widrigen äußeren Umständen ins Vagabundentum ab, das der Arbeit nicht mehr nachfragt, sondern sie zu meiden sucht. — Auch zwischen dem Vagabunden und dem Vaganten sind Übergänge denkbar; Professor Helmut Kreuzer macht mich darauf aufmerksam, daß eine endogen bedingte Vagabundage gesellschaftlich vermittelt oder durch Internalisierung exogener Motive entstanden sein kann.

[10] Ernst Goldbeck: Die jugendliche Persönlichkeit. — In: Monatsschrift für höhere Schulen 1921: »Gerade mit der unerträglich empfundenen Einsamkeit pflegt dieser solitäre Wandertrieb eng verbunden zu sein« (S. 283). Den Zusammenhängen zwischen motorischer Bewegtheit, Einsamkeit, Pubertät und einem bestimmten Künstlertyp nachzugehen, wie ihn Jakob Haringer beispielsweise vertritt, muß ich mir versagen. Die Fachliteratur hat Verbindungen des Wandertriebes, der Poriomanie, zur Schizophrenie nachgewiesen; Robert Flinker: Jakob Haringer. Eine psychopathologische Untersuchung über die Lyrik. — In: Archiv für Psychiatrie 107 (1938) S. 347—399 geht an Hand von Person und Werk Haringers dem Verdacht auf Schizoidie nach: Auch solche Fragen sind hier nicht zu behandeln.

[11] Alexander Sydow: Das Lied. Göttingen: Vandenhoeck und Ruprecht (1962). S. 404.

derns«[12] bewirkt, eines Symptoms für den »Affekt gegen die zunehmende Entheimatung«[13] durch die Technik, sei mit den Stimmen der Zeit selbst bewiesen, die »jetzt immer mehr zur Erkenntnis der wertvollen Einwirkungen des Wanderns auf Körper und Geist kommt«[14], wie Marbitz 1911 schreiben kann.

Das augenfälligste Faktum ist der 1901 gegründete Wandervogel, aber er gliedert sich in einen größeren Zusammenhang ein. »Eine bis dahin gar nicht gekannte Wanderlust und Sehnsucht in die Ferne kam über Lehrer und Schüler«[15], beschreibt Neuendorff aus eigenem Erleben die Stimmung an den Schulen. Man führt freiwillige Wandertage ein, die durch Ministerialerlaß vom 29. 3. 1920 obligatorisch werden. 1908 richten Eckardt, Neuendorff und Raydt eine Auskunftsstelle für das Jugendwandern ein, seit 1909 entstehen Jugendherbergen.[16] Das Wandern der Studenten erlebt gleichfalls eine neue Blüte.[17] Alle diese Bemühungen faßt Chrosciel 1912 zusammen: »Die Wanderung [...] in den Dienst der Erziehung zu stellen, ist den letzten Jahren vorbehalten geblieben.«[18] Und Raydt bemerkt schon im folgenden Jahr: »Man hat mit Recht unser jetziges Dezennium das ›Jahrzehnt der Wanderfahrten‹ genannt.«[19]

Die »schlagartig einsetzende, geradezu leidenschaftliche Vorliebe fürs Wandern«[20] bleibt aber nicht auf die Jugend beschränkt. »Wir sehen in unsern Tagen den Wandertrieb in noch nie dagewesener Kraft«[21], kann 1914 das seit 1911 jährlich erscheinende Deutsche Wanderjahrbuch feststellen, das die von Jahr zu Jahr wachsende Literatur sichtet. Neben den schon zitierten Wanderbüchern sind zu nennen die Bände Dietes[22] und Fendrichs[23], Ströhm-

[12] Henry Hoek: Der denkende Wanderer. München: Gesellschaft alpiner Bücherfreunde 1932. S. 14.
[13] Richard Hamann, Jost Hermand: Stilkunst um 1900. Berlin: Akademie 1967. S. 289.
[14] Heinz Marbitz: Wandern und Weilen. Magdeburg: Serno 1911. S. 9.
[15] Edmund Neuendorff: Geschichte der neueren deutschen Leibesübung. Band IV. Dresden: Limpert 1938. S. 329.
[16] Karl Götz: 50 Jahre Jugendwandern und Jugendherbergen. 1909—1959. Detmold: Deutsches Jugendherbergswerk (1959). — Die seit 1884 bestehenden ›Herbergen‹ älterer Art, meist nur verbilligte Wirtshauszimmer, waren nur für Schüler und Studenten bestimmt. Vgl. Neuendorff: Geschichte der neueren deutschen Leibesübung. S. 338—342.
[17] Hermann Raydt: Fröhlich Wandern. Zweite, erweiterte Auflage. Leipzig, Berlin: Teubner 1913. S. 8.
[18] Gustav Chrosciel: Wanderlust. Halle: Schroedel (1912). S. 5.
[19] Raydt: Fröhlich Wandern. S. 116.
[20] Werner Lindner: Vom Reisen und vom Wandern in alter und neuer Zeit. Berlin: Furche 1921. S. 43.
[21] Fritz Eckardt (Hrsg.): Deutsches Wanderjahrbuch 4 (1914) S. 6.
[22] Kurt Diete (Hrsg.): Wanderheil. Halle: Kaemmerer (1909).
[23] Anton Fendrich: Der Wanderer. Stuttgart: Franckh 1913.

felds Werk[24], die »Bibel des deutschen Wanderers«[25], und Trojans »Wanderkunst«[26]. Ihnen gemeinsam sind Freude an der Natur und Erleben der Landschaft, verbunden mit Heimat- und Nationalgefühl, sowie ein »romantisch-
utopischer Antimodernismus«[27], der sich in dem unreflektierten Rückgriff auf
das 19. Jahrhundert zeigt.[28]

»Die Sehnsucht in die Ferne, einst ein Stimmungselement der Romantik,
hat in den letzten Jahren das Gemüt tiefer erregt als alle Gestaltung der bloß
erfindenden Phantasie.«[29] So beginnt im Jahre 1927 ein Artikel über »Neuere
deutsche Reisedichtungen«. Die Literatur ist vom Aufschwung des Wanderns
selbstverständlich nicht unbeeinflußt geblieben. »Es kann weder Zufall noch
äußerliche Nachahmung sein, wenn ihr [der Wanderer] Thema plötzlich von
der Literatur aufgenommen wird«[30], schreibt Silten 1935. Er lenkt freilich
seinen Blick (erstaunlicherweise) auf die Prosa, wie nach ihm Hermand, der
die auffällig vielen erfolgreichen Landstreicherromane der Zeit genauer untersucht[31]. Sie ranken sich jeweils um einen Vagabunden, der den Protest »gegen
die Entfremdung von der Natur, gegen die stetig anwachsende Indu-
strialisierung, Mechanisierung und Spezialisierung, gegen die Erfolgssucht und
die Rastlosigkeit, den Utilitarismus und den Materialismus der modernen
Welt«[32] in radikalem Anderssein auslebt und sich das wahre Menschentum
bewahrt, indem er in eine idyllisch-gemütvolle Wunschwelt aus lauter Natur
und Liebe flieht. Mit dem echten Vagabunden hat er nichts gemein; er ist eine
literarische Gestalt, an der sich erbauen kann, wer eigene Sehnsüchte ersatz-
weise wenigstens erfüllt sehen möchte.[33] »Taugenichts«, 1933 noch »an im-
portant element in modern German literature«[34] genannt, könnte als Sigle
für ihn stehen.

[24] Gustav Ströhmfeld: Die Kunst zu wandern. Frankfurt: Verlag des Tourist 1910.
[25] Der Tourist 27 (1910) S. 449.
[26] Ernst Walter Trojan: Wanderkunst — Lebenskunst. 2. Auflage. München: Lam-
     mers 1910.
[27] Hamann, Hermand: Stilkunst um 1900. S. 303.
[28] Vgl. »Romantik und Nachromantik«, unten S. 14—24.
[29] Franz Spunda: Neuere deutsche Reisedichtungen. — In: Kunstwart 40/2 (1927)
     S. 250.
[30] Ulrich Silten: Die Wanderer-Gestalt in jüngster Dichtung. — In: Lebendige
     Dichtung 2 (1935/36) S. 5.
[31] Jost Hermand: Der ›neuromantische‹ Seelenvagabund. — In: Wolfgang Paulsen
     (Hrsg.): Das Nachleben der Romantik in der modernen deutschen Literatur. Hei-
     delberg: Stiehm (1969). S. 95—115.
[32] Margaret Gump: Zum Problem des Taugenichts. — In: DVjS 37 (1963) S. 555.
[33] Als Beispiele seien nur Bonsels' Trilogie »Aus den Notizen eines Vagabunden«,
     Hesses »Knulp« und Reisers »Binscham« genannt. Mehr bei Hermand: Der
     ›neuromantische‹ Seelenvagabund. S. 98. Vgl. auch die Typisierung bei Gump:
     Problem des Taugenichts. S. 532 ff.
[34] Elfrieda Emma Pope: The Taugenichts Motive in Modern German Literature.
     Diss. Ithaca 1933. S. 1.

Daß diese allgemeine Wanderbewegung sich aber gerade auch auf die Lyrik auswirkt, nimmt nicht wunder. »Es scheint also heute Alles [!] zu wandern, und ich wünsche nur, daß die Ziele aller dieser Wanderungen verschieden sind, damit wir uns nicht am Ende alle in die Haare fallen können, um uns zu zausen und zu prügeln«[35], schreibt Hans Bethge am 18. November 1906 an Emanuel von Bodman, um dem Verdacht vorzubeugen, seine Wanderer-Gedichte seien denen von Bodmans in »Der Wanderer und der Weg« verpflichtet. Die ironischen Worte, mit denen er die lyrische Produktion seiner Gegenwart zu kennzeichnen sucht, treffen eher mit noch mehr Recht auf die Jahre nach 1910 zu, in denen die Anzahl der Wanderergedichte und -gedichtbücher kulminiert.[36] Pope hat eine Begründung dafür, die zumindest für diese Zeit zutreffend ist: »The Taugenichts appears most frequently during the periods of violent struggle for liberty or of political troubles and war.«[37]

Von anderen Ansätzen her trägt die Arbeiterdichtung ihren Teil zur literarischen Bedeutung des Wanderns nach 1910 bei.

1912 wird der »Bund der Werkleute auf Haus Nyland« gegründet; die ersten Gedichte Barthels, Brögers, Lerschs, Engelkes erscheinen. Die Älteren, wie Ernst Preczang, kommen zum Teil vom Handwerksburschentum her und gehen zünftig auf die Walze, die Jüngeren um den Arbeiterjugendverlag in Berlin zählen zur sozialistischen Jugendbewegung, die sich seit 1903 (Offenbach) und 1904 (Berlin) entwickelt.

In scharfem Gegensatz zur Wanderbewegung steht das Vagabundentum; auch es (obgleich aus ganz anderen Gründen und mit einer Phasenverschiebung: nach dem Weltkrieg) wird jedoch in diesen Jahren für die Literatur besonders bedeutsam.

Immer sind Zehntausende unterwegs gewesen, aber in der Nachkriegszeit bewirken Inflation, Wirtschaftskrise und Arbeitslosigkeit von noch nicht gekanntem Ausmaß, daß sich mehr Menschen als je zuvor auf der Straße finden. Carls, der die sozialen Verhältnisse der zwanziger Jahre eingehend schildert, zeigt im einzelnen, wie breit ihr Anteil im Verhältnis zur Gesamtbevölkerung ist.[38]

[35] Zit. nach: Emanuel von Bodman: Die gesamten Werke 1. Stuttgart: Reclam (1960). S. 102.
[36] Nur die wichtigsten seien hier genannt; im übrigen ist auf das Literaturverzeichnis zu verweisen: Oskar Loerke: Wanderschaft (1911). Viktor Hadwiger: Wenn unter uns ein Wandrer ist (1912). Hermann Hesse: Wanderung (1920). Friedrich Blunck: Der Wanderer (1920). Fritz Bischoff: Gottwandrer (1921). Friedrich Wolters: Der Wandrer (1924).
[37] Pope: The Taugenichts Motive. S. 3.
[38] [Hans] Carls: Vagabondage und Berufsleben und ihre Bedeutung für die Entwicklung von Psychopathien. — In: Religion und Seelenleiden 3 (1928) S. 287 ff.

Daß die Existenz des Vagabunden stärker als bisher in das allgemeine Bewußtsein eindringt, ist daher verständlich. »In Übereinstimmung mit der Wichtigkeit, die das Heimlosigkeitsproblem für unsere Zeit gewonnen hat, erfährt es eine erstaunlich mannigfaltige Behandlung in den heutigen Literaturwerken und eine ebenfalls außerordentlich ausgedehnte Beachtung in der Leserschaft«[39], kann Hanna Meuter 1925 feststellen, die ihr Material für eine soziologische Untersuchung des Problems aus der Literatur schöpft. Und Irmgard Gillinger pflichtet ihr bei, wenn sie 1940 die Frage stellt, warum der Vagabund in der jüngeren Vergangenheit lebhafter aufgegriffen worden sei.[40]

Die berühmte und weitverbreitete Anthologie »Die zehnte Muse« hat bis zur Ausgabe von 1925 eine Untergruppe mit »Vagabundenliedern«[41] (Anthologie 5, 139—150)[42]. Sie sind allerdings der Ausläufer einer älteren Entwicklung[43], für die die Zeitschrift »Bruder Straubinger« stehen möge, die in der Vagabundenthematik die heimische Exotik auskostet[44]; auf die Gegenwart antworten sie nicht, und so fehlen sie auch nach 1925, als die Diskrepanz zur Wirklichkeit peinlich wird. Schon 1905 heißt es nämlich: »Das Elend und die Not im Wanderleben aber lassen keinen Schimmer von Poesie mehr aufkommen« (Straubinger I. 2, 13)[42], und in der Vagabundenlyrik wird deshalb sehr genau zu differenzieren sein, um so mehr, als die Tendenz zu Verklärung und Romantisierung in der Prosa schon nachgewiesen werden konnte.

Auf dem Höhepunkt der Vagabundenbewegung, der im Gefolge der wirtschaftlichen Verhältnisse um 1929 anzusetzen ist, wird in Stuttgart ein Kongreß abgehalten, der in der Presse beachtliche Resonanz findet.[45] Unter anderen sprechen dort Alfons Paquet und Heinrich Lersch. Die von Gregor Gog herausgegebene Zeitschrift »Der Kunde«[46] erscheint im dritten Jahrgang.

---

[39] Hanna Meuter: Die Heimlosigkeit. Jena: Fischer 1925. S. 8 f.

[40] Irmgard Gillinger: Der Vagabund und seine Brüder in der deutschen Dichtung der Gegenwart. Phil. Diss. Wien 1940. S. 9.

[41] Vgl. des Herausgebers Richard Zoozmann eigene »Lieder von der Landstraße« (Zoozmann 1, 71—83). — Die Anthologie weist auf die bis zu den mittelalterlichen Vaganten zurückreichende Tradition des Kabaretts hin, eine Verbindungslinie, die auch Erich Singers Vorstellungen beherrscht: »In dem Bänkeldichter glaubt der Herausgeber den ewigen Vagabunden zu erkennen« (Anthologie 31, 9). Vgl. Heinz Greul: Bretter, die die Zeit bedeuten. Köln, Berlin: Kiepenheuer und Witsch (1967). S. 28 ff.

[42] Auflösung der verkürzten Zitierweise im Literaturverzeichnis.

[43] »Die zehnte Muse« erscheint zuerst 1902 (Anthologie 3).

[44] Als namentliches Beispiel dafür sei Walter Mehring genannt; vgl. unten S. 261.

[45] Unten S. 161, Anm. 15.

[46] ›Kunde‹ nennt der Vagabund sich selbst.

Im ›Jahr der nationalen Wende‹ 1933 findet die Gruppe der Vagabunden ein schnelles und abruptes Ende. Die Zeitschrift wird verboten[47], die Kunden werden bald in Arbeitshäuser oder Heilanstalten eingewiesen. Eigenbrötlerische Nichtsnutze passen wahrlich nicht in ein ›geordnetes‹ neues Deutschland, die »Liquidation der Vagabunden«[48] schreitet voran: »*Es darf heute keine Landstreicher mehr geben.*«[49] Ob damit auch das Interesse an der Figur des Kunden erlischt, wie Moldenhauer schon 1934 befriedigt feststellt[50], oder ob es eher amtlich erstickt wird, ist nicht mit letzter Sicherheit zu entscheiden: Jedenfalls ist es nicht mehr nachzuweisen.

Auch die Begeisterung für ›romantisches‹ Wandern läßt schnell nach; es wird vom Gleichschritt marschierender Kolonnen abgelöst[51]. Über Bonsels' Vagabundenromane, die zu den beliebtesten der Gattung zählten, schreibt Silten 1935: »Dieser ›Vagabund‹ hat seinerzeit Begeisterung entfesselt, heute erregt die arme Mißgeburt nur jene Beachtung, deren Schwester die Nachsicht ist.«[52]

Eine zeitliche Ausgrenzung kann immer nur notwendige Notlösung sein und wird nie der Willkür entbehren. Dies vorausgesetzt, haben die Grenzen 1910 und 1933 ihre Berechtigung. Der gelegentliche Rück- und (seltenere) Vorgriff sind dabei nicht nur erlaubt, sondern sogar gefordert.

---

[47] W. Baumeister: Strandgut des Lebens. — In: Caritas 38 (1933) S. 301. Schon 1932 ist sie allerdings nicht mehr erschienen.

[48] F. K.: Die Liquidation der Vagabunden. — In: Vossische Zeitung Nr. 485 v. 11. 10. 1933.

[49] Mailänder: Gibt es noch Landstreicher? — In: Landgemeinde (Ausgabe D Stuttgart) 67 (1938) S. 173.

[50] Gerhard Moldenhauer: Stand und Aufgaben der Villon-Philologie. — In: GRM 22 (1934) S. 133.

[51] Der Wanderlehrer Karl Ley schreibt dazu in einem Brief an den Verfasser vom 10. 2. 1974: »Seit 1935 etwa nahm die Teilnehmerzahl bei meinen Wanderungen beständig ab. Grund: Der Wehrsport, zu dem die Studenten verpflichtet wurden.« — Vgl. unten S. 287, Anm. 42.

[52] Silten: Wanderer-Gestalt in jüngster Dichtung. S. 4.

2. KAPITEL: TRADITIONEN

Ex post sind Verbindungen leicht und leicht falsch zu ziehen. Darauf verzichten kann man trotzdem (besonders bei einer wesentlich sekundären Erscheinung wie der Wandererlyrik) nicht. Es reicht dazu nicht aus, Gleichartiges zu beobachten; vielmehr muß tatsächliches Einwirken gezeigt werden können.[1]

Die kurze Darstellung einiger Quellen, aus denen sich deutsche Wanderer-, Vagabunden- und Vagantenlyrik speist, muß vereinfachen, wo Differenzierung nach individuellen, temporalen und geographischen Gesichtspunkten nötig wäre, sie muß ein Konglomerat verschiedener Abhängigkeiten und Einflüsse rubrizieren und ist dadurch erschwert, daß mitunter ein Wechselverhältnis von Ursache und Wirkung besteht.[2] Zu bemerken bleibt endlich das Selbstverständliche: Die einzelnen Komponenten wirken auf verschiedene Gruppen oder in verschiedener Weise und Stärke ein.

A. Romantik und Nachromantik

Der zweifellos bedeutendste Einfluß auf die Wandererlyrik geht von der Romantik und ihren Ausstrahlungen auf das 19. Jahrhundert aus. Er ist an vielen Bereichen des geistigen Lebens direkt ablesbar.[3]

Im Mittelpunkt der Bemühungen der Germanistik steht in den zwanziger Jahren die Romantik.[4] Die besondere Affinität einer Vielzahl damals gegenwärtiger Ideen und literarischer Zeugnisse zu ihr ist der Forschung dabei

---

[1] Es können dabei jeweils nur relativ spärliche Hinweise von exemplarischer Bedeutung gegeben werden.

[2] Für den Wandervogel ist das ohne weiteres einsichtig, aber auch die Rezeption Villons wird von gewissen Tendenzen der zwanziger Jahre (zumindest mit-) verursacht und wirkt auf die Literatur der Zeit (zumindest mit) ein.

[3] Wie er sich in der Lyrik selbst auswirkt, zeigt das Kapitel der Wanderergedichte insgesamt, besonders die Zusammenfassung »Romantik als Vorwurf«, unten S. 110—121.

[4] Um nur die bekanntesten Titel zu nennen: Max Deutschbein: Das Wesen des Romantischen (1921). Fritz Strich: Deutsche Klassik und Romantik (1922). Georg Stefansky: Das Wesen der deutschen Romantik (1923). Paul Kluckhohn: Die deutsche Romantik (1924). Julius Petersen: Die Wesensbestimmung der deutschen Romantik (1926).

nicht verborgen geblieben.[5] »Wir heutigen Menschlein aber«, schreibt Pauls 1918, »kommen nicht nur, sondern werden logischerweise in eine Neuromantik hineingetrieben.«[6] »Die Fortwirkung der deutschen Romantik in der Kultur des 19. und 20. Jahrhunderts«, meint Kluckhohn gar, sei nicht in »der sogenannten Neuromantik am Ende des 19. Jahrhunderts« zu sehen, sondern in »jener großen Wandlung, die mit Beginn des 20. Jahrhunderts langsam einsetzend, sich stärker dann im zweiten und dritten Jahrzehnt vollzogen hat und alle Gebiete des geistigen Lebens umfaßt.«[7] »Und überhaupt haben die Bestrebungen, die im 20. Jahrhundert den Positivismus und Materialismus, den gesteigerten Individualismus und die rechnerische Wertempfindung des ausgehenden 19. Jahrhunderts bekämpfen, mit der Romantik mehr gemein, als den meisten bewußt ist«[8], präzisiert er an anderer Stelle. Mahrholz widmet der »Renaissance der alten Romantik« in seiner Literaturgeschichte der Gegenwart ein Kapitel[9], Kaim schreibt ein ganzes Buch über »Die romantische Idee im heutigen Deutschland«[10].

Die Geschichte der Germanistik, mag sie auch zum Teil eigenen Gesetzen gehorchen, läßt sich vom Zeitbezug nicht trennen. Mahrholz' Abschnitt über eine neue Romantik geht ein »Ferne und Fremde« überschriebenes Kapitel voraus[11], das sich neben anderen mit Waldemar Bonsels und Max Dauthendey beschäftigt: Die wiedererwachte Wanderfreude, die »in der Jugendbewegung ihren Kristallisationskern«[12] findet, verbindet sich mit dem Rückgriff auf die Romantik, verstanden als die Blütezeit deutschen Wanderns.

Die Belege dafür lassen sich in beliebiger Zahl zusammenstellen, wenn man etwa die Jahrgänge der Zeitschriften »Kunstwart« und »Deutsches Volkstum« durchblättert. »Romantik als Heilmittel«[13] gegen die am Profitgeist krankende Zeit: das ist der Tenor der Rückwendung. »Denn das ist es ja,

---

[5] Die Zeitschrift »Berliner Romantik« erscheint ab 1918, ab 1920 unter dem Titel »Romantik. Eine Zweimonatsschrift«, herausgegeben von Kurt Bock.

[6] Eilhard Erich Pauls: Romantik und Neuromantik. — In: ZfdU 32 (1918) S. 135. — Vgl. Heinz Friedrich: Wirkungen der Romantik. Frankfurt: Eremitenpresse 1954. S. 52 f.

[7] Paul Kluckhohn: Die Fortwirkung der deutschen Romantik in der Kultur des 19. und 20. Jahrhunderts. — In: ZfdB 4 (1928) S. 66.

[8] Paul Kluckhohn: Das Ideengut der deutschen Romantik. Halle: Niemeyer 1941. S. 180.

[9] Werner Mahrholz: Deutsche Dichtung der Gegenwart. Berlin: Wegweiser (1926). S. 337—341.

[10] Julius Rudolf Kaim: Die romantische Idee im heutigen Deutschland. München: Rösl 1921.

[11] Mahrholz: Dichtung der Gegenwart. S. 329—337.

[12] Mahrholz: Dichtung der Gegenwart. S. 338.

[13] Lothar Brieger: Die Romantik als Heilmittel. — In: Kunstwart 35/1 (1921/22) S. 350—352.

woran Arbeitfanatismus uns hindert, das frei gewollte, frei geführte, aus sich selbst quellende, hingebungsfrohe Leben — die Romantik!«[14]

Die historisch-kritische Eichendorff-Ausgabe beginnt 1908 zu erscheinen[15], seit 1910 wird der Eichendorff-Kalender herausgegeben[16], und mit *Joseph von Eichendorff* verbindet sich das Romantische in diesen Jahren schlechthin[17]; es bekommt den bis heute populären schwärmerisch-antiintellektuellen Charakter. In ihm sehen die zahlreichen Wanderbücher und -anthologien ihren geschätztesten Dichter[18], immer wieder betonen sie »die Zeitlosigkeit des Eichendorffischen Taugenichts«[19].

Mit einem mißverstandenen Eichendorff ist der Prozeß eingeleitet, die Fernsehnsucht der Romantiker zu trivialisieren. Er habe »sie praktikabel gemacht für unzählige Spätere, die ihren Kitzel ohne ihre Gefahr auskosten, ihren Reiz ohne ihre Bedrohlichkeit genießen wollten«[20], und so vollziehe sich mit ihm »ein bedeutungsvoller Schritt in der Richtung eines Daseins auf zweierlei Weise, hin zur Trennung von Lebens-Ideal und Lebens-Wirklichkeit, ein Schritt also, der die Wirklichkeitsfremdheit und den sozialen Anachronismus späterer romantischer Ideologien vorbereiten hilft«[21], resümiert Lämmert. Die »verdrossene, trübestimmende Zeit«[22] nach 1918 erwartet bei ihm »eine unerschütterliche frohe Lebensbejahung trotz Wolkendunkels«[22] zu finden; der »Taugenichts« erlebt im Weltkrieg höchste Auflagen, und die Gedichte sind das »kleine Büchlein, ohne das kein deutscher Wanderer von zu Hause fortgehen sollte«[23].

Eichendorff-Nähe fällt denn auch Hermand bei der Untersuchung der deutschen Landstreicherromane auf. Ihre Hauptfiguren nennt er ›romantische

---

[14] Sch.: Arbeit und Romantik. — In: Kunstwart 35/2 (1922) S. 67.

[15] Joseph Freiherr von Eichendorff: Sämtliche Werke. Historisch-kritische Ausgabe. In Verbindung mit Philipp August Becker herausgegeben von Wilhelm Kosch und August Sauer. Regensburg: Habbel 1908 ff.

[16] Eichendorff-Kalender. Ein romantisches Jahrbuch. Herausgegeben von Wilhelm Kosch. Regensburg: Habbel 1910 ff.

[17] Eberhard Lämmert: Eichendorffs Wandel unter den Deutschen. — In: Hans Steffen (Hrsg.): Die deutsche Romantik. Göttingen: Vandenhoeck und Ruprecht (1967). S. 219—252. Lämmert weist die Umdeutung im einzelnen nach, die Eichendorff im frühen 20. Jahrhundert widerfährt.

[18] Nur wenige Belege: Diete: Wanderheil. S. 19. — Raydt: Fröhlich Wandern. S. 6. — Lindner: Vom Reisen und vom Wandern. S. 121. — Karl Pritschow: Wanderlust. 3. Auflage. Halle: Selbstverlag (1909). S. 166 ff. — Anthologie 39.

[19] Josef Hofmiller (Hrsg.): Das deutsche Wanderbuch. München. Callwey 1931. S. 246.

[20] Lämmert: Eichendorffs Wandel. S. 228.

[21] Lämmert: Eichendorffs Wandel. S. 229.

[22] Grosser: Eichendorff, der Dichter des Waldes. — In: Der Oberschlesier 3 (1921) S. 729.

[23] Fritz Buschmann: Der Wanderer. Stuttgart: Greiner und Pfeiffer 1922. S. 13.

Seelenvagabunden‹, nachdem er den neuromantischen »Affront« gegen Materialismus und Positivismus auf das Modell der romantischen Auflehnung gegen den Rationalismus der Aufklärung zurückgeführt hat.[24] Es scheint mir freilich zu einfach, von einer Parallelerscheinung und also einem »neuen« Gegenschlag nach 1900 zu sprechen. Vielmehr ist zu akzentuieren, was beide Strömungen trotz aller äußerer Gleichartigkeiten strikt trennt. Wer, wie Hermand, als einziges Zeugnis für den »utopischen Antiökonomismus«, der genau wie nach 1900 auch nach 1800 geherrscht habe, den »Taugenichts« heranzieht[24], verkennt, zudem auf dünnem Eise, das Märchenhafte der Erzählung.[25] Er bringt sich weiterhin um die Möglichkeit zu sehen, daß die ›romantische‹ Bewegung des 20. Jahrhunderts ein Vorbild von scheinbarer Modellfunktion mißdeutet. In der Tat spricht einiges für diese Vermutung. Kluckhohn bemerkt schon 1924: »Nur zum Teil ist es [das starke Interesse der Gegenwart für die Romantik] Ausdruck wirklichen Verständnisses oder zustimmender Zuneigung«[26]. Gump und Lämmert scheinen mit verschiedenen Termini den gleichen Unterschied fassen zu wollen: Gump stellt der »märchenhaft-romantischen« Taugenichts-Variante Eichendorffs die »realistische« in Hesses »Knulp« gegenüber[27], Lämmert spricht von der »›indikativischen‹ Auslegung« der Lieder; erst durch dieses »Mißverständnis« seien sie Leitbilder eines flüchtigen Wunschreiches geworden[28], das, jenseits (man möchte sagen: oberhalb) der von Technik und Profit gezeichneten Welt, das Denken des deutschen Bürgertums im frühen 20. Jahrhundert weiterhin weithin beherrscht.

Die von den Kräften der Seele und des Gemütes geprägte jüngere gegen die durch intellektuelle Schärfe gekennzeichnete ältere Romantik auszuspielen, entspricht der Übung des 19. Jahrhunderts: Neben Eichendorff geht die »Verflachung des Romantischen«[29], wie sie weiter zu verfolgen sein wird, von den spätromantischen Liederdichtern Justinus Kerner, Wilhelm Müller, Ludwig Uhland aus.[30]

---

[24] Hermand: Der ›neuromantische‹ Seelenvagabund. S. 96 f.

[25] Benno von Wiese: Joseph von Eichendorff: Aus dem Leben eines Taugenichts. — In: Benno von Wiese: Die deutsche Novelle von Goethe bis Kafka. Düsseldorf: Bagel 1959. S. 79—96. Der »Taugenichts« als »Glücksmärchen in der Gestalt einer novellistischen Erzählung« hat »in dieser reinen und ungetrübten Form in der deutschen Dichtung [...] keine eigentliche Fortsetzung gefunden« (S. 96).

[26] Paul Kluckhohn: Die deutsche Romantik. Bielefeld, Leipzig: Velhagen und Klasing 1924. S. 1.

[27] Gump: Problem des Taugenichts. S. 532.

[28] Lämmert: Eichendorffs Wandel. S. 244.

[29] Johannes Klein: Geschichte der deutschen Lyrik. 2. Auflage. Wiesbaden: Steiner 1960. S. 470.

[30] Gar nicht berücksichtigt werden können über das Zeitübliche hinausgehende individuelle Beeinflussungen. Zur Wahlverwandtschaft Hesses beispielsweise vgl. unten S. 44—46.

Die nationalistische Enge der Spätromantik behält gegenüber der kosmo-
politischen Weite der ersten Jahre die Oberhand: *Friedrich Ludwig Jahn*
nimmt einen hervorragenden Platz in der Reihe der geistigen Ahnen des
Wanderns im 20. Jahrhundert ein.

Die Turnbewegung, die mit seinem Namen verknüpft ist und die ihre
politische Prägung durch die Gründer beibehält, pflegt das Wandern besonders sorgfältig[31] — ›Turnen‹ wird im 19. Jahrhundert im Sinne von ›Sport‹
gebraucht —, und sie ist eine starke Quelle zu dem Strom, zu dem es nach
1910 anschwillt. Verbindungen wie »Wanderung und Turnfahrt«[32] oder
»Turner- und Wanderlieder« (Anthologie 16, 30—36) sind Zeugnis für die
mitbestimmende Kraft dieser breiten, eigentümlich deutschen Bewegung.[33]

Noch mehr Bedeutung aber hat Jahn, der selbst »mehrere Jahre hindurch
ein wanderndes Leben«[34] führt, mit dem Kapitel über »vaterländische Wanderungen« in seinem 1810 erschienenen Werk »Das deutsche Volksthum«[35].

Wie durch das ganze 19. Jahrhundert hindurch, so finden auch nach 1910
Verfasser und Werk vielfältige Resonanz, jetzt bemerkenswerterweise mit
den engsten Verbindungen zur Wanderliteratur[36]; es kommt zu einem wahren
»Jahnkult«[37].

Trojan gibt gleichzeitig mit der »Wanderkunst« Jahns »Deutsches Volkstum« heraus[38]; Eckardt läßt 1924 ein Buch über Jahn erscheinen[39] und macht
sich in vielerlei Hinsicht um die Förderung des Wanderns verdient, so mit
einem Wanderbuch[40] und mit der Herausgabe des »Deutschen Wanderjahrbuches«[41]. Daß sich eine prononciert nationalistische Variante durchsetze, daß
also das Thema einer Universitätsrede: »Jahns ›Deutsches Volksthum‹ und

---

[31] Vgl. Götz: Jugendwanderungen. S. 14 ff: »Turnen und Wandern gehörten zu-
     sammen«.
[32] Fritz Eckardt, Hermann Raydt: Das Wandern. Anleitung zur Wanderung und
     Turnfahrt in Schule und Verein. 2. Auflage. Leipzig, Berlin: Teubner 1909.
[33] Vgl. Marbitz: Wandern und Weilen. S. 10.
[34] [Ed.] Angerstein: Friedrich Ludwig Jahn. — In: ADB 13 (1881) S. 662.
[35] Friedrich Ludwig Jahn: Das deutsche Volksthum. Nach der Originalausgabe von
     1810. Vorwort Edmund Neuendorff. Dresden: Limpert [1928]. S. 417—425.
[36] Eine vollständige Wirkungsgeschichte Jahns in diesen Jahrzehnten ist nicht beab-
     sichtigt.
[37] Horst Ueberhorst: Das Jahnbild im ATB / ATSB und in der DT. — In: Horst
     Ueberhorst: Frisch, frei, stark und treu. Die Arbeitersportbewegung in Deutsch-
     land 1893—1933. Düsseldorf: Droste (1973). S. 190—198, hier S. 194.
[38] Friedrich Ludwig Jahn: Deutsches Volkstum. Bearbeitet und neu herausgegeben
     von Ernst Walter Trojan. Berlin: Lebensreform 1910.
[39] Fritz Eckardt: Friedrich Ludwig Jahn. Dresden: Limpert 1924.
[40] Eckardt, Raydt: Das Wandern.
[41] Eckardt (Hrsg.): Deutsches Wanderjahrbuch.

unsere Zeit«[42] nichts von seiner Bedeutung einbüße, darf man als das Hauptanliegen Eckardts und seines Kreises bezeichnen.[43]

»Das deutsche Volksthum« erscheint nach den Ausgaben von 1810 und
1817 sowie Eckardts Bearbeitung 1923 in einer Auswahl[44], 1928 vollständig[45]. Heinrich Gerstenberg gibt die Auswahl heraus; zwei Jahre vorher hat
er eine Schrift mit dem bezeichnenden Titel »Deutsches Wandern« vorgelegt,
in der er Jahn (neben Goethe) besondere Aufmerksamkeit schenkt[46] und in
dessen Sinne über »Wanderkunst und Volkswohl«[47] nachdenkt. Der Herausgeber der Neuauflage von 1928, Edmund Neuendorff, ist als Wandervogelund Turnführer von großem Einfluß; in seiner »Geschichte der neueren deutschen Leibesübung« widmet er dem Wandern einen wichtigen Abschnitt.[48] Er
verfaßt in dieser Zeit ebenfalls ein Jahn-Buch.[49]

Daß der Turnvater Jahn in diesen Jahrzehnten auch (und nicht zuletzt)
der Wanderer Jahn ist, beweist der »Tourist« von 1910 nicht weniger deutlich, der in seinem Jubiläumsartikel gerade den Abschnitt über »Vaterländische Wanderungen«[50] herausgreift.

In fast alle Wanderbücher wird der borniert-nationale Jahn als das erste
Vorbild aufgenommen[51]; besonders hervorgehoben sei der Einfluß auf den
Wandervogel.[52]

Wo Jahn genannt wird, bleibt der Kulturhistoriker *Wilhelm Heinrich Riehl*
meist nicht unerwähnt. Sein »Wanderbuch«[53] von 1869 wird bis ins 20. Jahr-

---

[42] Karl Voretzsch: Jahns ›Deutsches Volksthum‹ und unsere Zeit. Halle: Niemeyer 1923.

[43] Vgl. »Deutsche Wanderideologie«, unten S. 279—289.

[44] Heinrich Gerstenberg (Hrsg.): Friedrich Ludwig Jahns Erbe. Ein Auszug aus
seinen Schriften. Hamburg: Hanseatische Verlagsanstalt [1923].

[45] Jahn: Das deutsche Volksthum.

[46] Heinrich Gerstenberg: Zwei Wanderer. — In: Heinrich Gerstenberg: Deutsches
Wandern. Stuttgart, Berlin, Leipzig: Union (1924). S. 9—15.

[47] Gerstenberg: Deutsches Wandern. S. 42—60, bes. S. 50 f.

[48] Neuendorff: Geschichte der neueren deutschen Leibesübung. S. 328—342.

[49] Edmund Neuendorff: Turnvater Jahn. Jena: Diederichs 1928. — Vgl. unten
S. 282.

[50] Friedrich Hermann Löscher: Vaterländische Wanderungen. — In: Der Tourist 27
(1910) S. 301—303 u. 346 f.

[51] Einige Beispiele: Chrosciel: Wanderlust. S. 2. — Diete: Wanderheil. S. 17. —
Marbitz: Wandern und Weilen. S. 7. — Trojan: Wanderkunst. S. II (Widmung).

[52] Auszug in: Wandervogel 6 (1911) S. 159—162. — Vgl. Klemens Wildt: Friedrich
Ludwig Jahn und das deutsche Turnen. Phil. Diss. Leipzig 1931: »Das Ziel
unserer Wandervogelbewegung« ist nicht »in recht zahlreichen oder umfangreichen Wanderungen« zu sehen (S. 17), es ist aufzusuchen im »Turnwesen als
einer Art Jugendbewegung« (S. 35).

[53] Wilhelm Heinrich Riehl: Wanderbuch. Stuttgart: Cotta 1869.

hundert hinein immer wieder neu aufgelegt[54], seine theoretischen Grundsätze
werden unverändert übernommen[55]. 1911 erscheint als erfolgversprechende
Kurzfassung »Vom Wandern«[56]. »Wer nicht in gewissem Sinne verliebt ist in
das Land seiner Wanderschaft, dem wird sich das Land auch nicht erschließen.«[57] Heimatgefühl und Wandergesinnung gehören seit Jahn und Riehl
untrennbar zusammen.[58]

Mit Jahn, der in der Nähe der Spätromantik steht, und Riehl, der dem
Münchner Dichterkreis angehört, ist auf der Ebene der Theorie die Entwicklung der Wanderpoesie innerhalb des 19. Jahrhunderts vorweggenommen.
Die Linie, die bei Eichendorff, Müller, Kerner, Uhland beginnt, setzt sich
nämlich bei jenen Dichtern um den Münchner Kreis fort, die man *Butzen-
scheibenlyriker* zu nennen sich gewöhnt hat.[59] »In ihrer poetischen Ahnen-
galerie fehlen die Namen der Frühromantiker«[60], dagegen ist Eichendorff,
besonders mit dem »Taugenichts«, außerordentlich bestimmend[61]. Als »histo-
risch gerichtete nationale Neuromantik«[62] greifen diese Autoren, vor allem in
der frühen Phase, die spätromantischen Anstöße auf, knüpfen zugleich an
die historischen Bemühungen und deren poetische Früchte an, neben der Entdeckung der Volksbücher und alten Drucke zum Beispiel Brentanos Erzählung
»Aus der Chronika eines fahrenden Schülers« (1818), und versenken sich in
die Frühzeit des eigenen Volkes, eine — zumal nach Scheffels »Ekkehard«
(1862) — äußerst erfolgreiche Mode.

Der naturselige Wanderer Eichendorffs wird zu dem fahrenden Schüler
des 13. Jahrhunderts, dem Vaganten. »Das Dasein von Rittern, Pfaffen und
Bürgern aber wird vom Glanz des Vagantenlebens überstrahlt; der vogelfreie

---

[54] 5. Auflage 1903.
[55] Hofmiller: Wanderbuch. S. 5—12. — Rast auf der Wanderung. Bad Rothenfelde:
     Holzwarth 1920. S. 8—11.
[56] Wilhelm Heinrich Riehl: Vom Wandern. München: Callwey 1911.
[57] W. H. Riehl: Was heißt wandern? — In: Hofmiller: Wanderbuch. S. 10.
[58] Vgl. Chrosciel: Wanderlust. S. 14 f.
[59] Ich sage: *um* den Münchner Kreis. Beide Begriffe decken sich nicht. Meine For-
     mulierung zielt darauf ab, Autoren zu fassen, die sich beiden Gruppierungen zu-
     ordnen lassen (wie Geibel und Scheffel).
[60] Walter Sieber: Der Münchner Dichterkreis und die Romantik. Phil. Diss. Bern
     1937. S. 8.
[61] Sieber: Münchner Dichterkreis. S. 9 ff. Sieber greift das Gedicht »Der frohe
     Wandersmann« heraus und vergleicht es mit der »Morgenwanderung« Geibels,
     des Berühmtesten aus diesem Kreise, bei dem sich auch Einflüsse Kerners und
     Jahns geltend machen (S. 14).
[62] Erich Petzet, Werner Kohlschmidt: Münchener Dichterkreis. — In: Reallexikon
     der deutschen Literaturgeschichte. 2. Auflage. 2. Band. Berlin: de Gruyter 1965.
     S. 437.

Spielmann kostet die Lust der Welt ganz: Seine Fiedel erobert ihm die Gunst des Wirtes und der Frauen, sein Beruf führt ihn durch die weite Welt.«[63]

Vorläufer und direktes Verbindungsglied zur spätromantischen Mittelalter-Forschung sind die Germanisten Hoffmann von Fallersleben (»Des fahrenden Schülers Lieben und Leiden« von 1824[64]) und Wilhelm Wackernagel mit seiner Sammlung »Gedichte eines fahrenden Schülers« (1828)[65].

Schnell geht die Entwicklung dann von Geibels[66] und Scheffels »Liedern eines fahrenden Schülers«[67] zu Scheffels bekanntem »Wanderlied«[68], das sich mit »Stab und Ordenskleid der fahrenden Scholaren« schmückt: Nicht aus wissenschaftlichem Antrieb, sondern aus identifikationswütiger Begeisterung, die das historische Vorbild romantisiert und simplifiziert, wendet man sich zurück und bietet in der Pose des Fahrenden vergangener Zeiten dem Bildungsbürgertum glatte, kommersbuchnahe[69] Poesie voll germanischer Trinkfreudigkeit und Volksverbundenheit. Das Vorwort zu Scheffels »Reise-Bildern« führt die Idee vagantisch-studentischen Wanderns gar biographisch durch.[70]

Kaum einer der beliebten Lyriker der zweiten Jahrhunderthälfte hat dieser Mode nicht Tribut gezollt. Paul Heyses »Märchen eines fahrenden Schülers« mit vielen eingestreuten Liedern entsteht vor 1849[71], Berthold Sigismunds

---

[63] Berthold Emrich: Butzenscheibenlyrik. — In: Reallexikon der deutschen Literaturgeschichte. 2. Auflage. 1. Band. Berlin: de Gruyter 1958. S. 204.

[64] Heinrich Hoffmann von Fallersleben: Des fahrenden Schülers Lieben und Leiden. — In: Heinrich Hoffmann von Fallersleben: Gesammelte Werke. Erster Band. Berlin: Fontane 1890. S. 201—205.

[65] Wilhelm Wackernagel: Gedichte eines fahrenden Schülers. Berlin: Laue 1828. — Sie enthalten unter anderem zwölf Lieder »in mittelhochdeutscher Mundart«.

[66] Emanuel Geibel: Lieder eines fahrenden Schülers. I—III. — In: Emanuel Geibel: Gesammelte Werke. 1. Band. Stuttgart: Cotta 1883. S. 163—166. (Wohl 1842—43 entstanden.)

[67] Joseph Viktor von Scheffel: Lieder eines fahrenden Schülers. — In: Joseph Viktor von Scheffel: Sämtliche Werke. Herausgegeben von Johannes Francke. Band 9. Leipzig: Hesse u. Becker [1917]. S. 25—35. (Entstanden 1846.)

[68] Joseph Viktor von Scheffel: Gaudeamus! Lieder aus dem Engeren und Weiteren. Stuttgart: Metzler 1869. S. 45.

[69] Vgl. »Kleines Kommersbuch. Ein Liederbuch fahrender Schüler« (Anthologie 13). — Die Nähe dieser ›Vagantenlyrik‹ zum Studentenlied ist allenthalben zu beobachten. Hier wie dort begegnen die gleichen Namen (Eichendorff, Wilhelm Müller, Geibel, Baumbach, Scheffel); der aus dem Münchner Kreis stammende Ludwig Laistner nennt seine Auswahl aus den Carmina burana: Golias. Studentenlieder des Mittelalters. Stuttgart: Spemann 1879.

[70] Joseph Viktor von Scheffel: Reise-Bilder. Vorwort von Johannes Proelß. Stuttgart: Bonz 1887.

[71] Paul Heyse: Der Jungbrunnen. Märchen eines fahrenden Schülers. 2., neubearbeitete Auflage. Berlin: Paetel 1878.

»Lieder eines fahrenden Schülers« erscheinen 1853[72], den Höhepunkt bilden die siebziger und achtziger Jahre mit den Werken Rudolf Baumbachs[73] und Johannes Reinelts[74]. Die Modeströmung setzt sich, etwa mit Rudolf Herzogs »Vagantenblut« (1892) oder, in ihrer Eigenart abgeschwächt, mit Heinrich von Reders »Wanderbuch« (1895) und mit »Lauf' ins Land« (1896) des Wolff-Herausgebers Josef Lauff, bis zur Jahrhundertwende fort[75] und hinterläßt auch im Frühwerk bedeutenderer Lyriker ihre Spuren: Nietzsches »Ohne Heimath!«[76] ist so zu verstehen, und auch Georges vor 1895 entstandene »Sänge eines fahrenden Spielmanns«[77] sind nicht mehr als eine leicht verfremdete Variation dazu.

Wählen wir ein Beispiel des weniger bekannten Johannes Reinelt (1858 — 1906), dessen Pseudonym Philo vom Walde für sich spricht, um die Generation, die der ersten uns bedeutsamen unmittelbar voraufgeht, zu kennzeichnen:

Philo vom Walde: Vagant

Ich bin der lust'ge Ritter
Vom Geist und vom Humor,
Trag wie ein Hochzeitsbitter
Den Hut am linken Ohr.

---

[72] Berthold Sigismund: Lieder eines fahrenden Schülers. — In: Berthold Sigismund: Ausgewählte Schriften. Herausgegeben von Karl Markscheffel. Langensalza: Beyer 1900. S. 381—405.

[73] Rudolf Baumbach: Lieder eines fahrenden Gesellen. Leipzig: Liebeskind 1878. — Rudolf Baumbach: Neue Lieder eines fahrenden Gesellen. Leipzig: Liebeskind 1880. — Rudolf Baumbach: Spielmannslieder. 10. Tsd. Leipzig: Liebeskind 1886. — Rudolf Baumbach: Von der Landstraße. Lieder. Leipzig: Liebeskind 1888.

[74] Philo vom Walde (d. i. Johannes Reinelt): Vaganten-Lieder. Großenhain, Leipzig: Bammert und Ronge [1888]. — Vgl. die zwischen 1887 und 1894 entstandenen »Perkeolieder. Scholarenlieder. Jungmannenlieder« Cäsar Flaischlens. (Cäsar Flaischlen: Gesammelte Dichtungen. 5. Band. Stuttgart, Berlin: DVA [1921]. S. 131—191.) — Gustav Mahler vertont 1883 »Lieder eines fahrenden Gesellen«. Die These, es handle sich dabei um eigene Dichtungen, ist erst 1969 korrigiert worden: Tatsächlich sind es nur leicht variierte Texte aus »Des Knaben Wunderhorn«. Vgl. Kurt Blaukopf: Gustav Mahler oder Der Zeitgenosse der Zukunft. Wien, München, Zürich: Molden 1969. S. 71—75.

[75] Franz Hirsch: Vagantenlieder. — In: Maximilian Bern (Hrsg.): Deutsche Lyrik seit Goethes Tod. Zehnte, verbesserte Auflage. Leipzig: Reclam (1886). S. 244—250. — Hans Eschelbach: Vagantenlieder (Anthologie 38, 37—38).

[76] Friedrich Nietzsche: Ohne Heimath! — In: Friedrich Nietzsche: Werke und Briefe. Historisch-kritische Gesamtausgabe. 1. Band: Jugendschriften 1854—1861. Herausgegeben von Hans Joachim Mette. München: Beck 1933. S. 122 und S. 228 f.

[77] Stefan George: Sänge eines fahrenden Spielmanns. — In: Stefan George: Werke. Ausgabe in zwei Bänden. Band 1. München, Düsseldorf: Küpper 1958. S. 93—96.

> Im Land die Herrn Magister
> Seh'n mich wohl spöttisch an,
> Und die Moralphilister
> Thun mich in Acht und Bann.
>
> Gemach! ihr Herrn Scholaren,
> Bin Doktor der Magie
> Und Mitglied schon seit Jahren
> Der — Zech-Akademie.
>
> Auf Wegen und auf Stegen
> Macht ich mein Studium
> Und wußt auch abzulegen
> Das Abiturium.[78]

Der antibürgerliche Ton dieser Rollenlyrik verdünnt sich, ohne alle Schärfe vorgetragen, zu einer eher pflichtgemäßen Haltung des Studiosus gegen den Moralphilister. Spielerisch-formelhaft wird das alte Vokabular in dieser Paraphrase des Motivs ›Wein, Weib und Gesang‹ gebraucht, mit welcher Trias man das Leben des ›klassischen‹ fahrenden Schülers zu fassen meint; zu ihren Gunsten tritt das vagierende Element selbst zurück. Der Natur kommt noch keinerlei Bedeutung zu.[79]

Mit Julius Wolffs Dichtung »Der fahrende Schüler« von 1900 ist der Endpunkt dieser historisierenden Manier erreicht. Die Vagantenlieder Denckers[80], Krügers[81] und Berners[82] sind verspätete Wiederaufnahmen ohne Resonanz, Friedrich Lienhards »Der Spielmann« (1918) braucht den Untertitel »Roman aus der Gegenwart«, um noch Leser zu haben.

Wichtiger als solche Ausläufer ist der Widerhall, den die bekannteren Autoren gerade in unseren Jahrzehnten finden. Scheffels Beliebtheit nimmt eher noch zu; innerhalb von drei Jahren werden vier Ausgaben veranstaltet[83], 1924 wird der Deutsche Scheffelbund gegründet[84]. Scheffel wird, teilweise über die Jugendbewegung, zu einer Autorität, deren Worte man nachspricht, ohne sie zitieren zu müssen. Getreu dem »Wanderlied« meint Otto Schwindrazheim,

---

[78] vom Walde: Vaganten-Lieder. S. 3.

[79] Vgl. S. 43—44.

[80] Willy Dencker: Vagantenlieder. München, Leipzig: Mickl 1901.

[81] Mary Krüger: Vagantenlieder. Leipzig: Modernes Verlagsbüro 1907.

[82] Else Berner: Vagantenlieder. Amsterdam: Kampen 1919.

[83] Sämtliche Werke. Herausgegeben von Johannes Francke. 10 Bände. Leipzig: Hesse und Becker [1917]. — Werke. Mit einer biographischen Einleitung von Walter Heichen. 2 Bände. Berlin: Weichert [1917]. — Gesammelte Werke. Herausgegeben von Artur Kutscher. 3 Bände. München: Parcus 1917. — Werke. Herausgegeben von Friedrich Panzer. 4 Bände. Leipzig: Bibl. Institut [1919]. — Zwar ist dabei zu berücksichtigen, daß Scheffels Werke 1916 frei werden, auf ein lebhaftes Leserinteresse läßt sich bei vier Gesamtausgaben, die verkauft sein wollen, aber trotzdem schließen.

[84] Deutscher Scheffelbund. Karlsruhe 1914. In Wien schon seit 1880.

es müsse der neue Wanderer sich »Stab und Ordenskleid der fahrenden Scholaren reichen lassen und von neuem ausziehen auf fröhliche Wanderfahrt.«[85]

Baumbachs »Lieder eines fahrenden Gesellen« werden 1914 im 50. Tausend,
»Von der Landstraße« wird im 21. Tausend aufgelegt; im gleichen Jahr erscheint eine Auswahl »Reise- und Wanderlieder«[86]. Reinelts Vagantenlieder
erleben 1921 eine Neuauflage. Immer wieder werden Scheffel, Geibel, Baumbach erwähnt oder gar nachgedruckt.[87] Die Chronik eines wirklichen fahrenden Schülers, das Hodoeporicon Johannes Butzbachs (1478—1516) von 1506,
wird (nach der ersten deutschen Ausgabe von 1869) 1912 wieder aufgelegt.

Die sich ständig verwässernde Entwicklung innerhalb des 19. Jahrhunderts,
von Eichendorff zu Philo vom Walde, von der Romantik über die »Popular-
romantik«[88] zur »Vulgärromantik«[89], ist in jeder Wanderanthologie, jedem
Wanderbuch nachzuzeichnen.[90] Der Thüringer Wanderdichter August Trinius
faßt sie 1908 in die Verse:

> [...]
> Hat dich mit fromm-beseeltem Munde
> Ein Eichendorff einst reich gemacht.
> Vom Wandern manche liebe Weise
> Sang Müllers liederreicher Mund,
> Die deutsche Wanderlust zu preisen —
> Frisch kernig tat dir's Scheffel kund.[91]

B. Die Jugendbewegung

Eine ähnlich wichtige Rolle wie die Romantik spielt die Jugendbewegung.
Der weitreichende Einfluß dieser zeitgenössischen Erscheinung muß unterschie-
den werden von ihren eigenen lyrischen Erzeugnissen.[92] Um die Unzahl der
Parallelen anzudeuten, wird eine möglichst knappe Darstellung von not-

---

[85] Otto Schwindrazheim: Jugendwanderungen. München: Callwey [1909]. S. 36.
[86] Rudolf Baumbach: Reise- und Wanderlieder. Stuttgart, Berlin: Cotta 1914.
[87] U. a. Geibels »Morgenwanderung« in: Lindner: Vom Reisen und vom Wan-
     dern. S. 126 und in: Gerstenberg: Deutsches Wandern. S. 24 f. Baumbachs »Die
     Wandervögel streichen« in: Der Tourist 31 (1914) S. 122.
[88] Klein: Geschichte der deutschen Lyrik. S. 470.
[89] Harry Pross: Das Gift der blauen Blume. — In: Harry Pross: Vor und nach
     Hitler. Olten: Walter (1962). S. 119.
[90] Diete: Wanderheil. S. 19 nennt Eichendorff, Geibel, Scheffel, Baumbach. Des-
     gleichen Pritschow: Wanderlust. S. 166—172.
[91] Zit. nach Harry Pross: Jugend · Eros · Politik. Bern, München, Wien: Scherz
     (1964). S. 332.
[92] Vgl. unten S. 99—108.

wendig kompilatorischem Charakter einige besonders geeignete Gesichtspunkte auswählen.[93]

Nicht zufällig entsteht der 1901 gegründete Wandervogel in Berlin, dem eindrucksvollsten deutschen Beispiel jener Zeit für die als bedrohlich empfundene Großstadt. Schnell breitet sich diese Jugendbewegung mit vielen Bünden, Spaltungen und Zusammenschlüssen aus, ein Beweis dafür, »wie der Wandervogelgeist dem heimlichen Lebensgefühl der Zeit«[94] entspricht. Ihren ersten Höhepunkt erreicht sie 1913 mit der Feier auf dem Hohen Meißner.

Sie versucht zum erstenmal, durch Gruppenleben und Selbsterziehung dem Heranwachsenden eine eigene Welt zu schaffen. Dazu wendet sie sich mit der Radikalität der Jugend gegen die von Technik und Fortschritt geprägte Erwachsenen- und Großstadtwelt, gegen Verweichlichung und Intellektualismus und bekommt einen betont antizivilisatorischen Aspekt: Sie »will durch die Wiederherstellung des engen Verhältnisses der gesamten Jugend des Volkes zur Natur und Heimat die Gesundung der Volksseele und des Volkslebens erzielen.«[95] Eine neue Kultur will sie ins Leben rufen. »Der Weg heißt: Primitivität.«[96]

Aus solchem Geiste ist die Tätigkeit zu verstehen, die im Mittelpunkt der geistig-sittlichen Lebenserneuerung steht: das Wandern. »Der Wandervogel fand den selbstverständlichen und notwendigen Ausdruck seines Wesens und Wollens im Wandern.«[97] So entstehen die neue, uns bis heute bekannte, bewußt primitive, billige und damit den meisten Jugendlichen zugängliche Art des Wanderns mit Hordentopf und Kote (Zeltbahn) und die schroffe Wendung gegen den gleichzeitig aufkommenden modernen Tourismus.

In welchem Sinne so verstandenes Wandern zur integrierenden Mitte werden kann, zeigen Schönbrunns programmatische Sätze sehr deutlich: »Eine Seelenkur sollte die Wanderung für jeden bedeuten. Er sollte selbst wieder ein Stück von der Natur werden, wieder sich mit ihr verwandt fühlen und dadurch sie verstehen. Er sollte wieder eine Heimat bekommen.«[98] Und Fischer führt in seiner Parteischrift aus: »Wir meinen also im Wandern eine freie und geistige Lebensbetätigung, ebenso reich wie schlicht.«[99] Mit Seele, Natur, Hei-

---

[93] Die Literatur über die Jugendbewegung ist nicht mehr zu übersehen. Albrecht Kistner (Hrsg.): Die deutsche Jugendbewegung. Nürnberg: Edelmann (1960) nennt schon über 3000 Titel.

[94] Neuendorff: Geschichte der neueren deutschen Leibesübung. S. 333.

[95] Ambrose Dyason Hitchcock: Das Jugendwandern als Erziehungs- und Bildungsmittel in geschichtlicher Betrachtung. Phil. Diss. München 1926. S. 135.

[96] Walter Schönbrunn: Jugendwandern als Reifung zur Kultur. Berlin: Hensel 1927. S. 12.

[97] Neuendorff: Geschichte der neueren deutschen Leibesübung. S. 332.

[98] Schönbrunn: Jugendwandern. S. 11.

[99] Frank Fischer: Wandern und Schauen. Hartenstein: Greifen 1921. S. 18.

mat, mit Schlichtheit, Freiheit, Reichtum sind Kernbegriffe angesprochen, die
in der Wandererlyrik allenthalben begegnen werden.

Schon hier wird deutlich, daß die Jugendbewegung nicht in erster Linie
als eigenständige geistige Kraft, sondern als das sichtbarste Symptom für das
Vordringen romantischen Gedankengutes um 1910 zu werten ist.[100]

> Als schließlich Scharen von Gitarrenwanderern um die Jahrhundertwende
> aufbrachen, um Freiheit auf den Landstraßen, Atemluft auf Waldeshöhen und
> Erquickung des Herzens an frischen Quellen und blinkenden Strömen zu
> suchen, da ahnten sie nicht einmal mehr, daß die unverstellte Natur, die sie
> sich zu erobern meinten, in Wirklichkeit ein poetisches Erlebnismosaik war
> aus Bildsteinen und Klangfiguren, die ihnen von dem Liedzauberer Eichen-
> dorff mit seinen einfältigen Reimen an die Hand und in den Sinn gegeben
> worden waren und die sein vogelleichter Wanderer in Gottes Gunst, der
> ›Taugenichts‹, ihnen vorauserlebt hatte.[101]

Die zahlreichen Wanderbücher aus der Jugendbewegung nähren sich fast
ausschließlich aus romantischem Geiste: »Die Wanderer, die ich im Sinn habe,
sind neue Romantiker, die wie jene des vergangenen Deutschland das Wunderbare erhoffen. Irgendwo muß auch heute noch die blaue Blume blühen.«[102]
Und die Gedichte, wie die »Blaue Blume« Hermann Burtes (Burte 1, 240 f),
der mit »Wiltfeber« einen der meistgelesenen Romane der Jugendbewegung
schrieb, folgen solcher Theorie in Form und Inhalt:

> Er will im All um irgendwo
> Die blaue Blume finden.

So mannigfach sind die Bezüge, daß kaum einer der Autoren, die sich mit
der Jugendbewegung auseinandersetzen, versäumt, darauf zu verweisen. Schon
die Titel der Arbeiten zielen darauf ab.[103] »Der Zug der romantischen Einzelgänger wiederholt sich auf breiter Basis.«[104] Rockenbach formuliert gar überspitzt: »Die Romantik wiederholte sich.«[105] Gerade die in zunehmendem

---

[100] Vgl. Kluckhohn: Fortwirkung der Romantik. S. 68 f.
[101] Lämmert: Eichendorffs Wandel. S. 219 f.
[102] Trojan: Wanderkunst. S. 23.
[103] Werner Helwig: Die blaue Blume des Wandervogels. (Gütersloh:) Mohn (1960).
     Pross: Gift der Blauen Blume. — Vgl. Walter Vogels: Die deutsche Jugend-
     bewegung und ihr Ertrag für Jugendleben und Kultur. Phil. Diss. Tübingen 1949.
     S. 4 ff.
[104] Pross: Jugend · Eros · Politik. S. 63.
[105] Martin Rockenbach (Hrsg.): Jugendbewegung und Dichtung. Leipzig, Cöln:
     Kuner (1924). S. 27. — Einen ersten Versuch, die Gemeinsamkeiten darzustellen,
     unternimmt Ulrich Bernays: Jugendbewegung und Romantik. — In: Cimbria.
     Festschrift 1926. S. 219—226, freilich in der befangenen Art des Zeitgenossen,
     die wir heute nicht nachvollziehen werden. Dennoch bleibt die Linie von Rousseau
     über die Romantik zur Jugendbewegung bemerkenswert. Als beider »Welt- und
     Lebensanschauung« (S. 219) gemeinsam sieht er das Aufgehen in der Natur,
     das fragmentarische Element, den Wert des eigenen Erlebnisses der Erziehung

Maße verflachenden spätromantischen Wandervorstellungen dienen zum Vorbild. Der Wandervogel versucht, seine Lebensform dem erträumten und ersehnten Bild mittelalterlicher Fahrender anzupassen, wie es ihm die studentennahe Vagantenpoesie der Gründerjahre vermittelt. Er nimmt das gebrochene Bild unkritisch für das wahre; begeistert werden die Lieder Baumbachs, Geibels, Scheffels gesungen, vereinzelt entstehen neue »Lieder fahrender Schüler« (Anthologie 15, 44 f). Die Stilisierung geht so weit, daß die jungen Gymnasiasten beginnen, »sich entsprechend zu kleiden und zu geben«[106].

»Der Wandervogel nahm die Gedankenwelt des rückständigsten Philistertums an, eine Vulgärromantik, die alle realen Fragen der bürgerlichen Existenz im zwanzigsten Jahrhundert außer acht ließ.«[107] Seine »Rückwärtsidyllik«[108], die in ein rousseauistisch-romantisches Weltbild flüchtet, statt das Neue kritisch zu verarbeiten, wird ihm seit jeher vorgeworfen. Sie verbindet sich primär mit dem Wandern und wirkt sich in der gesamten Wandererlyrik der Zeit aus.

Exkurs: Das Lied

Die Wanderergedichte im 20. Jahrhundert sind formal auffällig gleichartig: Als bestimmend erweist sich die Form des Liedes.

Sie ist geeignet, die Beziehungen zu Romantik und Jugendbewegung noch enger zu knüpfen, denn zum einen ist gerade die besonders für die Spätromantik typische Volksliedtechnik von den Münchner Dichtern übernommen worden[109], zum andern erscheint das Volkslied als »der vollendete Ausdruck unserer Wandervogel-Ideale«[110].

Aus der Pflege des Alten heraus beschäftigt sich die Jugendbewegung mit dem Volkslied, das schon »im Anfang der Bewegung nicht mehr der gerettete Restbestand der Romantik«[111], sondern eine Erneuerung aus dem 16. Jahrhundert ist; hauptsächlich sammelt — das bedeutendste Ergebnis ist der »Zupfgeigenhansl« (Anthologie 6) — und vertont sie es. Dieses emsige Wirken gibt zu vielen optimistischen Fehlprognosen Anlaß: »Wir stehen am Anfange einer

und die Person des Führers. — Vgl. Vogels: Jugendbewegung. S. 40—42, der die Gemeinsamkeiten in die Begriffe Erlebnis, Unbestimmtheit, Opposition, Flucht faßt.

[106] Neuendorff: Geschichte der neueren deutschen Leibesübung. S. 332. Vgl. Mayer: Wandertrieb. S. 56 f. Das gilt nicht für die ganze Bewegung, denn gerade die damit scheinbar zu verbindende rauhe Art des Wanderns führt zu Spaltungen. Vgl. Fischer: Wandern und Schauen. S. 18 f, der sich gegen sie ausspricht.

[107] Pross: Gift der Blauen Blume. S. 119.

[108] Pross: Jugend · Eros · Politik. S. 341.

[109] Sieber: Münchner Dichterkreis. S. 13.

[110] Fritz Jöde (Hrsg.): Musikalische Jugendkultur. Hamburg: Saal 1918. S. 99.

[111] Hans Mersmann: Volkslied und Gegenwart. Potsdam: Voggenreiter (1937). S. 19.

neuen musikalischen Volkskultur.«[112] Die skeptische Frage, die nur zu berechtigt ist, ob man nicht in eine »Sackgasse« steuere, da das Volkslied »nicht
mehr der vollendete Ausdruck unseres Seelenlebens«[113] sei, wird dagegen allzu
selten gestellt.

Zwar folgt den Bestrebungen um das alte Volkslied der Wunsch, neues
sangbares (›Volks‹-)Liedgut zu schaffen, wobei die Initiative von den Kompo-
nisten ausgeht — das Wichtigere am Lied, wenn es beim Wandern erklingen
soll, ist die Weise —, aber die Ansätze bleiben vereinzelt und verebben bald,
werden vor allem nie nennenswert aus der Jugendbewegung herausgetragen.

Dagegen hat der Wandervogel stärksten Einfluß auf die Kunstlyrik, die das
Wanderlied, eine »junge lyrische Gattung«[114], als einen »Ableger der unermeßlich weiten Gattung des Naturliedes«[115] ja erst geschaffen hat.[116] Formal
ist der ›Erfolg‹ die geradezu überwältigende Vorherrschaft der Volksliedstrophe (ganz im Gegensatz zur gleichzeitig entstehenden eigentlich modernen
Lyrik); aber auch inhaltlich wird an die alten Schemata angeknüpft, soweit
sie sich dem begrenzten (Wander-)Thema einordnen lassen. Heinrich Anacker,
der mit Monotonie und ohne Bedenken das Volksliedrepertoire variiert, ist
ungemein aufschlußreich, weil er in *einen* Satz Romantik, Jugendbewegung
und Lied so vermischt, wie sie auf die Wandererlyrik einwirken: »Das
Wesentlichste an meinem lyrischen Schaffen ist das Liedhafte; [. . .] meine
Lehrmeister waren am ehesten die Romantiker!«[117]

---

[112] Jöde: Jugendkultur. S. 121. — Vgl. Alfred Götze: Das deutsche Volkslied. Leipzig:
Quelle und Meyer 1929: »Wenn also das Volkslied in Leben und Vergehen an
die Wanderlust gebunden sein soll, dann lebt es sicherlich« (S. 120). »Radfahr-
kunst, Wanderlust und Wintersport entwickeln neuerdings eine Dichtung, aus
der vor unsern Ohren neue Volkslieder zum Gemeinbesitz heranreifen« (S. 119).

[113] Jöde: Jugendkultur. S. 115.

[114] Erich Seemann, Walter Wiora: Volkslied. — In: Wolfgang Stammler (Hrsg.):
Deutsche Philologie im Aufriß. 2. Auflage. Band II. (Berlin:) Schmidt (1960).
Sp. 369.

[115] Johann Jakob Honegger: Das deutsche Lied der Neuzeit, sein Geist und sein
Wesen. Leipzig: Friedrich [1891]. S. 66.

[116] Vgl. Bettina Dolif: Einfache Strophenformen, besonders die Volksliedstrophe,
in der neueren Lyrik seit Goethe. Phil. Diss. Hamburg 1968. — Vgl. Seemann,
Wiora: Volkslied. Nur die Kunstdichtung kennt die Verherrlichung der Freude
ohne den »sozialen Hintergrund« des Handwerksburschenwanderns; sie ist
dann freilich über Vereine »volkläufig« geworden (Sp. 369).

[117] Zit. nach Paul Gerhardt Dippel: Heinrich Anacker. München: Dt. Volksverlag
(1937). S. 12.

C. Friedrich Nietzsche

Friedrich Nietzsches nicht zu überschätzende Bedeutung für die Lyrik nach der Jahrhundertwende ist vielfach erwiesen; so ist es von Interesse, zu sehen, welche und welch große Rolle der Wanderer in seinem Leben, Denken und Dichten spielt und wie speziell dieser Zug nachwirkt.

Schon der Zögling von Schulpforta liebt es, zu wandern, und um nichts weniger der Basler Professor. Nietzsches »ruheloses, einsames *Wanderleben*«[118] während zehn Jahren, von 1879 bis 1889, ist aber damit nicht ausreichend erklärt.

Am Anfang mag der Wunsch mitwirken, sich auf das große Vorbild Goethe zu stilisieren. In einem Brief an Peter Gast lehnt er sich bewußt an die bekannte Passage aus »Dichtung und Wahrheit«[119] an: »Ich hatte jedesmal den Tag vorher auf meinen Wanderungen zuviel geweint, und zwar nicht sentimentale Thränen, sondern Thränen des Jauchzens; wobei ich sang und Unsinn redete, erfüllt von einem neuen Blick, den ich vor allen Menschen voraus habe.«[120]

Sehr schnell aber löst sich das Wanderer-Bild davon ab und bekommt die für Nietzsche typischen Epitheta. Es wird ihm zu einem Ausgangspunkt und einem Endpunkt seines Denkens.[121]

Ausgangspunkt: Wie Nietzsche sich seine Gedanken in der Bergwelt ›ergeht‹, wie er die Außenwelt in seine Gedanken-Gänge hineinnimmt, hat Klein an der Sammlung »Der Wanderer und sein Schatten«[122] im einzelnen zeigen können.[123] Zu dem biographischen Bezug des Werkes schreibt Nietzsche selbst:

> Damals — es war 1879 — legte ich meine Basler Professur nieder, lebte den Sommer über wie ein Schatten in St. Moritz und den nächsten Winter, den sonnenärmsten meines Lebens, a l s Schatten in Naumburg. Dies war mein Minimum: ›Der Wanderer und sein Schatten‹ entstand währenddem. Unzweifelhaft, ich verstand mich damals auf Schatten.[124]

[118] Eduard His: Friedrich Nietzsches Heimatlosigkeit. — In: Basler Zs. f. Geschichte und Altertumskunde 40 (1941) S. 173. Vgl. ebd. S. 185.

[119] Johann Wolfgang von Goethe: Werke. Weimarer Ausgabe. I. Abteilung. Band 28. Weimar: Böhlau 1890: »Ich gewöhnte mich, auf der Straße zu leben, und wie ein Bote zwischen dem Gebirg und dem flachen Lande hin und her zu wandern. [...] Unterwegs sang ich mir seltsame Hymnen und Dithyramben, wovon noch eine, unter dem Titel Wanderers Sturmlied, übrig ist. Ich sang diesen Halbunsinn leidenschaftlich vor mich hin« (S. 119).

[120] Brief vom 14. 8. 1881. In: Friedrich Nietzsche: Briefe an Peter Gast. (3. Auflage.) Leipzig: Insel 1924. S. 64.

[121] Ich sage: *einem;* das dürfte der naheliegenden Überschätzung entgegenwirken.

[122] Friedrich Nietzsche: Werke. Kritische Gesamtausgabe. Herausgegeben von Giorgio Colli und Mazzino Montinari. Berlin, New York: de Gruyter 1967 ff. Band IV, 3. S. 171—342.

[123] Johannes Klein: Die Dichtung Nietzsches. München: Beck 1936. S. 53—57.

[124] Nietzsche: Werke. Band VI, 3. S. 262 f (Ecce Homo).

An dem, was er auf seinen weiten Gängen wahrnimmt, entzündet sich das
in einen dialogischen Rahmen gespannte aphoristische Selbstgespräch, das auf
diese Weise »die enge Verbundenheit des Gedanklichen mit dem Dichterischen
zum Ausdruck«[125] bringt.

Endpunkt: Nietzsche integriert die Vorstellungen von dem einsamen Wanderer, die er an sich gewinnt, in alle seine Schriften und wird sich selbst zum
Bild für den »freien Geist und Wanderer«[126], der in die größtmögliche Entfernung zur Menge gerückt wird.

Die Berge und mit ihnen der in den Bergen Wandernde bekommen ihren
eigentlich wichtigen zweiten Sinn. Der »Wanderer und Philosoph«[127] hebt
sein in klarer Gebirgsluft gewonnenes klares Denken ab gegen die Dumpfheit
der Gelehrtenstuben im ›Tal‹.[128] Nur der Einsame in der Höhe erhebt sich
zur Wahrheit; »der Rest ist bloss die Menschheit«[129], die den »Wanderer vom
dunstigen Thale aus auf dem Gebirge schreiten«[130] sieht. In »Also sprach
Zarathustra« wird diese Grundvorstellung in äußerstem Maße übersteigert;
der über den Menschen Wandernde wird zum Übermenschen:

> Und noch Eins weiss ich: ich stehe jetzt vor meinem letzten Gipfel und
> vor dem, was mir am längsten aufgespart war. Ach, meinen härtesten Weg
> muss ich hinan! Ach, ich begann meine einsamste Wanderung!
> Wer aber meiner Art ist, der entgeht einer solchen Stunde nicht: der Stunde,
> die zu ihm redet: ›Jetzo erst gehst du deinen Weg der Grösse! Gipfel und
> Abgrund — das ist jetzt in Eins beschlossen!‹[131]

Bei solch engem Bezug des Wanderns zu Leben und Denken Nietzsches ist
es nicht verwunderlich, daß auch seine Lyrik »das Gefühl der Heimatlosigkeit
und des rastlosen Wandernmüssens«[132] vermittelt, allerdings in einer sich wan-
delnden Form.

Die Jugendgedichte variieren die modische Vagantenpoesie[133] und klingen
von »Tannenduft« und »Mondesnacht«[134], von »Röslein« und »Löcklein« und

---

[125] Klein: Dichtung Nietzsches. S. 55.

[126] Nietzsche: Werke. Band VI, 1. S. 337 (Also sprach Zarathustra).

[127] Nietzsche: Werke. Band IV, 2. S. 375 (Menschliches — Allzumenschliches).

[128] Vgl. Erich Eckertz: Nietzsche als Künstler. München: Beck 1910. S. 80.

[129] Nietzsche: Werke. Band VI, 3. S. 165 f (Der Antichrist).

[130] Nietzsche: Werke. Band IV, 3. S. 122 (Menschliches — Allzumenschliches). — Vgl.
Nietzsche: Werke. Band V, 2. S. 31 (Die fröhliche Wissenschaft).

[131] Nietzsche: Werke. Band VI, 1. S. 189 f.

[132] Käte Erfurth: Der Lyriker Friedrich Nietzsche. — In: Bücherkunde 11 (1944)
Nr. 5, S. 152.

[133] Vgl. oben S. 22.

[134] »Heimkehr. I—V.« — In: Friedrich Nietzsche: Götzendämmerung. Der Antichrist. Ecce Homo. Gedichte. Stuttgart: Kröner (1964). S. 432 ff.

»Glöcklein«[135]: Zu Beginn dominieren spätromantische Einflüsse. Sie sind in unserem Zusammenhang, anders als Nietzsches weitere Wanderer-Vorbilder Goethe, Hölderlin, Heine, von solchem Interesse, daß wir einige Bemerkungen über sein Verhältnis zur Romantik einschalten müssen.

Zwiespältig wie überhaupt ist es auch beim Wandern. Unter der Oberfläche strikter Ablehnung scheinen nicht wenige Einzelzüge der romantischen Weltanschauung sehr nahe zu kommen.[136] In der »Fröhlichen Wissenschaft« klingt ein Motiv an, das neben dem der Einsamkeit für Nietzsches Schau des Wanderers bezeichnend ist: Freude an der ungewissen Zukunft, Richtungslosigkeit, Primat des Hier und Jetzt:

> Lust an der Blindheit. — »Meine Gedanken, sagte der Wanderer zu seinem Schatten, sollen mir anzeigen, wo ich stehe: aber sie sollen mir nicht verrathen, w o h i n   i c h   g e h e. Ich liebe die Unwissenheit um die Zukunft und will nicht an der Ungeduld und dem Vorwegkosten verheissener Dinge zu Grunde gehen.«[137]

Die Vergleiche, zu denen er den Wanderer heranzieht[138], zeigen gleichfalls gewisse Parallelen. Besonders bemerkenswert ist die Verbindung zum Träumen. »Wie ein Wanderer, der von fernen Dingen träumt, unversehens auf einsamer Strasse einen schlafenden Hund anstösst, [...] also ergieng es uns.«[139]

Gelegentliche Anklänge dürfen, aufs Ganze gesehen, nicht zu einer Vorstellung vom träumerisch-romantischen Wanderer-Dichter Nietzsche verleiten.[140] Während der Romantiker mit Novalis' bekanntem Wort »immer nach Hause« strebt, stellt Nietzsche programmatisch fest:

> Wer nur einigermaassen zur Freiheit der Vernunft gekommen ist, kann sich auf Erden nicht anders fühlen, denn als Wanderer, — wenn auch nicht als Reisender n a c h einem letzten Ziele: denn dieses giebt es nicht. Wohl aber will er zusehen und die Augen dafür offen haben, was Alles in der Welt eigentlich vorgeht; desshalb darf er sein Herz nicht allzufest an alles Einzelne anhängen; es muss in ihm selber etwas Wanderndes sein, das seine Freude an dem Wechsel und der Vergänglichkeit habe.[141]

---

135 »Schweifen, o schweifen!« — In: Nietzsche: Götzendämmerung. S. 427. — Vgl. »Heimweh«. — In: Nietzsche: Werke und Briefe. S. 223 f. — Vgl. »Heimkehr«. Ebd. S. 140 f.

136 Vgl. Norbert Langer: Das Problem der Romantik bei Nietzsche. Münster: Helios 1929. S. 216—220.

137 Nietzsche: Werke. Band V, 2. S. 208 (Die fröhliche Wissenschaft).

138 Nietzsche: Werke. Band V, 2. S. 314 f (Die fröhliche Wissenschaft). — Nietzsche: Werke. Band IV, 2. S. 374 f (Menschliches — Allzumenschliches).

139 Nietzsche: Werke. Band VI, 1. S. 305 (Also sprach Zarathustra). — Vgl. Friedrich Nietzsche: Die Unschuld des Werdens. Der Nachlaß. Erster Band. Stuttgart: Kröner (1956). S. 324.

140 Vgl. dagegen Karl Joel: Nietzsche und die Romantik. Jena, Leipzig: Diederichs 1905. S. 74 f.

141 Nietzsche: Werke. Band IV, 2. S. 374 f (Menschliches — Allzumenschliches).

Sehr bald hebt sich auch die Lyrik vom nur literarischen Grund ab: Der Vierzeiler aus »Scherz, List und Rache« von 1882[142] und »Der Wanderer« in den beiden Fassungen von 1876[143] und 1884[144] sind Stufen auf dem Wege zu dem berühmt gewordenen »Vereinsamt«[145], das alles traditionell Liebliche verwirft und sich das Wanderermotiv ganz anverwandelt. Die Heimatlosigkeit wird nicht nur thematisch umspielt, sondern eisig erfahren; unwirtliche Winterlandschaft, Härte und Kälte lösen den obligaten milden Frühling ab, Qual und Not des Einsamen begegnen unmittelbar. Die Lyrik erreicht damit die Stufe des »Zarathustra«; hier wie dort ist der Wanderer zum Nietzsche ganz eigenen Symbol geworden: dem großen einsamen, um Wachsamkeit und Klarheit bemühten Heimatlosen.

Wie in der Lyrik nach 1900 überhaupt, so ist Nietzsche in der Wanderer- und Vagantenlyrik von breiter Wirkung.

Der Wandervogel, als deren »Prophet«[146] er geradezu zu bezeichnen ist, übernimmt aus seinen Schriften den Affekt gegen die Großstadt, die Natur- und Lebensbejahung, sein elitäres Bewußtsein und auch den Individualismus, der ihn trotz Horden und Gruppen kennzeichnet und den Einfluß besonders deutlich macht: Elemente, die schon bei Nietzsche eng mit dem Wandern verknüpft sind. Für die unzählige Male nachgewiesene oder nachgesprochene Verbindung nur ein Beispiel: Kurt Heynickes, eines der Jugendbewegung verbundenen Lyrikers, »ruhloser Gast auf den Straßen des Lebens« wendet sich an eine Allmacht:

> Nie aber schlafen die ewigen Träume,
> Nie entflieh' ich der Frage in mir,
> Und wenn die Nächte über mich fallen wie stürzende Wände,
> Bin ich ein Wandrer am Abgrund.
> (Heynicke 2, 49 f),

wobei wir uns Nietzsches erinnern: »Gipfel und Abgrund — das ist jetzt in Eins beschlossen!«[147] Schütz resümiert 1929: »Zwar von dem letzten und bittersten Los des einsamen Wanderers ahnte unsere wandernde Jugend nichts, aber zum Schicksal und Erlebnis wurde auch ihr das Wandern.«[148]

---

[142] Nietzsche: Werke. Band V, 2. S. 31 (Die fröhliche Wissenschaft).
[143] Nietzsche: Werke. Band IV, 2. S. 398 f (Menschliches — Allzumenschliches, Fragmente).
[144] Nietzsche: Götzendämmerung. S. 465 f.
[145] Nietzsche: Götzendämmerung. S. 478 f.
[146] Oskar Schütz: Friedrich Nietzsche als Prophet der deutschen Jugendbewegung. — In: Neue Jbb. f. Wissenschaft und Jugendbildung 5 (1929) S. 64—80.
[147] Nietzsche: Werke. Band VI, 1. S. 190 (Also sprach Zarathustra).
[148] Schütz: Nietzsche als Prophet. S. 72.

Der Einfluß auf den Wandersmann ist im einzelnen schwerer nachzuweisen, weil er meist von trivialromantischen Elementen überlagert wird. Den Bruch zwischen den zwei großen Abhängigkeiten offenbaren vereinzelte Strophen, die in erstaunlicher Weise aus dem Gesamtbild des glücklichen Wanderers herausfallen:

> Nachts aber, wenn erbarmungslos und hart
> Die hohen Sterne auf mein Lager schauen,
> Da kehr' ich frierend ein und seh' mit Grauen,
> Wie mir das eigne Herz zur Fremde ward.
> (Hesse 2, 16)[149]

Das weniger Deutliche aber ist die Regel: Nicht nur die Verbindungen des Wanderns zur Nacht, zum Traum, zur Bergwelt, zur Einsamkeit finden sich bei Nietzsche, auch Vitalismus und Lebensfreude, das Auserwähltheitsbewußtsein und das Genießen des Augenblicks wurzeln hier[150]; das Wort: »Ich liebe die Unwissenheit um die Zukunft und will nicht an der Ungeduld und dem Vorwegkosten verheissener Dinge zu Grunde gehen«[151] findet sich bei Hesse in dieser Form wieder:

> Daß des Augenblicks unschuldiger Schein
> Nicht erblasse vor ersehnten Sternen
> (Hesse 5, 585).

Der Vagant schließlich bedient sich der elitären Pose und hymnischen Stilgebärde Nietzsches, wenn er die Kraft des Besonderen nicht (mehr) aus sich selbst schöpfen kann; vor allem an Hugo Sonnenschein wird sich das Verführerische dieses Wanderer- und Dichterbildes zeigen.

D. François Villon

Die Entdeckung François Villons für den deutschen Sprachraum fällt nicht zufällig in die Zeit zwischen 1910 und 1930. Kann man 1910 noch bemerken, daß sein »Name in Deutschland nur Literaturkennern geläufig sein dürfte«[152], so ist im Jahre 1934 die »Nachkriegs-Villon-Renaissance«[153] offenkundig.

In Frankreich wird Villon in der ersten Hälfte des 19. Jahrhunderts wiederentdeckt und bleibt bis zu Baudelaire, Rimbaud und Verlaine für den engen

---

[149] Ein Beispiel wie Johannes R. Bechers »Wanderlied« (Becher 1, 10), das sein Vorbild auch formal streng kopiert, ist freilich die Ausnahme.
[150] Vgl. unten S. 61.
[151] Nietzsche: Werke. Band V, 2. S. 208 (Die fröhliche Wissenschaft).
[152] Leo Lenz: François Villon. Romantische Komödie in vier Akten. Dresden, Leipzig: Reißner 1910. S. VII.
[153] Moldenhauer: Villon-Philologie. S. 135.

Kreis gleichgesinnter Literaten wie für das breite Publikum von anhaltend lebhaftem Interesse.

Nach 1850 entwickeln die englischen Präraffaeliten einen »Villon-Kult«[154], indem sie das Bild des Räubers und Vagabunden in einer vorausweisenden Art verfälschen[155], während wiederum ein halbes Jahrhundert später das Interesse für die Person und ihr Werk in Deutschland erwacht. Erfreute sich Villon im 19. Jahrhundert nur der gelegentlichen Aufmerksamkeit der (deutschen) Romanistik[156], so werden mit der ersten deutschen Ausgabe von 1903[157] und besonders mit der auf ihr fußenden Übersetzung Klammers von 1907[158] die Grundlagen für eine breitere Aufnahme seiner Dichtungen gelegt.

Im Jahre 1909 erscheint Leo Lenz' romantische Komödie »François Villon«, die allerdings noch nur mittelbar beeinflußt ist: Lenz dramatisiert den Stoff einer englischen Erzählung. Kasimir Edschmid geht dagegen in seiner Novelle »Die Herzogin« direkt auf den Franzosen zurück.[159] Die Rolle, die Villon unter den jungen deutschen Dichtern einzunehmen beginnt, zeigen Klabunds lyrisches Porträt von 1919 (Klabund 3) und Brechts und Wedekinds Bemühungen. Höhepunkt und zugleich abrupten Abschluß der Villon-Rezeption bilden die Jahre 1928 bis 1933. Kurz nacheinander erscheinen die Übersetzungen oder Nachdichtungen Haringers (Haringer 8), Klammers[160], Chapiros[161] und Zechs[162] sowie das Villon-Buch Chapiros[161]. Nach 1933 gilt, was für die Vagabunden galt: Das Interesse ist nicht mehr nachweisbar. Moldenhauer stellt 1934 mit Genugtuung (und sicher einigem Wunschdenken) fest: »Das neue Deutschland findet keinen Geschmack mehr an literarischer Landstreicherromantik, der großen zuchtlosen Mode aus der Zeit zerstörender Arbeitslosigkeit.«[163]

[154] Glen Omans: The Villon Cult in England. — In: Comparative Literature 18 (1966) S. 16—35.
[155] Vgl. Werner Mulertt: François Villons Fortleben in Wissenschaft und Dichtung. — In: Die Neueren Sprachen 28 (1921) S. 326 f.
[156] Albert Stimming: François Villon. — In: Archiv für das Studium der neueren Sprachen 48 (1871) S. 241—290. — Wilhelm Armbrust: François Villon, ein Dichter und Vagabonde. — In: Archiv für das Studium der neueren Sprachen und Literaturen 65 (1881) S. 179—198.
[157] Die Werke Maistre François Villons. Mit Einleitungen und Anmerkungen herausgegeben von Wolfgang von Wurzbach. Erlangen: Junge 1903.
[158] François Villon: Des Meisters Werke. Ins Deutsche übertragen von K. L. Ammer. Berlin: Hyperion [1907].
[159] Vgl. Mulertt: Villons Fortleben. S. 330 f.
[160] François Villon: Balladen. Ins Deutsche übertragen und mit einem Nachwort versehen von K. L. Ammer. Berlin: Kiepenheuer 1930.
[161] Joseph Chapiro: Der arme Villon. Berlin, Wien, Leipzig: Zsolnay (1931). (Mit Übersetzungen in Auswahl.)
[162] Die Balladen und lasterhaften Lieder des Herrn François Villon in deutscher Nachdichtung von Paul Zech. Weimar: Lichtenstein 1931.
[163] Moldenhauer: Villon-Philologie. S. 133.

Es kann hier nicht die Aufgabe sein, Abhängigkeiten zwischen den einzelnen Übersetzern zu zeigen[164] oder Kontroversen nachzuzeichnen[165]. Vielmehr müssen wir die erste Villon-Rezeption in Deutschland zu begründen versuchen und den Einfluß des französischen Lyrikers näher bestimmen. Wenn Villon »in der Nachkriegszeit eine verstärkte dauernde buchhändlerische Ausbeutung«[166] erfährt, muß er den Geschmack dieser Jahre treffen. »Eine tieferschürfende Beschäftigung mit Villon und seiner Zeit vermag die Erkenntnis und das Verständnis gegenwärtiger oder soeben überwundener Situationen entschieden zu fördern«[167]: Eine Zeit, in der die Vagabundage sich häuft, weckt das Interesse an dem frühen Vorbild ganz von selbst. Sie möchte den wirtschaftlich-sozialen Mißstand wohl auf diese Weise überhöhen und damit überdecken. Moldenhauer spricht von »Landstreicherromantik« und gibt das Stichwort für die Umdeutung, die auch in Deutschland eine breite Villon-Aufnahme erst möglich macht. Das Publikum liest ihn gewissermaßen als Protagonisten der neuromantischen Seelenvagabundenliteratur; daß ein so verstandener Villon in dieser Zeit seine fragwürdige Blüte erleben kann, nimmt nicht wunder.

Zweierlei kommt in ganz anderem Sinne hinzu: Der französische Symbolismus zeigt sich einerseits in Dichtern wie Rimbaud und besonders Verlaine dem vagierenden Vorgänger erstaunlich verwandt, zum anderen hat er der deutschen Lyrik nach der Jahrhundertwende starke Impulse gegeben. In der Tat finden sich die Villon-Übertragungen Dehmels[168] in unmittelbarer Nähe einiger seiner Verlaine-Nachdichtungen (Dehmel 1, 70 f), »Der Kunde« nennt als Apologeten des Vagabundentums neben Villon Rimbaud (Kunde 1. 5, 14), und in Fritsches »Verschneitem Atelier« heißt es:

> Es bleibt nur: Unterm Wintermond auf letzter Schneechaussée
> Rimbaud lesen
>
> (Fritsche 1, 5).

Eine zweite Brücke bilden Kabarett und Chanson, die sich, an französische Vorbilder angelehnt, um diese Zeit in Deutschland etablieren; ihre Autoren — etwa Wedekind — schulen sich auch an Villon, dem »direkten Ahnherrn der zeitkritischen Kabarettdichtung«[169].

---

[164] Etwa die Zechs von Haringer. Vgl. Moldenhauer: Villon-Philologie. S. 134.

[165] Kontroverse zwischen Zech und Chapiro im Berliner Tageblatt vom 25. 4. und 30. 4. 1931.

[166] Moldenhauer: Villon-Philologie. S. 117.

[167] Moldenhauer: Villon-Philologie. S. 116.

[168] »Lied des vogelfreien Dichters« (Dehmel 1, 68 f); »Lied der Gehenkten« (Dehmel 1, 69 f).

[169] Klaus Budzinski: Die Muse mit der scharfen Zunge. München: List (1961). S. 18. Vgl. oben S. 12. — Karl Riha: Moritat. Song. Bänkelsang. Göttingen: Sachse u. Pohl (1965) hat im Zusammenhang mit Villon die »Vaganten- und Landstreicherlyrik« wahrgenommen, die in Deutschland »um die Jahrhundertwende« aufge-

Über solche allgemeinen Affinitäten hinaus sind bei den Dichtern der jungen
Generation, die sich besonders seiner annehmen, persönliche Motive maß-
geblich.

Dehmel, der in »Landstreichers Lobgesang« (Dehmel 1, 181—183) ein
herausragendes Beispiel für das lyrische Gegenstück zu den Romanen um
einen Seelenvagabunden bietet, stößt noch von dieser Mode her auf Villon.
In seinen Übersetzungen verweisen Verse wie: »Und meine Not ist meine
Seligkeit« und: »Bin reich ich, der ich nichts verlieren kann« (Dehmel 1, 68 f)
eindeutig in einen Zusammenhang mit dem Typ, der trotz allem reich und
selig ist.

Klabund und erst recht Haringer, der »neue Villon aus deutschem Ge-
blüt«[170], begreifen dagegen den Dichtervaganten des 15. Jahrhunderts wirklich als Geistesverwandten. Die Person Villons ist ihnen dabei mindestens
ebenso wichtig wie sein Werk. Indem sie sich mit ihr identifizieren, dichten
sie sie; ihre Verse scheinen auf einen doppelten Hintergrund durch:

> Ohne Heimat in der Fremde
> Bin ich ganz auf mich gestellt
> (Klabund 3, 29).

Klabund möchte Villon und seinem »goldnen Chor von Strophen« (Klabund 3, 3) ein Denkmal setzen. Dazu nimmt er zum Teil Vokabular und
Diktion des Originals auf, wie im Margot-Gedicht (Klabund 3, 9) oder in
den Testamentsstrophen (Klabund 3, 25 f), zum Teil führt er es inhaltlich
weiter.

Bei Haringer herrscht nichts als der Wunsch, Villon sich zu assimilieren,
obwohl er als Übersetzer die weit strengere Arbeit zu leisten hat. Wie nahtlos
sie in sein eigenes Schaffen übergeht, sei nur an wenigen Beispielen gezeigt[171]:

> denn ich bin müd und klein (Haringer 8, 1)
>
> Bet ich zum lieben Gottes Sohn (Haringer 8, 2)
>
> ohne Gut und Glück (Haringer 8, 3)
>
> Was war ich lustig ach und froh
> in grüner Knabenzeit —
> (Haringer 8, 6)
>
> weil ich kein Stern, kein Glück (Haringer 8, 7).

Brecht, der zu Klammers Ausgabe von 1930 ein Sonett schreibt[172], ist
gleichermaßen von der Person des Außenseiters und Empörers wie von der

---

kommen sei; er entgeht der Gefahr, Verschiedenartiges zu vermischen, nicht, wenn
er, mit dem Archipoeta, Goethe, Des Knaben Wunderhorn als »poetischen Vorbildern«, Martin Drescher, Otto Krille, Peter Hille, Jakob Haringer und Walter
Mehring in einem Atemzug nennt (S. 71 f).

[170] Helwig: Blaue Blume des Wandervogels. S. 189.
[171] Ich greife damit vor, will und kann indessen nur andeuten.
[172] Villon: Balladen. S. 5.

Urwüchsigkeit seiner Sprache begeistert; seine Balladen, in »Baal« beispielsweise, und vor allem die Songs der »Dreigroschenoper« lassen sich zum Teil
so sehr davon inspirieren, daß Alfred Kerr zu ganzen Strophen den Vorwurf
des Plagiates erheben kann.

Zech wiederum kommt zu Villon, weil er aus seinen politischen Intentionen
heraus in ihm den Sozialrevolutionär sieht.

Hier wird Villon im deutschen Sprachraum allgemein populär, dort spricht
er im gleichen Augenblick eine Reihe von Autoren, aus verschiedenen Gründen,
stark an: Einen latenten Einfluß auf die Vagabunden- und Vagantenlyrik vor
allem der zwanziger Jahre darf man vermuten. Verse wie die Hackers
sprechen deutlich dafür:

> Bring' ich es einmal hoch, ist's bis zum Galgen,
> Werden die Raben sich dann um mich balgen;
> Speien die Leute aus, ich mach mir gar nichts draus,
> Ich sterb' ja unbekannt, als ein Vagant!
> (Straubinger 2. 12, 1)[173]

Fritsche nennt in einer Reihe von Vorläufern Villons Namen: »Wer vor
Villons Tavernen mit drei Hellern in der Tasche stand« (Fritsche 3, 32), und
auch der Vagabund gedenkt ausdrücklich seiner:

> Und — hat man vergessen, daß es einen gab —
> Wer weiß, wo er starb, wer weiß, wo sein Grab? —
> Der auch so ein Kunde und Vagabund war,
> Der ein wüster Geselle und toller Hund war,
> Ein Freund von Strolchen, Landstreichern, Huren,
> Ein Feind von Herren- und Sklavennaturen,
> Verfolgt und vertrieben von Pfaff und Richter
> Und trotzdem — Genie und trotzdem Dichter,
> Gejagt und gehetzt von Scherge und Henker
> Und trotzdem ein — Kopf und trotzdem ein Denker!
> François Villon hieß dieser »verlorene Sohn«,
> Er nannte sich »Montcorbier«, dem Galgen zum Hohn,
> Und war ein Kerl, war Saft, war Kraft,
> War Fleisch, war Blut, war Leidenschaft!
> Und mancher hat, traf er in einer Landstraßennacht
> Einen alten Kunden, an den Vagabunden Villon gedacht —
> Wenn der Kunde wehmütig in die Weite sah, die sternenklare,
> Und wie Villon spintisierte.. »Wo ist der Schnee vom vorigen Jahre..?«
> (Anthologie 3, 143 f)

---

[173] Es genügt die lakonische Feststellung, daß nach 1870 die Todesstrafe durch Ent-
hauptung in einem geschlossenen Raum vollzogen wird und Villon eigentlich
Montcorbier (Rabenberg) heißt.

E. Andere Einflüsse

Die Einflüsse auf die deutsche Wanderer-, Vagabunden- und Vagantenlyrik sind damit weder im ganzen noch im einzelnen vollständig dargestellt.

Für die Wanderer ist auf eine spezifisch deutsche Tradition zu verweisen, die über die gezeigte Hauptlinie hinaus auch Seume, Heine, Arndt, Platen, Freiligrath, C. F. Meyer und andere einbegreift. Man hat aber zu unterscheiden zwischen der (nur verbalen) Berufung auf große Vorbilder und dem tatsächlich nachweisbaren Einfluß.

Kaum ein Wanderbuch läßt es sich entgehen, auf *Goethe* zu verweisen. Gerstenberg zum Beispiel stellt ihn dem Wanderer Jahn gegenüber; jener ist schwerlich kritisierbar, gleichwohl ist die Sympathie für diesen offenkundig.[174] Goethe wird in der Frankfurter Zeit, wie er sich in »Dichtung und Wahrheit« erinnert, »wegen meines Umherschweifens in der Gegend«, »der Wanderer« genannt[175] und legt sich bis ins Alter hinein diesen Namen oftmals bei; nicht nur Gedichte, auch die meisten der größeren Werke, von »Den Leiden des jungen Werthers« bis »Faust. Zweiter Teil« lassen sich für das Motiv heranziehen.[176] Eine andere Nachwirkung als solche Lippenbekenntnisse hat seine sich ständig entwickelnde Wandererauffassung aber so wenig gehabt wie die *Hölderlins*[177], (obgleich dieser seit 1910 wiederentdeckt wird), um die beiden bemerkenswertesten Beispiele der deutschen Literaturgeschichte wenigstens zu nennen.

Nicht unerwähnt bleiben darf der Einfluß des christlichen Erdenwanderers, des *homo viator*, der für den Seelenwanderer — in einer pervertierten Form freilich — Bedeutung gewinnt[178]; Nigg handelt Unterschiede wie Berührungspunkte »zwischen dem christlichen Pilger und dem modernen Wanderer«[179] ab.

Die meisten und die gesichertsten Vorbilder sind nicht zufällig für das Wandern zu ermitteln; nicht zufällig entstammen sie dem deutschen Sprach-

---

[174] Gerstenberg: Deutsches Wandern. S. 9—15.
[175] Johann Wolfgang von Goethe: Werke. Weimarer Ausgabe. I. Abteilung. Band 28. Weimar: Böhlau 1890. S. 118.
[176] Vgl. Hans Joachim Schrimpf: Gestaltung und Deutung des Wandermotivs bei Goethe. — In: Wirkendes Wort 3 (1952/53) S. 11—23. — Bruno Schmidlin: Das Motiv des Wanderns bei Goethe. Phil. Diss. Bern 1963. — Edith Baron: Das Symbol des Wanderers in Goethes Jugend. — In: Deutsche Beiträge zur geist. Überlieferung 5 (1965) S. 73—107.
[177] Erich Ruprecht: Wanderung und Heimkunft. Hölderlins Elegie »Der Wanderer«. Stuttgart: Schmiedel 1947. — Andreas Müller: Die beiden Fassungen von Hölderlins Elegie »Der Wanderer«. — In: Hölderlin-Jahrbuch 3 (1948/49) S. 103 —131.
[178] Vgl. unten S. 93—98.
[179] Walter Nigg: Des Pilgers Wiederkehr. Zürich, Stuttgart: Artemis (1954). S. 19. — Vgl. als extremes Beispiel etwa »Auf der Wanderschaft« (Maurer 1, 7).

raum: Wandern wird immer mit Nachdruck als ›deutsch‹ reklamiert[180]; *Jean Jacques Rousseau*, der ein unstetes Wanderleben führte (»Träumereien eines einsamen Wanderers«, 1782), bestätigt als Ausnahme diese Regel nur.[181]

Wer die Vagabunden- und Vagantenlyrik in einen geistigen Zusammenhang stellen möchte, ist dagegen vornehmlich auf ausländische Zeugnisse angewiesen, die spärlicher und, das gilt insbesondere für die Vaganten, weniger erheblich sind.

Von den Zeitgenossen sind dabei *Maksim Gor'kij*, der Dichter des »Nachtasyls«[182], und *Knut Hamsun*, der in der Seelenvagabundenmode aufgeht[183], zu nennen. Auf dem Weg über das Kabarett beschäftigt man sich wieder mit *Carl Michael Bellman*, dem schwedischen Vaganten aus dem 18. Jahrhundert: Hanns von Gumppenberg, einer der »Elf Scharfrichter«, nimmt sich seiner an.[184]

Hauptsächlich aber ist hier *Walt Whitman* hervorzuheben, der besonders nach seinem hundertsten Geburtstag (1918) in Deutschland Aufnahme findet.[185] Der Einfluß seines hymnischen Stils auf die Expressionisten von Stadler bis Becher, und damit auch auf Hugo Sonnenschein, ist hinlänglich bekannt. Auf den dem Vagabunden benachbarten Arbeiterwanderer, besonders auf Engelke, Grisar, Lersch wirkt er ein, der »Vagabund« ruft den amerikanischen Tramp zum Kronzeugen an, indem er das »Lob des Vagabunden« von 1840 nachdruckt.[186]

Die wichtigeren Traditionen für die deutsche Wanderer-, Vaganten- und Vagabundenlyrik sind damit benannt. Tiefergehendes ist die Sache von Spezialarbeiten, zu denen der Grund erst gelegt werden muß: Im folgenden sollen die Gedichte primär aus sich heraus dargestellt und bewertet werden.

---

[180] Vgl. »Wanderideologie«, unten S. 279—289.

[181] Friedrich Hermann Löscher: Die Bedeutung Jean Jacques Rousseaus für das Wandern. — In: Der Tourist 29 (1912) S. 482 f.

[182] Vgl. J. E. Poritzky: Vagabunden-Romane. — In: Berliner Börsencourier Nr. 195 (1908) S. 7 f. — Vgl. auch Anthologie 18, 89 ff.

[183] Gillinger: Der Vagabund und seine Brüder. S. 21—40.

[184] Bellman-Brevier. Aus Fredmans Episteln und Liedern. Deutsch von Hanns von Gumppenberg. München: Langen (1909).

[185] Harry Law-Robertson: Walt Whitman in Deutschland. Gießen: Kindt 1935. — Detlev W. Schumann: Observations on Enumerative Style in Modern German Poetry. — In: PMLA 59 (1944) S. 1111—1155 nennt u. a. Paquet, Wegner, Winckler, Engelke, Lersch.

[186] Kunde 3. 1, 1 f. — Mit Kreuzer: Bohème. S. 236 f ist auf die zeitgenössischen Einflüsse aus den USA hinzuweisen, die sich durchweg im Roman auswirken, z. B. bei dem ›deutschen Jack London‹ Joseph Matthäus Velter (1895—1949).

ZWEITER TEIL:

DER WANDERER

1. KAPITEL: DER FROHE WANDERSMANN

Motto:
Wandern nur heisst leben.
(Reiß 1, 311)

»Der frohe Wandersmann«: so lautet der Titel des bekannten Gedichtes aus Eichendorffs »Taugenichts«[1] sowie der eines im Jahre 1925 erschienenen Buches, das Wanderlieder und -berichte des 19. Jahrhunderts sammelt (Anthologie 39).

»Der frohe Wandersmann« kennzeichnet so am besten eine umfangreiche Gruppe von Autoren, deren Lyrik, in dieser Abhängigkeit befangen, zumeist minderen Ranges ist, aber Bedeutung gerade durch ihre Unbedeutendheit gewinnt: Sie macht die Gedichte für breite Schichten beliebt und leicht lesbar, sie macht sie wirkungsgeschichtlich wichtig.

Individuelles Gepräge fehlt dieser Lyrik weitgehend. Relativ einförmig, begegnet sie den gleichen Erscheinungen mit den gleichen überkommenen Modellen. Das erleichtert es, einen Typus des frohen Wandersmannes herauszuarbeiten und zu zeigen, um welche Motive und Grundvorstellungen er kreist. Was Clemens Lessing für die Belange seiner Arbeit zum Typus sagt[2], gilt allerdings auch hier. Die einzelnen Autoren nähern sich ihm mehr oder weniger weit; *rein* vertritt ihn niemand.

A. Biographisch-bibliographischer Überblick

Lassen wir, damit das Faktische nicht gar zu kurz komme, zunächst die Hauptvertreter und ihre (für unseren Zusammenhang) wichtigeren Werke Revue passieren[3]. Eine Einteilung nach Generationen stellt — in drei Schritten: Vorläufer, Hauptgruppe, Nachzügler — den Zusammenhang mit der Entwicklung, die das 19. Jahrhundert hindurch zu verfolgen war, deutlich her.

Während sich der 1858 geborene Johannes Reinelt noch am gängigen Vagantenmodell orientiert, verfaßt *die Gruppe der zwischen 1860 und 1870*

---

[1] Eichendorff: Sämtliche Werke. Band 1, 1. S. 5.
[2] Clemens Lessing: Das methodische Problem der Literatursoziologie. Phil. Diss. Bonn 1950. S. 22.
[3] Für die genauen bibliographischen Angaben sei auf das Literaturverzeichnis verwiesen.

Geborenen ihre Gedichte schon ganz in der typischen ›neuen‹ Manier. Ihre Autoren beginnen im Durchschnitt um die Jahrhundertwende zu veröffentlichen. Damit fällt ihr Schaffen in die Zeit, die ein hohes Bewußtsein vom Verlust der Natur entwickelt; es ist von dem der Jüngeren nicht zu unterscheiden. Ein treffliches Beispiel dafür, wie die neuen Inhalte das alte Schema zu durchdringen beginnen, wie das »Wanderlied« (Geißler 1, 12) (1908) das »Lied eines Fahrenden«[4] (1893), oder, deutlicher, wie die »Gesegnete Wanderung« (Ernst 1, 52) das »Mihi est propositum« (Ernst 1, 107 f) ablöst, gibt die »Nachtwanderung« in Denckers »Vagantenliedern« von 1901[5]; in Kiehnes »Spielmannsweisen« (Kiehne 1, 19—29) ist der Übergang vom historisierenden Vagantenlied zur naturbetonten Wandererlyrik vollzogen.

Herauszuheben aus der ersten Gruppe sind der Prager Arzt *Hugo Salus* (1866—1929), vor allem mit den Gedichtbänden »Glockenklang« von 1911 und »Klarer Klang« von 1922, der Schweizer *Alfred Huggenberger* (1867—1960), der in seinen Gedichten, besonders in den Bänden »Die Stille der Felder« (1913) und »Wenn der Märzwind weht« (1920), das bäuerliche Element mit dem Wandern verknüpft und die »Gebundenheit« (Huggenberger 2, 24) an die Scholle als Gefangenschaft interpretiert, und der um wiederum ein Jahr jüngere *Max Geißler* (1868—1945) mit den »Neuen Gedichten« von 1914.

Weniger bedeutsam sind dagegen zwei andere Lyriker, deren Werk im Dorfleben wurzelt: die Schwarzwälderin Auguste Supper (1867—1951) mit dem Band »Das Glockenspiel« (1918) und der Schweizer Jakob Boßhart (1862—1924) mit den »Gedichten« von 1924.

Die mittlere, umfangreichste Gruppe der zum frohen Wandersmann zu zählenden Autoren ist in den siebziger Jahren geboren. Ihre Hauptschaffenszeit fällt in die Jahre des Expressionismus, der aber als Bewegung der vor 1890 geborenen jungen Literaten an dieser Generation vorbeigeht.

Der Bekannteste und Wichtigste unter ihnen ist *Hermann Hesse* (1877—1962), mit Hugo Balls vielzitiertem Wort »der letzte Ritter aus dem glanzvollen Zuge der Romantik«[6], der »an seine Herkunft tiefer gebunden [war], als ihm greifbar geworden«[7]. Wie reserviert man sich solchen Pauschalurteilen gegenüber auch verhalten mag: diese seine »Herkunft« ist durch Herausgebertätigkeit, erklärte Vorliebe, ausgiebige Lektüre so belegt, daß es müßig ist, darauf einzugehen. Sie ist von nahezu allen Interpreten zumal des jungen Hesse

---

[4] Max Geißler: Ausfahrt. Dresden: Lehmann 1893. S. 79 f.
[5] Dencker: Vagantenlieder. S. 7 f.
[6] Hugo Ball: Hermann Hesse. 7. Auflage. Frankfurt: Suhrkamp 1947. S. 26.
[7] Ball: Hesse. S. 206. — Hesse ist natürlich hier ausschließlich durch seine frühe Lyrik vertreten.

gesehen und sogar zum Thema von Spezialarbeiten gemacht worden.[8] Sein Weg zwischen »Bürger« und »Wanderer« ist verfolgt[9], die Motivverkettung von Wandern, Einsamkeit, Traum, Kindheit aufgedeckt worden[10]. Maurer sieht in Hesses Werk zwei »romantische Dimensionen« verwirklicht: Ironie und Wandertrieb[11]; auch zur Bestimmung dieses »Wandertriebes« reichen wenige Anmerkungen hin. Ausgiebiger als die verwandten Lyriker theoretisiert Hesse nämlich: in einem Heft des Dürerbundes, das von der Poesie und Romantik des Reisens handelt[12], und vornehmlich in der tagebuchnahen »Wanderung« von 1920, die Aufzeichnungen, Aquarelle und Gedichte enthält; er gewinnt so exemplarische Bedeutung.

Die unreflektierte, naive, teilweise wörtliche Übernahme romantischer Anschauungen bei allen angesprochenen Themen, bei Kindheit (Hesse 3, 48) und Tod (Hesse 3, 39), bei Liebe (Hesse 3, 30) und Heimat (Hesse 3, 63), besonders aber beim Wandern fällt sofort ins Auge: »Auch uns Wanderer führt jeder Weg nach Hause« (Hesse 3, 21). Das »immer nach Hause« paraphrasiert Hesse weitläufig; nicht mit neuen Gedanken, sondern mit bekannten, bekannt dunklen Paradoxa macht er es wesentlich:

> Heimat ist in dir innen, oder nirgends.
> Wandersehnsucht reißt mir am Herzen, wenn ich Bäume höre, die abends im Wind rauschen. Hört man still und lange zu, so zeigt auch die Wandersehnsucht ihren Kern und Sinn. Sie ist nicht Fortlaufenwollen vor dem Leide, wie es schien. Sie ist Sehnsucht nach Heimat, nach Gedächtnis der Mutter, nach neuen Gleichnissen des Lebens. Sie führt nach Hause. Jeder Weg führt nach Hause, jeder Schritt ist Geburt, jeder Schritt ist Tod, jedes Grab ist Mutter.   (Hesse 3, 63)

Die Wandersehnsucht als Sehnsucht nach Heimatbindung ist retrospektiv, »Mutter« steht für die Rückkehrwünsche nicht nur des individuellen Lebens: »Ein Kind und glücklich« (Hesse 3, 48) war der Mensch in früheren, besseren Zeiten. So wird das Wandern Symbol für das ›natürliche‹, ursprüngliche Leben; Heimat hat »innen«, wer um diesen Wurzelgrund noch weiß, nur er hat Sehnsucht, nur er kann wandern. Die enge Verquickung des Wanderns mit dem Glück, die ins Religiöse gehobene Metaphorik und die Einsamkeit

---

[8] Gerhard Maurer: Hermann Hesse und die deutsche Romantik. Phil. Diss. Tübingen 1955. — Kurt Weibel: Hermann Hesse und die deutsche Romantik. Phil. Diss. Bern 1954. Weibel beschränkt sich fast ganz auf die Prosa.

[9] Edmund Gnefkow: Hermann Hesse. Freiburg: Kirchhoff (1952). S. 35 f. — Vgl. Gump: Problem des Taugenichts. S. 534. Gump nennt diese Diskrepanz Hesses »Urerlebnis«.

[10] Nikolàs Jorge Dornheim: Das Gedächtnisfest. Phil. Diss. München 1969. S. 78 —83.

[11] Maurer: Hesse und die Romantik. S. 124.

[12] Wandern und Reisen. 14. Flugschrift des Dürerbundes. München: Callwey [1906]. S. 1—8.

des Wanderers gründen in dieser flüchtigen, schein-romantischen Illusion: »Unser Glaube aber, die Frömmigkeit der Weitgereisten, ist einsam« (Hesse 3, 79). Der Weg zu einer ätherisch-ästhetischen Sekte derer, die »Heimat in sich haben« (Hesse 3, 109) und dennoch das ›triviale‹ Heimweh nicht verleugnen können, ist nicht mehr weit: »Der vollkommene Mensch meiner Art, der reine Wanderer, müßte das Heimweh nicht kennen« (Hesse 3, 15). Das Romantik-Syndrom aller Wandererlyrik im 20. Jahrhundert: Hesses »Wanderung« bietet es in nuce.

Daneben ist die Lyrik des Wanderers und Reisenden Hesse, die vom zuversichtlich-vitalen »Reiselied« (Hesse 2, 64) bis zu »Vereinsamung« (Hesse 2, 16) und »Resignation« (Hesse 1, 56) reicht, vor allem unter den charakteristischen Titeln »Unterwegs« (1911), »Musik des Einsamen« von 1915 und »Trost der Nacht« (1929) gesammelt.

Nächst Hesse ist *Wilhelm von Scholz* (1874—1969) zu nennen. In den Bänden »Neue Gedichte« (1913), »Die Häuser« (1923) und »Gedichte« (1924) variiert er, dessen Studium »oft durch schöne Wanderwochen in deutscher und fremder Landschaft unterbrochen«[13] ist, das Motiv der ewigen Heimat und Heimatsuche. »Fahrten. Ein Wanderbuch« von 1924 und »Wanderungen« aus dem gleichen Jahr, Wander- und Reiseberichte mit einem »Reisen« überschriebenen Vorspann, ergänzen das Bild. Das »schwärmerisch jugendlich-romantische Reisen mit Laute und Gesang« sieht er hier als Mittel einer Erziehung »zum Reisen in einem besseren Sinne«[14], zum »Goethischen Reisen«[15]. »Die Schaffung des freien Wandergefühls«[16] soll der als unbefriedigend und gefahrvoll empfundenen Zeit entgegenwirken.

Wie Scholz nimmt sich auch *Franz Karl Ginzkey* (1871—1963) besonders des Motivs der Lebenswanderschaft an. Er erbt das »unstäte Wanderblut« seines Vaters[17] und sucht seinen Wunschträumen literarische Ersatzbefriedigung zu schaffen, so vornehmlich in den »Liedern« (1916) und dem Band »Befreite Stunde« von 1917, während »Der von der Vogelweide« (1912) noch der historisierenden Mode nahesteht. Seiner Autobiographie gibt er den bezeichnenden Titel »Der Heimatsucher«.

Auch der baltische Freiherr *Otto von Taube* (1879—1973) kommt als Wanderer auf den Spuren Goethes und der Romantiker zur Wandererlyrik. Weite Fußwanderungen führen ihn durch Deutschland, die Schweiz und Italien. »Der Wanderer« heißt denn auch ein Kapitel seiner »Neuen Gedichte« von 1911; seine »Wanderlieder« sind im gleichnamigen 1937 erschienenen Gedicht-

---

[13] Das Wilhelm von Scholz Buch. Eine Auswahl seiner Werke. Stuttgart: Hädecke 1924. S. 295.
[14] Wilhelm von Scholz: Wanderungen. Leipzig: List (1924). S. 17.
[15] Scholz: Wanderungen. S. 18.
[16] Scholz: Wanderungen. S. 22.
[17] Robert Hohlbaum: Franz Karl Ginzkey. Leipzig: Staackmann 1921. S. 8.

buch gesammelt. Noch die Autobiographie des über Siebzigjährigen zeugt von der Bedeutung, die von Taube dem Wandern (und Goethe!) zeitlebens beimißt: Sie führt den Titel »Wanderjahre. Erinnerungen aus meiner Jugendzeit«. Am deutlichsten erläutert das Alfred Wolters gewidmete Gedicht »Wandern« (Taube 1, 143) seine Auffassung. Der Unabhängigkeit und Natur liebt und die Freundschaft zu schätzen weiß, spricht hier.

Ganz ähnlich sind die Motive des Freiherrn *Emanuel von Bodman* (1874 —1946). Der Weltgewandte und Erfahrene gibt sich »mit offnem Blick und offnem Rock« (Bodman 1, 363 f) für eine begrenzte Zeit der Natur anheim. Auch Bodman kultiviert eine Form des Wanderns, die sich nur schwer zu behaupten weiß. Seine Lyrik, vor allem »Der Wanderer und der Weg« von 1907, beweist das.

Im Sommer 1905 unternimmt er, begleitet von Hesse, Scholz und Finckh, seinen Nachbarn am Bodensee, eine Bergwanderung.[18] Diese Tatsache sei nur erwähnt, um zu zeigen, daß es neben den vertikalen auch horizontale Verbindungslinien gibt, außer den persönlichen Freundschaften auch solche über den gleichen Verleger; Ginzkey nennt den Staackmann-Kreis mit Paul Heyse, Alfred Huggenberger, Max Geißler, Otto Ernst und sich selbst.[19]

Der mit Hesse befreundete *Ludwig Finckh* (1876—1964) steht mit dem Wandervogel in Verbindung und unternimmt, nach eigenen Aussagen in »wiedererwachter Wanderlust«[20], weite Reisen, so daß er bemerken kann: »Was sind wir im Leben anderes als dauernd Wanderer und Reisende!«[21] 1913 verfaßt er einen Artikel »Wanderkunst«[22], der mit dem Wanderer als einem »tieferen Menschen« ganz in den üblichen Bahnen bleibt.

Auch *Hans Heinrich Ehrler* (1872—1951) schließlich hat in seinen Gedichtbüchern, von den »Frühlingsliedern« (1913) bis »Gesicht und Antlitz« (1928), in der Tat im übertragenen Sinne »den Eichendorff unterm Kopfkissen« (Ehrler 1, 75), freilich einen Eichendorff, wie ihn die Zeit versteht; »Der Wanderer. Ein Geistliches Spiel«[23] hat einen sich opfernden »Wundermann« zum Helden.

Aus der *Gruppe der Nachzügler* sind *Hans Ehrke* (geb. 1898) mit dem »Rufer« von 1922, *Josef Georg Oberkofler* (1889—1962) mit »Gebein aller

---

[18] Vgl. Bodman: Die gesamten Werke 1. S. 103 f.
[19] Vgl. Franz Karl Ginzkey: Der Heimatsucher. — In: Franz Karl Ginzkey: Ausgewählte Werke. Erster Band. Wien: Kremayr u. Scheriau (1960). S. 174 f.
[20] Zit. nach Franz Lennartz: Deutsche Dichter und Schriftsteller unserer Zeit. 10., erweiterte Auflage. Stuttgart: Kröner (1969). S. 192 f.
[21] Ludwig Finckh: Bruder Deutscher. Stuttgart, Berlin, Leipzig: DVA 1925. S. 58.
[22] Jakob Gratwohl (d. i. Ludwig Finckh): Wanderkunst. — In: Der Tourist 30 (1913) S. 33 f.
[23] Ungedruckt; vgl. Henriette Herbert: Hans Heinrich Ehrler. Versuch einer Wesensschau. Krailling: Wewel 1942. S. 156—158.

Dinge« von 1921 und »Triumph der Heimat« (1927) und *Ernst Lothar* (1890
—1974) zu nennen, dessen Gedichtbücher »Der ruhige Hain« und »Die Rast«
1910 und 1912 erscheinen.

Der 1901 in Aarau in der Schweiz geborene *Heinrich Anacker* (gestorben
am 14. Januar 1971) verdient besondere Erwähnung, nicht etwa wegen der
Qualität seiner Gedichte, sondern wegen ihrer Menge und Minderwertigkeit,
die das Genre besonders gut zu klassifizieren erlauben. Ein jahrelanges Fahr-
tenleben gibt den Hintergrund für seine umfangreiche Wandererlyrik ab:

> Reiselust und Wandertrieb regten diese frühe dichterische Schaffensweise
> ungewöhnlich an. »Nie konnte ich«, so sagt er einmal, »ständig an einem
> Orte leben, so sehr mir auch mancher zur zweiten Heimat wurde, in die
> ich mich zurücksehnte. Mein Wanderleben führte mich von Zürich, Wien
> nach Berlin, München, Elbing, Leipzig und Rügen. Obwohl im Gebirge
> aufgewachsen, zog es mich immer wieder übermächtig ans Meer, dessen
> ewig wechselnde Farben und Stimmungen, dessen im Gegensatz zu der
> Starre der Berge ewig bewegte Grenzenlosigkeit und Unendlichkeit ich
> brauche. So wurde mir Rügen (Binz) zur zweiten Heimat!«[24]

Den Hesse-Verehrer Anacker, der als seine »Lehrmeister [...] am ehesten
die Romantiker«[25] bezeichnet, einen epigonalen Epigonen zu nennen: diese
doppelte Abwertung trifft seine Gedichte im Kern.

Heinrich Anacker: An Hermann Hesse

Du bist uns nah, wenn wir die Berge schauen,
Die deine Hand traumhaften Tons gemalt,
Wenn reife Glut auf die berückend blauen
Inseln wie Augen Gottes strahlt.

Kein Weg im Land, den nicht dein Fuß geschritten,
O Wanderer du, brennend in Lust und Qual.
Laß uns die Welt, die du erlebt — erlitten,
Suchen von Tal zu Tal!

(Anacker 4, 84)

Er huldigt dem als Führer Erkorenen und gibt eigenes Sehen und Handeln
dafür auf (Berge, »die deine Hand [...] gemalt«; »die Welt, die du erlebt«).
»Suchen von Tal zu Tal« heißt: nachwandern, die Beschränktheiten des Vorbildes kritiklos-emphatisch übernehmen, die von ihm »traumhaften Tons«
gemalte Welt für die wirkliche nehmen und sie besingen.

In jedem der recht gleichförmigen Gedichte hat sich Anacker zudem als der
Spätere Volkslied- und Wandervogelbewegung, mit der er heranwächst, zunutze machen können. Seine Gedichtbücher gedeihen auf einem von den
Älteren aufbereiteten Feld; früh schon kann er veröffentlichen, und rasch steigt
die Anzahl seiner Werke, angefangen mit »Klinge, kleines Frühlingslied« von

---

[24] Zit. nach Dippel: Anacker. S. 10.
[25] Zit. nach Dippel: Anacker. S. 12.

1921, dem Hesse gewidmeten Band »Werdezeit« aus dem nächsten Jahr und »Auf Wanderwegen« (1924) bis zu dem »Bunten Reigen« (1931) und darüber hinaus. Als Mitglied der NSDAP und der SA wird er uns noch andernorts beschäftigen.[26]

Zwei Aspekte, ein chronologischer und ein sozialer, mögen den Überblick abschließen.

Nicht von ungefähr ist die Hauptgruppe vor 1880 geboren und hat nur vereinzelte jüngere Nachfolger: Die Wandererlyrikbewegung läuft in den zwanziger Jahren langsam aus.

Nicht von ungefähr tragen sie auffallend viele Adlige: Scholz, Bodman, Taube; Börries von Münchhausen (1874—1945), Richard von Schaukal (1874—1942) und Alexander von Bernus (1880—1965) wären noch zu nennen. Ihnen gesellen sich Akademiker und Beamte aus zumeist großbürgerlichem Hause zu, wie der österreichische Beamte und Offizier Ginzkey oder die Mediziner Salus und Finckh. Eine andere Gruppe bilden Autoren bäuerlich-ländlicher Herkunft, von den Schweizern Boßhart und Huggenberger bis zu Oberkofler und Ehrke, und Dichter, deren Schaffen von der heimatlichen Landschaft geprägt ist, wie Wilhelm Schussen (1874—1956), der Schwabe, wie der Rheinländer Heinrich Zerkaulen (1892—1954), die Schwarzwälderin Auguste Supper oder der Österreicher Julius Zerzer (geb. 1889).

Aus der konservativen Grundhaltung beider Gruppen leitet sich die Affinität zu den pseudo-romantischen Vorstellungen ab, die das Aufblühen der Lyrik des frohen Wandersmannes im 20. Jahrhundert überhaupt erst ermöglicht.

B. Das Wandern

I. Der Grund des Wanderns

Dem Wandern auf den Grund zu gehen, verspricht am ehesten Aufschlüsse über es. Die Gedichte machen es dem, der sie daraufhin befragt, nicht leicht, denn oberflächlich-›handfeste‹ Begründungen wie die Taubes: »Und in der Heimat ist mein Haus verbrannt« (Taube 1, 115 f) fehlen zumeist; Antriebe wie Abenteuerlust, Gefahrfreude: »ständiger *Wechsel*«[27] sind in aller Regel sorgsam (und nicht ohne Grund, wie wir sehen werden) ausgespart.

---

[26] Vgl. unten S. 287.
[27] Fendrich: Wanderer. S. 7.

Auch traditionelle Motive, verlorene Liebe (»Hab' Liebe lassen müssen«, Bodman 2, 65) und die Sehnsucht nach dem Süden:

> Romfahrtlieder hör' ich klingen — —
> [...]
> Löset niemand mir die Schwingen?
> (Anacker 4, 69)

spielen eine geringe Rolle.

Die Gedichte des Wandersmannes ziehen es vor, bewußt im Unbestimmten zu bleiben, und belassen es dabei, sich, in einer ersten trivialen Schicht, auf die Lust an der Wanderschaft zu berufen:

> Tiefere Wonne weiß ich nicht auf Erden,
> Als im Weiten unterwegs zu sein
> (Hesse 2, 64).

Ihretwegen machen sie von der Freiheit Gebrauch, die Wanderschaft zu wählen, ohne nach weiteren Begründungen zu fragen:

> [...] Und so hab ich, weit
> Und breit herumzuschweifen, mir erkoren
> (Taube 1, 115 f)
> Beschwingtes Glück, sich Wanderschaft zu küren
> (Anacker 4, 74).

Was auf höherer Ebene hinzukommt, wie das »Fernweh« (Anacker 6, 245), muß unser Mißtrauen wecken. Zu gut ist es geeignet, eine Leerstelle anspruchsvoll zu füllen, zu schlecht entspricht ihm das Wandern in der Tat. Das wichtige Aufgesetzte beginnt hier: Der Weg führt über den Fernendrang zum Zwang, dem der Wandersmann zu unterliegen vorgibt:

> Was muß ich von Ort zu Ort
> Mit meiner Sehnsucht wandern!
> (Bodman 2, 65)
> Meine Schuhe müssen fort
> (Ehrler 2, 57)
>
> Und ich muß im grünen Land
> Als ein Gast und Fremdling gehen
> (Hesse 1, 38)
> Und du musst von dannen gehn
> (Reiß 1, 311).

Der Zwang ist gefällige Pose, wichtigtuerische Verbrämung, die tiefer greift als Freude allein, die objektive Berechtigung gibt und so geeignet ist, das Wandern bedeutungsschwerer zu machen. Das zu beweisen, genügt (neben einem kurzen Blick auf die Vagierenden, die tatsächlich, auch in den von den Wandersleuten streng gemiedenen Jahreszeiten, unterwegs sein müssen) der

Kontext. Denn selbstverständlich läßt sich der Wandersmann durch die Gewalt, die ihm angetan wird, »die Freude nicht / An dem Wandern nehmen« (Reiß 1, 311), und schon allein deshalb wird er uns nicht täuschen, weil er das (aufgepfropfte) ›Muß‹ nicht durchhalten kann; bisweilen schlägt es in demselben Gedicht um, wie bei der Gegenüberstellung der ersten Zeile von Anackers »Wanderglück« (Anacker 2, 41): »Wandern muß ich wieder ohne Rast« und der letzten: »Und ich mag nach keinem Ziele fragen!« Allenfalls darf man seinen »wehen Wanderdrang« (Anacker 4, 45) als angenehme, auszeichnende und befreiende Verpflichtung verstehen, als einen Zwang, sich in glückhaft-wandernder Aneignung der Natur zu bewahren.

Der Wandersmann wird verlockt, alles Naturhafte wird mit Kräften der Anziehung versehen, Wolken und Wellen »locken zur Wanderschaft« (Anacker 3, 25), Blumen locken »in die Weiten« (Anacker 3, 27), »Straßen locken weit ins Land« (Anacker 6, 174), ein Vöglein verlockt dazu, Grund und Boden zu verlassen (Huggenberger 2, 79 f): Auch solche Verlockung, die zunächst nichts Übernatürliches hat — wer fühlte sich durch die Natur nicht angezogen? — offenbart, ins Lügnerisch-Kitschige gewendet, ihren hohlen Untergrund und verstärkt die Skepsis. Anackers Wanderer nennt sich »verdammt zum Wandern ohne End'« (Anacker 5, 53) und wünscht doch, bereit zu werden zum »herbsten Glück [...] der Einsamkeit« (Anacker 5, 53), eine, wollte man sie ernst nehmen, recht seltsam anmutende Gefühlskontamination.

In konsequenter Weiterentwicklung sucht der Wandersmann den Anschein zu erwecken, als folge er einem Gesetz. Das ursprünglich Aktive des Wanderns, Aufbruch und Bewegung, wird in Passivität umgedeutet:

> Werd ich willenlos so fortgeführt
> (Ehrler 3, 43)
> Fühl ich weiter mich gezogen
> (Hesse 3, 24).

Der aktive Teil bleibt dabei in geheimnisvollem Dunkel. Das Wandern soll auf einen nicht erklärbaren, nur nachfühlbaren Anstoß hin erfolgen, allem Natürlichen, Trivialen entkleidet. Wo man Mächte ahnen soll, geraten die Formulierungen notwendig allgemein. Die Syntax, die sich des neutralen Personalpronomens als Subjekt bedient, erlaubt es, das Ich in erwünschtem Maße hintanzustellen. »Es« ergreift die Initiative, der sich der Wandersmann nur zu gerne unterwirft:

> Mich drängt es hinaus aus den Mauern!
> (Taube 2, 13)
> Wohin treibt's mich noch fort
> (Bodman 2, 65).

Besonders deutlich wird die Motivierung, wenn »es« einmal genannt wird:

> Rastlos treibt die Bangnis meines Herzens
> Mich umher.
>   (Anacker 2, 75)
> Ihn zwingt sein Geist, hinauf-, hinabzusehen
> und hinzuschweifen in die blauen Weiten
>   (Stamm 1, 90)
> Wie des Himmels Saum mich magisch zieht
>   (Ehrler 3, 43)
> weil eine dunkle Sehnsucht mich irre durchs Leben jagt
>   (Falk 1, 23).

Wer wollte sich solcher Argumentation verschließen, da ausschließlich Subjekte gewählt werden, die mit dem Verstande nicht zu realisieren sind? Kritisch-rationaler Nachprüfung wird der Grund des Wanderns energisch entzogen; vollends ins Mythische verschwimmt er im Übergang zum Seelenwanderer:

> Weil ich immer lauschen mußte
> Und in jedem fernen Sang
> Einen Ruf zu hören wußte,
> Der mich hold zu folgen zwang
>   (Seidel 1, 72).

Die Gedichte des frohen Wandersmannes sind um eine ›übernatürliche‹ Dimension bemüht. Jeden äußeren Anstoß vermeiden sie zu nennen; was Wunsch und Traum entspringt, geben sie dagegen als reale Begründung aus. Das korrespondiert mit der ›indikativischen Auslegung‹ Eichendorffs, die Lämmert diesen Jahrzehnten nachweist[28], das macht diese Lyrik außerordentlich leicht mißdeutbar.

> Wie wollt ich immer wandern ...
> [...]
> Das blaue Wunder zu finden
>   (Ehrler 1, 76)
> Meiner Blicke Unrastflügel
> [...]
> Suchen hinterm letzten Hügel
> Ein verwunschnes Märchenland
>   (Anacker 6, 245)
> Jenseits der blauen Berge fern,
> Da liegt das Wunderland
>   (Huggenberger 2, 79 f)
> [...] das Märchen der gaukelnden Ferne
>   (Lauckner 1, 56)
> Zu neuen Wundern lockt die Straße
>   (Salus 1, 82).

---

[28] Vgl. oben S. 17.

»Wunderweite, blaue Sehnsuchtsräume« (Ehrke 1, 10 f) errichtet sie, nach denen der Wandersmann ständig unterwegs ist, eine Heimat, aus der er kommt, ohne sie zu kennen.

Hier liegt vorgeblich die erste und letzte Begründung für sein Wandern. Die Frage nach jeder anderen lehnt er als zu kurz greifend ab. So erreichen die Gedichte endlich eine Stärke der Argumentation, der auch der Skeptiker nichts mehr entgegenzusetzen weiß:

> Was soll die Frage nach Grund,
> wo das Weiter wachpulst,
> was singendes Blut nicht mehr ertrug?
> (Anthologie 18, 97)

II. Die Art des Wanderns

Die Frage, warum der Wandersmann sich hinausbegibt, mündet unmittelbar in die andere, *wie* er denn wandert. Dort wie hier (wie auch in der Person des Wandernden) geht die Entwicklung vom einfachen Einleuchtenden zum verdächtigen Dunklen.

Zunächst gilt: Der Wandersmann möchte frei sein. Diese verständliche, aber wenig sagende Bestimmung richtet sich teilweise unterschwellig, wenn auch nicht so ausdrücklich wie bei den jungen Arbeiterwanderern, gegen die Werktags-Bindung:

> Und lege Lust und Schmerz beiseite,
> Und schweife in den Tag hinein
> (Bodman 1, 363 f)
> Und wieder wünsch ich mir den Stab zum Wandern,
> Im Ranzen weniges, nur daß ich frei
> Hinziehen möchte
> (Taube 1, 143).

Vornehmlich impliziert sie die Freiheit von jeglichem (äußeren) Ziel. Nicht Schlendern in den Tag hinein ist die Folge. Vielmehr versucht der Wandersmann (in Anlehnung an den Vagabunden und unter dessen Namen zuweilen), sich den Anschein der existentiellen Ziellosigkeit zu geben; die Beteuerungen, ziellos zu wandern, sind Legion:

> Die Gluten der Sehnsucht, die dämpft kein Wanderziel!
> (Anacker 4, 96)
> Schreit ich so den Weg entlang
> Ohne Hast und ohne Ziel
> (Ginzkey 3, 48)
> Runde Erde, ich habe kein Ziel!
> (Ehrler 2, 57)
> Immer bin ich ohne Ziel gegangen
> (Hesse 2, 30)

Mein Ziel heißt: wandern
(Scholz 1, 91)
[...] Wir fragen nicht: wohin!
(Seitz 1, 8)

Diesen weiteren Zug zur ›Verwesentlichung‹ legt ein Gedicht offen, das,
wie Bodmans »Zauber der Ferne« (Bodman 2, 306), theoretisch und programmatisch ist:

Franz Karl Ginzkey: Weg und Ziel

Es führt mein Weg nach keinem Ziel,
Denn Ziel ist Täuschung nur und Spiel.
Muß ich dem Ziel mich anvertraun,
Versäum' ich, nach dem Weg zu schaun.

Der Weg ist Tiefe, ist Geschick,
Ist vollgemessner Augenblick.
Die Flüchtigen und Vielzuvielen,
Die kranken alle an den Zielen.

Du köstlicher, du treuer Weg!
Du führst mich über Feld und Steg,
Vorbei am Meilenstein der Jahre
Ganz ohne Ziel ins Wunderbare.
(Ginzkey 2, 59)

Der Titel benennt das konstituierende Gegensatzpaar und eröffnet eine
Entwicklung, die von der Verunglimpfung des Zieles zur Apotheose des
Weges fortschreitet. Wählt er die Reihenfolge nach logischen, so das Gedicht
selbst die nach dramaturgischen Gesichtspunkten: Die erste Strophe spricht
das Ziel an und beginnt mit einer apodiktisch vorgetragenen, vernichtenden
Erkenntnis, die das Kommende vorausahnen läßt. Klanglich korrespondiert
damit die Penetranz des in Zeile eins bis drei jeweils an metrischen wie wohl
auch rhythmischen Gipfelpunkten stehenden »Ziel«. »Spiel« bekommt einen
negativen Aspekt im Verein mit »Täuschung«, »anvertraun« in Verbindung
mit »muß« einen fast ironischen.

Zeile vier leitet, indem der Blick auf den Weg gewendet wird, zur zweiten
Strophe über, die zweigeteilt scheint. Die beiden ersten Verse drücken mit
bemerkenswerten Vokabeln eine Huldigung an den Weg aus: Die sehr ›deutschen‹ »Tiefe« und »Geschick« setzen sich in dem Preis des elitären Bewußt-
seins der wenigen fort, den die beiden letzten Zeilen immanent leisten: Die
wenigen sind ›gesund‹.

Wird der Weg in der zweiten Strophe durch die Anhäufung von drei einander folgenden und offenbar steigernden Epitheta gefeiert, so in der letzten
noch wirkungsvoller durch die Mittel der Anrede und der Personifikation.
Hier erweist sich, wem tatsächlich zu vertrauen ist: Der »treue« Weg »führt«.
Indem »führen« in der Wendung ›Mein Weg führt (mich) nach X‹, innerhalb

derer die Eingangszeile noch ganz befangen bleibt, durch die Personifizierung das streng Transitive zurückerhält, das durch Übung abgeschliffen schien, bekommt der Weg eine Leitfunktion ins Nirgendhin, der sich der Wandersmann unbedenklich anheimgeben kann.

In der letzten Zeile endlich, nachdem »Meilenstein der Jahre« das Wandern ins Symbolisch-Grundsätzliche ausweitete, erfahren wir den Grund der entschiedenen Haltung gegen das Ziel: »Ganz ohne Ziel«, das heißt: »ins Wunderbare«, und dies Wunderbare eben soll ja als Antrieb gelten. Das ist der rechte Wandertrieb, der zumindest »die Lust am Wege für nicht geringer nimmt als am Ziel«[29], wenn schon nicht gilt: »D a s   W a n d e r n   b l e i b t   s t e t s   S e l b s t z w e c k.«[30]

Ein ganz ähnliches Gebäude um Weg und Ziel, wenn auch mit einer retrospektiven Variante, errichtet

Hermann Hesse: Reisekunst

Wandern ohne Ziel ist Jugendlust,
Mit der Jugend ist sie mir erblichen;
Seither bin ich nur vom Ort gewichen,
War ein Ziel und Wille mir bewußt.

Doch dem Blick, der nur das Ziel erfliegt,
Bleibt des Wanderns Süße ungenossen,
Wald und Strom und aller Glanz verschlossen,
Der an allen Wegen wartend liegt.

Weiter muß ich nun das Wandern lernen,
Daß des Augenblicks unschuldiger Schein
Nicht erblasse vor ersehnten Sternen.

Das ist Reisekunst: im Weltenreihn
Mitzufliehn und nach geliebten Fernen
Auch im Rasten unterwegs zu sein.
(Hesse 5, 585)

Stellt das erste Quartett noch neutral eine doppelte Beziehung zwischen Ziellosigkeit und Jugend einerseits und Zielbewußtheit und Alter andererseits her, so bezieht das zweite eindeutig Stellung für das Wandern der Jugendzeit, dessen unbekümmerte Ursprünglichkeit »Glanz« und »Süße« bewirkte und allein den Schlüssel bot für die ›natürliche‹, wie immer charakteristisch beschränkte Umwelt »Wald und Strom«. Dem, der offen für sie ist, liegt sie »wartend« da; wer das Ziel »erfliegt« — in der Übersteigerung verstärkt sich der negative Aspekt —, ist für sie blind. Dieses Wandern ist nicht erlernbar

---

[29] Lindner: Vom Reisen und vom Wandern. S. 6.
[30] Ströhmfeld: Die Kunst zu wandern. S. 7. — Die Interpretation kann (auch in der Folge) nicht dem Gedicht als Einzelgebilde gerecht werden, sondern immer nur auf das im Zusammenhang Wichtige hinweisen.

— so umgibt es der Mantel des Besonderen —, aber wiedererlernbar ist es
für den, der den Schlüssel einmal besaß. Sentenzhaft resümiert das abschließende Terzett es in dem Paradoxon »nach geliebten Fernen / Auch im Rasten
unterwegs zu sein«, in dem die sich ausschließenden Weg und Ziel aufgehen.

Wenn das hier zu Definierende »Reisekunst« genannt wird, ist die erste
für die Art des Wanderns wichtige Bestimmung gegeben und der Vergleich
gezogen, der bis in die Titel der Wanderliteratur vordrang.[31] Wie die Kunst
nicht erlernbar sei (sondern das Werk weniger Auserwählter), so auch das im
rechten Sinne ziellose Wandern; wie sie sei es eine ehrfurchtheischende Sache
der wenigen Verständigen.

Nicht einen Punkt also soll das Wandern erreichen, sondern einen Zustand
bewirken. Eine Weihe wird ihm verliehen, die »heil'ge Stille« (Anacker 6, 245)
unabdingbar macht. Nur »Horchen in die Stille«[32] weckt den Zauber der
Natur:

> Eine stille Stunde lang
> Kann ich so verzaubert schauen
> (Hesse 1, 38).

Das Glück des Daseins ist an die Stille gebunden: »schweigsam und beglückt«
(Taube 1, 143). Laut ist das Krankhafte, Böse, der Ungeist der Großstadt.
So ist es nicht verwunderlich, wenn der frohe Wandersmann leise, stumm,
still, schweigsam, schweigend oder geruhig durch »den stillen Ort« (Potthoff 1, 10), schweigende Wälder oder gar über »leises Moos« (Zerzer 1, 92)
wandelt. Wo er ein »stilles Lächeln« (Schüler 2, 99; Ginzkey 3, 49) auf seinen
Zügen trägt und so die äußere Stille ganz verinnerlicht, ist der Zusammenhang mit dem Seelenwanderer hergestellt, der »ganz dem Glück der tiefen
Ruh' sich weiht« (Anacker 4, 44).

Andächtige Stille verbindet sich stets mit Einsamkeit; dagegen tritt die
Verbundenheit mit dem Kameraden, wie sie Taube besingt, im allgemeinen
zurück. Seit Riehl Einsamkeit gefordert hat zum nutzbringenden Wandern[33],
ist sie als fester Bestandteil in alle Wanderbücher eingegangen, hat aber dabei
ihren Charakter verändert. Während Riehl sie aus praktischen Erwägungen
empfiehlt, bleibt im 20. Jahrhundert auch sie nicht vor dem geheimnisvollen
Schleier verschont, der alles Wandern verhüllt. Anacker bezeichnet den Endpunkt dieser Entwicklung; sein Wandersmann gibt sich dem Glück einer Welt
anheim, die der »Geist der Einsamkeit« (Anacker 4, 44) durchwirkt.

---

[31] Hermann Häfker: Wanderkunst. — In: Kunstwart 38/2 (1925) S. 183—190. —
   Ströhmfeld: Die Kunst zu wandern. — Trojan: Wanderkunst. — Gratwohl
   (Finckh): Wanderkunst. — Gerstenberg: Wanderkunst und Volkswohl. — In:
   Gerstenberg: Deutsches Wandern. S. 42—60.
[32] Fendrich: Wanderer. S. 33—37.
[33] Wilhelm Heinrich Riehl: Was heißt wandern? — In: Hofmiller: Wanderbuch. S. 6.

Die Funktion der Einsamkeit fordert die paradoxe Formulierung: Nur in der Einsamkeit erleidet der Wandersmann nicht die Vereinsamung. Vereinsamung droht in der städtischen Vermassung, die Waldeinsamkeit dagegen — erste Voraussetzung für eine innige Verbindung mit der Natur — erscheint als wesentliche Bedingung des Wanderglückes:

> O such dein Wanderglück allein,
> Der Herde Spur ist viel zu breit!
> Dein Herz will mit dir einsam sein
> In dieser hohen Feierzeit.
> (Huggenberger 3, 50 f)

Neben der Stille gewährt die Einsamkeit Glück, ein Beglücktsein, das dem ›gesunden‹ Menschen Frieden, Klarheit, Wonnen der Abgeschiedenheit gewährleistet: »die höchste Lust Alleingefühl« (Reiser 2, 63 ff).

Vereinsamung außer in der Einsamkeit der Natur: diese Paradoxie bestärkt der Wandersmann selbst, der, nicht mehr »in grüner Einsamkeit« (Anacker 6, 174), erst wirklich verlassen ist: Die Natur stirbt ab; die Vereinsamung dringt von außen nach innen:

Heinrich Anacker: Der Wanderer im Herbst

> Einsam ist der Wanderer im Herbst — —
> Nebel gleiten kühl um seine Pfade,
> Blätter rauschen welk um seinen Schritt;
> Wellen schlagen flüsternd an's Gestade,
> Und Erinn'rung klingt aus Träumen mit.
>
> Einsam ist der Wanderer im Herbst — —
> Was im Maiglück innig ihn umblühte,
> Schwebt um ihn mit holdem Ruf und Reim,
> Und er sehnt mit trauerndem Gemüte
> Sich in's Sonnenland der Liebe heim.
>
> Einsam ist der Wanderer im Herbst — —
> Keine Glockenstunde bringt ihm wieder
> Was sein Herz verloren und verlitt.
> Ach — in's Ödland schluchzen seine Lieder,
> Blätter rauschen welk um seinen Schritt — — —
> (Anacker 5, 164)

Die Wortwahl eröffnet mit ihrem Vokabular der Wehmut und Trauer einen dem Üblichen entgegengesetzten Kontext. Es spannt sich ein Bogen von der dritten zur letzten Zeile, von »Blätter rauschen welk« über »trauernd« in der zweiten und »schluchzen« in der dritten Strophe zur Wiederholung »Blätter rauschen welk«. Stärker noch als dieser zweimal erscheinende Vers, der den Zustand der Natur wiedergibt, hält das Gedicht der Anfangsrefrain zusammen, der den Schluß für den Wandersmann zieht und ihm durch die exponierte Stellung außerordentliches Gewicht verleiht. Auf ihm baut das Gedicht auf: Ausführung des Naturbildes in der ersten Strophe mit der Achsenzeile

»Blätter rauschen welk um seinen Schritt«, mündend, bezeichnenderweise, in
Träume und Erinnerung, die ihrerseits, in der zweiten Strophe, ausgeführt
werden mit der engstmöglichen Verknüpfung »Maiglück«, in das sich der
Wandersmann, heimlos geworden, »heim« sehnt; Ernüchterung und Höhepunkt in der dritten Strophe in »Ödland« und »schluchzen«. Die Erinnerung
hat ihren Wert verloren, die Einsamkeit ist unwiderruflich.

Scholz' »Wandrer« (Scholz 4, 59) zeigt deutlicher noch, daß die Natur
dann mit konträren Gefühlswerten versehen wird, wenn die auf das engste
gedachte und gewünschte wechselseitige Verbindung unmöglich ist.[34] Aus der
veränderten Naturbeschreibung resultiert eine gestörte Identität, aus der
gestörten Identität eine leidvoll empfundene Vereinsamung. Das gleichnamige,
untypische Gedicht Hesses (Hesse 2, 16) illustriert diese Abfolge. Erst wenn
dem Wandersmann »das eigne Herz zur Fremde ward«, ändert sich das vertraute Vokabular; nur in solchem Zustand werden andere Menschen wichtig,
und nur jetzt kann ein noch so oberflächlicher Kontakt Trost bieten.

Freiheit und Ziellosigkeit, Stille und Einsamkeit sind die Mosaiksteine zu
dem Bild, das der frohe Wandersmann von seinem Wandern zu entwerfen
wünscht. Deutlich war an den einzelnen Stellen zu sehen, wie es jeweils der
Bedeutung ›ursprünglichste menschliche Fortbewegung‹ entzogen wird. Es wird
als »schöpferisches Schreiten« (Enking 2, 10) zu einer »Weltanschauung«[35],
einem Bekenntnis der wenigen zum Sein: dem Vollgefühl des Lebens. Das
Wort des Wandervogelführers Fischer läßt sich auf die ganze Gruppe anwenden: »Wir meinen also im Wandern eine freie und geistige Lebensbetätigung, ebenso reich wie schlicht.«[36]

C. Der Wandernde

Die Art, in der der frohe Wandersmann das Wandern sieht, steht in eng-
stem Bezug zu seiner Selbstinterpretation. Über sich läßt er aber vergleichs-
weise wenig verlauten. Während er im allgemeinen die ihn auszeichnende
Sehweise und vor allem das so Geschaute zur Sprache bringt, seine Person
aber zurückstellt, lenkt der Seelenwanderer den Blick stärker auf den Aus-
gezeichneten: Auch in dieser Hinsicht wird hier der Weg zu Ende gegangen,
der dort vorgezeichnet ist.

---

[34] Vgl. unten S. 68—69.
[35] Karl Ley hält in diesen Jahren Vorträge unter anderem über »Wandern als
     Weltanschauung« (Brief Karl Leys an den Verfasser vom 10. 2. 1974).
[36] Fischer: Wandern und Schauen. S. 18.

Die einfachste und trivialste, deshalb sympathischste, weil wahrhaftigste Bestimmung für sich als Wandernden findet sich wiederum bei Taube, der durch sein Wandern ›bewandert‹ zu werden hofft, sich der Lehrmeisterin Natur anvertraut und sich gegen »stubenhockerisches Spintisieren« (Taube 1, 143) und »Bücherweisheit« (Schenk 1, 39 f) wendet:

> Was frommt, gelehrte Leute,
> die ihr nie zogt hinaus,
> die ganze Bücherbeute,
> erobert still zuhaus?
> (Taube 2, 8 f)

Eine verwandte Gruppe von Bezeichnungen leitet sich aus dem Glückszustand ab, den Wandern eröffnet. Die Wandersleute als »jauchzende Gäste« (Anacker 3, 25) lassen sich von einer Herrlichkeit zur anderen treiben:

> Was wohl für neue Herrlichkeiten
> Dort auf mein durstiges Auge harrten
> (Salus 1, 82).

Recht eigentlich spezifisch für den frohen Wandersmann sind die beiden Rollen, in die er mit Vorliebe schlüpft.

Die Rolle des Kindes bietet sich ihm förmlich an; wie in der Prosa wird »trotz aller freudianischen Gegenbeweise«[37] die Unschuld und Ursprünglichkeit des Kindes gegen die Verderbtheit der Welt abgehoben. Es unterliegt noch nicht dem lebensfeindlichen Primat des Geistes und bewahrt sich sein reines Menschentum. Schönbrunn spricht in solchem Sinne von »bewußter Erziehung zur Kindlichkeit«[38].

> Jetzt nichts als Kind sein
> (Enking 2, 16)
> Gleich vom Tiefsinn schwer gewordnes Kind
> Werd ich willenlos so fortgeführt
> (Ehrler 3, 43)
> So völlig gleich dem heimgekehrten Kinde
> (Anacker 4, 44).

Die andere Rolle ist ob der Ver-Rücktheit der Welt gleichfalls eine heimliche Auszeichnung: die des Narren. Nicht zufällig nämlich wird sein Zustand ›selig‹ genannt:

> Aber einsam entfloh ich immer, enttäuscht und befreit
> Dort hinüber, wo Traum und selige Narrheit quillt
> (Hesse 3, 40).

Nur gelegentlich werden solche Rollen aufgegriffen. Sie stellen sich als wichtige Indizien in ein größeres, fast regelmäßig besetztes Umfeld: Der frohe

---

[37] Hermand: Der ›neuromantische‹ Seelenvagabund. S. 112.
[38] Schönbrunn: Jugendwandern. S. 12.

Wandersmann ist hier der Suchende, der nach einem kaum näher zu bestimmenden Lebensglück unterwegs ist:

> Suche Eins [!] mir, such' das Glück ...
> Gibt es solches wohl auf Erden?
> Was soll aus mir Sucher werden!
>   (Reiß 1, 231),

der Seiende, der sich um den höheren oder tieferen Sinn des Lebens bemüht:

> Und unsre Seele [...]
> findet nimmer doch und sucht und sucht
> nach dieses Irrens allerletztem Sinn
>   (Ehrke 1, 10 f),

»der gute Genius unserer verderbten Zeit«[39], der die allgemein-menschliche
Reaktion gegen das Neue, Unheimliche ganz allein verkörpert.

D. Hauptmotive

I. Die Natur

Daß die Natur in den Gedichten des frohen Wandersmannes zum wichtigsten Motiv wird, verwundert nicht; ihretwegen vornehmlich bewegt er sich
ja ins Weite.

Fröhlicher Optimismus und vitale Diesseitigkeit bezeichnen den Umkreis,
in den die Freude an der Natur einzuordnen ist:

> Hei, du selige Erden,
> Ich nehme dich an
>   (Blunck 2, 80).

»Die Erde, die Mutter« (Vesper 2, 317 f) wird verherrlicht: »O groß und
schön ist diese wilde Erde« (Ehrke 1, 10 f). Im Gefühlsüberschwang von Frühling und Freiheit fühlt er sich »vollgesogen / Von der Fülle dieser Welt«
(Hesse 3, 24) und schwärmt trunken von Jugend und Kraft:

> Unserer Erde Leben mitzufühlen
> Tu ich alle Sinne festlich auf
>   (Hesse 2, 64).

Sein Sprechen wird zu einer Abfolge enthusiastischer Ausrufe, die die Interjektion beherrscht:

> O keuscher Traum der ersten Birken!
> O Sonne, die in jeden Winkel will!
>   (Jungnickel 1, 15)

---

[39] Trojan: Wanderkunst. S. 42.

Die ganze Welt begreift er in seine Euphorie ein; das Ineinander-Aufgehen deutet sich an:

> Aller Sterne Gast und Freund
> (Hesse 2, 64)
> Aller Welt bin ich verbunden
> (Hesse 4, 108).[40]

Ein Diesseitsvitalismus, der »allem Leben aufgetan« (Hesse 4, 108) ist, läßt für Gott wenig Raum: »Gott ist tot« (Hesse 1, 8). Das schlichte Gottvertrauen, das aus Taubes Zeilen spricht:

> Gottes sind die Stege,
> Gottes sind die Straßen,
> Wandrer, allerwege
> bist du unverlassen
> (Taube 2, 7)

und die Verbindung von froher Diesseitigkeit und Gottesgläubigkeit:

> Laß mich, Allgütiger, berauscht von dir über die Erde treiben,
> Wanderer bin ich auf deiner schönen Welt,
> Gott, laß es mich bleiben
> (Flemes 1, 61 f)

sind selten. Wo der Wandersmann einmal über »des Erdendaseins kurze Falterlust« (Anacker 6, 93) hinausblickt, geschieht es in der trivial-pantheistischen Gottesvorstellung, wie in

> *Friedrich Kayßler: Wanderers Staunen*
> Oh wie die Vögel kommen geflogen!
> Oh wie die Wolken kommen gezogen!
> Oh wie die Winde kommen gesauset!
> Oh wie die Sterne kommen gebrauset!
> Oh wie die Seelen fahren im Geist!
> — Und wie das alles Gott unser Vater heißt!
> (Kayßler 2, 11)

Genußfreudiger Enthusiasmus muß den »vollgemess'nen Augenblick« (Ginzkey 2, 59) verherrlichen: Der »ewigen Gegenwart« (Kolbenheyer 1, 92) ist der Wandersmann zugetan, sie will er bis zur Neige auskosten:

> An keinen Traum verloren,
> Umfangen wir den Augenblick
> (Anacker 3, 27).

---

[40] Dieses Gefühl der Allverbundenheit wird zu einem Gefühl der All-Verbundenheit und greift in den Kosmos aus.

Es läßt sich, was er sucht, in die beiden Farben Blau und Grün zusammenfassen:

> Ich geh heut durch das Land, nur um zu gehn
> Und ringsum Grün und drüber Blau zu sehn
> (Salus 2, 32)
> fremdes Grün und fremde Bläue
> (Kayßler 2, 9).

Sie repräsentieren die Weite des Himmels und die Schönheit des Waldes und der Wiesen, stehen für Erfüllung und Sehnsucht und also in letzter Verknappung für die Pole, zwischen die sich der Wandersmann gestellt sieht.

Da er mit allen seinen Fasern das Ringsum in sich aufnehmen will, gehört den Sinnesempfindungen breiter Raum; das Auge ist sein wichtigstes Organ.

Wenn er sich an Kayßlers Aufforderung hält: »Lernet schauen, lernet lieben!« (Kayßler 2, 9), so wird er die Landschaft »verzaubert schauen« (Hesse 1, 38), wird (mit dem Titel von Enkings Gedichtband) »erleben und schauen« (Enking 2), sich vollends als »Schauenden« (Strauß 1, 47 ff) begreifen, sich so die Natur aneignen und endlich mit Huggenberger sagen können: »Die grüne Welt war mein« (Huggenberger 2, 24).

»Wandern und Schauen« heißt ein 1923 erschienener Band mit einem gleichnamigen Gedicht (Grube 1, 9); »rechtes Wandern und andächtiges Schauen sind eins«[41], schließt Gerstenberg sein Kapitel über »Wandern und Schauen«, und schon hier leuchtet in dem Epitheton auf, was das Schauen dem Sehen in der Terminologie des frohen Wandersmannes voraushat.

Schauen verbindet mit den sinnlichen nicht die geistigen, sondern die seelischen Fähigkeiten. Die Mächte des Gemüts werden gegen die Verstandeskräfte ausgespielt. Nicht Sehen oder gar Erkennen werden gefordert; erwünscht ist das tiefe und wahre, reine und klare Schauen, das sich solcherart mit lauter hehren Epitheta versieht, die in der Folge von verheerender Wirkung sind. »Wir schauen gar nicht mehr, wir begreifen nur und halten für wahr. Weil wir die Kraft des Schauens verloren, darum empfinden wir nicht mehr aus unserm Wesen heraus«, schreibt Wilhelm Kotzde, der »die Erneuerung des deutschen Menschen« — so der Titel seiner Schrift — leisten möchte.[42]

Dieses Schauen intensiviert sich auf rätselhafte Weise, indem es die Richtung zum Visionären, Unverständlichen einschlägt, und bedingt ein intimes Verhältnis zum Geschauten, ein Zusammenspiel geheimer Kräfte innen und außen.

---

[41] Gerstenberg: Deutsches Wandern. S. 26.
[42] Wilhelm Kotzde: Die Erneuerung des deutschen Menschen. Freiburg: Kanzlei 1923. S. [2].

Hauchend da gings um mich,
Blume und Tier,
Fühlte ich, rings um mich
Treibts wie in mir.

Was in mir waltete,
Rings hats Gewalt.
Was mich gestaltete,
Rings wirds Gestalt.
(Strauß 1, 47 ff)

Das suggestive Spiel mit dem Reim in Verbindung mit der Wiederaufnahme bestimmter Wortgruppen, die extrem kurze Zeile, die extrem verknappte Syntax — an Goethes Alterswerk orientiert — dienen hier als Elemente von Beschwörungsformeln einem Hokuspokus, der die Verbundenheit der Elemente mit den Seelenkräften des Wandersmannes in eine magische Sphäre verschiebt, wo sie, rationaler Nachprüfung entzogen, nur der ahnenden Bewunderung noch sich auftut.

»Eins ward mein Herz und das Land« (Seidel 1, 87): Die (verbale) Einheit mit der Natur stellt der Wandersmann auf eine zweifache Weise her, die Johst in seiner rhetorischen Selbstbefragung angemessen dunkel so ausdrückt:

Fällt in mich des Frühlings Freude,
Bin ich seines Atmens Beute,
Oder bricht zur Welt hinein
Meines Wesens sel'ger Schein?
(Johst 2, 12)

Zum einen gibt er sich der Natur hin, wünscht, »zu sein nichts und nichts zu genießen, / über den Wiesen ein Wind, in den Wäldern ein Schein« (Vesper 2, 317 f):

Ich schenke mich so an die Dinge hin,
[...]
Dafür neigt die Erde sich liebend mir zu
(Englert 1, 8).

Er will sich ihr darüber hinaus anverwandeln: »Mich wandeln zu lauter blühendem Licht« (Johst 2, 59 f). Im Endzustand solchen Bemühens geht er ununterschieden in ihr auf, indem er, krampfhaft und manieriert, von den Besonderheiten dessen absieht, dem sie immer gegenübersteht:

So ward ich seelenlos. Ich ward zum Stein.
Gerollt im Flußbett. Ward zur Wiesenquelle,
Die unbewußt in zitternder Silberschnelle
Hinglitzert. Busch und Baum und Gras sog ein
Mein Menschliches. O losgelöstes Sein,
Betörter Schellentritt der Wanderwelle!
(Zerzer 1, 92)

Das »Sich-Einfühlen in liebender Hingabe an sie«[43] — dieser Gedanke zieht
sich durch die gesamte Erörterung — setzt also letztlich frei, worin sein Haupt-
verdienst besteht: sein »Sein«.

Zum anderen und Wichtigeren aber werden Pflanzen und Tiere beseelt;
Anthropomorphisierung ist üblich, verbunden mit einem Preislied auf »diese
einfachen Dinge«:

> [...] Die Blumen der Wiesen,
> alle die kleinen Geschwister, der Vogel, der singt,
> sie nur sind wirklich und wahrhaft. O glichest du diesen!
> So ganz nur da zu sein, wie es doch ihnen gelingt,
> einfach und gar nichts als Blume und ohne zu wissen
> (Vesper 2, 317 f).

Das geläufige Bild ist das der brüderlichen Verwandtschaft. Dem Kosmos
ist der Wandersmann »Bruder« (Hesse 4, 108), von Quelle und Baum wird er
als »Bruder« erkannt (Seidel 3, 12) und ist »Bruder« den Elementen Sturm,
Wasser, Flamme (Scholz 4, 451).

Hinter der nicht ins Belieben gestellten Bindung ›Verwandtschaft‹ bleibt
die freundschaftliche Verbundenheit als Metapher zurück:

> Ein Lindenbaum, der Duft verstreut, —
> Du bist ihm Freund
> (Huggenberger 3, 50 f).

Der Baum spielt in einer dem Menschen anverwandelten Natur eine beson-
dere Rolle. Für die Gedichte des Wandersmannes gilt vorzüglich, daß »in der
Baummetapher ein für Mensch und Baum gleichermaßen verbindliches Sein
dichterisch gestaltet«[44] wird. Das enge Verhältnis drückt Mülbe so aus: »Die
Bäume sollen dir werden wie liebe Gefährten.«[45] Drei Sätze aus Hesses
»Wanderung« seien stellvertretend zitiert, um Richtung und Anspruch der
Baummetapher zu illustrieren. »Bäume sind Heiligtümer.« »Sie sind wie Einsame [...], wie große, vereinsamte Menschen.« »Nichts ist heiliger, nichts ist
vorbildlicher als ein schöner starker Baum« (Hesse 3, 61 f).

Die Anrede hat in diesem Zusammenhang eine wichtige Funktion inne:
Das Angesprochene, seien es Pflanzen und Tiere, die Höhen (Huggenberger 3,
50 f), der Wind oder die Sonne (Hesse 2, 64), wird, wie in Anackers »An den
Wind« (Anacker 4, 45), bis in göttliche Höhen stilisiert. Der Wandersmann
steigert das Gefühl, mit der (vermenschlichten) Natur verbunden zu sein, ins
rein Kitschige. Taubes Jasminstrauch wird als »liebster« (Taube 2, 24) apostro-
phiert, und bei Sternberg wendet sich die »*Naturbeseelung*«[46], wie die An-

---

[43] Kluckhohn: Ideengut der Romantik. S. 28.
[44] Jürgen Küpper: Der Baum in der Dichtung. Phil. Diss. Bonn 1953. S. 108. —
    Vgl. »Der Baum« (Anthologie 24, 37—39).
[45] Otto von der Mülbe: Poesie beim Wandern. — In: Der Tourist 29 (1912) S. 3.
[46] Ströhmfeld: Die Kunst zu wandern. S. 13.

verwandlung des Wandersmannes vorher, ins schier Groteske, Aberwitzige; das »Blut« erkennt sich in »Welt und Wald« wieder (Sternberg 2, 54).

Trefflich bringt das eigene Verhältnis zur Natur Fischer in der Theorie zum Ausdruck, der über den Gemeinplatz der Wanderliteratur hinaus, niemand habe »intimere Berührung mit der Natur als der Wandersmann«[47], Sätze findet wie die folgenden: »Es entsteht zwischen euch eine schmiegsame, nachgebende Rundigkeit der seelischen Bewegungen.«[48] »Kein Fragen und Ausbreiten, sondern ein zartes Berühren gleichgestimmter Saiten.«[48] »Die Natur, die du nie erkennen und umfassen kannst, wird in traumhaften Bildsymbolen zu dir sprechen.«[48]

Wie es um die geheimnisvolle Verbundenheit des Wandersmannes mit der vielgepriesenen Natur wirklich bestellt ist: darüber kann ihre ganz schematische Aufschlüsselung Auskunft geben.

Nie ist ihm das Wetter abträglich; eine wohltuende, auch ausreichend milde Sonne steht starr über der Landschaft, den »Fluren sonnetraut« (Anacker 4, 13).

Regen ist ihm unbekannt, obwohl alles beständig grünt und blüht; Schnee erscheint allenfalls als metaphorischer »Blütenschnee« (Huggenberger 2, 13). Immer ist der Himmel ein strahlendes »blaues Zelt« (Taube 1, 143), das zusätzlich zum Wandern in die Weite einlädt; kein Unwetter hält den Wandersmann davon ab oder läßt ihn die unangenehmen Seiten der Naturverbundenheit spüren. Wenn wirklich einmal Regen und Sturm in die Gedichte Einlaß finden, so ist auch ihnen im Kontext noch etwas Anheimelndes abzugewinnen:

> Dem Regen lausch' ich gerne und dem Wind
> (Hesse 2, 16)
> Mag heulen der Sturm um das Haus,
> Mich drängt es hinaus aus den Mauern
> (Taube 2, 13).

Mit dem Wind hat es eine eigene Bewandtnis: »Wind, verweh mir Sorgen und Beschwerden!« (Hesse 2, 64). Er ist ein beliebtes Element, weil er zum wichtigsten Gleichnisträger für die Sehnsucht in die Weite wird, wie auch die »Wanderwolken« (Huggenberger 2, 24; Grube 1, 6), die »der Sehnsucht Möven« (Anacker 6, 245) sind und »zur Wanderschaft« »locken« (Anacker 3, 25):

> [...] Und der Wanderwolken
> Blasses Spiegelbild erfüllt die Seele
> Mir mit ungestillter Fernesehnsucht
> (Anacker 2, 75)
> Von allen Wolkenflügen will ich wissen,
> Was ihre Hoffnungen und Ziele sind
> (Hesse 2, 16).

---

[47] Chrosciel: Wanderlust. S. 11.
[48] Fischer: Wandern und Schauen. S. 112.

Wind und Wolke, »Sinnbild der Wandersehnsucht der Menschenseele«[49],
stehen für die Unendlichkeit des Raumes, der erwandert sein will:

> Beschwingtes Glück, sich Wanderschaft zu küren,
> Soweit die weißen Wolken gehn
> (Anacker 4, 74).

Die Gedichte lesen sich stellenweise wie die Ausführung zu der alliterieren-
den Verbindung ›Wind und Wolken‹:

> Wind weht im blauen Himmelsmeer,
> die Wolken seh ich Segel spannen,
> sie gleiten hafenlos von dannen,
> wie sind sie leicht und wir so schwer!
> (Anthologie 11, 76)

> Mit den Wandelwolken, die am Himmel fliehn,
> Mit den Vogelscharen, die nach Süden ziehn,
> Will ich wandern ohne Rast und Ruh,
> Meiner Sehnsucht Lichtgestaden zu.

> Mit den wilden Winden, die verloren wehn,
> Mit den Brauseströmen, die zu Tale gehn,
> Möcht' ich schweifen in der Welt einher,
> Möcht' der Brandung lauschen, fern am Meer!
> (Anacker 2, 61)

Indem sich der frohe Wandersmann also mit dem angenehmen Ausschnitt
begnügt, weckt er einen ersten Verdacht, seine fast übermäßig bemühte Verbundenheit sei nur oberflächlich, ja vorgeblich.

Nicht weniger starr und gleichförmig ist die Landschaft. Sie ist kaum
durch individuelle Züge geprägt, beliebig ließe sich ihr Inventar in den einzelnen Gedichten austauschen.

Bestimmend ist das Gebirgige, das aber nie — der Wandersmann ist kein
Bergsteiger — den Liebreiz bewaldeter Höhen verliert und etwa zum Fels
wird. »Sanftes Höhergleiten« wechselt mit »Tälerbreiten« (Zerzer 1, 101),
›Hügel‹ ist die häufigste Bezeichnung. Nicht im Widerspruch dazu steht, daß
die Landschaft grundsätzlich weit, offen, unbegrenzt ist; in diesen Qualitäten
spiegelt sich die erwünschte psychische Verfassung des Wandernden. Immer
nimmt er »nach der Ebene seinen Lauf« (Hesse 2, 64), ohne je dort anzu-
kommen.

Wichtiger noch sind die Wälder für ihn: »hohe Waldeshallen« (Anacker 4,
13), »Waldesschweigen« (Taube 2, 8 f). »Im Wald tief innen« (Kutzleb 1, 17):
Hier ist mehr als eine Lokalbestimmung gegeben; ein Schutzbereich ist hier
angesprochen, ein Reservat für jene, die Relikte für Reliquien nehmen.[50]

---

[49] Gerstenberg: Deutsches Wandern. S. 21.
[50] Vgl. Wolfgang Baumgart: Der Wald in der deutschen Dichtung. Berlin: de
Gruyter 1936. S. 60 ff, bes. 71 f. — Vgl. unten S. 113.

Geht man weiter ins Detail, so offenbart »die weite, taubeperlte Rund'«
(Vollmer 1, 18 f), die »Paradiesesflur« (Schröder 2, 139) eine verblüffende
Nähe zur klassischen Ideallandschaft des locus amoenus, nicht nur in solchen
Verbindungen:

> Der Wald, die Hügel, der See,
> Kornfeld und Sommerklee
> (Englert 1, 8)
> Bäume und Wiese und Quell
> (Seidel 3, 12).

Mühelos kann ihr gesamtes Inventar eruiert werden: Quellen (Ehrler 1, 75;
Zerzer 1, 92), blühende Bäume (»Blüten am Baum«, Anacker 3, 25; »Linden-
baum, der Duft verstreut«, Huggenberger 3, 50 f), linde Lüfte (»Schmeichel-
wind«, Brandenburg 1, 15 ff), Blumen (»duftige Blumen«, Anacker 3, 25;
»Blümchen hold«, Vollmer 1, 18 f) und Vögel (»die Amsel singt im Hag«,
Anacker 4, 13; »der Wachtel Schläge«, Vollmer 1, 18 f); es duftet (»duft-
gewobnes Blau«, Huggenberger 3, 50 f; »Duft in Wald und Auen«, Anacker 6,
245) und glänzt von Tau (»erdfrischer Morgentau«, Anthologie 24, 17 f).[51]

Erst recht deutlich werden die spezifische Verengung des Naturbildes und
seine Verbindung zum locus amoenus, betrachtet man die Jahreszeiten.

»Des Wanderns Zeit« (Ehrler 1, 75) ist der Frühling, besonders der Mai.
Niemand kann dem Wandersmann diese Vorliebe rauben, wenn er widrigen-
falls auszieht, »den ewigen Frühling im Herzen« (Anacker 3, 25). Das bis
zum Überdruß verwandte Motiv ›junges Jahr‹ verknüpft er toposartig fest
mit ›junger Tag‹, ›junger Mensch‹, ›Glück‹; »Frühling und der Jugend Flor«
(Ginzkey 3, 48) werden zusammengesehen.[52]

Heinrich Anacker: Wanderlied

> Die Sterne verblassen,
> Die Amsel singt im Hag;
> Durch traumversunke Gassen
> Zieht blütenjunger Tag.
> Besonnte Wolken gehen
> Durch klare Morgenluft,
> Und Weiten sind und Nähen
> Erfüllt von Maienduft.

---

[51] Vgl. Ernst Robert Curtius: Europäische Literatur und lateinisches Mittelalter.
7. Auflage. Bern, München: Francke (1969). S. 206. — Auf dem Weg über die
Vagantenpoesie und das Volkslied dringt der locus amoenus bis in die Wandererlyrik des 20. Jahrhunderts vor.

[52] Vgl. Skorna: Wanderermotiv im Roman der Goethezeit. S. 21—24: »Die Morgen-
symbolik bei Jean Paul und Eichendorff«.

Da lockt es zu wallen,
So weit der Himmel blaut,
Durch hohe Waldeshallen
Und Fluren sonnetraut.
Der Winter ist vergessen,
Vergangen jedes Leid —
O Jubel unermessen,
O goldne Wanderzeit!
(Anacker 4, 13)

Die Morgen- und die Frühlingsvorstellungen sind in der ersten Strophe verknüpft, während die zweite das Ergebnis für den Wanderbereiten davon
ableitet. Während die Zeilen 1, 3, 4 und 6, in »Morgenluft« gipfelnd, die mit
dem jungen Tag verbundenen Assoziationen wecken, stellen die Verse 2, 5, 7
und 8 die Verbindungen zu dem jungen Jahr her, endend in »Maienduft«,
das wie sein Reimpaar die eindeutigste Auskunft gibt. Die Verschränkung
beider Vorstellungen (und die Beschränkung auf die Verschränkung in der
ersten Strophe) erkennt noch deutlicher, wer sie in zwei Teile zu je vier Zeilen
gliedert und die symmetrische Anordnung xyxx / yxyy beobachtet. Die zweite
Strophe geht unausgesprochen auf den Wandersmann ein, der mit »weit«
(»Weiten«), »blaut« (»klar«), »Wald« (»Hag«) und »sonnetraut« (»besonnt«)
die Naturschilderung des ersten Teils beantwortet. Wie hier der Frühling (in
den Interjektionen der Emphase am Schluß), so bewirkt auch der Morgen
höchstes Glück:

Und von Herzen fällt des Leides Last,
Wenn's den Weg vorauf beginnt zu tagen
(Anacker 2, 41).

Dem »Jubel unermessen« dort korrespondiert hier: »Jubellerchen« (Anacker 2,
41); Frühling und Morgen kommt exakt dieselbe Funktion zu.
    Im Gegenteil drückt sich die immer wiederkehrende, starre Verbindung
gleichfalls aus: Herbst, Abend, Altersresignation werden ineins gesetzt, unterstützt von der metaphorischen Konvention in ›Lebensabend‹; folglich schil-
lern Verse wie: »dein Ziel der Abend« (Scholz 3, 91). An dem »Wandrer«
Scholz' ist das ›Trauer‹-Umfeld so gut präparierbar wie an dem Anackers der
›Jubel‹-Kontext:

Wilhelm von Scholz: Der Wandrer

Schwermütig wächst mein Frieden
in Herbst und Einsamkeit.
Mein Weg zur Dämmerzeit
vergraut wie abgeschieden.

Ich fühle mich Gestalt
und Wesen tief vertauschen;
wildfremde Schritte rauschen
durchs Blattgewirr im Wald.

Still geh' ich, schattenlos
im Grau, als wandle sich
der lange Weg in mich,
auf dem ich wurde groß.

Daß ich der Wandrer bin,
der diesen Weg gegangen,
sind Worte, die verklangen,
und haben keinen Sinn.
(Scholz 4, 59)

In der einleitenden Strophe sind alle Anzeichen nah beieinander. Die Gemütsverfassung (»schwermütig«) findet ihre Parallele in der Natur (»Herbst und Einsamkeit«; der Kopula ist man geneigt, eher erläuternde als additive Bedeutung zuzusprechen); Abend (»Dämmerzeit«) und Tod (»abgeschieden«) scheinen durch. In »vergraut« hebt ein Prozeß an, der im »Grau« der dritten Strophe zu einem gewissen Abschluß kommt und den der Dichter in »vertauschen« explizit macht: Das übliche ›fern‹ wird über ›fremd‹ zu »wildfremd«; »Blattgewirr« weckt ungewöhnliche Assoziationen des Unheimischseins; statt der (heimischen) Blätter rauschen »Schritte«; »schattenlos« ersetzt die übliche Sonne; die Stille der Umgebung ist vertauscht mit dem »stillen« (und daher betrübt scheinenden) Ich. Die Reflexion der letzten Strophe weist auf einen Kontinuitätsbruch; sich zurückzuversetzen ist nicht möglich, weil das Ringsum — ihm wird dadurch eine große Kraft zugesprochen — zu sehr verändert ist.

Ein zusätzlicher Verweis auf Bluncks »Müder Wanderer« (Blunck 1, 41) (»Herbst« — »müd'« — »sterbend«) und Busses »Herbstmelancholie« (Busse 1, 17) (»Herbstnacht« — »Schlafenszeit« — »altern«) mag hinreichen, die Allgemeingültigkeit dieser Verbindungen zu zeigen.

Wenn der frohe Wandersmann im Herbst schon nur von der Erinnerung »aus Träumen« (Anacker 5, 164) lebt, so ist der Winter vollends ohne Eigenwert: die Zeit sehnsüchtigen Wartens, in der »Abenteuer / Steigen aus dem Schoß der Nacht« (Anacker 6, 48).

Stellt man fest, daß eben diese Nacht und der Abend beliebte Wanderzeiten sind, dann wird man hinter der Begeisterung für Morgen und Frühling mehr vermuten müssen als nur die Freude am jungen Tag und der blühenden Natur. Nicht genug damit, daß der Wandersmann, »der Finsternis gewohnt« (Vesper 1, 57), vom »nächtlichen Weg« (Hesse 4, 108; Scholz 3, 47) schwärmt und die Nacht »heimlichschön« (Kutzleb 1, 17) nennt: er preist sie hymnisch (»An die Nacht«, Ehrler 2, 34), steigert ihre Epitheta von »schimmernd« (Seidel 3, 12) über »beseligt« (Neumann 1, 38) zu »heilig« (Seidel 1, 72) und greift das Bild von der »Mutter Nacht« (Anacker 5, 53) auf:

Es ist kein Tag so streng und heiß,
Des sich der Abend nicht erbarmt

> Und den nicht gütig, lind und leis
> Die mütterliche Nacht umarmt.
> (Hesse 1, 39).

Neben der Schutzfunktion ist es die — gegen das öde Einerlei des Berufstages gerichtete — Ungewißheit, die sie so schätzenswert macht:

> Und wandre auf dem Kleid der Nacht,
> Die reich an Wonne und an Schrecken
> Das Leben ungewisser macht.
> (Bodman 1, 363 f)

Deutlicher als beim Morgen wird die entschiedene Haltung gegen den der geschäftigen Welt zugeordneten hellen, grellen Tag betont, den das Gedicht des frohen Wandersmannes denn auch weitgehend meidet.

Die Indizienkette schließt sich: Die Natur erweist sich als eine Staffage, die aus wenigen Versatzstücken gebaut ist. Sie ist verharmlost und harmonisiert und ›fest‹ in zwei Dimensionen: horizontal in der Abfolge der Jahreszeiten, vertikal in der Bestimmung der Landschaft. Gleichförmigkeit und Starre, klischiertes Sprechen und verfestigte Formen demaskieren die für real gehaltene Welt als eine Wunschwelt, die Erlebnislyrik als eine auf ›unbewältigtem‹ Erlebnis beruhende, in überindividuelle Formen gegossene Lyrik. Die lebendige, in stetem Wandel begriffene Natur wird der starren, leblosen Großstadt entgegengesetzt, bewußt der Antagonismus errichtet zwischen der »Stadt, die mich vom Leben schied« (Anacker 4, 44), und »unserem Reich«: »Gebirge, Meer und tiefen Waldes Stille« (Taube 1, 143). Vor der »schrecklichen ›Wirklichkeit‹, / Wo Assessor, Gesetz, Mode und Geldkurs gilt« (Hesse 3, 40), flüchtet der frohe Wandersmann in die frühen Morgenstunden und in die Nacht, in Berge und Wälder und in einen ewigen Frühling. Die Welt, der er »verbunden« (Hesse 4, 108):

> Hab Dank, du große Güte,
> die du uns gibst die Welt:
> wie steht sie jetzt in Blüte
> und knospenüberschwellt!
> (Taube 2, 8 f),

ist nur ein Teilbereich der Welt, der ursprüngliche, ›natürliche‹. Seine introvertierte Protesthaltung führt in der Natur, wie er sie bildet, zu einer Gegenwelt mit Ausschließlichkeitsanspruch.

II. Der Traum

Am ehesten geeignet, den Wandersmann in der erwünschten Gegenwelt zu belassen, ist der Traum. Er nämlich gestattet es, sie beliebig auszuweiten; in dieser Funktion gewinnt er seine große Bedeutung. Die »schreckliche ›Wirk lichkeit'«« (Hesse 3, 40) ist nur zu ertragen, wenn sie umgedeutet wird zu »träumereichen Wirklichkeiten« (Stamm 1, 90): Die Gegenwelt wird durch den Traum in die Alltagswelt hineingetragen; durch ihn erst erhält sie Dauer und Beständigkeit.

In diesem Sinne ist er für den Wandersmann geradezu lebenswichtig. Die »herrliche Welt, der ich ewig verfallen bin«, bestimmt sich als eine, »wo Traum und selige Narrheit quillt« (Hesse 3, 40); der Traum wird zur Metapher der unreflektierten Hingabe an den für das Ganze genommenen Teilbereich, er repräsentiert ihn gar:

> O brennende Welt [...]
> [...] mein süßester Traum und Wahn
> (Hesse 3, 40).

Die Assoziationen des Träumerisch-Schwärmerischen überlagern das Träumen im engeren Sinne. Solcher Traum, »ein seliges Traumgenießen« (Kolbenheyer 1, 92), ist nur ausnahmsweise von der Nacht zu erbitten: »Wandle sanft in Traum mein Los« (Seidel 1, 72); solcher Traum ist »Traum am Tage« (Kothe 1, 25): »wacher Traum« (Ehrler 3, 43). Gerade das Helle, Fremde verwandelt er sich ja an, zieht er ja hinüber in die andere Welt aus Nacht, Morgen, Frühling:

> Wir schauen im Wachen den herrlichsten Traum,
> Der Erde liebliche Feste
> (Anacker 3, 25).

Dem Träumen, das ganz in seiner Ersatzfunktion aufgeht, kommt eine dreifache Aufgabe zu: Es gewährt die Idealjahreszeit, die Ideallandschaft, die Idealgestimmtheit.

Entspricht die Natur der Vorstellung von einem ewigen Frühling offensichtlich nicht und stellt ihr unübersehbar die Realität des Herbstes entgegen, bleibt dem Wandersmann noch die Fluchtmöglichkeit in seine gleichbleibend blühend-junge Welt: »Und ich träume mir den Frühling vor« (Anthologie 9, 17).

Die Landschaft bestimmen Offenheit und Weite, und in die Weite richtet sich auch der Traum des Wandersmannes. In »traumhafte Weiten« (Münchhausen 1, 72 ff) schweift er erst recht, wenn ihm das Wandern für den Augenblick nicht vergönnt ist: »Angekettet, harr ich träumend hier« (Anacker 2, 61).

Wie der Traum die Natur nach Jahreszeit und Landschaft ›korrigiert‹: wenn kein Frühling, dann Traum, wo Begrenzung, dort Traum, so richtet er das Gemüt des Wandersmannes stets auf ein unbestimmtes Sehnen, das den Aufbruch auslöst:

> Das ist der Traum, du ruhig Blut,
> Der dich so stürmisch macht
> (Lothar 1, 39).

Er bietet der Bewegung »einem Traumerfüllen zu« (Grube 1, 9) die Schein-
begründung und wird gleichzeitig zur Umschreibung für das Ziel wie für
eine allumfassende Ziellosigkeit, denn er wird auch dann bemüht, wenn die
Sehnsucht am Ziel Erfüllung findet, eine Erfüllung, die es für die vorgeblich
Rastlosen nicht geben darf:

> Ach, wie bangt um ihre Dauer
> Sehnsucht am erreichten Ziel!
> Und drum spott ich ihrer Trauer
> Mit dem Traum und seinem Spiel.
> (Bodman 2, 306)

Wo der Traum das Wandern zur Berufung steigert, nähert man sich dem
Seelenwanderer: Der Traum, dem er wie im Taumel nachläuft (Ehrler 2, 34),
ist dann alles, was er zu besitzen vorgibt. Für ihn lohnt es, einen leeren
Magen zu ertragen (Seidel 2, 79); er steht für eine als neu ausgegebene alte
Weltanschauung, und der Wandersmann ist ihr Prophet. Indem er dem Traum
eine geheimnisvolle Bedeutung beimißt, steigert er sich, den Träger dieser Idee.

Die mannigfachen Funktionen des Traumes fließen darin zusammen, daß
er immer dort eingesetzt wird, wo rationaler Einsicht nicht gedient werden
kann oder soll; so kann »traumtief und kaum zu fassen« (Anacker 4, 45) mit
einer explikativen Kopula verbunden werden. Der Traum wird zum Füll-
begriff für den fehlenden gedanklichen Gegenentwurf, zum Fluchtpunkt jeder
Bewegung des frohen Wandersmannes, zur Leerformel für süßliche Empfind-
samkeit: »trauminnig« (Anacker 4, 44).

Wandern und Träumen stehen in engster Beziehung zueinander: Wir »wandern träumend« (Potthoff 1, 10), »Wandertraum« (Jungnickel 1, 12). »Wandern ist ein Nieverweilen, ein traumhaftes Schweifen durch die Weite der
Welt«[53], schreibt Fischer in einem »Wandern ein Traum« überschriebenen
Aufsatz.

»Die Natur, die du nie erkennen und umfassen kannst, wird in traumhaften Bildsymbolen zu dir sprechen«[54]: Anacker macht deutlich, was nicht
in seiner Absicht liegt, wenn er »An Hermann Hesse« schreibt, dieser habe
die Berge »traumhaften Tons« (Anacker 4, 84) gemalt: Natur und Traum
in der Terminologie des Wandersmannes bedingen einander, sind letztlich
Metaphern für dieselbe Wunschwelt und gehören daher auf das engste zusammen.

---

[53] Fischer: Wandern und Schauen. S. 111.
[54] Fischer: Wandern und Schauen. S. 112.

III. Das Glück

Den Zustand, den Wanderschaft und Traum bewirken sollen, bezeichnet der Wandersmann mit dem Terminus ›Glück‹, der mehr aussagt: tiefer greift als Freude, die an den einzelnen Grund gebunden scheint. Wanderschaft und Glücksuche sind nicht zu trennen. Diese menschliche Grundvorstellung hat van der Kerken aufgedeckt, der als objektive Formen der Glückserfahrung neben dem Glück in der Gemeinschaft und dem religiösen Glücksgefühl die Glückserfahrung in der Natur nennt.[55] Hier kommt dem Wandern: »het specifiek menselijk phenomeen van het wandelen« besondere Bedeutung zu: »In de wandeling is de schouwing overgegaan tot een zachte verovering.«[56] Eine Gegenwelt voll Glück wird erobert; indem der frohe Wandersmann in sie eindringt, hebt er sie von der Welt ab, die er gewissermaßen mit sich schleppt. Als ziele er auf die Zweigliedrigkeit ab, die wir bisher wiederholt feststellen konnten, konstatiert van der Kerken: »De gelukkige wandelaar [...] wandelt [...] in twee werelden tegelijk.«[57]

Daß das »in-voelen in de tegenbewegende natuur-lijke omgeving«[58] immer nur lustvoll empfunden wird, hängt mit der spezifischen Beschränkung zusammen: Wo Morgen, Jugend, Frühling ineins klingen, herrscht »Jubel unermessen« (Anacker 4, 13).

So ist auch die Verbindung des Wanderns mit dem Glück derart starr, daß sie selbst dort beibehalten wird, wo der Wandersmann eine Rolle annimmt und etwa vom »freien Vagabundenglück« (Anacker 3, 27) spricht; das reicht, mit leichten Variationen, über Anackers »Heidi-heido«-Vagabunden (Anacker 6, 30) bis zur geschmacklosen Verkehrung »Lustiger Bettler« (Seidel 2, 74).

Glück als über alles Persönliche hinausgehobenes konstituierendes Element des Wanderns: Komposita wie »wanderfroh« (Ginzkey 3, 15), »Wanderlust« (Bodman 2, 255), »Wanderglück« (Huggenberger 3, 50 f; Englert 1, 8) stützen diese Beobachtung.

Es erklärt sich daraus, daß ›Glück‹ so selten erläutert wird; es ist ein übergreifender Gemütszustand, dessen Erfahrung man voraussetzen darf und muß. Wann immer es näher bestimmt wird und der Autor nicht hierbei stehenbleibt: »Freu mich an Wald und Getier« (Taube 2, 13), geraten die Sätze seltsam und oft peinlich, auf jeden Fall sehr dunkel. Da wird dann das »Glück der tiefen Ruh« (Anacker 4, 44) bemüht, »freudig Herz und Sinn« »getränkt« (Bodman 1, 363 f) oder der Wind gebeten: »Ström' dein Glück

---

[55] L[ibert André] van der Kerken: Het menselijk geluk. Antwerpen, Amsterdam: Standaard 1952.
[56] Ebd. S. 191.
[57] Ebd. S. 192.

durch meinen dunklen Sinn« (Anacker 4, 45); da ›erklärt‹ es sich »aus einem
Suchen — Wandern — Schaun« (Grube 1, 34 f).

Verständlich wird jetzt auch, daß der Zwang nie als leidvolles Getrieben-
sein empfunden wird, sondern sich in einer auf den ersten Blick erstaunlichen
Weise mit »des Wanderns Süße« (Hesse 5, 585) verbindet: Wer ein inneres
Ziel hat, wer also seine Erfüllung darin findet, sich wandernd in der erträumten Glückswelt zu wähnen, der kann wandern »müssen« und doch mit Anackers »Wanderglück« schließen: »Und ich mag nach keinem Ziele fragen«
(Anacker 2, 41). So versteht man Hesse richtig:

> Tiefere Wonne weiß ich nicht auf Erden,
> Als im Weiten unterwegs zu sein
> (Hesse 2, 64),

nur so wird man Scholz gerecht, der aufs äußerste verknappt: »Dein Schritt
ist Glück« (Scholz 3, 91).

Wie sich Natur und Glück formelhaft verbinden, so ist auch im Gegenteil
das Starre, Überindividuelle zu erkennen: Die hier fast ausschließlich gebrauch-
ten »Weh« und »Leid«, ähnlich wichtig, ›tief‹ und jedem banalen Anlaß enthoben wie ›Glück‹ auf der Gegenseite, stehen für die oktroyierte Tages-Welt,
die nun wirklich den Charakter des Zwanges annimmt. Sie haben keinen
Eigenwert, ein Zweiglein schon feit »gegen jedes Weh« (Taube 2, 24); sie
dienen nur der besseren Erklärung und gesteigerten Verklärung des ›natürlichen‹ Gegensatzes:

> [...] Eins ward mein Herz und das Land.
> Oh, da verließ mich das Leid, — oh, da zerging es wie Rauch
> (Seidel 3, 12).

Das »Leid / Des Käfigs« (Anacker 6, 174) kann leicht abtun, wer seiner (Früh-
lings-)Welt mit dem Aufruf entgegengehen kann: »Fort mit allem Schmerz
und Weh« (Anthologie 30, 530).

Hierbei kann eine Erörterung des Glücks in der Lyrik des frohen Wandersmannes nicht stehenbleiben; es ist ›tiefer‹, wie Ginzkey uns belehrt:

Franz Karl Ginzkey: Wo noch Abendsonne liegt

> Hinter jenen fernen Hügeln,
> Wo noch Abendsonne liegt,
> Steht vielleicht mein Glück und wartet,
> Still an einen Baum geschmiegt.
>
> Soll ich wandern, es zu holen,
> Daß es endlich werde mein?
> Sehnsucht breitet schon die Flügel,
> Wehmut spricht: O laß es sein!

Sehnsucht ruft: Nun will ich eilen,
Heute noch gehört es mir!
Wehmut spricht mit stillem Lächeln:
Ist es nicht schon längst bei dir?

Glück ist — schaun nach fernen Hügeln,
Wo noch Abendsonne liegt
Und das U n e r f ü l l t e wartet,
Still an einem [!] Baum geschmiegt.
                              (Ginzkey 3, 49)

Das Gedicht lebt von einer strengen inhaltlichen wie formalen Polarität. Im Gegenspiel der klanglich reizvollen »Wehmut« und »Sehnsucht« ersteht das bekannte Gegensatzpaar ›Sehnsucht und Erfüllung‹. Die Anfangszeilen eröffnen eine märchenhafte Weite, der die »Abendsonne« eine nicht näher zu beschreibende, aber zweifellos gewichtige Qualität zuerkennt. »Glück« präzisiert diese scheinbar; »wartet« bringt in das Gedicht ein Element hinein, das eine Beziehung stiftet zwischen dem Hier und dem Dort und damit das Wechselspiel der Mittelstrophen begründet. (Die letzte Zeile der ersten und vierten Strophe zieht die Personifizierung des Glücks ins entschieden Komische.) In Dialogform handeln Sehnsucht und Wehmut hier von Glück, und zwar in zwei Stufen, für die beide Strophen stehen. Indem die Frage durch einen Ausruf abgelöst wird, indem »wandern« zu »eilen«, »soll« zu »will« und »endlich« zu »heute noch« werden, erscheint die Sehnsucht drängender; die Wehmut ist dagegen auch formal das statischere Element: »spricht« in der zweiten bleibt »spricht« in der dritten Strophe. Es reicht ihr, das abwehrende »O laß es sein!« auszutauschen gegen eine überlegen lächelnd vorgebrachte suggestive Frage. Dem Widerstreit zweier Seelen in einer Brust folgt in der letzten Strophe die Einsicht, die Einsicht auch dem Interpreten zu geben vermag durch ihre selten eindeutige Formulierung: Glück ist nicht in der Erfüllung zu suchen, Glück ist immerwährendes Streben nach dem Unerfüllten.

Dieses aus der Sehnsucht und in der Sehnsucht erwachsende Glück hat zwei Aspekte. Der junge Wandersmann ist hoffnungsvoll-energisch: »Suche Eins [!] mir, such' das Glück« (Reiß 1, 231) (wobei die Orthographie dem faden ›Ziel‹ besondere Bedeutung verleiht).

So wollt ich immer wandern,
Und das Glück mit mir selbandern
                              (Ehrler 1, 76),

spricht Ehrlers Wandersmann, der »das blaue Wunder zu finden« hoffte, wie der Huggenbergers mit der Ernüchterung des Alternden:

Ich hab' von einem Tag geträumt,
Von einer Stunde, stolz und groß,
Ich sah das Glück von ferne,
Nun find' ich seinen Schatten bloß
                              (Huggenberger 1, 112);

und Ehrke, der »Traum nur und Legende« nachging und spät einsieht:

> Das Glück lag immer hinterm Ferneblau,
> das zu erwandern ich mich unterfing
> (Ehrke 1, 8),

relativiert das Glück in dem Oxymoron des Attributs »bitter-süß« weitgehend.

Die Gedichte des Wandersmannes durchzieht das Paradox, Erfüllung sei nur in der Unerfülltheit zu finden. Kein Pfad führt ihn »in der Erfüllung Reich« (Hesse 1, 56); statt dessen gilt: »Erfüllung! klingt dein Wanderschritt« (Huggenberger 3, 50 f). ›Glück‹ wird in solchen Zusammenhängen zu einer ideologienahen Rechtfertigung aus Sehnen, Träumen, Suchen stilisiert, die leer bleibt und vorgeschoben wirkt. Der Traum als der Weg und das Glück als der ›Ziel‹zustand sind dabei in engster Wechselbeziehung; wie nicht nur Englerts »Wanderglück« (Englert 1, 8) zeigt, ist auch von hier aus die Grenze zum Seelenwanderer fließend.

IV. Die Liebe

Nicht nur für das Glück spielt die Liebe eine auf den ersten Blick erstaunlich untergeordnete Rolle; sie ist, ganz im Gegensatz zum Vorläufer, für den Wandersmann überhaupt von geringer Bedeutung. Wo er sie in das Gedicht hineinnimmt, bedient er sich in der Regel fremder Vorstellungen. Er legt sich die Pose des Vagabunden zu wie in Anackers »Vagabundenlied« (Anacker 6, 30) und kultiviert dessen ›Schmetterlingsliebe‹: »Ich gehöre zu den Windbeuteln, welche nicht eine Frau, sondern nur die Liebe lieben« (Hesse 3, 30). Oder er greift vereinzelt die für den Vaganten typische Verbindung von Liebe und Heimat auf, gipfelnd in dem Kompositum »Herzensheimat« (Anacker 3, 9) für die Geliebte:

> Doch der Liebe leises Locken,
> Einmal führt es mich zurück
> (Anacker 6, 245)
> Und er sehnt mit trauerndem Gemüte
> Sich in's Sonnenland der Liebe heim
> (Anacker 5, 164).

Aber die Beispiele Anackers, der sich starrer als die Früheren an das Volksliedrepertoire hält, sind ebenso die Ausnahme wie jene einzelnen Lieder. etwa Hesses »Wanderschaft« (Hesse 1, 11) oder Bodmans »Das alte Tor« (Bodman 2, 65), in denen verlorene Liebe der Grund zur Wanderschaft ist:

> Ich weiß ein ander Land,
> Da sind die Jungfern nicht so stolz
> Der Liebe abgewandt
> (Hesse 1, 11)

Hab Liebe lassen müssen.
[. . .]
Ich suche, was ich verlor
Und kann's nicht wieder finden
(Bodman 2, 65).

Vornehmlich aus zwei Gründen vernachlässigt sie der Wandersmann. Seine Naturverbundenheit soll als vollgültiger Ersatz für menschliche Zuneigung gelten:

Liebe zieht am Zauberfaden
Alle Ferne mir ins Herz
(Hesse 4, 108).

Neben dem Bild brüderlicher Verbundenheit wird deshalb auch dasjenige liebender Vereinigung für das Einsgefühl mit der Natur gewählt:

Wie man den Bruder erkennt, ward ich von ihnen erkannt,
Liebe zog Liebe herbei
(Seidel 3, 12).

Gegenüber dem Eigentlichen aber könnte die Metapher nur verblassen; so ist es um ihretwillen weitgehend ausgespart.

Die tiefergreifende Erklärung gibt beispielhaft

Emanuel von Bodman: Zauber der Ferne

Ach, wie bangt um ihre Dauer
Sehnsucht am erreichten Ziel!
Und drum spott ich ihrer Trauer
Mit dem Traum und seinem Spiel.

Zwischen Sehnsucht und Erfüllung
Schlägt mein Herz erhöhten Schlag.
Liebe lächelt mir Enthüllung,
Freundschaft blauen Wandertag.

Geht die Liebste mir zur Seite,
Muß ich in die Ferne schaun.
Zieh ich mit dem Freund ins Weite,
Fühl ich fern ihr Auge blaun.
(Bodman 2, 306)

Sehnsucht und Erfüllung sind hier Freundschaft und Liebe zugeordnet, und wie der Wandersmann in der ersten Strophe für die Sehnsucht Partei ergreift, so in der Folge für Freundschaft und »blauen Wandertag«. Im Verein mit der Liebsten muß er dem »Zauber der Ferne« entsagen; »ins Weite« ziehend, kann er sich ganz seiner Sehnsucht hingeben.

Personale Liebe bedeutete Erfüllung, mehr noch: Bindung und Seßhaftigkeit. So ersetzt der frohe Wandersmann sie durch die Zuneigung zur Natur, in der die unerwünschte ›Ruhe‹ nicht droht.

V. Die Heimat

Eher noch als der Liebe wäre man bereit, der Heimat eine untergeordnete Rolle zu geben in einer Lyrik, die stetes Umherschweifen preist. Aber das Gegenteil ist der Fall.

Daß alle ›Fremdbestimmungen‹ fehlgehen, ist an dem Beispiel ›Heimat‹ besonders gut zu sehen. Sie ist je nach dem ideologischen Standpunkt definiert worden als »der unmittelbare Lebensbereich, den wir gesellschaftlich und produktiv ausfüllen, den wir lieben und den wir sozialistisch gestalten«[58], als »Urzelle« wie »Familie und Freundschaft«[59] oder als »Bezirk, in dem der Lebensinhalt wachsen kann[,] und zwar durch das Mittel der Ergriffenheit«[60], und keine solche Definition wird in unserm Kontext weiterführen können. Der Begriff ist vielmehr aus den Voraussetzungen der Gedichte selbst zu erläutern.

Selbstverständlich hat der frohe Wandersmann eine (lokal begriffene) Heimat und kann jederzeit dorthin zurückkehren. Deshalb ist diese Heimat für ihn auch kaum der Erwähnung wert; sie bezieht die bekannten archetypischen Vorstellungen ›Geborgenheit‹, ›Mutter‹ ein. Die Kindheit gerät der Erinnerung zu einer Zeit voller Ruhe und Frieden, zu einem Lebensabschnitt vollkommener Harmonie, sie steht für jede unbestimmt ferne, bessere Vergangenheit:

> Wacht doch über dir die Bläue,
> Die als Kind dir schon gelacht
> (Ginzkey 4, 119)
> Wälder stehen, See und Land,
> Wie in alten Kinderzeiten
> (Hesse 1, 38)
> Ihr stillen Häuser, kindlich blau und rot
> (Anacker 4, 74).

Ungleich bedeutender wird die Heimat im übertragenen Sinne, und hier auf zweifache Weise:

Auch für die Gegenwelt, seine Wahlheimat, verwendet der Wandersmann die gleichen Formeln der Geborgenheit. »Zuflucht« (Anacker 4, 44) findet er in den »Wäldern«, deren »Geist« er eine eigene Beheimatungskraft zuerkennt:

> Wie bin ich dein, du Geist der Einsamkeit,
> So völlig gleich dem heimgekehrten Kinde,
> Das ganz dem Glück der tiefen Ruh' sich weiht
> (Anacker 4, 44).

[58] Heinrich Gemkow: Über den bürgerlichen und den sozialistischen Heimatbegriff. — In: Urania 25 (1962) S. 209.

[59] Kurt Stavenhagen: Heimat als Grundlage menschlicher Existenz. Göttingen: Vandenhoeck u. Ruprecht 1939. S. 10.

[60] Julia Schwarzmann: Die seelische Heimatlosigkeit im Kindesalter und ihre Auswirkungen. Phil. Diss. Zürich 1948. S. 45.

Gegenüber der Heimatlosigkeit und Entwurzelung des modernen Menschen,
wie sie Stavenhagen beklagt, will der Wandersmann gerade »die Natur zur
H e i m a t machen«[61]. So ist es zu verstehen, wenn auch hier wieder, wie
bei der Einsamkeit und der Glückserfüllung, das Paradoxon regiert. Wenn
Schönbrunn sagt: Der Mensch »sollte wieder eine Heimat bekommen«[62], dann
ist aus dem Kontext eindeutig zu entnehmen, daß sie allein in Natur und
Wanderschaft zu finden ist. Den solcherart Wandernden nämlich treibt es
»in's Heimwehland der Ferne« (Anacker 5, 53): Er hat »Wanderheimweh«
(Anacker 2, 61).

Die zweite metaphorische Bedeutung des Heimatbegriffes verweist mit
letzter Deutlichkeit auf die Abhängigkeit, die die Gedichte des Wandersmannes in keiner Zeile leugnen können:

> *Wilhelm von Scholz: Heimat*
>
> Eine Heimat hat der Mensch.
> Doch er wird nicht drin geboren —
> muß sie suchen traumverloren,
> wenn das Heimweh ihn ergreift.
>
> Aber geht er nicht in Träumen,
> geht er achtlos ihr vorüber,
> und es wird das Herz ihm plötzlich
> schwer bei ihren letzten Bäumen.
>
> (Scholz 3, 32)

»Heimat« wird transzendiert, in wenigen kurzen Zügen das übliche Bedeu-
tungsfeld abgeschält: »Doch er wird nicht drin geboren«. Damit erst wird
sie tauglich gemacht, der Sprache der Gegenwelt zu dienen, die ja die Wörter
der ›Welt‹, Glück und Traum, auf die gleiche Weise ›unterwandert‹ und zu
ihren Kernbegriffen gemacht hat. Nicht in die Kinderzeit müssen wir uns
zurückversenken, wollen wir folgen: Hier ist eine mythosnahe Urheimat angesprochen, die jedermann beliebig füllen kann. Die Schwierigkeit, sie zu
beschreiben, kommt nicht von ungefähr; sie ist durch die Sache selbst angelegt
und höchst beabsichtigt. Jedem Erkennen nämlich ist die Heimat vorsorglich
entzogen:

> Aber geht er nicht in Träumen,
> geht er achtlos ihr vorüber
> (Scholz 3, 32).

Die Nähe zum Traum ist recht dazu angetan, diesen Heimat-Begriff in das
Gespenstig-Gespinstige zu verweisen, das der Scharlatanerie benachbart ist.

Auch Einsamkeit, Stille, Glück, Naturverbundenheit münden, wie leicht
nachzuvollziehen ist, unmittelbar in solche Heimat ein. Nicht nur spielt sie

---

[61] Häfker: Wanderkunst. S. 188.
[62] Schönbrunn: Jugendwandern. S. 11.

damit keine untergeordnete Rolle; wer sich definitorisch offenhält, kann, wie
wir sahen, mit ihrer Erörterung die Mitte der Lyrik des frohen Wandersmannes erschließen.[63]

E. Sonderformen

Bei aller Einheitlichkeit lassen sich innerhalb der Gruppe des frohen Wandersmannes drei besondere Ausprägungen feststellen. Sie alle haben den
gemeinsamen Hintergrund, was ihre Motive und ihre Grundhaltung angeht;
er ist also für sie jeweils mitzudenken. Um den Versuch einer Aussonderung
geht es, nicht um Abgrenzung.

Zwei dieser Sonderformen führen inhaltliche Momente weiter. Der Lebenswanderer knüpft an das in allen Gedichten des Wandersmannes beliebte
Todesmotiv an und verlängert von da aus die Wanderschaft in die Lebenswanderschaft; der Seelenwanderer — das klang schon mehrfach an — stellt
auf mannigfache Art die Extremform dar. Hier berühren sich die Gedichte
in der Tendenz mit den Romanen der Seelenvagabunden; gleichzusetzen sind
sie mit ihnen nicht. In der Lyrik fängt die Tradition des Wanderliedes das
Vagabundenhafte auf, das mehr dem Epischen zuneigt; der Wandersmann
bleibt die Zentralfigur, nicht der in den Romanen entwickelte Vagabunden-
typ. Auch dabei sind freilich Übergänge möglich; neben Reisers »Binscham«-
Roman steht das vierteilige Gedicht gleichen Namens (Reiser 2, 63 ff).

Bei der Sonderform »Wandervogel« wird nachzuweisen sein, ob und in-
wieweit der direkte Einfluß der Jugendbewegung das Gedicht des Wandersmannes modifizieren kann.

I. Der Lebenswanderer

Der Lebenswanderer stellt die symbolische Schicht des Wanderns stärker
heraus; er knüpft damit, in letztem romantischen Sprechen, an eine deutsche
Tradition an: »In der deutschen Lyrik ist die Gestalt des Wanderers ein
uraltes Sinnbild für den Sterblichen, der sich auf dem Weg durch die Zeit
zu einem nur schattenhaft faßbaren Ziel befindet.«[64]

Die Nahtstelle zwischen der Gruppe des Wandersmannes und ihrer besonderen Ausprägung läßt sich im Motiv des Todes ausmachen.

---

[63] Eine weitere übertragene Bedeutung, die der christlichen ›ewigen‹ Heimat, ist in
die Darstellung des Lebenswanderns integriert.

[64] Heinz Piontek: Georg Trakl. — In: Jürgen Petersen (Hrsg.): Triffst du nur das
Zauberwort. (Frankfurt, Berlin:) Propyläen (1961). S. 250.

Heinrich Anacker: Wanderschaft

Ob die Dornen dich verwunden,
Ob am Weg dir Blumen blühn,
Jeder Pfad, den du gefunden,
Führt zur fernen Heimat hin.

Tausend Namen sind ihr eigen,
Höchstes Leben, — tiefste Ruh — — —
Wann die tausend Stimmen schweigen,
Gehst du seliger Klarheit zu!

(Anacker 2, 99)

Unmittelbar an die dem Wandersmann eigene Heimat ist anzuschließen; wer sich in einer versachlichten Welt nicht heimisch fühlen kann, wird endlich den Tod zur »fernen Heimat« erklären. Es gibt eindeutige sprachliche Anzeichen für die prinzipielle Gleichheit der ›Heimat‹ im Diesseits und der im Jenseits. Nachdem das Gedicht mit den ersten Versen noch in der buchstäblichen Wanderschaft befangen bleibt (wenn auch »Dornen« und die Konjunktionalkonstruktion »ob — ob« stutzen lassen), nachdem die vierte Zeile aus ihr herausgeführt hat, wird die ferne Heimat Tod nämlich auf dreifache Weise charakterisiert: »höchstes Leben«, »tiefste Ruh«, »selige Klarheit«. Alle drei Begriffe werden an bedeutsamen Stellen, freilich in der Regel nicht im Superlativ, auch auf die Wald- und Wanderheimat angewendet, das Leben hier gegen das Existieren dort, die Ruhe des Waldes gegen das »Lärmen unsrer Gassen« (Ehrke 1, 10 f), Klarheit des Fühlens gegen zersetzenden Intellektualismus ausgespielt. Dem »höchsten Leben« entspricht:

Unsrer Erde Leben mitzufühlen
(Hesse 2, 64)
Und das Leben singt an meinem Ohr
(Anthologie 9, 17);

»tiefste Ruh« stimmt zusammen mit: »stille Stunde« (Hesse 1, 38), »tiefe Ruh« (Anacker 4, 44); »selige Klarheit«, das statt durch den Superlativ in der Verbindung zweier Charakteristika gesteigert ist, spielt zum einen in das Feld »klare Weiten« (Scholz 4, 64 f), »klares Blau« (Taube 2, 8 f) hinein, zum andern ist es in Zusammenhang zu bringen mit »selige Gebärde« (Ginzkey 3, 69), »seliger Garten« (Ehrler 2, 57). Damit erweist sich die ferne ewige Heimat als Projektion ins Unendliche der Heimat, die »im Wandern« (Salus 1, 64 f) liegt. Nur daraus läßt sich das enge Verhältnis zum Tode erklären.

Aus dem Zerstörenden wird der Pflegende: aus dem Schnitter Tod der »gute Gärtner Tod«, der »in seinen Garten« heimholt (Hesse 4, 123) (die Assoziation zu ›Garten Eden‹ stellt sich ein), und die Umkehrung wird noch weitergetrieben:

Hermann Hesse: Der Wanderer an den Tod

Auch zu mir kommst du einmal,
Du vergißt mich nicht,
Und zu Ende ist die Qual
Und die Kette bricht.

Noch erscheinst du fremd und fern,
Lieber Bruder Tod.
Stehest als ein kühler Stern
Über meiner Not.

Aber einmal wirst du nah
Und voll Flammen sein.
Komm, Geliebter, ich bin da,
Nimm mich, ich bin dein!
                              (Hesse 3, 88)

Der Fremde wird bei Hesse zum Bruder, der Gehaßte und Gefürchtete zum
Geliebten: Die Liebe zum Tod läßt sich nur mit der Pose erklären, die die
Kreatürlichkeit des Sterbens in einen Akt bräutlicher Hingabe umdeutet.

Die drei Strophen (rhythmisch eng verwandt mit Goethes »An den Mond«)
stehen für drei Reflexionsstufen des Wandersmannes: die Besinnung auf die
zeitlich unbestimmte Todesgewalt (»einmal« im Sinne von ›irgendwann einmal‹), die Besinnung auf die Aktualität des Jetzt (»noch«) und, in Antithese
dazu, die Besinnung auf die Aktualität des Sterbens (»einmal«). Die ein-
leitende Strophe bleibt durch ihre Allgemeinverbindlichkeit (statt dessen
›Trivialität‹ zu sagen, braucht nicht viel Bosheit) in ihrem Gewicht hinter den
beiden anderen zurück. Diese nun sind streng gebaut: Der Gegensatz von
»noch« — »aber einmal« wird durchgeführt in »fremd und fern«, das mit
»nah« korrespondiert; er gewinnt sprachliche Gestalt im Widerspiel von
»kühl« und »voll Flammen«; er wird evident in »*über* meiner Not« gegen
»ich bin da«, das Nähe evoziert und damit hinüberführt in das abschließende
Bild der engsten Vereinigung: Ihre höhere Bedeutung gewinnt die Antithese
in den Begriffen »Bruder« und »Geliebter«, die Verbundenheit mit dem Tode
ein Leben hindurch wird »einmal« ihre unvergleichliche Aufgipfelung und
Vollendung finden.

Da auch die Vorliebe für den Tod sich als introvertierter Protest gegen
die Zeit und deren Wertvorstellungen erweist, nimmt die enge Beziehung
»zwischen Tod und Traume« (Anacker 2, 75) nicht wunder. Beide benennen
einen Reliktbereich, vor dem die aufklärerische Entdeckerfreude der Gegenwart des Wandersmannes notwendig kapituliert. In Ehrkes »Ewiges Wandern« heißt es:

[. . .]   Das lockt wie Träume
Zu einem fernen nie geschauten Ziel
                              (Ehrke 1, 10).

Näher zum eigentlichen Lebenswanderer stoßen wir vor, wenn wir vom Stellenwert des Todesmotivs im einzelnen Gedicht ausgehen. Wie ein Schema läßt sich aus den sechs Beispielen herauslösen, daß die Wanderung zur großen Wanderung umgedeutet, das Ziel in das letzte Ziel aufgehoben, der Weg in den Lebensweg hinübergeführt wird: Der Tod beschließt das Gedicht und rundet die Wanderung ab.

> Vier Wände weiß ich warten wohl
> Am letzten Wegesende;
> Aus dunkler Erde schauerts hohl:
> Der Tod hat kühle Hände —
> (Anacker 4, 108)
> Und muß ich auf die große Reise,
> Dann laß ich auch den Stock zu Haus.
> Im Festgewande tret ich leise,
> Begierig, was es gibt, hinaus
> (Bodman 1, 363 f)
> Zögernd geh ich nun dem Ziel entgegen,
> Denn ich weiß: auf allen meinen Wegen
> Steht der Tod und bietet mir die Hände
> (Hesse 2, 30)
> Bis Bruder Tod als Schaffner mit blassen Händen
> Das Signal zur ewigen Heimfahrt gibt
> (Anacker 6, 175)
> Nur noch Ein Begehr:
> Endlich Ruhe sehen
> Und zu Grabe gehen
> Ohne Wiederkehr
> (Hesse 2, 20)
> Wandern nur heisst leben.
> Ruh, [!] wird dir am düstern Ort
> Noch genug gegeben
> (Reiß 1, 311).

Zwei Aufgaben erfüllen diese das jeweilige Gedicht beschließenden Zeilen: Überleitung und Charakterisierung sind in ihnen gleichgewichtig verteilt.

Die Überleitung vollziehen zum einen bestimmte Requisiten, in entgegensetzender Manier: Wander»stock« (Bodman 1, 363 f), »Ziel« (Hesse 2, 30) oder nach dem Prinzip der Reihung: »vier Wände« (Anacker 4, 108). Zum anderen und Wichtigeren aber geschieht sie in Ausdrücken wie »letztes Wegesende« (Anacker 4, 108), »große Reise« (Bodman 1, 363), »alle meine Wege« (Hesse 2, 30), »ewige Heimfahrt« (Anacker 6, 175), deren (meist unausgesprochener) Gegensatz sich in den Epitheta äußert. Insbesondere werden die attributiven (»letztes«, Anacker 4, 108; »alle«, Hesse 2, 30), adverbialen (»endlich«, Hesse 2, 20) und konjunktionalen (»bis«, Anacker 6, 175; [versStecktes] wenn, Bodman 1, 363 f) Möglichkeiten der Projektion genutzt.

Die Charakterisierung folgt der Überleitung in der Regel nach (Anacker 4, 108; Bodman 1, 363 f; Hesse 2, 30; Hesse 2, 20; Reiß 1, 311). Bezeichnungen wie »Bruder« (Anacker 6, 175), die Vorstellung, der Tod reiche die Hände (wie man sie einem Kind reichen muß) (Anacker 4, 108; Hesse 2, 30; Anacker 6, 175), Worte wie »Festgewand« (Bodman 1, 363 f) verwundern nach dem bisher Beobachteten nicht mehr als die üblich-banalen »dunkle Erde« (Anacker 4, 108), »Grab« (Hesse 2, 20), »düstrer Ort« (Reiß 1, 311).

Beide Funktionen solcher Schlußstrophen fließen zusammen in den Schlüsselworten ›Ruhe‹ (Hesse 2, 20; Reiß 1, 311), ›Heimat‹ (Anacker 6, 175) und ›Ziel‹ (Anacker 4, 108; Hesse 2, 30).

Mit dem nächsten Schritt zum Gedicht des Lebenswanderers enthüllt die ›Heimat‹ einen bisher unerwähnt gebliebenen Sinn. Häfker mutmaßt: »In nichts aber kommen wir dem tiefsten Wesen des Wanderdranges vielleicht näher, als wenn wir ihn als die Sehnsucht erkennen, die uns durch räumliche Fernen im ewigen Kreislauf zu uns selber zurückführt.«[65]

Kontinuierlich entwickelt sich die folgende Beispielreihe:

> Bin ich nicht denselben Weg
> Einst an deiner Hand gegangen?
> Rundet heimlich sich ein Kreis?
> > (Seidel 1, 61)
> Endlich sah ich, daß ich nur im Kreise
> Wanderte, und wurde müd der Reise
> > (Hesse 2, 30)
> So bezwingst du Zier für Zier
> Dieser Welt im großen Kreise,
> Und am letzten Saum der Reise
> Kehrst du wieder ein bei dir
> > (Ginzkey 4, 100 f)
> Jeder ist sich selbst auf Erden
> Ziel der ird'schen Wanderschaft
> > (Ginzkey 4, 119)
> Die Wege waren alle ohne Ende
> und führten alle in mich selbst zurück
> > (Ehrke 1, 8).

Vordergründig-trivial ist die Kreisbewegung bei Seidel: Der Heimatlose glaubt die Wege der Kindheit wiederzuerkennen. Diese Heimat wird fortlaufend verinnerlicht; Hesse und Ginzkey stellen zwei Wege dazu vor. Hesses Wanderer kommt angesichts der Gewißheit des Todes dazu, sein bisheriges Leben als Wandern »im Kreise« zu beurteilen, Ginzkey zieht, stärker verallgemeinernd (»Jeder«), aus dem Gang im Nebel explizit die Erkenntnis, jedermann sei auf dem Wege zu seiner Selbstvollendung; er eliminiert so das

---

[65] Häfker: Wanderkunst. S. 185.

Resignative, das aus dem Hesse'schen Beispiel tönt. Entscheidend sind die beiden letzten Belege, die einen weiteren Schritt tun. Sie knüpfen an die Vorstellung an, für die Seidels Gedicht steht, und deuten die äußere Heimat vollkommen nach innen: »Heimgefunden« hat Ehrkes Wanderer am Ende des gleichlautenden Gedichts (Ehrke 1, 8). Dieses »Heim« ist auf gewünschte Weise unbestimmt bedeutsam, das Wandern dorthin nicht minder.

Der engste Kreis der Lebenswanderer-Gedichte hebt sich nur darin noch ab, daß er das Bild von der Lebenswanderschaft weitgehend verselbständigt. Weil das Anschauliche und Erlebte oder Erlebbare ausgeschlossen wird, kommt ein allem Anschein nach gedankliches Element hinzu, das den Gedichten ansonsten fremd ist. Nicht nur deshalb ist es der näheren Beobachtung wert:

> *Emanuel von Bodman: Der Wandrer*
>
> Kaum ist der Mensch vom Schlummer aufgewacht,
> Nimmt er den Wanderstab, der bei ihm lag,
> Und fragt sich, was die Straße aus ihm macht:
> Geht er durch eine Nacht in einen Tag?
> Geht er durch einen Tag in eine Nacht?
>   (Bodman 1, 303)

Bodmans Fünfzeiler führt das Bild weniger aus als an, interpretiert die Wechselfälle des Lebens verharmlosend als den Wechsel von Tag und Nacht und endet in einer doppelten und doppelt belanglosen Frage. Wo aber, an die Kreisvorstellung anknüpfend, auch Antworten gegeben werden, zeigt sich das Bestimmende um so deutlicher:

> Sag', woher bist du gekommen,
> Seele? — Aus der Dunkelheit.
> Und welch Ziel hast du genommen,
> Seele? — In die Dunkelheit.
>   (Ginzkey 3, 55)

Mit lauter »Dunkelheit« kann keine Klarheit gewonnen werden. Die Lebenswanderer wollen gerade sie nicht erreichen, die Abscheu vor dem Erklärbaren überwinden auch sie nicht. Reiß' Wanderer, der verheißungsvoll beginnt: »Wohin tragt ihr mich, Gedanken?«, bringt es, Glück suchend, nur zu dem Gemeinplatz »Gibt es solches wohl auf Erden?« und dem die ›Gedankenführung‹ abschließenden Lamento: »Was soll aus mir Sucher werden!« (Reiß 1, 231).

Der Wandersmann bleibt sich treu: Die Reflexion ist oberflächlich, schwach, rudimentär. Wie stets ist nicht rationale Auseinandersetzung, sondern Berufung auf Irrationales zu verzeichnen, ist die Flucht in die Andeutung voller Bedeutung allenthalben auszumachen. Wer wollte etwa gegen die »dumpfe Stimme« Ginzkeys (Ginzkey 3, 48) argumentieren?

Formal verbindet sich solchem Vorgehen die Sprecherhaltung. Das »Du« nämlich ermöglicht den Dialog mit den dunklen Autoritäten wie »Seele« (Ginzkey 3, 55), »Gedanken« (Reiß 1, 231), »dumpfe Stimme« (Ginzkey 3, 48); so gewinnt es ein eigenes Gewicht. Nur hier ist es möglich, daß der Autor den Leser einbezieht mit ebendemselben »Du«.

Mit ähnlichen Vorbehalten wie gegenüber der Reflexion wird man von einem stärkeren Zielbewußtsein der Lebenswanderer-Gedichte sprechen.

> Jeder Pfad, den du gefunden,
> Führt zur fernen Heimat hin
> (Anacker 2, 99)
> Doch ist das Ziel gemeinsam
> (Lothar 1, 83)
> dein Ziel der Abend
> (Scholz 3, 91).

Solchen Belegen stehen andere gegenüber:

> Ohne Hast und ohne Ziel
> (Ginzkey 3, 48)
> Und unsre Seele irrt
> (Ehrke 1, 10 f)
> Was soll aus mir Sucher werden!
> (Reiß 1, 231).

Der Widerstreit erweist, daß sich die Gedichte in der Betonung einer immanenten Ziellosigkeit genau in den größeren Rahmen der Lyrik des Wandersmannes eingliedern, mit der Akzentuierung des allgemeinen Zieles ›Tod‹ aber darüber hinausgreifen (müssen). Das letzte Ziel ist erstrebenswert, weil es die Qualitäten jedes irdischen Zieles nicht hat: Als das »ferne, nie geschaute Ziel« (Ehrke 1, 10 f) nimmt es dem Wandersmann nie die Sehnsucht, die ihn vorgeblich treibt, läßt sie ›hier‹ nie Erfüllung finden, ja, gibt ihr gerade das einzige in diesem Sinne ›ungefährliche‹ Objekt. In Ehrkes »Ewiges Wandern« heißt es denn auch:

> [...]   Das lockt wie Träume
> zu einem fernen nie geschauten Ziel
> in wunderweite blaue Sehnsuchtsräume
> (Ehrke 1, 10 f).

Das ins Allgemeine zielende Thema wird ohne störende Reflexion bewältigt, indem ein Bild durchgehalten wird. Wie in Ginzkeys »Wandrer sind wir alle« (Ginzkey 3, 55), so steht auch hier »Seele« für die Seinsmitte des »Ewigen Wanderers Mensch« (Vesper 2, 317 f) und weist damit in einen anderen großen Zusammenhang.

II. Der Seelenwanderer

Der Seelenwanderer nimmt seinen Ausgang von der Naturverbundenheit des frohen Wandersmannes, wie sie in den Bezeichnungen ›Freund‹ und ›Bruder‹ zu fassen war. Zwei Beispiele mögen das skizzieren; in dem einen wendet sich der Wandersmann an einen Jasminstrauch (der von jeher wegen seines Wohlgeruchs und seiner Heilkraft besungen wird), in dem anderen spricht er mit dem Wind, in beiden zeigt sich, daß im Besonderen immer die Natur allgemein verherrlicht wird.

Otto von Taube: Der Wanderer und der Jasmin

Sommerstrauch mit weißen Blumen, duftender Jasmin,
stehst du wieder schon in Blüte? Denn die Winde ziehn
aus den Gärten zu mir nieder mit dem trauten Duft.
Ach wie rieseln doch die Wellen durch die Morgenluft!

Weiten Weg hab ich zu wandern. Laß mich vor dir stehn,
will dir in die Blütenaugen, liebster, wiedersehn,
will dein Duften in mich fassen, wie man Segen nimmt,
einen Segen, der bis Abend rein die Stunden stimmt.

Rein ist deine weiße Farbe, rein dein edler Hauch,
werde heute weiterschreiten nur in Staub und Rauch,
wenn ich dir ein Zweiglein bräche, das da mit mir geh,
bin geleitet und gefeit ich gegen jedes Weh:

Gegen Müdigkeit und Zagen, jede Wandersnot,
würd im Schritt auch nicht versagen, blieb ich ohne Brot.
Lebt der Mensch hienieden doch nicht von dem Brot allein,
Gottes Geist wohnt dir im Duften, in dem weißen Schein!

(Taube 2, 24)

Heinrich Anacker: An den Wind

Der Wind geht durch die mitternächt'gen Gassen;
Mein Herz ist wach, und lauscht ihm selig-bang.
O Nachtgewölk, o tiefer Orgelklang,
O Weltgesang, traumtief und kaum zu fassen!

Ich zog ins Land, von jedem Trost verlassen,
Und nichts in mir als wehen Wanderdrang.
Da warst du Wind, der in den Lüften schwang,
Der einzige Freund, den mir mein Gott gelassen.

Mein Bruder du, vom ersten Anbeginn,
Geleite mich auf dunklen Pilgerwegen,
Und ström' dein Glück durch meinen dunklen Sinn!

Schon fühl' ich wundersame Kraft sich regen;
Dein Brausen führt zu allen Sternen hin,
Und göttlich jung dem neuen Tag entgegen!

(Anacker 4, 45)

Hier wie dort verknappt ein noch recht neutral gehaltener Beginn das Faktengerüst aufs äußerste: »duftender Jasmin«, »Blüte«, »Wind«, »Mitternacht«. »Trauter Duft« ist in Taubes Gedicht das erste Anzeichen für die entschiedene Hinwendung ins Subjektivistisch-Ungefähre; Anackers Einleitung, die sich bezeichnenderweise des Tons hymnischer Ansprache noch enthält, klingt in die kräftig vorausweisende Neuschöpfung »selig-bang« aus. Eine an Litaneien gemahnende Apotheose voller O-Pathos mit dem Tenor ›tief und dunkel‹ mündet in das wichtige »kaum zu fassen«. In sich fassen will auch Taubes Wanderer, »wie man Segen nimmt«, den in »Duften« gewandelten »trauten Duft« (und deutet damit auf die Verbindung, die »Brot« am Ende signalisiert, voraus), nachdem von Ausrufesatz und Interjektion aus über die Anthropomorphisierung »Blütenaugen« in »Segen, der bis Abend rein die Stunden stimmt« die erste Stufe im Prozeß der Sakralisierung der Natur erreicht ist. »Fassen«, das alles Erklärenwollen energisch in die Schranken weist, umschreibt die den Auserwählten verliehene Fähigkeit, einfühlend aufzunehmen. Zwei Themenkreise werden damit berührt, die, eng aufeinander bezogen, im Mittelpunkt der Gedichte des Seelenwanderers stehen: Irrationalismus und Begnadung.

Beide Gedichte gehen weiter bemerkenswert parallel. Taube nimmt »rein« in der dritten Strophe auf. Sie steigert die Sakralmetaphorik, indem sie dem Zweiglein den Charakter einer Reliquie verleiht (glaubt sich der Wanderer durch es doch »geleitet und gefeit« gegen »jedes Weh«). Zugleich sind hier die ei-Laute konzentriert, die — allzu durchsichtige Manier — dem Sakralbereich klanglich entsprechen sollen: rein, weiß, rein, weiterschreiten, Zweiglein, gefeit, geleitet. Den Höhepunkt in der mit allen Mitteln angestrebten Analogie bilden die abschließenden beiden Zeilen, deren erste das Wort Gottes implizit durch den Jasminstrauch ersetzt, deren zweite endlich explizit Gottes Geist ins Duften des Jasminstrauches herabruft: eine letzte Aufgipfelung nach dem Vergleich des Duftens mit dem Segen einerseits, andererseits nach der Abfolge von »in mich fassen« und »mit mir geh«; »weißer Schein« weckt wie Ginzkeys das Haupt umkränzender »Firnenglanz« (Ginzkey 3, 69) die Assoziation zu Heiligenschein.[66]

Dem Zweig als Reliquie entspricht in Anackers Zeilen der Wind als »Trost«, ein Wort, das durch seine Herkunft schon in den christlich-pietistischen Vorstellungsbereich hineinführt; die religiöse Linie ist sodann auch hier, ständig sich steigernd, beibehalten, über »Pilger« und »wundersam« zu »göttlich jung«.

Durch die Sprache und in der Sprache ist der Punkt, an dem die übliche Freude an der Natur in so bemerkenswerter Weise umgestaltet wird, genau zu bestimmen. »Wundersam« wendet sich stärker als »wunderbar« ins

---

[66] Vgl. das verblüffend ähnliche Gedicht »Der Wanderer lobt die Hecken« (Flemes 1, 26); unsere beiden Modelle entstammen noch der oberen Qualitätsgruppe.

Eigentliche zurück: »Wunder« und »Seligkeit« werden zunächst, der metaphorischen Tradition für die Beschreibung des Naturerlebnisses folgend, übertragen gebraucht (»Wanderseligkeit«, Ley 1, 97), wandeln sich aber durch einen stark veränderten Kontext und stellen dadurch gewissermaßen die Achse dieser Gedichte dar: Das Wunderschöne wird zum Wundersamen, das Glückselige zum Seligen:

> Zu neuen Wundern lockt die Straße
> (Salus 1, 82)
> wo Traum und selige Narrheit quillt
> (Hesse 3, 40)
> seliger Garten (Ehrler 2, 57).

Während das Rationale der Pflichtwelt angehört, wird das Gefühl jeder Kritik (in absolute Höhen) enthoben:

> Nur nicht fragen! Nicht ergründen!
> Seligsein mit ganzer Kraft!
> (Johst 2, 12)

Der Irrationalismus eignet sich, in seinem Appellieren hilflos, die religiöse Terminologie an und kommt damit zu einer ungemein wirkungsvollen Legitimation: »Nicht denken müssen, das ist mein Gebet« (Salus 2, 32).

Dem fügt sich die weiter stilisierte Auffassung vom Wandern als dem ersten Mittel ein, sich dem Kult vernunftfeindlicher Frömmigkeit zu weihen. »Gesegnete Wanderung« heißt denn auch ein Gedicht Otto Ernsts (Ernst 1, 52). Begierig wird das naheliegende Wortspiel aufgegriffen, der »Wandersmann« zum »Wundersmann« (Schmidtbonn 1, 6 ff), das »Wanderland« zum »Wunderland«[67], bis es schließlich schlicht und eindeutig heißt: »Das Wunder des Wanderns.«[68]

Von hier aus ist der Schritt nur zwingend zu Fendrichs Sätzen: »Es ist mit dem Wandern wie mit dem Glauben. Es muß etwas Angeborenes sein, ein Geschenk — wenn man will, eine Gnade.«[69] Irrationalismus und Begnadung sind die zwei Seiten der gleichen Münze.

Als eine Bewegung, die zum Heil führt, wird »wandern« zu »pilgern« (Ginzkey 3, 15; Viehweg 1, 12): »Jede Wanderung ist für uns eine Pilgerfahrt.«[70] Die »ungemessene Freiheit des einsamen Pilgers«[71], Weihe und Berufung eines Würdigen, wie sie am deutlichsten in Anackers »Zuflucht« (An-

---

[67] Otto Schwindrazheim: Jugendwanderungen. München: Callwey [1909]. S. 25.
[68] Ottomar Enking: Das Wunder des Wanderns. — In: Rast auf der Wanderung. S. 3—5.
[69] Fendrich: Wanderer. S. 12.
[70] Schönbrunn: Jugendwandern. S. 50.
[71] Enking: Wunder des Wanderns. S. 4.

acker 4, 44) zu beobachten sind, dienen wiederum der Selbstverherrlichung
und Selbsterhöhung. Auch dieser Wanderer schreitet nicht aus eigenem Antrieb aus; er wird aber nicht nur verlockt, sondern aufgrund eigener Qualifi-
kationen berufen. Ein ausgeprägt elitäres Bewußtsein schafft so eine kleine
Sekte auserwählter Seelen: »Zum Wandern muß man geboren sein.«[72] In diesem Zusammenhang gehört

> *Franz Karl Ginzkey: Der Wanderer*
>
> Ihn hat der Ewigkeit Gebrause
> Verlockt mit sehnsuchtsvollem Ton.
> Ein mitternächtig Sturmgesause
> Entriß der väterlichen Klause
> Auf ewig den verlor'nen Sohn.
>
> Er fragt sich nicht: Was soll nun werden?
> Es taugt ihm keine Heimat mehr.
> Sein Heim ist überall auf Erden,
> Ihm winkt mit seligen Gebärden
> Der Sterne unermeßlich Heer.
>
> So schreitet er, ein Auserkor'ner,
> Das Haupt umkränzt von Firnenglanz,
> Als ein zur Wanderschaft Gebor'ner —
> Den Brüdern gilt er als Verlor'ner,
> Die Ewigkeit gewann ihn ganz.
>
> (Ginzkey 3, 69)

Ginzkeys Wanderer, hinter den die Natur fast ganz zurücktritt, schreitet
wider Willen hinaus, verlockt durch »der Ewigkeit Gebrause«; was immer
das auch sein mag: es ist bedeutend. Er ist ein Gesandter, dem in dem Bild
»Ihm winkt mit seligen Gebärden / Der Sterne unermeßlich Heer« beschei-
nigt wird, daß allein er noch den Kontakt zum Höheren herstellen kann,
während die Menge, die seine Werte nicht kennt, verloren ist.

Auf Erden bedingt diese übernatürliche Fähigkeit die aus den Vagabunden-
romanen wohlbekannte Diskrepanz zwischen Sein und Scheinen, zwischen
›ist‹: »Auserkor'ner« und »gilt [...] als«: »Verlor'ner«, die Reiser so ausdrückt:

> Was er besitzt, verweist ihn zu den Armen,
> doch was er ist, stellt ihn den Höchsten gleich
>
> (Reiser 2, 63 ff).

Das Wandern soll »reicher, weiser und glücklicher«[73] machen: Die Weisheit, die »die Besten« (Schüler 2, 99) dem materialistischen Streben der Zeitgenossen entgegenzusetzen haben, ist »nicht von dieser Welt« (Schüler 2, 99);
in den Ton der Verheißung stimmen »hier nicht« und »fernes Glühen« (Schü-

---

[72] Brief Karl Leys an den Verfasser vom 10. 2. 1974.
[73] Häfker: Wanderkunst. S. 183.

ler 2, 99) ein. Solchermaßen Erwählte, die bestimmt sind, »der Wahrheit letztes Angesicht« (Grube 1, 35) zu suchen, tragen zum Zeichen einer wehmütig-selbstsicheren Überlegenheit, die gewiß ist, auf lauter ›Unverständnis‹ zu stoßen, stets ein stilles Lächeln zur Schau, zugleich Ausdruck der fein beseligenden Beglückung, derer sie teilhaftig werden.

Sarnetzki weiß die herausgehobene Stellung des Wanderers durch die Anapher, die sich über zwei Strophen hinzieht, zu zeigen:

> Einer ist, den treibt ein frei Gebot,
> Einer ringt um Gott in tiefster Seele Not,
> Einer glüht um ferner Sterne Fahrt,
> Und die Sehnsucht blich ihm Haar und Bart.
>
> Einer hat als einzig Erdengut
> Nur den Wanderstab und Wanderhut,
> Einer sucht in Herbst und Dämmernacht
> Ein verschollnes Grab für schwere Lebensfracht.
> (Anthologie 30, 323)

Halten wir neben »in tiefster Seele Not« Lothars Zeilen:

> M e i n Reichtum muss, schreit ich so hin,
> [. . .]
> Still aus der Seele fliessen
> (Lothar 1, 34):

»Seele« meint jene Mitte, von der alle Gemüts- und Gefühlskräfte des Menschen ausgehen, das Eigentliche, Tiefe und Gesunde also, um in der Sprache des Untersuchungsgegenstandes (und seiner bestenfalls illegitimen politischen Nachfahren) zu bleiben; sie bezeichnet die letzte Station auf der Flucht nach innen:

> Nun wurden wir müd, und ertasten uns leise
> Den Weg in die eigene Seele zurück
> (Anacker 6, 252).

Als solche kann sie pars pro toto werden für den, der sich sein Wesen bewahrte:

> Staunend spricht die Seele
> (Ginzkey 3, 15)
> Stadt meiner Seele
> (Anacker 6, 100).

»Die Seele fliegt mit leichtem Traumesflügel« (Anacker 4, 74) aus der Zeit in die Wunschzeit und wird zu einer beliebig einsetzbaren, für die Eingeweihten stets auflösbaren Chiffre; wer da die Natur flugs zur »Seele der Welt« (Preuß 1, 7) erklärt, wird ohne weiteres verstanden.

Entgegen allen etymologischen Auskünften darf in unserem Zusammenhang ›Seele‹ mit ›selig‹ verknüpft werden; beide sind aufeinander bezogen, beide verweisen in den übersinnlich-religiösen Bereich, eins fließt aus dem anderen:

> Wer aber kann uns Seligkeiten ins Herz pressen?
> Sie blühen im Garten der Seele
> (Heynicke 2, 74).

Hermand hat den Integrationswert dieses Begriffes sehr richtig erfaßt, wenn er dem Typ, wie ihn die Landstreicherromane der Zeit verherrlichen, das Etikett ›Seelenvagabund‹ gibt.

›Seele‹ steht, auch unausgesprochen, im Zentrum dieser Lyrik und einer extremen Wanderliteratur; bis in die Titel der Gedichtbücher dringt sie vor: »Die Seele des Vagabunden« (Hannich 1)[74]. Monoman kreist Pfarre in einem Artikel »Wanderfreiheit« um diesen Begriff, in immer neuen Varianten von »seelentötend«, »seelenmordend«, von der »mißhandelten Seele«, der »lebendigen Seele«, der »gequälten Seele« sprechend[75]. Ganz ähnlich ist der Tenor des »Kunstwartes«; Lotte Mittendorf-Wolffs »Vagabundenseele« ist zu schön deutlich, um nicht auszugsweise zitiert zu werden:

> Er ist wie die verkörperte Stimme einer vergangenen Zeit, die keinen Klang im Heute mehr hat, eine Stimme aus der Ewigkeit. Die Quellen des Erkennens sind dem grauen Manne vertrocknet, und die verdorrten Zweige der Einsamkeit streifen ihn nicht mehr. Witz und Hohn der Lebenden dringt nicht in sein Blut, wie ist kein Mensch wie die andern. Ein Hauch ist er. Und wie ein Hauch irrt er über die Erde, über die später seine Seele gehen wird.
> Nein, — nicht später, heute schon!
> Sie ist in einem neuen Körper, seine Seele. Seine Seele, die Seele eines jungen Leibes läuft hinter ihm her. Sie hat sich an seine Fersen geheftet. Sie ist berauscht von stets sich ändernden Bildern. Sie trinkt den Trank dieser Erde, gemischt aus Staub und Luft, aus Tag und Nacht, aus Lust und Schmerz. Die Meßgesänge des Lebens umrauschen sie, strömen hinein in sie.
> Diese Seele wohnt in einem erdgebundenen Wesen, das stehen bleibt und sich wundern kann. Sie hat ein Haus mit zwei Fenstern, die die Augen eines jungen Tieres sind. Diese Seele schwingt ins Leben hinein mit den Flügeln der Unruhe, die Erwartung ist, und umflattert die tote Unrast des Alten.
> So ziehen sie beide. Der Alte ohne Ziel, und auf demselben Wege die junge Seele.[76]

Damit gewinnt Wandern seine letzte, höchste Bestimmung: »Eine Seelenkur sollte die Wanderung für jeden bedeuten.«[77] Hier darf man ein Gedicht einordnen — das balladeske Element ist stark —, das als lyrisches Pendant

---

[74] Vgl. Wirnsberg: Vom Reichtum der deutschen Seele. S. 197—210: Vom Wandern und Singen (= Anthologie 40).

[75] Alfred Pfarre: Wanderfreiheit. — In: Deutsches Volkstum (Bühne und Welt 21) 1919 S. 244.

[76] Lotte Mittendorf-Wolff: Vagabundenseele. — In: Kunstwart 39/1 (1925/26) S. 385 f.

[77] Schönbrunn: Jugendwandern. S. 11.

zu einem damals vielgelesenen Roman die Nahtstelle zwischen dem Seelenwanderer der Lyrik und dem Seelenvagabunden der Prosa bezeichnet: Hans
Reisers »Binscham« (Reiser 2, 63 ff), das zweifellos eine Sonderstellung ein-
nimmt. Auf engem Raum drängt sich zusammen, was Hermand als Extrakt
der Romane herausarbeitet. Leichtsinn und Gebefreude des Armen, eine nicht
zu stillende Sehnsucht, die sich im Nichts verliert, Spiegel der Mitmenschen,
voll Trauer und Stolz zugleich, getrieben von Ungenügen und Enttäuschung,
verdienstvoll allein »in seinem Sein«: so stellt sich dieses erträumte Wesen
dar. Das Paradoxon, es lebe einer Transzendenz im Diesseits, scheint hier
noch gewagt, erweist sich aber als schlechthin zentral, zieht man die Wanderliteratur heran, die an Deutlichkeit nichts zu wünschen übrig läßt.

Hesse deutet den Übergang von der Betonung des Seelischen zur Fiktion
eines ›Gegenlebens‹ an: Er spricht von »echtem Seelenbesitz«[78] und wenig
später von »Heimweh nach den Quellen des Lebens«[79]. Nichts anderes als
das soeben skizzierte gegenkonstruierte ›Leben‹ ist damit gemeint, das »Leben
an sich«[80], so auch, wenn es bei Hofmiller heißt: »Wann jemals fühlen wir
uns vom Leben so erfüllt bis zum Rand, bis zum Überströmen, wie auf einer
Wanderung?«[81] Jetzt erst erschließt das Motto für die ganze Gruppe seine
eigentliche Dimension, jetzt auch eröffnen Zeilen wie die folgenden ihren
Hintergrund:

> [...]   Wie ein Gedicht
> Lebt ihr und öffnet euer tiefstes Leben
> (Kolbenheyer 1, 92)
> Ade, du Stadt, die mich vom Leben schied
> (Anacker 4, 44).

Fendrich faßt unmißverständlich in Worte, was hinter aller Lyrik des Seelenwanderers steht: »Ja, die Dichter, die haben's mit dem Wandern. Wenn sie
durch Wald und Feld ziehen, dann offenbart sich ihnen das Leben. Aber
ein anderes. Es wird schon so sein, daß es mehr als eines gibt; nicht im
Jenseits, von dem wir nichts wissen, sondern im Diesseits.«[82]

Was bis jetzt wie ein Zufall wirken mochte, entdeckt seinen ›tieferen‹ Sinn.
Der Seelenwanderer lehnt sich an christliches Gedankengut an; bewußt schöpft
er das Vokabular der Bibel aus, um eine diesseitige Transzendenz zu errichten. Er stützt sich auf das vorhandene vertraute Begriffsgut und deutet es

---

[78] Hesse: (Über Wandern und Reisen.) S. 6.
[79] Ebd. S. 8.
[80] Gump: Problem des Taugenichts. S. 552.
[81] Josef Hofmiller: Wanderbilder und Pilgerfahrten. 3. Auflage. Leipzig: Rauch
1938. S. 184.
[82] Fendrich: Wanderer. S. 10. — Vgl. Anthologie 29 (»Wandern, das heißt leben!«)
und Anthologie 39 (»Ein Buch vom Wandern und Leben«).

in seinem Geiste um. Wo die höchste Stufe des Gegenlebens erreicht ist, die
»Meßgesänge des Lebens«, wie in dem zitierten »Kunstwart«-Artikel, da ist
eine säkularisierte Bibelsprache notwendig.

Der Seelenwanderer fühlt sich in der Form berufen (»Ein Klang von weher
Leidenschaft [. . .] heißt mich in die Wälder schreiten«, Anacker 4, 44), in
der Jesus seine Jünger (Mk 1, 17), in der Gott die Propheten im Alten Testament (1 Mos 15, 1; 2 Sam 7, 4; Hag 2, 20) beruft: mit zwingender Bestimmt-
heit; er wird gar selbst zum »Jünger« (Preuß 1, 7) erhoben. Freilich ist der
personale Rufer ersetzt durch einen amorphen »Klang von weher Leidenschaft«.[83]

Er stellt sich als Kind dar und als derjenige, der ›bereit‹ ist, und beides
ist in gewohntem Sinne vorgeformt. »So völlig gleich dem heimgekehrten
Kinde« (Anacker 4, 44) geht auf das populäre Matthäus-Zitat zurück:
»Wenn ihr nicht [. . .] werdet wie die Kinder, so werdet ihr nicht in das
Himmelreich eingehen« (Mt 18, 3); »das sind die Besten, [. . .] Bereit zum
Wandern und zum Weitergehn« (Schüler 2, 99) knüpft an die christliche
Grundvorstellung an, sich jederzeit bereitzuhalten, die sich ausdrückt etwa
bei Mt 24, 44: »Darum seid auch ihr bereit« oder bei Luk 12, 40: »Auch
ihr sollt bereit sein«.

Aus dem Vergleich der Gedichte Anackers und Taubes ging die zentrale
Bedeutung des ›Fassen-könnens‹ hervor; die Parallelstelle in der Bibel steht
bei Mt 19, 12: »Wer es fassen kann, der fasse es!« Taubes Gedicht mündet,
über die Reliquie Jasminzweig hinausgehend, im Zitat. »Lebt der Mensch
hienieden doch nicht von dem Brot allein« geht auf 5 Mos 8, 3 zurück: »Der
Mensch lebt nicht vom Brot allein«, das Mt 4, 4 aufnimmt. Die Sättigung
durch das Wort Gottes wird überführt in die Sättigung durch den Genuß
der Natur. Auch Ginzkeys »Wanderer« (Ginzkey 3, 69) bleibt in vertrau-
tem Rahmen: »Ewigkeit«, »Auserkor'ner«, »verlor'ner Sohn« (Luk 15, 24).
Schülers »Das sind die Besten« (Schüler 2, 99) greift in seiner Zeile »An
Weisheit voll, die nicht von dieser Welt« ein biblisches Grundthema auf,
dessen sich vor allem der erste Korintherbrief annimmt:

> Weisheit jedoch verkünden wir unter den Vollkommenen, freilich nicht Weis-
> heit dieser Welt.
> (1 Kor 2, 6)
> Hat Gott nicht die Weisheit dieser Welt zur Torheit gemacht?
> (1 Kor 1, 20)

---

[83] Hier wie im folgenden lassen sich die Beispiele häufen: Statt des Anacker'schen
Klanges könnten das Stamm'sche »Ihn zwingt sein Geist« (Stamm 1, 90), Sar-
netzkis Vers »Einer ist, den treibt ein frei Gebot« (Anthologie 30, 323), Ginzkeys
»Ihn hat der Ewigkeit Gebrause / Verlockt« (Ginzkey 3, 69) und andere Zitate
stehen. Der Ökonomie halber führe ich jeweils nur wenige markante Belege auf.

Denn die Weisheit dieser Welt ist Torheit bei Gott.
(1 Kor 3, 19)
Mein Königtum ist nicht von dieser Welt.
(Joh 18, 36)[84]

Die gleiche Ambivalenz beobachten wir in der Verwendung eines anderen biblischen Zentralbegriffes. Im Affront gegen den Reichtum der ›Welt‹ betont der Seelenwanderer seinen, den wahren Reichtum:

M e i n Reichtum muss, schreit ich so hin,
Feld, Wald und Bach begrüssen,
Und muss geruhig aus dem Sinn,
Still aus der Seele fliessen.
(Lothar 1, 34)
Ich habe kein Heim und habe kein Haus,
Und doch ist alles mein eigen:
[…]
Ein stiller Segen folgt meinem Schuh,
Mit heimlichen Kräften werd' ich genährt,
Immer größerer Reichtum wird mir beschert.
(Englert 1, 8)

Das Neue Testament hebt in ähnlichem Sinne den wahren gegen den scheinbaren Reichtum ab:

Ich weiß um deine Armut, doch du bist reich
(Off 2, 9)
als arm, und doch viele bereichernd
(2 Kor 6, 10).

In Dehmels Seelenwanderer ist die Umwendung der Transzendenz besonders deutlich:

Du trägst ein Schleppkleid von Milliarden Blüten,
das brauchst du nicht vor Mottenfraß zu hüten
(Dehmel 1, 181 ff)
Sammelt euch Schätze im Himmel, wo sie weder Motten noch Rost verzehren
(Mt 6, 20).

Der christlichen Weltverachtung entspricht die (Teil-)Weltverachtung des Seelenwanderers:

Suchet vielmehr sein Reich, und das übrige wird euch dazugegeben.
(Luk 12, 31)

---

[84] Ein Seitenblick auf den »Taugenichts« ist hierbei unerläßlich: »Unser Reich ist nicht von dieser Welt! —« (Joseph von Eichendorff: Werke und Schriften. [Herausgegeben von Gerhart Baumann in Verbindung mit Siegfried Grosse.] Band 2. Darmstadt: Wiss. Buchgesellschaft 1959. S. 368). — In Eichendorffs Roman scheinen die Tendenzen grundgelegt, die im 20. Jahrhundert zur wuchernden Manier werden.

> Wie der Welt Besinnen und Bedenken
> unter sich läßt ein beschwingter Geist
> (Reiser 2, 63 ff)
> du darfst dein Reich in alle Lüfte streuen
> (Dehmel 1, 181 ff).

Solche Hoffnung bleibt dem, »der Leben, Zeit und Welt mißachtet« (Reiser 2, 63 ff) und dessen »Seele kein Ding mit irdischen Maßen mißt« (Falk 1, 23).

Der Gegensatz von Hier und Dort bewirkt eine Inflation der Sternmetaphorik: Von wieder einer anderen Seite nähern wir uns in »meinen Brüdern, den Sternen« (Falk 1, 23) der Heimat, die hier mit den Aspekten der himmlischen Heimat angereichert ist:

> Dein Brausen führt zu allen Sternen hin
> (Anacker 4, 45)
> Einer glüht um ferner Sterne Fahrt
> (Anthologie 30, 323)
> Ihm winkt mit seligen Gebärden
> Der Sterne unermeßlich Heer
> (Ginzkey 3, 69)
> Der Himmel ist ja ausgespannt
> Mit schönen, sanften Sternen
> (Lothar 1, 34)
> Geh in den Wald, da lacht der Sternenschein
> (Dehmel 1, 181 ff)[85];

und auch die Beliebtheit des Begriffes »Ewigkeit« rührt aus dem Verlangen nach religionsnaher Grenzenlosigkeit her:

> ewige Berge   (Schüler 2, 99)
> der Ewigkeit Gebrause   (Ginzkey 3, 69)
> ewig [...] fremd   (Reiser 2, 63 ff).

Nicht nur die Bibel, auch das christliche Liedergut, das aus der Vorstellung der Lebensreise zu Gott entsteht, nutzt der Seelenwanderer weidlich.[86] Hier

---

[85] Der Wandersmann knüpft über die Sterne als den Inbegriff des Ersehnten in »Weltensehnsuchtsfeuer« (Reiß 1, 316), »Weltenplan« (Hesse 4, 108), »Weltenreihn« (Hesse 5, 585), »Weltgesang« (Anacker 4, 45; Enking 2, 10) an die kosmische Mode an; hier wird Wandern zu Wandern »durch den Raum« (Scholz 3, 91; Ehrler 3, 43) oder »über Raum und Zeit« (Anacker 6, 245), hier stellt sich seine Lyrik einmal in ihre Zeit, indem sie an jüngst Vergangenes anknüpft.

[86] Im christlichen Liedergut sind Traditionen aufgehoben, aus denen der Seelenwanderer im besonderen schöpft: der Pietismus mit seiner gefühlvollen Vertiefung in die eigene Seele, der Pantheismus, der Gott in der Welt aufspürt, die Mystik und ihr Thema vom Weg der gottsuchenden Seele (Angelus Silesius' »Cherubinischer Wandersmann«; vgl. »Neuer cherubinischer Wandersmann«, Ehrler 4).

sind die Bilder vorgegeben, hier wird sogar die Sprache gesprochen, deren sich seine Lyrik bedient. Wenige Beispiele von exemplarischem Wert seien aufgeführt; ihre Reihe ließe sich beliebig verlängern.

An die Umdeutung der Heimat wird erinnert, wer von »Jesu Herz« liest: »Du sollst meine Heimat sein« (GGK 247, 4)[87] oder die urchristliche Auffassung versifiziert sieht:

> Leit uns durch dies Erdental
> zum ew'gen Heimatland
> (GGK 114, 1).

Die den Seelenwanderern eigene ›Lebens‹auffassung ist in den Kirchenliedern als dem Ausdruck gemeinchristlichen Gedankengutes vorgeprägt. Da heißt es etwa:

> er [...] hat das Leben uns gebracht
> (GGK 191, 2)
> du bist meines Lebens Leben
> (EKG 27, 10; 279, 1)[87]
> bei dir ein herrlich Leben
> (EKG 123, 3)

oder in der pointierten Umwendung des Lutherliedes: »G'leit uns ins Leben aus dem Tod« (EKG 142, 3). Das Motiv des Leitens und Führens ist dem Seelenwanderer, etwa dem Anackers: »Geleite mich auf dunklen Pilgerwegen« (Anacker 4, 45), so vertraut wie den Liedtexten:

> leit uns an deiner rechten Hand
> (EKG 119, 5)
> Er führet mich auf rechter Bahn
> (GGK 325, 2)
> du wollest selbst uns leiten
> (EKG 289, 5)
> wir wallen in der Pilgerschaft
> (EKG 184, 4)
> der schmale Pilgerpfad
> (EKG 272, 2).

Hier wie dort sind die Sterne nach jenem ersten Stern von Bethlehem sichtbare Träger der Leitfunktion; dort »winken« (Stamm 1, 90) sie, hier heißt es: »Laß nur deinen Stern dich leiten« (EKG 213, 4).

Die Begriffe für die positiven wie negativen Gefühlswerte: Glück, Trost, wahre Ruh einerseits, Leid und Weh andererseits sind gleichfalls dem Liedgut entlehnt:

> Wer auf ihn sich ganz verläßt,
> dessen Glück steht felsenfest
> (GGK 323, 1)

[87] Auflösung im Siglenverzeichnis, unten S. 339.

> wo willst du Trost, wo willst du Ruh erlangen
> (EKG 271, 5)
> endlich bei dir Ruhe finden
> (EKG 143, 3)
> Jesu Herz gibt Trost und Ruh
> (GGK 247, 3)
> Bei dir allein ist wahre Ruh
> (GGK 167, 3)
> Zu dir in schwerem Leid komm ich
> (GGK 168, 1)
> wo ist dein Weh, wo ist dein Schmerz?
> (GGK 199, 2).

Die Belege lassen sich erst recht weiterführen, wenn man statt auf die einzelnen Elemente seiner Anschauung auf den Namen des Seelenwanderers selbst verweist, dessen beide Bestandteile mit christlichen Assoziationen versehen sind (wir werden gar an die Privatetymologie der Gedichte erinnert):

> Seele, auf und säume nicht
> (EKG 52, 1)
> der Seele höchste Seligkeit
> [...]
> ist nur bei dir alleine
> (GGK 319, 4)
> mein Leben ist ein Pilgrimstand
> (EKG 303, 1)
> mein Leben sei ein Wandern
> (EKG 367, 4)
> ob ich wandert im finstern Tal
> (EKG 178, 3)
> ich wandre meine Straße
> (EKG 326, 6)
> wir gehn dahin und wandern
> (EKG 42, 2).

Wo diese an religiösem Irrationalismus orientierte und ihn noch übersteigernde Seelenseligkeit enden kann[88], mögen Kotzdes Worte andeuten, die mit ihrem immanenten Affekt gegen die seelenlosen Händlernaturen der westlichen Nationen den Weg zu einer Ideologie des deutschen Wanderns weisen: »Die ruhelose germanische Seele findet nimmer ein Ende, immer weiter, immer tiefer will sie [,] da Gott in einer Fülle in ihr wohnt [,] wie kaum in einer Menschenseele sonst.«[89]

---

[88] ›Kann‹ sollte man betonen, um *den* Wanderern nicht Unrecht zu tun, für die Karl Ley zum Exempel dient, der im Dritten Reich Verfolgte und politisch Verurteilte. — Vgl. unten S. 281, Anm. 1.

[89] Koztde: Erneuerung des deutschen Menschen. S. [3]. — Vgl. unten S. 165—169 und 279—289.

III. Der Wandervogel

Wenige der nach 1890 Geborenen dürften mit dem Wandervogel nicht in irgendeiner Weise in Kontakt getreten sein. Die Auskünfte darüber sind zum Teil so allgemein, daß sie für die Zwecke dieser Arbeit wertlos sind, zum Teil so spezialisiert, daß noch zwei oder drei Namen übrigbleiben.[90] Es hat keinen Sinn, Autoren wie Becher neben Steguweit, Hausmann neben Vesper zu stellen, die nach den vorliegenden Angaben alle als ›aus der Jugendbewegung stammend‹ bezeichnet werden können. Die Eindrücke der Jugendzeit sind zu verschiedenartig verarbeitet oder im Werk überhaupt zu vermissen. Andererseits schreibt man älteren Autoren wie Hesse oder Scholz großen Einfluß zu.

Auf einzelne Beispiele hinzuweisen, ist in diesem Falle keine so schlechte Lösung: Der Wandervogel ist eher reproduzierend als schöpferisch, eher ein pädagogisches als ein literarisches Phänomen. Ihm geht es nicht um Kunst; ihm geht es »um das ›Leben‹, um das fließende und strömende Leben selber«[91]. Er betrachtet sich als Träger einer kulturellen Erneuerung, nicht als künstlerische Avantgarde. Hinter den spezifisch romantischen Künsten der Musik und der Malerei steht die Literatur als »gesundes, seelenvolles« Schrifttum[92] noch zurück. »Literarisch war der Wandervogel weder ein Neuerer, noch führte er die besten Traditionen deutscher Literatur fort.«[93]

Man muß anschließen an Volksliedpflege und -bewegung, sucht man das neue Wanderlied im Wandervogel auf. Zwei Namen vor allem sind hier zu nennen.

Hermann Löns (1866—1914) war Vorbild und Meister[94] mit einem Lied wie

Hermann Löns: Auf der Straße

Wo der Wind weht, der Wind weht,
Da bin ich zu Haus,
Da fahr ich die Straßen
Jahrein und Jahraus.

[90] Das Beispiel Heynicke mag genügen, den Wert solcher Angaben zu relativieren. Er, den nicht wenige Werke zur Jugendbewegung zählen, verneint in einem Brief an den Verfasser vom 12. 11. 1970 die Frage, ob ihr Anstoß für seinen künstlerischen Werdegang bedeutsam gewesen sei.
[91] Martin Rockenbach (Hrsg.): Jugendbewegung und Dichtung. Leipzig, Cöln: Kuner (1924). S. 22.
[92] Pross: Literatur oder Schrifttum. — In: Pross: Jugend · Eros · Politik. S. 328—344, hier S. 336.
[93] Walter Z. Laqueur: Die deutsche Jugendbewegung. Köln: Wissenschaft u. Politik (1962). S. 30.
[94] Erich Griebel: Hermann Löns, der niederdeutsche Dichter und Wanderer. Berlin: Naturschutz 1924.

Auf der Straße, der Straße
Ist alles voll Staub,
Da tragen die Bäume
Kein grasgrünes Laub.

Von dem Staube, dem Staube
Da werd ich nicht satt,
Ich weiß [,] wo der Bauer
Die Wurst hängen hat.

In dem Busche, dem Busche
In Gras und in Kraut
Da leben wir lustig
Als Bräutgam und Braut.

Denn ein Mädchen, ein Mädchen
Wie Milch und wie Blut
Die fand ich an der Straße,
Und die ist mir gut.

(Löns 1, 61 f)

Schon hier herrscht die rollenhafte Imitation vor, deren nicht zu unter-
bietende Einfachheit von der Sangbarkeit diktiert ist. Dazu finden sich zusammen: im Rahmen der Syntax strenge Wiederholung des Substantivs in
den jeweils ersten Zeilen, einfachste Da-Wo-Beziehung durch das Herausheben und Voranstellen durchweg der lokalen Bestimmung; im Bereich der
Semantik überindividuelle Verbindungen wie »der Wind weht«, »die Straßen fahren«, »Milch und Blut«, »jahrein und jahraus«, bedeutungsschwache
Verben: sein (I, 2; II, 2; V, 4), werden (III, 2), leben (IV, 3) und ein straff
umgrenztes Vokabular von Substantiven und Adjektiven, die auf Allgemeines
und Typisches dringen (Straße, Baum, Mädchen, Haus, Wind; grasgrün, satt,
lustig, gut); im Umkreis des Verses Kurzzeile, zwei Trivialreime gegen zwei
ungereimte Zeilen, Zweihebigkeit anapästischen Charakters mit wechselndem
Auftakt und streng alternierender männlicher und weiblicher Kadenz.

Solcherart also sollte das neue Volkslied sein: unzeitgemäße, immer
unwahrer werdende Nachahmung alter Muster in einer alten Sprache. Jeder
schöpferische Impuls fehlt diesen Reimwerken; sie sind ›reine‹ Literatur, ohne
jeden Erlebnishintergrund.

Nicht zufällig bewegen wir uns auch in anderer Hinsicht auf einem Randgebiet. Die Weise steht im Vordergrund, neben ihr ist der Text solcher Wanderlieder zweitrangig; oft ist er speziell für Jugendgruppen geschrieben, wie
etwa Jürgen Brands heute noch bekanntes »Wir sind jung, die Welt ist offen«[95]
oder Hermann Claudius' »Wir« (»Wann wir schreiten Seit' an Seit'«) (Clau-

---

[95] Jürgen Brand: Mit Rucksack und Wanderstab. Berlin: Singer 1912. S. 1 (= Brand
1, 7).

dius 1, 16 f), beide in den Weisen Michel Englerts Schlager der Arbeiterjugendbewegung (Anthologie 15, 3; Anthologie 15, 4 f)[96].

Nicht zufällig ist es ein Vertoner vieler alter Volksliedtexte, der zuletzt
eigene ›Volks‹lieder schreibt und neben Löns erwähnt zu werden verdient:
Robert Kothe. Sein »Wanderlied« (Kothe 1, 34) zeigt ähnliche Züge wie die
Löns'schen Verse.

Aus solchem Geiste läßt sich keine neue Literatur schaffen. Daran, daß
die Bestrebungen zur Erneuerung des Volksliedes von vornherein zum Scheitern verurteilt sind, ändert auch der große Erfolg nichts, den die »Wandervogelausfahrt« *Hjalmar Kutzlebs* (1885—1959) hat, des Lyrikers, den man
am ehesten in unmittelbare Beziehung zum Wandervogel setzen darf:

> *Hjalmar Kutzleb: Wandervogelausfahrt*
>
> Wir wolln zu Land ausfahren
> über die Fluren breit,
> aufwärts zu den klaren
> Gipfeln der Einsamkeit,
> lauschen, von wannen der Bergwind braust,
> schaun, was hinter den Bergen haust
> und wie die Welt so weit.
>
> Fremde Wasser dort springen,
> die solln uns Weiser sein,
> wann wir wandern und singen
> nieder ins Land hinein.
> Und glüht unser Feuer an gastlicher Statt,
> so sind wir zu Haus' und schmausen uns satt;
> die Flammen leuchten darein.
>
> Und wandelt aus tiefem Tale
> heimlichschön die Nacht,
> sind vom Mondenstrahle
> Gnomen und Elfen erwacht:
> Dämpft die Stimmen, die Schritt im Wald,
> so hören, so schaun wir manch Zaubergestalt,
> die wallt mit uns durch die Nacht.
>
> Es blüht im Wald tief innen
> die blaue Blume fein;
> die Blume zu gewinnen,
> wir ziehn ins Land hinein.
> Es rauschen die Bäume, es murmelt der Fluß:
> Der die blaue Blume will finden, das muß
> ein Wandervogel sein.
> (Kutzleb 1, 17)

---

[96] Vgl. Johannes Schult: Aufbruch einer Jugend. Der Weg der deutschen Arbeiterjugendbewegung. (Bonn:) Schaffende Jugend (1956). S. 135 f.

Stets ist der Zugriff vom Wortschatz her am leichtesten. Verben wie »lauschen«, »schmausen«, »wallen«, Konjunktionen wie »von wannen« und »wann«, Adverbien wie »darein« werden wir in einem Gedicht des 20. Jahrhunderts nicht, Substantive wie »Fluren« oder »Statt« nur noch sehr bedingt vermuten und akzeptieren. Sie wenden sich in eine altdeutsch eingefärbte Wunderwelt, die sich im Schutz der »heimlichschönen« Nacht und im »Wald tief innen« — lokale wie temporale Bestimmung des Schutzbereiches sind uns schon bekannt — mit Gnomen und Elfen und »manch Zaubergestalt« entfaltet.

Gleich zu Anfang begegnet die für den Wandervogel typische Ambivalenz von Gemeinschaftserleben und Einsamkeit. Die Annahme, jenes stehe eindeutig im Vordergrund, ist falsch. Der Wandervogelführer Fischer klärt uns auf: »Wer aber wirklich sehen, finden, verbinden und gestalten kann, wird es meist nur für sich können und nur nebenher mit seinen Kameraden zusammen wandern.«[97] So schwanken die Gedichte zwischen den schwer zu vereinbarenden Werten, wenn auch die ›richtige‹ Wandervogellyrik, ähnlich Neumanns »Wanderschaft« (Neumann 1, 38), das gemeinsame Erleben fraglos in den Vordergrund rückt.

Behält Kutzlebs Gedicht trotz seiner Anachronismen Eigenwert und -welt des Wandervogels bei, so überwuchern in der Regel die Identifikationswünsche derer die Lyrik, die Wandern als die ganz andere, großartige Lebensweise verstehen und Muster dafür suchen, weil ihnen Ruhen in sich selbst, Sicherheit der eigenen Lebensgestaltung weitgehend fehlen: Es entstehen auffallend häufig Rollengedichte. Als Vorbild bieten sich der Vagant verflossener Jahrhunderte und der Vagabund der Gegenwart an.

Jener wird, wie in Stammlers »Vagant« — »Singen ist mein Los und Schreiten« (Stammler 1, 7) heißt es von ihm —, in bekannter Weise umgedeutet, und auch dieser wird romantisiert und zum Vorbild stilisiert, so daß Anacker sein Gedicht »Nimm deine Laute von der Wand!« (Anacker 3, 27), das mit »Laute« und »Kamerade«, mit »Weiten« und »Wind« thematisch eng in den Grenzen bleibt, in die Zeilen ausklingen lassen kann:

> Zu freiem Vagabundenglück
> Begnadet und erkoren
> (Anacker 3, 27)[98].

Sie zeugen, wie in Max Jungnickels »Der Fahrende« (Jungnickel 1, 37) die »Krüglein« und »Stübchen« und »Tonkunstmeisterlein«, von einem Nachempfinden, das weder Kenntnisse noch tatsächliches Erleben trüben können.

---

[97] Fischer: Wandern und Schauen. S. 18.
[98] »Begnadet« bietet Anlaß, auf die Verbindung zum Seelenwanderer hinzuweisen. Auch hier findet sich für die Naturempfindung immer wieder das Epitheton »selig«: »selige Erden« (Blunck 2, 80); »das macht mich auf einmal so selig« (Jungnickel 1, 38 f); »seliges Traumgenießen« (Kolbenheyer 1, 92).

Ein Zweifaches muß der Wandervogel betonen, um den selbsterkorenen Vorbildern nachzueifern, und ein Vergleich von Anackers »Zugvogel« (Anacker 6, 174) mit Krebs' »Auf zum Wandern«[99] zeigt es als die tragenden Elemente: Freiheit und Bedürfnislosigkeit; Freiheit, verstanden als Freiheit *von* Schule, Elternhaus und Stadtluft und Freiheit *zur* eigenbestimmten Gemeinschaft, Bedürfnislosigkeit als Ideologie:

Ich strecke fiebernd meine Hand
nach einem Hauch von Freiheit nur
(Anacker 6, 174)
Wir wandern auf Freiheitsspuren[99]
Und ist kein Geld im Beutel mein —
(Anacker 6, 174)
Steckt auch im Beutel nicht viel Geld[99].

In den Umkreis des Wandervogels ist die Lyrik der *Arbeiterjugendbewegung*, die »zugleich eine Art Wandervogelbewegung«[100] ist, als ein Bindeglied zwischen der Poesie des frohen Wandersmannes und der des Arbeiterwanderers einzubeziehen. Sie kann sich vornehmlich im Arbeiterjugendverlag in Berlin äußern, in dem unter vielen anderen auch Lersch, Barthel, Bröger und Engelke publizieren. 1921 erscheint eine von Walter Schenk herausgegebene Anthologie »Jugend heraus«, im gleichen Jahr Schenks eigener Gedichtband »Kampfjugend«; 1925 gibt Karl Bröger die Anthologie »Jüngste Arbeiterdichtung« in demselben Verlag heraus. Neben sozialistischer Kampflyrik ist das Wanderlied in diesen Publikationen reich vertreten.

In Stil und Terminologie läßt es sich auf den ersten Blick dem ›bürgerlichen‹ Gedicht des Wandervogels weitgehend eingliedern. Zuweilen rücken diese meist eher schlecht als recht versifizierten Erlebnisberichte noch entschiedener in die Nähe des Kitsches, was freilich ihren Stellenwert in der Entwicklungslinie des ›modernen‹ Wanderergedichtes nicht berührt:

Wir stammeln leise Melodien, im Munde liegt weinend ein gluttiefes Du;
verhalten klingt aus unseren Augen die hehrste Symphonie dazu
(Anthologie 4, 80).

Wie das Gedicht des Wandersmannes betont diese Lyrik die Freiheit (Anthologie 7, 39; Anthologie 26, 77), entwickelt wie dort ein Vokabular der Freude, das sich bis zur Emphase steigert: »Freude«, »Lust«, »froh«, »Preis und Dank«, »Jubelschall« allein in »Berg frei!« (Anthologie 7, 39). Wie dort auch, läßt sie in »selig« den Umschlag ins Religiöse zu, ohne daß er hier allerdings je vollzogen würde; die Vokabel bleibt ganz in ihrer metaphorischen Diesseitigkeit:

[99] Fritz Krebs: Auf zum Wandern. — In: Der Tourist 30 (1913) S. 55.
[100] Margarete Nespital: Das deutsche Proletariat in seinem Lied. Phil. Diss. Rostock 1932. S. 70.

> Selig bin ich Schritt und Lied
> (Anthologie 7, 18)
> Neuer, sel'ger Menschheitstag
> (Anthologie 7, 18)
> Ich lag im Waldesschweigen
> und träumte selig hinaus
> (Anthologie 7, 78)
> selige Freude   (Anthologie 7, 80)
> In den Himmel selig kühn
> (Schenk 1, 36).

Ganz ähnlich wie dort übernimmt der Traum die Funktion, Wünsche zu verwirklichen; auch hier wird träumerisches Schwelgen evoziert:

> Die Sehnsucht träumt sich nun in blaue Weiten,
> [...]
> Nah scheint das Glück ersehnten Traumgestades
> (Schenk 1, 38).

Schließlich trifft man auf die unreflektierte Identität von Jugend, Frühling und Morgen (Schenk 1, 39 f), auf »blaue Weite« (Schenk 1, 38; Schenk 1, 39 f; »süßes Himmelsblau«, Anthologie 7, 18) und Ruhe und Frieden (»still«, »sanft«, »leise«, »verhalten«, »ruhig«, Anthologie 7, 80; »voll tiefsten Friedens«, »Waldesschweigen«, Anthologie 7, 78).

Dennoch wäre es zu oberflächlich, wollte man sich mit den Gemeinsamkeiten begnügen, die so offensichtlich sind, daß sie beim ersten Lesen gleichsam hervorspringen. Die Symptome mögen täuschend ähnlich sein: die Geisteshaltung, die dahintersteht, ist es nicht.

Gehen wir von den Zeilen aus, auf die kein Gedicht verzichtet und die in aller bisherigen Wanderpoesie unbekannt waren:

> Aus den dumpfen Arbeitssälen
> schreiten wir zum Licht empor
> (Anthologie 7, 39)
> Unsers Werktags harte Bürde
> krümmte Rücken uns und Brust
> (Anthologie 7, 39)
> Weiß nichts mehr von Klag' und Not,
> nichts von Fron und Arbeitstag — — —
> (Anthologie 7, 18)
> Nur einmal die Arbeit vergessen,
> nicht sorgen müssen ums Brot
> (Anthologie 7, 78).

Da »Wanderglück« und »Wanderlust« (Schenk 1, 39 f) solcherart durch ihren Gegensatz konkretisiert werden, bekommt die Freiheit eine entschiedenere Färbung. Nicht ein Freiraum jugendlicher Selbstgestaltung wie beim Wandervogel ist hier gemeint, sondern jene begrenzte Zeitspanne, die dem

in »der Arbeit dumpfen [!] Haus« (Anthologie 7, 78) Eingesperrten zu seiner
Selbstverwirklichung bleibt: Sonntag und Ferientag:

> Ach waren das herrliche Tage,
> die mir zum Wandern geschenkt!
> Frei von des Alltags Klage,
> voll tiefsten Friedens getränkt.
>
> (Anthologie 7, 78)

»Freiluft schenkt uns Menschenwürde« (Anthologie 7, 39): das ist die bün-
dige Formulierung für diese neue Definition der Freiheit.

Hier wie dort steht unbestritten ›Natur‹ als Inbegriff einer anderen voll-
kommeneren Welt. Während sich in den Gedichten des Wandervogels damit
eine rein rückwärts gewandte Ideologie verbindet, wird hier das Wandern
auch zu einem Mittel, den Klassenkampf vorzubereiten und den neuen Menschen heranzubilden. Die Zukunft gewinnt so beträchtliches Gewicht (Anthologie 19, 76); Krilles »Weggedanken« (Krille 1, 59—63) etwa klingen
mit einem »Hymnus auf die Zukunft« aus. Martin Bräuers Programmschrift
»Unser Wandern« (1925) belehrt darüber in der begrifflichen Schärfe, die
den Gedichten fehlen muß: »Ihr alle wollt doch einmal *starke Männer und
Frauen* werden — nicht stark an Körperkraft, sondern an Charakter. Das
Wandern ist das beste Mittel dazu.«[101] »*Auch das Wandern ist ein Teil unseres
proletarischen Kampfes.* [...] Es bereitet uns *Erlebnisse* und erteilt uns *An-
schauungsunterricht.*«[102]

Hier findet man, wenn auch formal ebensowenig überzeugend und oft
allzu stark retuschiert, jene Verbindung des Gestern mit dem Heute und
Morgen, der Natur mit der Technik, die man beim Wandervogel vergeblich
sucht. »*Nicht Naturschönheiten nur, auch Land und Leute, Industrien, Bau-
ten, alles, was der Erdball trägt, zieht uns an.*«[103] Und an anderer Stelle
schreibt Bräuer:

> Wir sollten uns wieder mehr mit der Natur in innigster Freundschaft ver-
> bünden. In der Zeit einer falsch verstandenen und übersteigerten Kultur wird
> ein stärkeres Sich-in-die-Natur-versenken [!] unser seelisches Gleichgewicht
> fördern. Aber wir können keineswegs den Ruf eines vergangenen Zeitab-
> schnittes »Zurück zur Natur« unverändert wieder aufnehmen. Das hieße die
> Forderungen u n s e r e r Zeit verkennen. Vielmehr gilt es, aus jenem Bestreben
> und der folgenden naturabgewandten Kulturepoche eine neue synthetische
> Kultureinheit zu schaffen. *Naturbetrachtung* und *Kulturerleben!*[104]

Wie modelliert nach solchen Forderungen, die bei aller Kritik am Gegen-

---

[101] Martin Bräuer: Unser Wandern. Berlin: Arbeiterjugend 1925. S. 6.
[102] Ebd. S. 10.
[103] Ebd. S. 8.
[104] Ebd. S. 11.

wärtigen nie die Gewichte einseitig verlagern (und repräsentativ für die Be-
fangenheit und Schwäche), klingen die Zeilen:

> Grauer Vorzeit letzte Spuren
> suchen wir auf froher Fahrt;
> milder Täler reiche Fluren
> leiten uns zur Gegenwart.
>
> (Anthologie 7, 39)

Eine um »Vorzeit« wie »Gegenwart« bemühte Haltung, die überkommene
Vorbilder geprüft hat, wird sie nicht einfach nacheifernd übernehmen und
sich damit dem Vorwurf einer gedankenlosen Rezeption von Wunschbildern
aussetzen. Rollengedichte sind dem Arbeiterwandervogel fremd; statt einer
die Illusion beflügelnden freiwilligen begegnet die aus der Notwendigkeit
geborene Bedürfnislosigkeit. Zur neckischen Pose wird nicht bereit sein, wem
das Wandern in Opposition zur Alltagsfron nahegeht. Der Berufung auf
das Romantische in den Gedichten des Wandervogels steht Bräuers Satz entgegen: »Die Jugend drängt es freilich nach romantischem Drum und Dran.
Aber die Tatsachen unseres proletarischen Daseins bläuen uns alle Romantik aus. Sollten wir gerade in unserer Freizeit *zurück* wollen zu Ausdrücken
bürgerlicher Kultur? Nein, auch unser äußerer Mensch muß *vorwärts*
weisen.«[105]

Die Lyrik scheint dieser streng ›anti-romantischen‹ Theorie keineswegs
zu entsprechen. Aber was beim Wandervogel bewußte Orientierung nach
rückwärts ist, macht bei der Arbeiterjugendbewegung den Anschein, aus Hilflosigkeit und Unkenntnis entspringende unbewußte Rezeption zu sein. Dafür spricht neben der — im ›bürgerlichen‹ Wandervogel unbekannten —
Diskrepanz zwischen theoretischer Forderung und lyrischer Praxis die Tatsache, daß der betonte pseudo-mythische Antiintellektualismus, wie er dort
die Spitze der Entwicklung darstellt, sich hier gar nicht findet; Jubel,
Jauchzen und Glück sind statt dessen vermehrt auf eine ungebändigt wortreiche Weise ausgedrückt.

Zwei metaphorische Bereiche vor allem werden ausgeschöpft, um das Leit-
thema des Gegensatzes anschaulich zu machen: Höhe und Helle, meist in
Verbindung miteinander:

> Aus den dumpfen Arbeitssälen
> schreiten wir zum Licht empor
> (Anthologie 7, 39).

Das an der Wanderung gewonnene Bild wird umgedeutet zum Sinnbild der
neuen besseren Gesellschaft; der steile, steinige Weg führt zum Gipfel einer
neuen Ordnung:

---

[105] Bräuer: Wandern. S. 9.

Hell im Licht ein Gipfel loht:
Neuer, sel'ger Menschheitstag
(Anthologie 7, 18).

Wenn diese Arbeiter dichten: »Aufwärts schreit ich, aufwärts blick ich!« (Anthologie 7, 18), schwingt als Nebenbedeutung stets die eines Aufstiegs ihrer Klasse mit. Während sie, ins »heitre Licht« (Schenk 1, 36) gestiegen, ausrufen können: »Hoch steh' ich nun und frei!« (Schenk 1, 38), erscheint ihnen das »Alltagstal« (Schenk 1, 38), das sie »tief im Dunkeln« (Anthologie 7, 18) zurücklassen, als Symbol für alles, »was Leiden heißt und Qual« (Schenk 1, 38). Welch gesteigerte, geradezu existentielle Bedeutung gewinnt in solchem Kontext die Sonne: »Flammend geht die Sonne auf« (Anthologie 7, 39)! »Sonnenglanz in Herz und Sinn« (Schenk 1, 39 f) läßt vorübergehend von Entfremdung und Ausbeutung gesunden:

Deinen Zauber hat empfunden,
Frühlingssonne, tief mein Blut,
Gabst mir neuen Wandermut,
Ließest mich gesunden.
(Schenk 1, 39 f)

Der vorzeitig Gealterte, der »Sonn' entgegen« (Lessen 1, 67—69) wandern durfte, schließt seine Huldigung an die Sonne: »Jung wie du jetzt bin ich« (Schenk 1, 39 f).

So wird die Wanderung in utopischer Naivität zur vorübergehenden Vorwegnahme der ersehnten künftigen Gesellschaftsordnung.[106] Zum gegenwärtigen Zeitpunkt ist der Glückszustand, der dann die Regel sein wird,

---

[106] Nach Abschluß des Manuskripts sehe ich mich, wenigstens zum Teil, unterstützt von Gerald Stieg: Thesen zur Arbeiterlyrik von 1863 bis 1933. — In: Arbeiterdichtung. Analysen — Bekenntnisse — Dokumentationen. (Wuppertal:) Hammer (1973). S. 26—36. Stieg kommt für die *frühe Arbeiterlyrik* zu der Feststellung: »Die Natur wird eine einzige Allegorie für die vom Kapitalismus zerstörte ›natürliche‹ Ordnung. [...] In der Arbeiterlyrik spiegelt die Natur keinen gegenwärtigen oder ewigen menschlichen Zustand, sondern dient als Bild für den zukünftigen, zu verwirklichenden« (S. 28). — Diese Tendenz behält, wie wir sahen, die *Arbeiterjugendbewegung* bei; vergleicht man ihre Lyrik mit derjenigen des Wandervogels, so wird man dem folgenden Diktum Stiegs — zumindest in dieser Schärfe — nicht zustimmen können: »Allegorien, die einmal den Aufbruch der Klasse signalisierten, unterscheiden sich in nichts mehr von der Wandervogel-Herrlichkeit der Wanderung zu leuchtenden Gipfeln« (Gerald Stieg, Bernd Witte: Abriß einer Geschichte der deutschen Arbeiterliteratur. Stuttgart: Klett [1973]. S. 98). — Im Gegensatz zu den Gedichten der (vielleicht stärker an den frühen Vorbildern orientierten) Jungen ist — wieder mit Stieg — an der Lyrik des ›Arbeiters‹ zu beobachten, daß hier die Natur »nicht mehr Allegorie einer revolutionierten zukünftigen Welt, sondern reales Gegenbild zu einer als häßlich und unerträglich erfahrenen Industrie- und Arbeitswelt« wird (Stieg, Witte: Geschichte der deutschen Arbeiterliteratur. S. 92). Vgl. unten S. 134—139.

nur ein Intermezzo zur Erholung. Die Projektion in die Zukunft ist den zu kurz Gekommenen Notwendigkeit; im Wandern meinen sie, vorübergehend konfliktlos in ihre Gegenwart holen zu können, was als Endgültiges kämpfend erstrebt werden muß.

Exkurs: Das Lied

Das Lied spielt, zumal bei den Autoren des Wandervogels, inhaltlich eine wichtige Rolle, und es dominiert als Form.

Denkbar eng sind Wandern und Singen von jeher verbunden. »Der Wandernde singt nicht, weil das etwa wegen des guten Eindrucks oder aus Kurzweil zum Wandern gehörte, sondern aus einem umfassenden ›Bewegt‹sein: einem körperlich-rhythmischen (gegeben im Wanderschritt) und einem seelischen (gegeben im Erleben der Natur).«[107] Abstrakter formuliert — und vollends ins Vage gewendet (es beherrscht das Wandern offensichtlich so sehr, daß es selbst in die Wissenschaft eindringt) —, stellt sich die Verbindung so dar: »Sinnvolles Wandern setzt eine bestimmte Haltung voraus, und Singen beim Wandern beruht auf p s y c h o l o g i s c h e n Voraussetzungen dieser Haltung.«[108]

Nüchtern betrachtet, bleibt aber doch wohl zweierlei: die rhythmische Unterstützung und die Ablenkung, die das Lied bieten kann. Darüber hinaus ist es möglich, daß Wandern und Singen der gleichen psychischen Verfassung entspringen: einer unbeschwerten Offenheit.

Unreflektiert geben die Gedichte diese Erfahrung an zahlreichen Stellen wieder. »Singen ist mein Los und Schreiten« (Stammler 1, 7) legt Stammler seinem Vaganten in den Mund, Börner schließt sich ihm an: »Selig bin ich Schritt und Lied« (Anthologie 7, 18) und natürlich erst recht Kutzlebs berühmte »Wandervogelausfahrt«: »Wann wir wandern und singen« (Kutzleb 1, 17)[109].

Das Lied dient dem unpersönlichen Ausdruck einer ebenso undeutbaren wie bedeutungsvollen Stimmung. Als solches Indiz wird es bis ins Widersinnige in die wohlbekannte Umgebung einbezogen: »Wollen wir heute träumend singen unser in Gleichmut verklärtes Lied« (Anthologie 7, 80). »Hell und jubelnd« (Schenk 1, 37) ist es und »jung« (Anacker 4, 44), und der Prozeß endet in der Übersteigerung von Ginzkeys Vers: »Ist das Lied nicht alles und der Wand'rer nichts?« (Ginzkey 3, 15).

[107] Alexander Sydow: Vom Wandern und Singen. — In: Die höhere Schule 9 (1952) S. 87.
[108] Ebd. S. 88.
[109] »Wandern und Singen«: so ist denn auch ein Abschnitt einer Anthologie der zwanziger Jahre überschrieben (Anthologie 40, 197—210).

Natürlich tritt ein solches Lied auch in eine eigentümliche Beziehung zur Nacht, zur »Traumnacht«, wie bei

Karl Röttger: Marschlied der Wanderer in der Sommernacht

Marschlied der Wanderer in der Sommernacht,
Ein Singen hinter Bäumen her und dann
Der festen Schritte sanft gedämpfter Takt
Auf der Chaussee. — Die Biegung nun heran:

Hinter den Bäumen. Und das Lied erstand
Mit Takt und Schwung: Gestalt, die dunkel schritt
Im Dunkeln mit den Wandrern, daß das Land
Im Schlafe lauschte, was da singend schritt . . .

Und klang und schritt, schwunghaft im Takt und sang
Im Marsch der Wanderer sanft gedämpft am Wald
In naher Ferne — die Chaussee, den Hang
Hoch und hinab . . . durch Traumnacht die Gestalt

Des Marschlieds und des Schreitens, Takt an Takt,
Und hin und fern — und leiser schon . . . und kaum . . .
Dann blieb zurück die stumme Sommernacht
Und das gestaltlos dunkle Wehn im Baum. —

(Röttger 3, 11 f)

Ein Stil, der an die Programmusik erinnert (»Und hin und fern — und leiser schon . . . und kaum . . .«), verleiht dem Lied buchstäblich »Gestalt, die dunkel schritt / Im Dunkeln mit den Wandrern«. Es wird losgelöst von denen, die ihm Ausdruck geben, wird personifiziert und abgehoben gegen das »gestaltlos dunkle Wehn im Baum«. Der Hervorhebung des Liedes entspricht die Nivellierung der Wanderer, die keinmal das Subjekt des Satzes bilden. Während es zunächst heißt, die Gestalt des Liedes schreite mit den Wanderern, ist der Prozeß im Relativsatz »was da singend schritt« noch weitergeführt; das Pronomen läßt erkennen, daß die Bewegung ganz auf das Lied übergegangen ist.

Auch das Lied wird also, solchermaßen modifiziert, zu einem Kennmotiv für das überkommen Sehnsüchtige, für Wunsch- und Wahnwelten:

Das macht mich auf einmal so selig.
Ich möchte in Lieder verwehn
(Jungnickel 1, 38 f).

Auch es gerät zum Indiz für die Erinnerung an verflossenes vages Glück:

Lieder, die ich einst gesungen,
Stimm ich leise wieder an,
Ungezählter Wanderungen
Schatten kreuzen meine Bahn.
(Hesse 3, 24)

F. Zusammenfassung: Romantik als Vorwurf

Eine zusammenfassende Überschau über die Lyrik des Wandersmannes, sofern sie nicht nur Wiederholung sein will, kann nur anschließen an die Erörterung der romantischen Tradition und, was dort allgemein gezeigt wurde, auf die Gedichte selbst anwenden; ›Vorwurf‹ in seinem doppelten Sinne muß der leitende Gesichtspunkt sein. Das Kapitel ist ebenso unerläßlich wie es fragmentarisch bleiben muß, zum einen, weil die Aspekte durch ihre überragende Rolle schon im Vorangegangenen durchschienen, zum andern, weil hier nicht Platz für eine gründliche Erörterung romantischen Nachlebens ist.

Beim Problem der Einwirkung stellt sich sogleich eine doppelte Frage: Wie ist die einwirkende Romantik zu definieren? Und: Welcher Art ist die Einwirkung?

Wie eng die beiden Teilfragen zusammenhängen, beweisen die methodologischen Überlegungen Ziolkowskis.[110] Er zeigt die Schwierigkeiten auf, die einer Definition der Romantik entgegenstehen, und behilft sich, indem er mit Wellek nur noch drei Haupteigenschaften gelten läßt: »Dichtung als Hauptmittel der menschlichen Erkenntnis«, »Natur als eine organische Einheit«, Dichtung als »Dichtung des Mythos und des Symbols«.[111] Das »Nachleben« einer so bestimmten *typologischen* Geisteshaltung (die Ziolkowski selbst bei einem erklärten Gegner der Romantik wie Hermann Broch noch feststellen kann) hebt er vom »Nachwirken« der *historischen* Romantik ab, das sich in Stoff, Stil und Struktur zeigen könne und vier Merkmale aufweise: Es gehe von bestimmten Dichtern und Werken aus; die zeitliche Distanz spiele eine große Rolle; es sei ein bewußter Prozeß; er zeuge in hohem Maße von ästhetischem Spiel.[112]

Weder beim »Nachleben« noch bei solchem »Nachwirken« aber ist für unsere Art der nachromantischen Dichtung Platz. Das Epigonale ordnet Ziolkowski der (im Gegensatz zur parodistischen) ernsten Nachahmung, einem Nachwirken des Stils, zu[112]; mir scheint indes jedes seiner vier Kriterien (unterschiedlich stark) dem zu widersprechen. Nicht nur, weil Stoff und Struktur nicht minder dazugehören, kommt es in diesem System zu kurz und falsch weg. Kann denn die »typologische Romantik«, erst recht, wenn sie definitorisch weniger stark beschnitten ist, wahrhaftig zu jeder Zeit nachleben, oder ist sie nicht vielmehr eine einmalige geistige Möglichkeit? Das

---

[110] Theodore Ziolkowski: Das Nachleben der Romantik in der modernen deutschen Literatur. Methodologische Überlegungen. — In: Wolfgang Paulsen (Hrsg.): Das Nachleben der Romantik in der modernen deutschen Literatur. Heidelberg: Stiehm (1969). S. 15—31.

[111] Ebd. S. 23.

[112] Ebd. S. 21 f.

Epigonale wäre dann zu definieren als das Auseinanderklaffen zwischen einer unwiederholbaren Geisteshaltung und dem ständigen Reproduzieren der Stile, Stoffe, Strukturen, die deren Ausfluß waren.

Die Merkmale, die Windfuhr und David zusammengetragen haben, schließen sich dem geradezu ideal an.[113] Der Begriff des Epigonischen, in seinem literaturwissenschaftlichen Sinne 1830 von Immermann geprägt und mit der Literatur des 19. Jahrhunderts in Verbindung gebracht, ist indes auch für deren Weiterführung ins 20. Jahrhundert hinein verwendbar. Den drei Arten Windfuhrs[114] gesellt sich eine vierte bei: Gruppenepigonik[115]. »Wenn eine geistige Richtung von einer anderen mehr oder minder plötzlich entthront wird, flüchtet sich der überwundene Geist entweder nach unten — in die Vulgärliteratur — oder er rettet sich — dies besonders in Deutschland — in die Provinz.«[116] Und in der Tat sind die ›unliterarischen‹ Gebiete — man sehe sich nur die Erscheinungsorte der Bücher an — das Refugium des »überwundenen Geistes«, von dessen Herkunft hier zu handeln ist.

Scheint uns für die Art der romantischen Einwirkung ›Gruppenepigonik‹ (außerhalb von Ziolkowskis Schema) noch der geeignetste Begriff, so weist zum Problem der Definition Ziolkowski selbst einen für die Belange der Arbeit möglichen Weg zwischen der Skylla ›kein Konsens‹ und der Charybdis ›keine brauchbare Aussage‹: »Von einzelnen Elementen der historischen Romantik läßt sich ohne Definition sprechen.«[117]

Der unmißverständlichen Anlehnung kommt der geringste Wert zu. Wenn Ehrler »den Eichendorff unterm Kopfkissen« (Ehrler 1, 75) hat, während er dichtet, wenn es da immer »nach Haus« (Münchhausen 1, 74) geht oder wenn

[113] Manfred Windfuhr: Der Epigone. — In: Archiv für Begriffsgeschichte 4 (1959) S. 182—209. — Claude David: Über den Begriff des Epigonischen. — In: Werner Kohlschmidt, Herman Meyer (Hrsg.): Tradition und Ursprünglichkeit. Bern, München: Francke (1966). S. 66—78. — Davids Kritik überzeugt mich weniger als der definitorische Teil. Dort wird der Begriffsumfang so erweitert, daß er kaum noch etwas faßt, so daß David am Ende feststellen kann: »Nur auf die Geringsten wird man es [das Wörtchen ›epigonisch‹] anwenden dürfen« (S. 77).
[114] Epochen-, Einzel-, Jugendepigonentum. Windfuhr: Epigone. S. 194.
[115] Gruppe wird hier verstanden als unorganisierter, loser, (nur) von außen erkennbarer Zusammenschluß, kann aber in anderen Fällen auch enger gefaßt werden. — Ohne es weiter diskutieren zu können: Gruppenepigonik scheint mir im Vergleich zu einer Anzahl von Einzelepigonen von eigener Qualität.
[116] David: Begriff des Epigonischen. S. 70.
[117] Ziolkowski: Nachleben der Romantik. S. 23. — Die einzelnen Elemente der historischen Romantik können dabei jeweils nur durch kurze Zitate gezeigt werden. Gerade hier müßte eine gründliche Erörterung der Abhängigkeit eigene Arbeit leisten, müßte etwa zeigen, wie an einem Ende der Linie von Berglinger über Sternbald, Ofterdingen und Taugenichts der Auseinanderfall von Kunst und Leben auf eine peinliche Weise vollzogen ist.

Bernus »an die Romantiker« (Bernus 1, 206 f) schreibt, die »verschwisterten
Seelen«, auf deren »verjährten Spuren« er geht, und bekennt: »Aus dem
geistigen Kreise / Der euer ist, komme ich her«, so sind das Zeichen seltener
Aufrichtigkeit und Direktheit. An Beweiskraft werden sie aber von den immanenten Zügen weit übertroffen.

Das Wandern selbst ist das wichtigste Indiz. Schrimpf am Beispiel
Goethes[118] und Guthke im Vergleich Kellers mit der Romantik[119] haben verschiedene Möglichkeiten seiner Interpretation gezeigt. Der Wandersmann nun
ist vorgeblich in der Weise seines romantischen Vorbildes unterwegs. Er
kultiviert die Sehnsucht nach Sehnsucht und schweift ziellos umher. Wenn
für die Dichtung um 1800 aber galt: »Das Wandern ist nicht nur zweckloses,
freies Spiel [...], sondern [...] Gehen in die Heimat, Pilgerschaft zu Gott,
oder [...] Aufbruch ins Unnennbare«[120], so ist die Suche jetzt nur mehr ein
Spiel, Schlendern in den Tag hinein ohne die Gegenseite des Grauens und der
Angst; was Ausdruck eines Lebensgefühls war, wird Versatzstück.

Während der Wanderer dort »the archetypal symbol of man's capability
for becoming and the personification of his yearning«[121] ist, wird er hier zur
Figur der rückwärts gewandten Naturseligkeit mit antimodernem Affekt.
Während das romantische Fernweh in den »Trieb, die Grenzen des diesseiti-
gen Daseins zu überschreiten«[122], eingebettet ist, leitet es sich jetzt aus der
unreflektierten Sehnsucht zum ›Natürlichen‹, Unverbildeten ab.

Selbst das Seelenwanderermodell ist explizit vorgeformt. In »Heinrich von
Ofterdingen« heißt es:

> Es sind die Dichter, diese seltenen Zugmenschen, die zuweilen durch unsere
> Wohnsitze wandeln, [...] die schon hier im Besitz der himmlischen Ruhe
> sind, und von keinen törichten Begierden umhergetrieben, nur den Duft der
> irdischen Früchte einatmen, ohne sie zu verzehren und dann unwiderruflich
> an die Unterwelt geketet zu sein. Freie Gäste sind sie, deren goldener Fuß nur
> leise auftritt.[123]

Das Modell ordnet sich aber hier, um nur diesen Zug hervorzuheben, der ins
schier Überirdische gesteigerten Auffassung vom Dichtertum unter.

---

[118] Hans Joachim Schrimpf: Gestaltung und Deutung des Wandermotivs bei
Goethe. — In: Wirkendes Wort 3 (1952/53) S. 11—23.

[119] Karl S. Guthke: Gottfried Keller und die Romantik. — In: Deutschunterricht 11
(1959) Heft 5, S. 14—30.

[120] Hermann Kunisch: Freiheit und Bann — Heimat und Fremde. — In: Paul
Stöcklein (Hrsg.): Eichendorff heute. München: Bayr. Schulbuchverlag (1960).
S. 143.

[121] Theodore Gish: Wanderlust and Wanderleid. — In: Studies in romanticism 3
(1963/64) S. 226.

[122] Guthke: Keller und die Romantik. S. 17.

[123] Novalis: Schriften. 1. Band: Das dichterische Werk. Herausgegeben von Paul
Kluckhohn und Richard Samuel. 2. Auflage. Stuttgart: Kohlhammer (1960).
S. 267.

Einseitigkeit und Umformung des scheinbar gleichen zeigt auch das mit
dem Wandern am engsten verbundene Element: die Natur. War neben ihrer
beglückenden Seite in der Frühromantik auch ihre dämonische besonders
betont worden[124], entsprang die Bindung an sie aus dem »Bewußtsein der
lebendigen Wechselwirkung zwischen der Seele des Menschen und den Kräften der Natur«[125], so ist sie nun harmlose Staffage, Hort, Kulisse vagen Glücks.
Der Wald, um nur dies eine Element herauszugreifen, entwickelt sich von
der »im engern Sinne poetischen Welt«[126], bei Tieck und Eichendorff anknüpfend, zum Lebensbereich schlechthin. Baumgart scheint auch über den
Seelenwanderer zu sprechen, wenn er bemerkt: »So ist das Sein dieser Wald-
welt ein im Gegensatz zum gewöhnlichen, realen Leben zugleich gesteigertes
und vertieftes Sein für Eichendorff, ein wahreres, reineres Menschsein, der
Wald selber aber als Welt der dichterische Ausdruck dessen, was als Wert
und Anspruch dies reinere Menschsein bestimmt.«[127]

»Goal of wandering«[128]: Trotz vielerlei Brüchen wird die romantische
Todessehnsucht mit unschöner Regelmäßigkeit verbal nachgeahmt. Der Tod
erscheint wie in der Romantik als Freund und Retter; tatsächlich aber ist
der toposartige Wunsch, »Ruh [...] am düstern Ort« (Reiß 1, 311) zu haben,
als Fluchtverlangen zu deuten.

Der Traum bietet dieser Interpretation die letzte Stütze. »Im Traume, der
die Schranken der engen Realität niederlegt, und im Erlebnis der Nacht, da
sich unzählbare höhere Welten ahnen lassen, erfährt der Romantiker *seine*
Wirklichkeit.«[129] Während der Traum sich also dort dergestalt in das Bemühen der Zeit um die Kräfte des Unbewußten einfügt, daß man behaupten
kann, er sei »die dem romantischen Lebensgefühl adäquate Welt«[130], so degene-
riert er bei den Wandersleuten des 20. Jahrhunderts zum Medium wonne-
voller Vergangenheit.[131] Nicht aus Überzeugung, sondern aus Unvermögen
flieht der Wandersmann die Klarheit: Er orakelt von nebelhaften Heilig-
tümern. In der Romantik ist der Traum »neben dem Märchen das Mittel,
eine sinnliche Anschauung des Wunderbaren zu erlangen oder auszudrük-

---

[124] Siegmar Schultze: Die Entwicklung des Naturgefühls in der deutschen Litteratur
des 19. Jahrhunderts. Teil 1: Das romantische Naturgefühl. Halle: Trensinger
1907.
[125] Kluckhohn: Ideengut der Romantik. S. 28.
[126] Baumgart: Der Wald in der deutschen Dichtung. S. 60.
[127] Ebd. S. 78.
[128] Gish: Wanderlust and Wanderleid. S. 236.
[129] Hans Rempel: Aufstieg der deutschen Landschaft. Gießen: Mittelhessische
Druck- und Verlagsanstalt 1964. S. 38.
[130] Philipp Lersch: Der Traum in der deutschen Romantik. München: Hueber 1923.
S. 12.
[131] Frank Fischer: Wandern ein Traum. — In: Fischer: Wandern und Schauen.
S. 111 f.

ken«[132]; jetzt gilt Traum wie Schlaf, Nacht, Erinnerung, Heimat, Glück und Seele auch der Evozierung des Vormaligen, eines Heilen: »Die Romantik als Heilmittel«[133]. Das setzt freilich voraus, daß dem epigonalen Vorgehen gemäß (das *eine* Tendenz vervielfacht, wo unterschiedliche oder komplexere Vorstellungen herrschen) sich früh schon die einfachere, harmlosere Weise durchzusetzen begonnen hat. Für den Traum sagt es Weidekampf dezidiert: »Nicht die eigentümliche, schwer einleuchtende Art des Novalis wirkt weiter, sondern die leichter verständliche, dem allgemeinen dichterischen Empfinden näherliegende Auffassung Tiecks.«[134]

Es könnte das spezifisch Epigonale, das Einseitige und Vereinfachende, teilweise Pervertierende der Übernahme, an der Vorliebe für Abend und Morgen[135], an der Entsprechung von Tageslauf, Jahreszeit, Lebensalter[136], an der Verbundenheit mit dem Kind[137], an dem Seelenleben[138], kurz, in allen Bereichen gezeigt werden.

Statt dessen seien die formalen Bestimmungen des Epigonalen: die Sprache sei schal und kraftlos, sie erfinde nicht selbst, sie harmonisiere, sei oberflächlich glatt und so einfallslos wie formal mühelos, Eklektizismus ersetze Erlebnis (und dergleichen mehr) in einigen Punkten konkretisiert.

Zwei scheinbar gegenläufige Tendenzen sind an der Form der Wörter zu bemerken: Verknappung und Erweiterung. Die Elision nach der Art von

> in's; ob's   (Anacker 3, 25)
> treibt's; kann's   (Bodman 2, 65)
> geh'; schreit'; ird'sche   (Ginzkey 4, 100)
> hab'; find'; wälzt'   (Huggenberger 1, 312)

hat offensichtlich einen bestimmten populärpoetischen Reiz. Verbindungen wie die folgenden sind aufschlußreicher:

> ein ander Land   (Hesse 1, 11)
> du ruhig Blut   (Lothar 1, 39)
> ohn' Maßen   (Anacker 4, 6)
> welch Ziel   (Ginzkey 3, 55).

---

[132] Ilse Weidekampf: Traum und Wirklichkeit in der Romantik und bei Heine. Phil. Diss. Berlin 1932. S. 25.

[133] Brieger: Romantik als Heilmittel.

[134] Weidekampf: Traum und Wirklichkeit. S. 10.

[135] Vgl. Schultze: Entwicklung des Naturgefühls. S. 11.

[136] Vgl. Alexander von Bormann: Natura loquitur. Naturpoesie und emblematische Formel bei Joseph von Eichendorff. Phil. Diss. Tübingen 1968. S. 88.

[137] Vgl. Hansgeorg Kind: Das Kind in der Ideologie und der Dichtung der deutschen Romantik. Phil. Diss. Leipzig 1936.

[138] Vgl. Günther Schmitz: Der Seelenaufschwung in der deutschen Romantik. Phil. Diss. Münster 1935.

Das unflektierte Attribut dient dazu, die Volksliedtechnik nachzuahmen. Es gliedert sich den archaisierenden Tendenzen dieser epigonalen Gebilde ebenso unter, wie es auf der Gegenseite die ›Vollformen‹ noch deutlicher tun:

balde	(Hesse 4, 123)
ferne	(Potthoff 1, 10)
stehest	(Hesse 3, 88)
küssest	(Finckh 1, 33)
loget	(Hesse 3, 40)
welket balde	(Anacker 4, 6)
Herze	(Lothar 1, 39)
Kamerade	(Anacker 3, 27).

Die Grammatik trägt mit alten Kasus, vor allem mit dem Genitiv, dazu bei:

wes Landes	(Ehrler 1, 76)
wes Gedanken	(Taube 2, 8)
des [...] erbarmt	(Hesse 1, 39).

Vor allem aber verrät sich die Sprache in der Wahl der Wörter. Die Gedichte des Wandersmannes können vom Füllwort bis zur formelhaften Verbindung eindeutig rückbezogen werden. Wo es selbst an poetisch-technischem Vermögen mangelt, müssen aus metrischen Gründen neben den ›poetischen‹ Wortveränderungen die Füllwörter herhalten: »wohl« allenthalben (z. B. bei Ginzkey 3, 15; Salus 1, 82; Lothar 1, 39) und »doch« (Anacker 2, 75; Taube 2, 24). Interjektionen wie »o« und »ach« (zuweilen noch »ei«) sind die ungelenken Anzeichen dafür, daß es hier um Gefühle geht, Gefühle, von denen die beliebtesten Adjektive so klar Auskunft geben, daß sie jeder Erläuterung entbehren können. Im wesentlichen sprechen sie vier Bereiche an: ›still, ruhig, geruhig, geruhsam‹ als Vorbedingung, Wesentliches zu erfahren:

tiefste Ruh	(Anacker 2, 99)
stilles Lächeln	(Ginzkey 3, 49; Schüler 2, 99)
heil'ge Stille	(Anacker 6, 245);

»tief, hoch« als Merkmale der Absonderung:

tiefer Wald	(Taube 1, 143)
hohe Waldeshallen	(Anacker 4, 13)
höchstes Leben	(Anacker 2, 99)
höchste Lust	(Reiser 2, 63 ff)
tiefere Wonne	(Hesse 2, 64)
tiefinnen	(Bodman 2, 65);

»klar, licht, rein, hell« als Epitheta der Auszeichnung:

klare Weiten	(Scholz 4, 64 f)
reinste Menschengüte	(Salus 2, 32)
wunschverklärt	(Huggenberger 3, 50 f)
selige Klarheit	(Anacker 2, 99);

»schwer, dunkel« als Bezeichnung für das Vage dieses besonderen Lebens:

> dunkle Fernen (Lothar 1, 34)
> dunkle Wege   (Anthologie 30, 323)
> dunkle Stunde   (Supper 1, 31)
> dunkler Sinn   (Anacker 4, 45)
> schwere Träume   (Hesse 2, 20)
> schwerer Abschied   (Schaukal 1, 395).

Als Farben gesellen sich dem zu das wunderbare Blau (»wunderblaue Nächte«, Anacker 6, 245; »wunderweite blaue Sehnsuchtsräume«, Ehrke 1, 10 f), das Gold der Verheißung (»goldne Fluren«[139]; »goldne Wanderzeit«, Anacker 4, 13) und das Weiß von Unschuld sowie Erwählt- und Erlöstsein (»weißer Schein«, Taube 2, 24; »weiße Straße«, Hesse 3, 40).

Sollte damit die Tendenz noch nicht ausreichend veranschaulicht sein, so nehme man die bewußt eingesetzten antiquierten Attribute, neben »töricht« (Hesse 3, 40) und »getreu« (Huggenberger 3, 50 f), neben »hold« (»holde Blume«, Brandenburg 1, 52), »sanft« (»sanfte Sterne«, Lothar 1, 34) und »süß« (»süßes Bangen«, Seidel 1, 61) vor allem »weh«:

> wehe Leidenschaft   (Anacker 4, 44)
> weher Wanderdrang   (Anacker 4, 45)
> ein heimlich Wehe   (Supper 1, 30)

und »traut«:

> trautes Zeichen   (Taube 2, 8)
> trauter Kamerade   (Anacker 3, 27)
> trauter Duft   (Taube 2, 24).

Man nehme die entsprechenden Verben:

> netzen   (Hesse 4, 108)
> frommen   (Taube 2, 8)
> gewahren   (Ginzkey 4, 19)
> dünken   (Taube 1, 143)
> laben   (Dehmel 1, 181 ff)
> grämen   (Schüler 2, 54)

und Substantive:

> Ungemach   (Hesse 3, 24)
> Bronnen   (Schenk 1, 39)
> Au   (Huggenberger 3, 50 f)
> Gestade   (Anacker 2, 61)
> Willkomm   (Taube 1, 115 f)
> Waldesodem   (Schenk 1, 80)
> Wonne   (Hesse 2, 64),

[139] Fritz Krebs: Auf zum Wandern. — In: Der Tourist 30 (1913) S. 55.

und man erkennt, daß bewußt das Alte gewählt ist, statt Brunnen Bronnen, statt Freude Wonne, statt sich sorgen grämen, statt glauben dünken, ein Befund, dem selbst die kleineren Bestandteile des Satzes, die Konjunktionen, Adverbien, Partikel zustimmen:

dieweil	(Ehrler 1, 76)	(während)
gleichwie	(Schenk 1, 80)	(wie)
hienieden	(Taube 2, 24)	(auf Erden)
hinan	(Hesse 1, 56; Schenk 1, 38)	(hinauf)
fürbaß	(Salus 2, 32)	(weiter)
sonder	(Schröder 2, 139)	(ohne)
selbander	(Ehrler 1, 76)	(zu zweit).

Um in einem Falle über die willkürliche Aufsplitterung nach Wortarten und die möglicherweise ebenso willkürliche Aufreihung einiger Beispiele hinauszukommen, nehmen wir die Zuflucht zur Statistik und wählen die Bezeichnung der Fortbewegung sowie deren Ort und Ziel. Neben dem indifferenten »wandern« begegnen uns »wallen«, »wandeln«, »schweifen« und in der Hälfte aller Fälle das kirchlich-feierliche »schreiten« (das mit der Annäherung an den Seelenwanderer kontinuierlich zunimmt).[140] »Weg«, »Pfad« und dergleichen sind dreimal häufiger als Straße[141], und »Ferne« und »Weite« stehen zu »Fremde« gar im Verhältnis von sieben zu eins.[142]

In welcher Weise sich die Kultivierung des Alten verfestigt, wie sie jeden eigenen Ausdruck lähmt, das zeigt am besten die Formelhaftigkeit der Sprache. Es beginnt bei klischeehaften Vorstellungen wie »Sehnsucht im Blut« (Huggenberger 3, 50 f) oder »heißes Herz« (Bodman 1, 304 f), setzt sich fort in Versatzstücken:

ein Leben lang	(Bodman 2, 255)
keiner kennt den andern	(Lothar 1, 83)
von einem Tal zum andern	(Ehrler 1, 76)
heute hier und morgen dort	(Reiß 1, 311)

und feiert in festen, geläufigen Verbindungspaaren, die oft das Gerippe der Verse abgeben, traurige Triumphe:

Weg und Steg	(Seidel 1, 72)
Zeit und Raum	(Ehrler 3, 43)

---

[140] Zum Vergleich: Die Vagabunden gebrauchen zu 50 % spezifische Ausdrücke wie »wanken«, »trotten«, »strolchen«; den Vaganten steht eine breite Skala von Möglichkeiten zur Verfügung.
[141] Beim Vagabunden ist es genau umgekehrt.
[142] Zum Vergleich: Die Vagabunden gebrauchen »Ferne« und »Fremde« gleichartig und gleichmäßig und vermeiden die Offenheit und Schönheit evozierende »Weite« ganz; die Vaganten verwenden »Fremde« doppelt so häufig wie »Ferne«, das bei ihnen überhaupt nur in der Form »fern« als Ausdruck des Getrenntseins ohne Gefühlswerte der Erwartung und Hoffnung vorkommt.

Tag und Nacht   (Anacker 6, 174)
Rast und Ruh   (Zerkaulen 3, 11 f)
Herz und Sinn   (Bodman 1, 363 f)
kreuz und quer   (Zerzer 1, 92)
schlecht und recht   (Taube 1, 115 f).

Verbindet man die Formelhaftigkeit mit den wenigen Attributen, um die die
Gedichte kreisen, so ergibt sich gar eine Reihe wie die folgende:

leicht und gerne   (Scholz 4, 64 f)
lind und leis   (Hesse 1, 39)
weit und breit   (Taube 1, 115 f)
tief und weit   (Ehrler 1, 75)
tief und gut   (Seidel 1, 61)
schön und gut   (Ehrler 1, 75)
warm und gut   (Anacker 2, 41)
groß und gut   (Ehrler 3, 43)
gut und jung   (Lothar 1, 39)
gut und rein   (Ley 1, 84)
sanft und groß   (Hesse 4, 108)
stolz und groß   (Huggenberger 1, 112).

Der klischierten Sprache gesellt sich als letztes Merkmal die festgefügte
Verstechnik bei. Lassen wir das Selbstverständliche (Reim, Strophe, Metrum,
auch Kreuzreim und Volksliedstrophe) beiseite, so bleibt darüber hinaus
zweierlei bemerkenswert. Der Wandersmann liebt den wagnerisch-altdeutschen
Stab, um den schwachen Versen Nachdruck, zauberische Kraft zu verleihen.
Wind und Wolken und Weg, Wonnen und Wälder und Weiten wehen dem
Wanderer, wahrhaft willkommen, die Wunder der Alliteration zu:

Noch wiegen weiche Schlummerwellen
            (Vollmer 1, 18 f)
Tiefere Wonne weiß ich nicht auf Erden,
Als im Weiten unterwegs zu sein
            (Hesse 2, 64)
Mit den wilden Winden, die verloren wehn
            (Anacker 2, 61).

Entscheidender als dies ist die Sterilität der Reimtechnik. Nicht allein, daß
der Wandersmann die üblichen, leichten, abgegriffenen Schlüsse auf -ein, -eit,
-in, -aus, -egen verwendet; er läßt bestimmte Gruppen von Wörtern erkennen,
mit denen er den weitaus größten Teil seiner Verskunst bestreitet, so etwa
besonders

Sterne / Ferne / lerne / gerne
Ort / Wort / dort / fort
Ziel / Spiel / fiel,

aber auch

Felder / Wälder
Glück / Stück / zurück

Traum / Baum / Raum
Hand / Land / fand
gehn / stehn / wehn.

Die beliebtesten beiden Gruppen nehmen wir dabei aus; sie mögen ausführlicher zitiert sein:

Wie lockst du in die Weiten!
[. . .]
Wann wir ins Blaue schreiten!
(Anacker 3, 27)

Könnten zusammen schreiten,
Klingt wie ein Wort aus Weiten
(Lothar 1, 83)

Halt Schritt an meiner Seite,
[. . .]
Wir schreiten in die Weite
(Bodman 2, 255)

Geht die Liebste mir zur Seite,
[. . .]
Zieh ich mit dem Freund ins Weite
(Bodman 2, 306)

O, welch ein Anreiz, auszuschreiten!
[. . .]
Was wohl für neue Herrlichkeiten
(Salus 1, 82)

Es lockt mich an dein sanftes Höhergleiten
[. . .]
Wenn dich des Nachts die Sterne überschreiten
(Zerzer 1, 101)

Stimm' die Saiten!
Blauen Weiten
(Anacker 6, 48)

Wohl dem Wandernden entgleiten
[. . .]
Ferne ruht in seinem Schreiten,
gießt aus ihren klaren Weiten
(Scholz 4, 64 f)

Könnt' ich mit dir schreiten!
[. . .]
Und die blauen Weiten!
(Huggenberger 2, 13)

Durch unermeßne Weiten
Möcht ich in Lüften schreiten
(Supper 1, 31)

Wie in alten Kinderzeiten,
Und es ruhen alle Weiten
(Hesse 1, 38)

[...] in sommerlichen Weiten
[...]
[...] in die Wälder schreiten
        (Anacker 4, 44)

auf den Straßen wandern,
[...]
findest du den andern
        (Taube 2, 7)

[...]   »Ich geh schon mit dem andern.« — —
Immer wandern, immer einsam wandern
        (Taube 2, 18)

Und wieder wünsch ich mir den Stab zum Wandern,
[...]
Hinziehen möchte, und mit mir den andern
        (Taube 1, 143)

Und gehe gläubig wandern.
[...]
Die gönn ich gern den andern
        (Lothar 1, 34)

Die vielen Wege wandern
[...]
Und keiner kennt den andern
        (Lothar 1, 83)

durch die Länder, durch die andern,
[...]
wandern müßt ihr, Brüder, wandern
        (Kayßler 2, 9)

Laß uns zusammen wandern
[...]
Ist einer fern vom andern
        (Bodman 2, 255)

Wie wollt ich immer wandern ...
Von einem Tal zum andern
        (Ehrler 1, 76)

Mit meiner Sehnsucht wandern!
[...]
Von einem Weg zum andern!
        (Bodman 2, 65)

Schnell wie ich wandere
[...]
Ein und das andere
        (Strauß 1, 47 ff)

Wir beide wollen wandern,
[...]
Ein Stern zieht mit dem andern
        (Potthoff 1, 10).

Die Reime auf die Kernbegriffe »Weiten«, »schreiten«, »wandern« werfen ein letztes Licht auf die Stereotypie, Unwahrheit und Sterilität dieser Lyrik; sie zeigen, wie dort, wo es schon an den handwerklichen Fähigkeiten mangelt (von dem Wichtigen ganz zu schweigen), die Technik die monotone Variation der Themen der Vergangenheit begünstigt oder gar bewirkt, und sie lassen erkennen, wie uniforme überindividuelle Gebilde der Rückwendung aus Schwäche entspringen.[143]

---

[143] Zur Romantik des Vaganten vgl. unten S. 275—278.

2. KAPITEL: DER ARBEITERWANDERER

Motto:
Aus diesem Kerker, steil geschichtet,
Bricht meiner Seele Wanderschrei.

(Barthel 3, 43 f)

Zwischen dem Wandersmann und dem Vagabunden steht der Arbeiterwanderer, der Tendenzen beider Gruppen in sich vereint und in sie eingereiht
werden könnte, wenn ihn nicht soziologische Gesichtspunkte zusammenhielten.
Er läßt den Übergang stufenweise erkennen; bei jederzeit fließenden Grenzen
wird ihm die starre Einteilung in Untertypen allerdings nur bedingt gerecht.[1]
Dem Wandern der Arbeiter ist besondere Bedeutung zuzumessen. Überein-
stimmend stellen Loeb[2] und Offenburg (Anthologie 18) bei rund der Hälfte
der von ihnen behandelten Arbeiterdichter eine Periode fest, in der diese
›unterwegs‹ sind.[3] Von der Sonntagswanderei Alfons Petzolds bis zur welt-
weiten Vagabundage Max Dortus und Hermann Thurows zeigt sich dabei
eine Vielfalt von Möglichkeiten.

A. Der Arbeiterwandersmann

Bezeichnenderweise ahmen am nachhaltigsten und häufigsten diejenigen
Arbeiterdichter den frohen Wandersmann nach, die selbst über kürzere Fußwanderungen in die nähere Umgebung nicht hinauskommen, sei es, daß sie
dabei zuwenig ihrer Klasse Eigenes erleben und so vom Sog der ›bürgerlichen‹
Wandervorstellungen erfaßt werden, sei es, daß der Antrieb fehlt, ihre Er-

---

[1] Das versuche ich auszugleichen, indem ich die Arbeiterjugendbewegung dem
frohen Wandersmann subsumiere und einerseits den aus gleichem Geiste schrei-
benden Arbeiterwandersmann, andererseits auch den Arbeitervagabunden h i e r
einbeziehe, um in jedem Fall den gleitenden Übergang sichtbar zu machen. —
Fritz Hüser: Jugendbewegung und Arbeiterdichtung. — In: Zwischen Krieg
und Frieden. Bewegte Jugend in Dortmund 1918—1924. Ittenbach 1966. S. 1120
—1137 zeigt einige dieser Zusammenhänge auf; Engelke, Bröger, Barthel und
Grisar hebt er besonders heraus.
[2] Minna Loeb: Die Ideengehalte der Arbeiterdichtung. Phil. Diss. Gießen 1932.
[3] Loeb nennt von 18 untersuchten Arbeiterdichtern Preczang, Thurow, Dortu,
Zerfaß, Riebold, Lersch, Schönlank, Barthel, Kläber; Offenburg von 17 außerdem Engelke, Nexö und Gor'kij.

fahrungen ganz zum Ausdruck zu bringen. Diesen Arbeiterdichter kann man mit gutem Recht als Arbeiterwandersmann bezeichnen; nur selten dichtet er Verse wie die folgenden:

> Wenn in des Tagwerks reger Hast
> Die Pulse hämmernd glühn
> (Petzold 1, 47)
> der Stadt zu entrinnen
> (Bröger 2, 95 ff)
> Lege ich mein hartes Tun beiseit
> (Petzold 1, 60).

Vor allem ist hier an den Wiener Hilfsarbeiter *Alfons Petzold* (1882—1923) zu denken, der, wie seine Autobiographie »Das rauhe Leben« (1920) bezeugt, kaum einmal für längere Zeit aus seiner Vaterstadt hinauskommt (bis er seit 1910 in Lungenheilstätten lebt). Um so häufiger aber besingt er seine Wanderwünsche und -vorstellungen und deren gelegentliche allzu kurze Erfüllung in zahlreichen Gedichtbänden, vor allem in »Einkehr« von 1920 und in dem frühen »Der Ewige und die Stunde« (1912), in dem ein ganzer Abschnitt »Der Wanderer« überschrieben ist (Petzold 1, 41—95). Die Nähe zum bürgerlichen Wandersmann ist bei ihm besonders gut dokumentiert durch die Freundschaft mit Ginzkey.[4]

Gleiche Symptome zeigen die wenigen Wanderergedichte des von Dehmel geförderten Malergesellen *Gerrit Engelke* (1890—1918) aus Hannover in »Rhythmus des neuen Europa« (1921)[5], die Lyrik *Karl Brögers* (1886—1944), des Führers der Arbeiterjugendbewegung aus Nürnberg, vornehmlich in »Unsere Straßen klingen« (1925) — in seiner Person knüpfen wir also an den Wandervogel an[6] —, und die Gedichte des Gärtners *Julius Zerfaß* (1886 bis 1956) in »Ringen und Schwingen« (1912) und »Glühende Welt« (1928).

Da der Arbeiterwandersmann das übernommene Wandererbild seinerseits kopiert, sei es hier nur noch einmal kurz illustriert. Ein längeres Gedicht wie Brögers »Wesen der Natur« ist darüber hinaus geeignet, den engen Zusammenhang zwischen Art und Grund des Wanderns, der Naturbesessenheit und der Nähe all dessen zum Seelenwanderertum zu erweisen, weil die Indizien hier gleichsam komprimiert sind; es wirkt also sogar bekräftigend und integrierend zurück.

---

[4] Ginzkey: Der Heimatsucher. S. 129. — Vor allem redigiert Ginzkey Petzold 1907 als erster und formt ihn dadurch. Vgl. Alfons Petzold: Erinnerung an Franz Karl Ginzkey (Petzold 8, 263—267).

[5] Er wird von Offenburg wohl nicht ganz zu Recht als Wanderer genannt. Er hat nur einmal eine längere Strecke zu Fuß zurückgelegt, als ihm das Geld fehlte, zu Dehmel nach Blankenese zu reisen.

[6] Vgl. oben S. 103—108.

Karl Bröger: Wesen der Natur

Ruf von Wäldern,
Wink von Wiesen,
Lockung von Berg und Bach
geht an mich,
vor Tag abzuwerfen graue Mauern,
der Stadt zu entrinnen
und mitzuschwingen
im Tanz blauer Stunden:
Diese Lichtung entlang,
jenen Hang hinab,
über Stock und Stein,
durch Busch und Blöße,
los allem Zwang,
Fürst meiner Straßen und Ziele,
von innerem Flügel getragen
vogelleicht, raumfroh . . .

Ich eile, wie ich will,
verweile, wo es mich gut dünkt,
recke mich auf am Stamm der Eiche,
bücke mich tief einem Farnkraut,
setze über Gräben,
breche in Dickichte ein,
liege nun rücklings im Schatten,
den Grashalm im Mund,
alle Sinne hinter weißen Wolken her,
springe wieder auf
und halte tapfer Schritt mit der Sonne.

Wind harft im Walde
sein uraltes Lied,
das Gottes Vögel
artig zieren mit Lauf und Triller.

Was grölt und kreischt,
zirpt und klimpert ihr
in die große Melodie?

Schweigen ist um den echten Wandrer
und Andacht der Stab,
darauf er sich stützt.

In euch brodelt Geschwätz noch,
geredet oder gesungen,
daß ihr euer winziges Wesen
mengt in diese Weihe.
Taub bleibt und stumm euch darum Natur
und sinnt für sich selbst.

Dem Schweigenden aber
kommen Heide und Wald,
Hügel und Fluß
mit gelöster Zunge entgegen
und sprechen herzlich zum Freund.

Sie dringen Liebe nicht auf,
erwidern nicht aufgedrungene Liebe.
Leere Luft drückt an die Brust,
wer sich an den Hals wirft
der Landschaft.

Hoffst du Wald zu gewinnen wie Mädchen
in Schmeicheln, Schmachten, Schöntun?
Nicht ist Natur froh, weil du lachst,
trauert um deine Tränen nicht.
Stark ruht ihr Wesen in sich
und will, du ruhtest in dir.

Tu falsche Begeisterung ab!
Sie heuchelt ins Blaue . . .

Im Vorbeigehn
seh ich ein Heckenveilchen.
Im Busch versteckt,
wie kichernd ein Kind hinter Mutters Schürze,
schickt es dem Wanderer her
schüchterne Blicke.
Aus deinen Augen,
Natur!

(Bröger 2, 95 ff)

Was das Wandern letztlich begründet: in dem Trikolon der Eingangsverse
begegnet es im Extrakt. Es ertönt ein »Ruf« (wie bei Seidel 1, 72), er wird
gestisch unterstützt (»Wink«), um in die sattsam bekannte »Lockung« zu münden.[7] Erwartungsgemäß setzt sich der Grund, optisch, akustisch und vor allem
seelisch-sensorisch wahrnehmbar, in der Art des Wanderns fort, die von Einsamkeit und Stille bestimmt ist. Auch hier gilt: »Schweigen ist um den echten
Wandrer«. Beide notwendigen Ingredienzen schreiten den Weg vom natur-
bestimmten zum seelenbestimmten Wandern ab: Folgt im Brögerschen Kontext
unmittelbar die »Andacht«, so zeichnen wir mit Petzold die Entwicklung der
Einsamkeit von: »Einsam mein Weg, einsam mein Pfad« (Petzold 1, 47) zu:

[...]   die Einsamkeit
uns selig macht und gottbewußt
(Petzold 4, 44).

»Wesen der Natur« ist in der Tat hervorragend geeignet, als Muster für das
Wesen der Natur zu dienen.[8] Wie von selbst fallen die typischen Merkmale
heraus: die Hochstimmung in den verschiedenen Abstufungen vom Enthusiasmus (»Fürst meiner Straßen und Ziele«) bis zur schieren Ekstase (»mitzuschwingen / im Tanz blauer Stunden«); die mit der Anthropomorphisierung
verknüpfte Verbundenheit in den Abstufungen »Freund« (»Hügel und Fluß«

---

[7] Vgl. oben S. 51 f.
[8] Vgl. oben S. 60—70.

»sprechen herzlich zum Freund«), »Bruder« (»ihr [der Bäume] Bruder«, Brö-
ger 2, 72), »Liebe«, einer behutsam und vorsichtig sich offenhaltenden liebenden Hingabe (»sie« »erwidern nicht aufgedrungene Liebe«); temporale (»vor
Tag«) wie lokale Bestimmung (»Wälder«, »Hang«); Gleichförmigkeit von
Jahreszeit (»Heckenveilchen«) und Wetter (»Sonne«) mit den Sonderfunktio-
nen des Windes (»Wind harft«) und der Wolken (»alle Sinne hinter weißen
Wolken her«); endlich die Ambivalenz von Freiheit (»los allem Zwang«) und
»Lockung« und die Gegenüberstellung des Einen und der Vielen (»In euch
brodelt Geschwätz noch«; »dem Schweigenden aber«), die in das Seelenwande-
rertum (»Andacht«, »Weihe«) hineinreichen.[9]

Dieser eindeutig scheinende Befund wird durch den Vergleich der verwandten Situationen ›Herbst‹ und ›Abend‹ relativiert. Wer Brögers »Wanderung«
(Bröger 2, 72) mit Scholz' »Wandrer« (Scholz 4, 59)[10] vergleicht, wird zwar
noch kaum große Unterschiede feststellen.

Karl Bröger: Wanderung

So eine weiche, seidne Bläue spannt
sich um die Welt und ihre Einsamkeiten.
Ich wandre stillversunken über Land,
und jeder Schritt trägt mich aus Raum und Zeiten.

Mein Blick umarmt im unermessnen Rund
nur Wolken, Dunst und sonnensatte Säume.
Kein andrer Laut tut sich dem Ohre kund
als leises Rauschen fruchtbeladner Bäume.

Und ein Erinnern zieht mir durch den Sinn
an ferne Tage, die ich vormals lebte,
da ich ihr Bruder noch gewesen bin,
und mein Geäst wie ihrs im Wind erbebte.
                                        (Bröger 2, 72)

Zu gleichartig sind die beiden Gedichte in Ton, Wortschatz und formaler
Gestaltung. Schwere Stille, »abgeschiedne« Einsamkeit, das Rauschen, ein
melancholischer Grundzug, die ›Nicht-Präsenz‹: ein Hinausdenken aus »Raum
und Zeiten«, das sich endlich in das »Erinnern« einfindet: alle diese Elemente
binden den Spätsommer- und den Herbsttag so eng aneinander, daß man —
ohne den einheitlichen Eindruck zu zerstören — Strophen austauschen könnte.

Der Vergleich von »Heimwärts« mit dem Petzoldschen »Am Abend« jedoch
zeigt den Ansatzpunkt einer gewissen Entwicklung:

---

⁹ Vgl. oben S. 68 f.
¹⁰ Wer sich von der Suggestivkraft der gleichen Merkmale freimacht, wird nicht
übersehen, daß sich hier trotz aller Gleichartigkeit eine andere Qualität bekundet, die bei der Überwindung des Reimgeklingels ansetzt.

Wilhelm Schussen: Heimwärts

Abends, wenn die Kühlen wehen
Und im Takte meiner Seele
Niederliegen, auferstehen,
Wenn der Nacht barmherzige Kehle
Licht um Licht hat aufgetrunken
Von den Hügeln in der Runde,
Die ins Dunkel eingesunken:
Wird mir oft die liebste Stunde,
Und ich kann dann fern den andern
Lange einsam wandern, wandern.
Und dann ist's bei jedem Schritte,
Den ich tue in die Ferne,
Ob ich heimwärts, heimwärts schritte. —
Und wolkenoben brennen Sterne.

(Schussen 1, 52)

Alfons Petzold: Am Abend

Abend, du mein guter Kamerad,
Wenn dein leiser Schritt von Westen naht,

Lege ich mein hartes Tun beiseit,
Drauf das Tüchlein Weltvergessenheit.

Steck mir eine Blume auf den Hut,
Wandre dir entgegen wohlgemut.

Denk an nichts, als was an Glück ist mein:
Vogelsang und letzter Sonnenschein.

(Petzold 1, 60)

Petzolds Gedicht verfährt bei aller Gleichartigkeit der Situation einfacher, anspruchsloser, im positiven Sinne oberflächlicher, man möchte sagen: unideologischer. Nicht allein sucht man vergeblich nach einem Pendant zu »im Takte meiner Seele«. Mit »Denk an nichts, als was an Glück ist mein« scheint der Arbeiterwanderer geradezu auf die das Gedicht des Wandersmannes beschließende »Als-ob«-Konstruktion zu antworten, die, aus der gegebenen Situation hinausweisend, das Vorgefundene mythifiziert. Petzold dagegen bleibt ganz im Bereich der erholsamen abendlichen Umgebung; die Titel allein geben die Absicht beider Gedichte wieder.

Daß diese Abweichungen aber denkbar gering sind, daß also Bröger in diesem Falle für den Arbeiterwandersmann weit repräsentativer ist als Petzold, zeigen besser noch die Stilisierung von Ferne und Heimat und die Lebens- und Seelenwanderschaft:

Alfred Huggenberger: Späte Heimkehr

Es sang ein Vöglein überm Pflug:
Wohlauf, du junges Blut!
Der fleiß'gen Hände sind genug,

Folg' deinem jungen Mut!
Jenseits der blauen Berge fern,
Da liegt das Wunderland,
Da blühen Blumen, Stern an Stern,
Wie sie kein Träumer fand!

[...]

Zum langverlaßnen Tale hin
Trug ihn sein müder Fuß, —
Ein andrer stand am Pflug für ihn,
Dem Fremdling ward kein Gruß.
Ihm öffnet sich kein heimisch Tor,
Kein Liebesstern mehr scheint.
Ein Vöglein flüstert ihm ins Ohr:
Es war nicht so gemeint! ...
                    (Huggenberger 2, 79 f)

Alfons Petzold: Heimkehr

Wie haben wir das Märchenland geliebt,
Das Ferne heißt, als wir noch Kinder waren,
Wie sind wir auf der Straße Traum gefahren,
Auf der es Wunder über Wunder gibt.

Wie standen wir am Abend vor dem Tor,
Bedachtsam lauschend, ob nicht etwas käme
Aus still geheimer Dämmerung hervor
Und uns mit sich auf Abenteuer nähme.

Und als das Leben uns zum Wandern rief,
Wie haben wir da unsern Stock geschwungen
Und noch zur Nacht das Lebewohl gesungen
Der Heimat, die, uns unverständlich, schlief.

Nun sind wir aus der Ferne heimgekehrt.
Stumm stehen wir im dämmerigen Lichte
Und starren uns beim ausgebrannten Herd
Enttäuscht in die vergreisten Angesichte.
                              (Petzold 4, 7)

Die Ferne zu verklären, werden hier wie dort die gleichen Metaphern auf-
geboten: Traum (»Blumen, Stern an Stern, / Wie sie kein Träumer fand«;
»Wie sind wir auf der Straße Traum gefahren«) und Märchen- und Wunderwelt (»Wunderland«; »Märchenland«, »Wunder«) lösen die Weite von jedem
realen Bezugspunkt ab. Auch hier wird im Zuge dieser Umformung die Heimat
stets vorausprojiziert: »Deine / Heimat ist ein Traum« (Petzold 4, 46); auch
hier verläuft es ins Unsagbare, nur durch Punkte noch Anzudeutende:

Ich suche eine Heimat und ein Heim
und vieles andre ...
            (Zerfaß 2, 19).

Das Motiv der Lebenswanderschaft als Kreisbewegung[11] greift Petzold, wie der Wandersmann an der ewigen Heimat anschließend, in eben seinem Sinne auf. Im Vergleich mit Ehrke mag sich das zeigen.

Hans Ehrke: Heimgefunden

Ich habe manchen langen Tag durchirrt.
Die Wege waren alle ohne Ende.
Wonach ich ging, war Traum nur und Legende,
war gläsern Truggebild und ist zerklirrt.

Die Weite floh vor mir, wohin ich ging,
durch bunter Länder bilderreiche Schau.
Das Glück lag immer hinterm Ferneblau,
das zu erwandern ich mich unterfing.

Nur Sehnsucht ward mir bitter-süßes Glück.
Nun steh ich rastend an der Straßen Wende.
Die Wege waren alle ohne Ende
und führten alle in mich selbst zurück.

(Ehrke 1, 8)

Alfons Petzold: Kreisgang

Die Wege, die ich bisher ging,
in Kreisen sind sie alle mir zerronnen.
Vor dem, woran mein Auge gestern hing,
steh ich heut wieder staunend und versonnen.

Und meine Seele fühlt es tief: ich bin
vor vielen Jahren alles dies gewesen,
aus seinen Formen kann mein wacher Sinn
das Schicksal meines ganzen Daseins lesen.

Dies wegbeleuchtend Schauen hier
verkündet meinem Leben froh und weise:
du bist der stumme Gegenstand vor dir
und bist zugleich der Wanderer im Kreise.

(Petzold 2, 72)

Weit genauer als Ehrke, ja, in Überschrift, Anfangs- und Schlußzeilen gar explizit, zielt Petzold auf sein Thema; wer es übernimmt, ist peinlich darauf bedacht, es zu erfüllen und erlaubt sich die Freiheit der Variation (noch) seltener.

»Der ewige Wanderer« (Petzold 1, 43), dessen Seele wie stets »alles Dunkle, Ferne und Ewige ahnt«, weist zum Seelenwanderertum hinüber.[12] Das Gedicht schließt:

---

[11] Vgl. oben S. 84 f.
[12] Für den Zusammenhang des Arbeiterwanderers auch mit dieser besonderen Ausprägung sei namentlich auf den Fabrikarbeiter und Führer der Stuttgarter Arbeiterjugend Otto Krille (1878—1953) verwiesen, dessen Band »Wanderer im Zwielicht« (1936) teilweise bis auf die »Neue Fahrt« von 1909 (Krille 2, 34—37) und »Das stille Buch« von 1913 (Krille 3, 87—97) zurückgeht.

Und höre ich einen loben seine enge Heimat, sein Haus,
So singe ich ihm entgegen mein Lied von der Heimat Welt
(Petzold 1, 43).

Selbst die Extremform des ewig Sehnsüchtigen greift der Arbeiterwandersmann auf, wie sie etwa bei dem Seelenwanderer Schüler ausgeprägt ist.

Gustav Schüler: Das sind die Besten

Das sind die Besten, die nie heimisch werden
Auf dieser Erde. Die im Heimweh stehn
Bei Tag und Nacht an ihren armen Herden,
Bereit zum Wandern und zum Weitergehn.

In ihrer Brust ist ein erstauntes Blühen
Von Erntefeldern, die hier nicht gedeihn,
In ihren Augen ist ein fernes Glühen
Von ewiger Berge tiefem Firneschein.

Ein stilles Lächeln liegt auf ihrem Munde,
An Weisheit voll, die nicht von dieser Welt —
Sie sehn, wie auf des Lebens totem Grunde
Ein feines Licht sich feierlich erhellt.
(Schüler 2, 99)

Alfons Petzold: Der Befreite

Der großen Ferne aufgetan,
ist nirgends hier mein Herz zu Gast.
O Haß und Liebe, armer Wahn,
du hältst mich nimmermehr umfaßt.
Kaum höre ich noch das Geschrei
der Menschen, die mir böse sind,
und wandre welterlöst und frei
von jenen, die noch taub und blind.

Das ist des Lebens tiefste Lust,
zu wissen, daß die Einsamkeit
uns selig macht und gottbewußt
im lauten Wirrsal dieser Zeit.
Wer im Gefühl der Menge schwelgt,
in Worte wandelt Tat und Sinn,
ist Gottes Narr, er dorrt und welkt
im Schauen fremder Fülle hin!
(Petzold 4, 44)

In nichts als der Perspektive unterscheiden sich der Seelenwanderer Schüler
und Petzold. Heißt es hier: »Nirgends hier mein Herz zu Gast«, so dort: »Nie
heimisch werden / Auf dieser Erde«; hebt sich der Wanderer hier in »welterlöst
und frei« von Zeit und Welt ab, so dort in »nicht von dieser Welt«; kontrastiert dort das aus »Weisheit« erwachsende »stille Lächeln« mit »des Lebens
totem Grunde«, so hier ein »Wissen«, das zu »des Lebens tiefster Lust« gereicht, mit »dorrt und welkt«.

An »Gott und der Wanderer« ist, weiterführend, das Wandern als Ersatz-religion zu erkennen:

Alfons Petzold: Gott und der Wanderer

I.
Und Gott lieh ihm sein Licht und sprach: »Bedenke,
Daß ich unsteter wie die Sterne bin!«
Da spürte er in jeglichem Gelenke,
Den Zwang zu wandern durch das Dunkel hin.

Er nahm den Stock und band sich die Sandale
Fest an die Füße, warf den Mantel um,
Schritt aus der Lauten Kreis mit einemmale,
Ließ nur zurück ein staunendes: Warum?

So wie ein Kind, von Lüge lang betörtes,
Trat er entzückt aus dem gewohnten Raum
Und auf einmal war ihm ein unerhörtes,
Seltsames Wunder jeder Strauch und Baum.

Die Steine vor ihm leuchteten wie Perlen,
Die Wolken sangen ihm wie Vögel zu,
Und aus dem Straßensaum vergrauter Erlen
Klang es hervor: Geliebter Bruder, du!

II.
Und wieder sprach die Stimme Gottes: »Wisse,
Nun gab ich dir die Lust zur Wanderschaft,
Auf daß du aus der ärmlichsten Melisse
Einatmen durftest meines Wissens Kraft.

Auf daß du fühltest, daß es keine Ferne,
Als die in unserm eignen Herzen gibt,
Und daß nur Täuschung dir die höchsten Sterne
Ins unerreichte Land der Sehnsucht schiebt.

Die Nähe durch die Ferne zu erringen,
Ist allen Wanderns tiefster Daseinssinn!
So kehre wieder heim zu deinen Dingen
Und sei voll Sehnsucht wie im Anbeginn.«
(Petzold 7, 22 f)

Seinen Ausgang nimmt das Gedicht in der Erleuchtung des Wanderers
(»Licht«), die sich direkt von Gott herschreibt; es setzt sich fort in dem
»Zwang« zu wandern, der mit diesem Auftrag verbunden ist, bezeichnet
die anderen, die »Menge« (Petzold 4, 44), mit »Dunkel« und »die Lauten«,
denen das Tun des mit »Stock«, »Mantel« und (biblischer) »Sandale« Aus-
gerüsteten unbegreiflich ist. Er taucht nun, rein »wie ein Kind«, in die reine
»Wunder«-Welt ein, die ihn mit »Geliebter Bruder, du!« begrüßt: An keiner
Stelle ist die übliche metaphorische Ebene durchbrochen, sie ist im Gegenteil
noch enger an das neutestamentliche Geschehen angelehnt.

Der zweite Teil relativiert den Zwang in der Ambivalenz von Zwang und
»Lust«; Taubes Jasminstrauch (Taube 2, 24) wird zur Melisse, aus der der
Wanderer »meines [Gottes] Wissens Kraft« einatmen darf. Wandersehnsucht
und Ferne sind hier ganz nach innen gewendet. Wer einen solchen Prozeß
durchlaufen hat, ist seinem Sein gemäß (wie er es nennen würde) Wandersmann; mit irgendeiner irdisch-menschlichen Fortbewegung hat auch der
Arbeiterwandersmann hier nichts mehr zu tun.

Vollständig und gleichartig übernimmt er das Vorbild des frohen Wandersmannes mit all seinen Motiven und Sonderformen. Daß er sie oft noch gehäuft
und also überdeutlich zusammenstellt (wie bei der Naturauffassung, der Lebenswanderschaft als Kreisbewegung und der Seelenwanderschaft) läßt gewiß
unterschiedliche Interpretationen zu; mir scheint es zu erweisen — dieses
Phänomen findet sich bei Nachahmern allenthalben —, daß er sich bemüht,
das Vorbild zu übertreffen, daß es ihm aber (gerade wegen der übersteigernden
Imitation ist es anzunehmen) an der geistigen Grundhaltung zu den Auf-
fassungen, die er weiterträgt, mangelt.

Eigenes bleibt demgegenüber rudimentär; das spezifisch Neue auszubilden,
ist dem ›Arbeiter‹ vorbehalten.

B. Der ›Arbeiter‹

Die in die Gedichte des Arbeiterwandersmannes nur vereinzelt und wie
schüchtern eingestreuten Ansätze zur Darstellung der eigenen Welt entwickelt
der ›Arbeiter‹ weiter. Weil sie sich bei ihm oft sogar verselbständigen, bezeichne
ich ihn hilfsweise mit diesem Begriff: Er scheint mir die geistige Mitte des
A r b e i t e r wanderers zu markieren.[13]

Die Übergänge von der Arbeiterjugendbewegung und dem Arbeiterwandersmann zum ›Arbeiter‹ sind mannigfach. Im »Wanderlied« Petzolds etwa bleibt
die Arbeitswelt nicht mehr nur karg gegebene Folie; sie erhält allein schon
durch den gewählten Zeitpunkt starkes Eigengewicht:

Alfons Petzold: Wanderlied

Heute noch im Werkstattkleid
drück’ ich Tisch und Diele,
aber morgen ist die Zeit
sonntäglicher Ziele.

Eine Straße winkt mir zu
aus der grünen Weite.

---

[13] Zugleich — die Betrachtung weniger Stadt-Gedichte wird das ohne weiteres
deutlich machen — gelangen wir in die Nähe des literarischen Expressionismus.
Den Zusammenhängen mit dessen Stadt-Lyrik, mit der Lyrik der Verhäßlichung
und Depravierung, kann ich hier nicht nachgehen.

Liebe Straße segne du
meine derben Wanderschuh,
wenn ich morgen in der Früh',
fern der harten Drehbankmüh',
singend dich beschreite.

Sause Riemen, glühe Draht —
meine Wiesen tönen —
morgen wird kein schweres Rad
meiner Jugend höhnen.

(Petzold 5, 67)

Nicht auf der Wanderung selbst nämlich ist der Sänger, sondern er ist noch »im Werkstattkleid«. Die Wanderung gehört der unmittelbaren Zukunft an, aber sie lebt in der gegenwärtigen Phantasie. Es entspinnt sich eine Auseinandersetzung zwischen dem realen Heute und dem erhofften Morgen (»morgen« in jeder Strophe expressis verbis), ›äußerer‹ und ›innerer‹ Blick wechseln ab, »Werkstattkleid« und »grüne Weite«, »liebe Straße« und »harte Drehbankmüh'«, »Riemen«, »Draht« und »meine Wiesen« durchdringen einander. Die sonntägliche Welt bleibt in »Weite« und »Früh'«, in »Jugend« und »schreiten« und sogar in »segne« im gewohnten Rahmen, nur ist sie durch die Perspektive zurückgedrängt.

Deutlich an den Arbeiterwandervogel erinnert

Max Barthel: Ausbruch

Brüder, laßt die Schwermut fahren,
Schwestern, laßt das Trauern sein,
Badet euch im kühlen, klaren
Frühlingswind die Seelen rein.
Hebt die Herzen in die Sonne!
Bebt, schon grünen Busch und Strauch.
Nach den langen Winterwochen
Zittert, grünt und leuchtet auch.

Seht, schon fliegen Schmetterlinge
Wundervoll durch all den Duft,
Sie zerbrachen leicht die Schlinge
In der schwarzen Larvengruft.
Ja, so heben wir die Flügel,
Ja, so sind auch wir befreit
Aus der schwarzen Gruft der Arbeit
Hin zur Frühlingsherrlichkeit.

Wenn der Wind in unsern Locken,
Wenn der Wind im Herzen kühlt,
Stürmen hunderttausend Glocken
Und wir werden aufgewühlt,
Wandern selig in die Ferne,
Himmelsstürmer, grünbelaubt,
Und des Abends blühn die Sterne
Strahlend über unserm Haupt.

Jugend trinkt aus goldnem Becher
Und spürt schauernd jede Lust,
Und es blühn dem trunknen Zecher
Alle Sterne in der Brust.
Brüder, Schwestern, laßt uns wandern,
Bis die Sterne schlafen gehn,
Bis der Sonne Flammenpferde
Hell am Morgenhimmel stehn.
(Barthel 5, 30 f)

Max Barthel (1893—1975) fand als »Arbeiterkind« mit »viel Sehnsucht, wenig
Erfüllung« »den Weg in die Jugendbewegung, den Weg zur geschlossenen
Kampfreihe der Arbeiter, den Weg zur Gruppe« (Barthel 5, 5), wie es im Vorwort zu »Überfluß des Herzens« (1924) heißt, das für die Arbeiterjugend geschrieben ist und in ihrem Verlag erscheint. Stellvertretend für den Ausbruch
aus ihrer Klasse vollziehen die »Brüder« und »Schwestern« mit dem jugendlichen Pathos von »Himmelsstürmern« ihren »Ausbruch« in die »Frühlingsherrlichkeit«. Schon hier begegnet das für den ›Arbeiter‹ typische »auch«, aber
»seliges« Wandern und die »rein« gebadeten Seelen finden sich ebenfalls noch,
freilich ohne allen Tiefsinn. Die Sprache ist dynamisch-›anreißerisch‹, vom
Imperativ bestimmt, an die gleichgesinnte Gruppe gerichtet.

Die Erfahrungen der Frühzeit Barthels, des Fahrstuhlführers, Markthelfers,
Obstpflückers, Lumpenhändlers, Kammschleifers, Ziegelarbeiters, Adressen-
schreibers und Anstreichers sind die des typischen ›Arbeiters‹; sein späterer Weg
wird uns an anderer Stelle beschäftigen.[14]

Daneben ist hier zu denken an *Paul Zech* (1881—1946) und sein »jugend-
heißes Wanderblut« (Zech 1, 42), wie es in »Schollenbruch« (1912) heißt, an
den Dortmunder Arbeiter *Erich Grisar* (1898—1955), von dessen Sehnsucht
nach dem Wanderleben die Skizze »Die Landstraße« (Grisar 1, 22 f) in der
Sammlung »Das Herz der Erde hämmert« von 1923 zeugt, an den Lersch-
Freund *Christoph Wieprecht* (1875—1942) und an *Ludwig Lessen* (1873—
1943).

Nur vor dem Hintergrund der Stadt können Landschaft und Natur gesehen
werden. Der ›Arbeiter‹ verteilt die Gewichte nach dem Verhältnis der Zeit, die
er dort und hier zubringt. Sein Bild ist einfach und von der Polarität beherrscht: Immer schimmern hinter der verfluchten Stadt Freiheit und Wanderschaft durch, die also eine nur dienende Funktion bekommen und damit an
Rang, nicht aber an Bedeutung einbüßen. (In Barthels »Arbeiterseele« folgen
die Abschnitte »Die Stadt« und »Die Wanderschaft« einander.) Syntaktisch
zeigt die vereinfachend-polare Sicht das »aber« an:

[14] Vgl. unten S. 143—145.

Geh aber leicht im Wandergang
         (Barthel 6, 58)
aber morgen ist die Zeit
sonntäglicher Ziele
         (Petzold 5, 67).

Stellen wir dementsprechend »Die Stadt« und »Lob auf die Landschaft«
einander gegenüber; Engelkes Gedicht diene als Bestätigung und Bekräftigung.

Max Barthel: Die Stadt

Aus diesem Kerker, steil geschichtet,
Bricht meiner Seele Wanderschrei.
Ich hab ein neues Land gesichtet.
Ich bin bereit. Ich mach mich frei.

Die Werke stoßen Feuerfahnen
Steil in den Himmel und sind toll.
Auch ich will mir die Wege bahnen,
Auch ich bin roten Feuers voll!

Aus diesem Stein- und Hungerhaufen
Gehn viele Straßen in die Welt.
Ich will die Himmelstraße laufen,
Auf die der Tau der Sterne fällt.

Ich will nicht immerfort bezügelt
Der Arbeit schwere Mühle drehn:
Ich will befeuert und beflügelt
Nach Bergen und nach Meeren gehn!

Hier, wo sich alle Kraft versammelt,
Ein Strom [,] der Millionen trägt!
Die Quelle grüß ich, die aufstammelt,
Weil keusch ihr kühles Seelchen schlägt.

Aus diesem Stahl- und Feuerringe,
Der donnernd dich und mich umschlingt,
Will ich zum Urgrund aller Dinge,
Daß sich mein Herz zur Demut zwingt.

Mich quält das tote Bücherwissen,
Die laute Stadt aus Schweiß und Stein:
Mein Herz will einmal hingerissen,
Erhöht und überwältigt sein.

Die Übermacht der vielen Sterne!
Der Brandung Gischt und Donnerton!
Das alles bist du, trunkne Ferne:
Ich bin bereit. Ich bin dein Sohn.
         (Barthel 3, 43 f)

Gerrit Engelke: Ich will heraus aus dieser Stadt

Ich weiß, daß Berge auf mich warten,
Draußen — weit —

Und Wald und Winterfeld und Wiesengarten
Voll Gotteinsamkeit —

Weiß, daß für mich ein Wind durch Wälder dringt,
So lange schon —
Daß Schnee fällt, daß der Mond nachtleise singt
Den Ewig-Ton —

Fühle, daß nachts Wolken schwellen,
Bäume,
Daß Ebenen, Gebirge wellen
In meine Träume —

Die Winterberge, meine Berge tönen —
Wälder sind verschneit —
Ich will hinaus, mit Euch mich zu versöhnen!
Ich will heraus aus dieser Zeit,

Hinweg von Märkten, Zimmern, Treppenstufen,
Straßenbraus —
Die Waldberge, die Waldberge rufen,
Locken mich hinaus!

Bald hab ich diese Straßenwochen,
Bald diesen Stadtbann aufgebrochen
Und ziehe hin, wo Ströme durch die Ewig-Erde pochen,
Ziehe selig in die Welt!
            (Engelke 1, 34 f)

Max Barthel: Lob auf die Landschaft

In der Stadt bist du ein wildes Tier,
Voll Haß und Hunger, List und Gier,
Bist lauernd hinter Gitterstangen
In dir gebunden und gefangen.

Geh aber leicht im Wandergang,
Da bist du voller Überschwang,
In Wind und Wolke und Gelächter
Schmilzt um der alte Weltverächter.

Der Straße sanfter Bogen schnellt
Dich Wanderpfeil in blaue Welt,
Im grünen Gras siehst du die Pferde
Beseligt tanzen auf der Erde.

Die Wolke sanft vorüberschwebt,
Der blaue Wald im Abend bebt,
Und auf dem Fluß, dem kühlen, klaren,
Siehst du die Lebensschifflein fahren.

O Landschaft, heilige Natur,
Wir folgen deiner Flammenspur,
Zwei Feuer, feierlich entzündet,
Bis unser Weg im Dunkel mündet.
                (Barthel 6, 58)

Mit einem großen rhetorischen Aufwand wird die Stadt bekämpft, in immer neuen Epitheta-Häufungen der Schrecken betont, der von ihr ausgeht.

Eine erste Reihe von Merkmalen kreist um das Motiv der Unfreiheit und erstreckt sich von »Stadtbann« (Engelke 1, 34 f) über »bezügelt« (Barthel 3, 43 f), »gebunden und gefangen« (Barthel 6, 58) zu dem eindrucksvollen »Kerker« (Barthel 3, 43 f). Ganz eng verknüpft damit ist der »Ausbruch« (Barthel 5, 30 f). Alles Gewaltsame, das im Vorgang des Brechens liegt, ist mitzudenken bei dem Wort, das in der Form »aufgebrochen« neben »Stadtbann«, als »aus [. . .] bricht« in unmittelbarer Nachbarschaft zu »Kerker« steht. »Meiner Seele Wanderschrei« (Barthel 3, 43 f): In einem Umfeld, das starke Töne sucht, bedeutet »Der Schrei« (Sack 1, 42) — Sacks Gedicht ziehe ich seiner prägnanten Begrifflichkeit wegen zur Ergänzung heran — (im Gegensatz zu »Ruf«) Todesgefahr, und eben diese will der ›Arbeiter‹ suggerieren.

Eine zweite Reihe faßt oft alliterierend und immer wie auftürmend verschiedenartige negative Bestimmungen zusammen, die sich aus der Unfreiheit ergeben: von »Stein- und Hungerhaufen« (Barthel 3, 43 f), von »Staub und Schmutz und Gewimmel« (Sack 1, 42) über »Stahl- und Feuerring« (Barthel 3, 43 f) und »laute Stadt aus Schweiß und Stein« (Barthel 3, 43 f) zu »laute Totenstadt« (Sack 1, 42). In diesem Oxymoron faßt man die leidenschaftliche Anklage des ›Arbeiters‹ gegen einen leblosen, aber lärmenden Koloß am besten, und wie von selbst muß auch ihn der Weg zu einem stillen Leben in der Weite führen, wenngleich aus anderen, ›handfesteren‹ Motiven.

Eine dritte Reihe von Merkmalen endlich zieht von der furchtbaren Umwelt den Schluß auf den furchtbaren Menschen und kommt folgerichtig über »steingewordene Not« (Sack 1, 42), eine Benennung, die wie »Schweiß« und »Hunger« im Äußerlichen bleibt, über »Haß und Hunger, List und Gier« (Barthel 6, 58) und »Wut nach Brunst und Brot« (Sack 1, 42) zu »wildes Tier« (Barthel 6, 58), in dem die Entmenschlichung explizit faßbar wird.

Hier und da wird der Ausbruch aus einer solcherart bestimmten Stadt zum Gleichnis. Engelke setzt parallel: »Ich will hinaus, mit Euch mich zu versöhnen!« und: »Ich will heraus aus dieser Zeit« (Engelke 1, 34 f); und wenn Barthel schreibt: »Ich hab ein neues Land gesichtet« (Barthel 3, 43 f), so ist der alttestamentlich-visionäre Charakter dieser Aussage unverkennbar, der Prophet stellt sich mit »Ich bin bereit« seiner eigenen Verheißung. »Himmelstraße« (Barthel 3, 43 f) und »Gotteinsamkeit« (Engelke 1, 34 f) verstärken nur den Eindruck, auch hier werde der religiöse Bereich metaphorisch ausgebeutet. Nicht um die naturhafte Versöhnung und Errettung besonderer weniger aber geht es: Der ›Arbeiter‹ sieht in diesen Formen eine Zukunft vor sich, die allen im maßvoll-vernünftigen Gebrauch der Technik menschenwürdig zu leben erlaubt.

Ein starker Wille ist vonnöten, die Gemeinschaft auf dieses Ziel hin auszurichten. Immer wieder wird er daher anaphorisch beteuert; bei Barthel:

> Auch ich will mir die Wege bahnen
> Ich will die Himmelstraße laufen
> Ich will nicht immerfort bezügelt
> der Arbeit schwere Mühle drehn
> Ich will befeuert und beflügelt
> nach Bergen und nach Meeren gehn
> Will ich zum Urgrund aller Dinge,

bei Engelke:

> Ich will hinaus, mit Euch mich zu versöhnen!
> Ich will heraus aus dieser Zeit.

Gerade das Feindliche, Zerstörerische, das sich mit Gewalt und Brutalität, mit einem ›starken Willen‹ ausbreitet, dient dem ›Arbeiter‹ zum Exempel. Für ihn hat es gewissermaßen die Stelle eingenommen, die dem Menschen gebührt; er ist in die Defensive gedrängt und spricht im Vergleich dazu und im Hinblick auf sein Ziel: »Auch«:

> Auch ich will mir die Wege bahnen,
> Auch ich bin roten Feuers voll
> (Barthel 3, 43 f).

In der Gegenwart steht ihm nur ein Bild der vollkommenen Harmonie zur Verfügung: die Landschaft, und diese feiert er mit allem Pathos, dessen er fähig ist, mit ekstatischem »Überschwang« (Barthel 6, 58). (Die Zahl der Ausrufezeichen allein spricht für sich.) Man sehe sich daraufhin in der »Stadt«, wo das Gegenbild ebensowenig fehlt wie in dem »Lob auf die Landschaft« das gegensätzliche (hier allerdings kürzer und in sich abgeschlossen), die Partizipien und Adjektive an, die das Ziel von der »Seele Wanderschrei« (Barthel 3, 43 f) geradezu entzündet. »Befeuert«, »beflügelt«, »hingerissen«, »erhöht«, »überwältigt«, »trunken«: allen eignet ein überaus starkes dynamisches Element; es brauchte nicht einmal den Blick auf die Verben »dringen« (Engelke 1, 34 f), »schwellen« (Engelke 1, 34 f), »schnellen« (Barthel 6, 58), »wellen« (Engelke 1, 34 f) und die Wassermetaphorik: »Ströme« (Engelke 1, 34 f), »der Brandung Gischt« (Barthel 3, 43 f), »Strom« (Barthel 3, 43 f), »Fluß« (Barthel 6, 58), »Quelle« (Barthel 3, 43 f). In der Landschaft ist die Emotion stets in einem überhitzten Zustand, die gelöbnis- und gebetsnahe Schlußstrophe:

> O Landschaft, heilige Natur,
> Wir folgen deiner Flammenspur
> (Barthel 3, 43 f)

läßt keine Steigerung mehr zu.

Um die strenge Gegenbild-Funktion der Wanderschaft in der Landschaft[15] zu erweisen, reicht es hin, Verben und Adjektive aus beiden Welten einander

---

[15] Vgl. oben S. 107, Anm. 106.

gegenüberzustellen (ein Vergleich der Substantive, die die jeweilige Umwelt erst errichten, erübrigt sich):

donnern	(Barthel 3, 43 f)	—	tönen	(Engelke 1, 34 f)
stoßen	Barthel 3, 43 f)	—	schweben	(Barthel 6, 58)
umschlingen	(Barthel 3, 43 f)	—	versöhnen	(Engelke 1, 34 f)
bahnen	(Barthel 3, 43 f)	—	tanzen	(Barthel 6, 58)
quälen	(Barthel 3, 43 f)	—	singen	(Engelke 1, 34 f)
steil	(Barthel 3, 43 f)	—	sanft	(Barthel 6, 58)
tot	(Barthel 3, 43 f)	—	beseligt	(Barthel 6, 58)
laut	(Barthel 3, 43 f)	—	nachtleise	(Engelke 1, 34 f)
schwer	(Barthel 3, 43 f)	—	leicht	(Barthel 6, 58)
toll	(Barthel 3, 43 f)	—	klar	(Barthel 6, 58).

Im Vergleich zum Arbeiterwandersmann emanzipiert sich der ›Arbeiter‹ gegenüber dem ›bürgerlichen‹ Wanderer. Das Wandern wird von eigenen Erfahrungen geprägt, in die eigene Welt integriert. Seine besondere Funktion erfüllt es eben darin, daß es nur mittelbar faßlich ist. Es repräsentiert keine absolute Gegenwelt, sondern ist, aus dem bedrückenden Gegenwärtigen entwachsend, Gleichnis und Entwurf.

C. Der Handwerksbursche

Eine Sonderrolle spielt innerhalb des Arbeiterwanderers der Handwerksbursche, denn sein Wanderlied eröffnet eine bisher ungewohnte Perspektive. Es wirkt auf verschiedene Gruppen ein, von Baumbachs Liedern bis zur Kundensphäre der zwanziger Jahre, und die Zuordnung ist oftmals schwierig[16]; in seiner reinen Form aber ist es allein als der letzte Ausläufer einer erstarrten Tradition zu verstehen und zu werten.

Aus den wirtschaftlichen Erfordernissen des ausgehenden Mittelalters heraus wird das Wandern der Handwerksgesellen gegen Ende des 14. Jahrhunderts üblich und Mitte des 15. Jahrhunderts im allgemeinen zur Pflicht; sie setzt sich im 16. Jahrhundert überall durch.[17] Erst 1810/11 in Preußen (mit dem Zunftzwang) und bis zur Reichsgründung auch im übrigen Deutschland wird sie abgeschafft. Wenn also die Blütezeit des Gesellenwanderns auch im 16. bis 18. Jahrhundert liegt (Rumpf nennt die Wende zum 19. Jahrhundert »vor Sonnenuntergang im fröhlichen Wanderleben der Handwerksburschen«[18]), so ist es doch während des ganzen 19. Jahrhunderts Brauch. Im Vergleich zu den vielen anderen Sitten der Handwerker ist es sogar besonders dauerhaft: »Am

---

[16] Vgl. unten S. 158—160.
[17] Vgl. Rudolf Wissell: Des alten Handwerks Recht und Gewohnheit. 2. Auflage. Berlin: Colloquium 1971.
[18] Max Rumpf: Deutsches Handwerkerleben und der Aufstieg der Stadt. Stuttgart: Kohlhammer (1955). S. 167.

längsten und unversehrtesten haben sich noch die Wanderbräuche und Lieder fahrender Gesellen erhalten.«[19] Das nimmt nicht wunder, wenn man bedenkt, daß sich die wirtschaftlichen Voraussetzungen in Deutschland erst relativ spät durchgreifend ändern. So kann sich das Handwerksburschenwandern hundert Jahre hindurch mit einer Festigkeit behaupten, die der ›zünftigen‹ Verbindlichkeit wenig nachsteht.

Erst mit dem Ersten Weltkrieg verliert es entscheidend an Bedeutung. Die sozialen Umschichtungen haben zur Folge, daß aus einem Teil der ehrenwerten Gesellen Proletarier ›ohne festen Wohnsitz‹ werden.

Der Zusammenhang mit der Arbeiterdichtung stellt sich von selbst her; die beiden Hauptvertreter *Ernst Preczang* (1870—1949) und *Bruno Schönlank* (1891—1965) nehmen in ihr eine beachtliche Stellung ein.

Preczang wandert als Buchdruckergeselle lange Zeit auf der Landstraße und gleitet zeitweise in ein landstreicherähnliches Dasein ab. Sein Gedichtband »Im Strom der Zeit« (1908), der mehrmals aufgelegt wird, widmet »Natur und Wanderschaft« (Preczang 1, 77—114) ein umfangreiches Kapitel. Das spätere Schaffen, etwa »Röte dich junger Tag« von 1927, begründet seinen Ruf als frühen Vertreter proletarischer Dichtung, als der er noch heute beachtet wird (Preczang 4)[20].

Ähnlich ist der Werdegang des Fabrikarbeiters Schönlank, der 1913/14 als Handwerksbursche unterwegs ist, sich später in die sozialdemokratische Publizistik findet und in seinen Gedichtbüchern ab 1917 — vor allem in dem Band »In diesen Nächten« aus dem gleichen Jahr — von seiner Wanderschaft Kunde gibt, wenn auch spärlicher als Preczang. Im Vergleich beider wird unmittelbar einsichtig, wie abrupt die Kraft der Tradition nachläßt.

Ungebrochen dagegen lebt sie — wenigstens rudimentär — auf zweierlei Weise weiter.

Zum einen kann der alte Handwerksmeister, der sich klagend, beklagend und anklagend (und unbekümmert um künstlerische Probleme) über Jahrzehnte hinweg zurückerinnert, auch noch im Jahre 1916 als Frucht seiner Mußestunden ein Buch erscheinen lassen wie Otto *Kaufmanns* »Handwerksburschen Leid und Freud«.

Zum andern wird die Tradition von der volksnahen Heimatdichtung erhalten, für die die »Lieder eines Dorfpoeten« (1921) des im Rheinisch-Bergischen beheimateten *Franz Peter Kürten* (1891—1957) als Beispiel stehen mögen. Kürten zieht »mit der Fiedel in der Hand, nach alter Spielmannsregel

---

[19] Oskar Wiener: Das deutsche Handwerkerlied. Prag 1907. S. 137.
[20] Vgl. Arbeiterdichtung. Analysen — Bekenntnisse — Dokumentationen. (Wuppertal:) Hammer (1973). S. 69—73.

lauschend und schauend«[21] durch die Lande und bietet gleichfalls arglos das nach alter Manier Gereimte dar.

Die Lyrik Kaufmanns und Kürtens schöpft aus dem Erbe des Volksliedes, sie enthält die immer wiederkehrenden Elemente des alten Handwerker-Wanderliedes, abzulesen etwa bei Schade (Anthologie 25, 105—188: Gesellen-und Wanderlieder), am vollständigsten und reinsten, so zum Beispiel

Franz Peter Kürten: Wanderlust

Nun schimmern die Weiden am
  schäumenden Wehr,
Wie sie sich recken und strecken!
Herr Meister, jetzt haltet ihr mich
  nicht mehr,
Ich breche mir drunten den Stecken.

Es hüpft mein Herz wie des
  Baches Well'n,
Das läßt sich im Lenze nicht binden!
Doch treff ich da drauß einen
  guten Gesell'n,
So soll er zu euch sich finden.

Muß sehen die Welt, und die ist
  so weit,
Und muß mir mein Glück erwandern.
Doch grüßt wo gar hold eines
  Müllers Maid,
Da will ich mein Leben vergandern.
  (Kürten 2, 6)

Wir finden (und stellen gleich Preczangs Variante dazu): die Aufbruch-situation im Frühling:

im Lenze
Der Schnee, er rinnt zu Tal
  (Preczang 1, 88);

Abschied und ›Jüngferlein‹-Erotik ohne tiefere Bindung:

Doch grüßt wo gar hold eines
  Müllers Maid
Mädchen, warte noch ein Weilchen —
  (Preczang 2, 51 f);

Heiterkeit, Freiheit (auch als Ehelosigkeit) und Armut:

Es hüpft mein Herz wie des
  Baches Well'n
Im Rücken liegt die Sorge
  (Preczang 1, 88)

---

[21] Wilhelm Bachmann: Franz Peter Kürten. — In: Kölnische Volkszeitung Nr. 540 v. 14. 11. 1931. Sonntagsbeilage S. 2.

> Hast du kein Geld, so borge
> (Preczang 1, 88);

Preis der Natur und der Weitgereistheit:

> Muß sehen die Welt, und die ist
>   so weit
> die Wunderwelt
>   (Preczang 1, 88)
> Soll ich denn etwa sterben
> Und sah nicht jedes Land?
>   (Preczang 1, 88);

Glücksuche:

> Und muß mir mein Glück erwandern
> Ging wohl aus, das Glück zu suchen
>   (Preczang 2, 51 f).

In gleicher Starre tradiert auch Preczangs frühe Lyrik die alten Muster, besonders deutlich in seinem »Wanderlied« (Preczang 1, 88). Aber das Gedicht »Der Handwerksbursche«, dem wir einige der traditionellen Motive entnahmen, schließt:

> Ach, mein Lied ist eingefroren,
> Und mein Fuß ward wund und müd
>   (Preczang 2, 51 f).

Nur, wer tatsächlich zwischen ›altem‹ Handwerksburschen und ›neuem‹ Proletarier-Vagabunden lebt, spürt den Wandel. In zwiefacher Weise gibt er ihm Ausdruck:

Zum einen verfaßt Preczang zahlreiche gewissermaßen ›indifferente‹ Wanderlieder, die, wie »Wenn die Hecken blühn ...« (Preczang 1, 96), ebensogut von Löns oder Anacker stammen könnten: Der Einfluß der Gegenwart durchsetzt die Tradition. Der Handwerksbursche muß sein Wandern nicht mehr so eng sehen wie bisher; er kann sich in eine Vielzahl vermeintlich ähnlich oder gleich Gesinnter einreihen.

Zum andern und in einem Gegensatz dazu kündigt sich, so in »Ränzel und Rucksack« (Preczang 1, 114), der soziale Protest an, ein Ausfluß der wirtschaftlichen Lage des Wandernden, der alle Selbstverständlichkeit und Sicherheit eingebüßt hat und sich einer unliebsamen Konkurrenz gegenübersieht. »Mein Lied ist eingefroren« (Preczang 2, 51 f) gilt für den Handwerksburschen im Gedicht wie für den, der es dichtet: Wie ein Symbol wirkt es, daß sich im Gegensatz zu den überkommenen Schemata in Preczangs Lyrik die Motive von Trauer und »Der Wanderschaft Ende« (Preczang 1, 105) auffällig häufen.

Für den über zwanzig Jahre jüngeren Schönlank endlich ist es ganz ohne Reiz, die alten Muster und alten Stoffe zu wiederholen; zu deutlich ist die Diskrepanz zu dem geworden, was er sieht. Statt dessen wendet er sich in seinen Gedichten, schon an Titeln wie »Asyl« (Schönlank 1, 12) oder »Der Vagabund« (Schönlank 1, 18) ablesbar, ganz der Sozialkritik zu. Den Realitäten der Gegenwart, die Kaufmann in dem Vorwort seines Buches bedauert (Kaufmann 1, 4 f), in seinen Gedichten aber gar nicht sieht, ist Schönlanks Lyrik — die Ansätze Preczangs fortführend — zugewandt. Sie weist damit aus dem Wandern der Handwerksburschen hinaus und hinüber zum Arbeitervagabunden.

D. Der Arbeitervagabund

Wenn Autoren wie Preczang und besonders Schönlank trotz der zunehmenden Nähe des Handwerksburschen zum Vagabunden sich immer sichtbar davon abgrenzen, so ist die Lyrik der letzten Gruppierung innerhalb des Arbeiterwanderers eng verwandt und stellenweise fast identisch mit dem Kunden-Gedicht; dieser Mittelstellung trägt der Name ›Arbeitervagabund‹ Rechnung.

Der Arbeitervagabund erlebt eine längere Periode der Unstetigkeit, die ihm auch biographisch den Stempel einer wirklichen Übergangsgruppe zu den Vagierenden aufdrückt. Er bekennt sich zu ihr auch in der Folgezeit und gestaltet sie aus der Rückschau.[22]

Den Maler *Hermann Thurow* (geb. ca. 1870) verschlägt es bis nach Ägypten. »Mein Wesen strömt in die Ferne« (Thurow 1, 4), stellt er lapidar in »Flug in die Welt« von 1923 im gleichnamigen Gedicht fest. Sein Interesse ist nicht so sehr auf die Vagabundage selbst und alles mit dieser Lebensweise unmittelbar Verknüpfte als auf die einzelnen Stationen seiner Fahrt gerichtet, die er denn auch in einem langen Gedicht versammelt und von der Warte des kritischen Proletariers aus kommentiert. Damit deutet sich bei ihm an, was für den Arbeitervagabunden überhaupt bestimmend ist; bei *Max Barthel* ist es genauer zu beobachten.

Barthels Entwicklung führt über den der Arbeiterjugendbewegung nahestehenden Arbeiter hinaus.[23] In der Autobiographie »Kein Bedarf an Weltgeschichte« (1950) hält er die einzelnen Stationen seiner Vagabundage fest. Bis 1914 durchstreift er ziellos ganz West- und Norddeutschland und die

---

[22] Um das für den Vagabunden Typische nicht vorwegzunehmen, soll es genügen, mit dem Akzent auf den Unterschieden die wichtigeren Vertreter knapp zu charakterisieren.
[23] Vgl. oben S. 133—139.

westlichen Nachbarländer; in den unmittelbaren Vorkriegsjahren zieht es ihn
zweimal nach Italien, dem immer noch klassischen Ziel für den wanderwilligen
Deutschen.[24] Mit den Worten des ungern geduldeten Fremden berichtet er, wie
ihn das »heiße Blut der Wanderschaft«[25] immer weiter in den Süden treibt.
Er gibt die Gedanken einer damals legendären Gestalt unter den in Italien
Vagabundierenden, des sogenannten Heilandes, ausführlich wieder, eines gewissen Kaspar Frohnsbeck aus München, dem wir auch in der »Wanderschaft«[26]
und bei Leifhelm (Leifhelm 1, 173 ff) begegnen. »Das Denken für andere
war mein Lebensberuf. [...] Die Verhältnisse haben meine Kräfte zer-
brochen, ich kann mein Wollen nicht zur Tat machen.«[27] Solche Sätze gewinnen im Zusammenhang der Vagabundenlyrik die Bedeutung von Leitsätzen.[28]
»Die Landstraßen waren unsere Universitäten«[29], schreibt Barthel in Anlehnung an Gor'kij. Wenn dort »die dichtenden Arbeiter ihr Reifezeugnis«[30]
erwerben, wollen sie so vor allem die vorenthaltene Bildung auf eine direk-
tere: bessere Art nachholen. Barthel ist bestrebt, die Widersprüche ›außen‹:
den Ausgebeuteten, den Ausbeuter und die Welt, in der beide möglich sind,
kennenzulernen und eine ihrer Folgen ›innen‹: seine mangelnde Bildung auszugleichen, um später an ihrer Aufhebung besser mitwirken zu können. Wo er
vagabundiert, sieht er seine Umgebung also »weniger mit den Augen des
Dichters, [...] als mit denen des Angehörigen der Arbeiterklasse«[31], wie
Minna Loeb im einzelnen nachweist. Über Mailand schreibt er beispielsweise
mit proletarischem Pathos: »Euch grüße ich, ihr Zwinger der Armut, in denen
noch Blut und Leben dampft. Aus denen einmal die Bezwinger der Welt
steigen.«[32]
     Von »Utopia« (1920) und »Arbeiterseele« (1920), dem Band, der im Unter-
titel »Verse von Fabrik, Landstraße, Wanderschaft, Krieg und Revolution«
verheißt, bis zu »Botschaft und Befehl« (1926) gibt es nach dem Krieg zwar

---

[24] Vgl. Max Barthel: Wanderschaft. — In: Das Vier-Männer-Buch. Berlin: Bücher-
    kreis 1929. S. 7—113. Barthel schreibt diese »Erlebnis-Novelle«, wie er im »Vor-
    spruch« sagt, zum »Zeichen [...] der strahlenden Erinnerung« an die Vorkriegs-
    jahre in Italien.
[25] Max Barthel: Aus einem italienischen Wanderbuch. — In: Wieland 6 (1920)
    Heft 2, S. 7.
[26] Barthel: Wanderschaft. S. 33—45.
[27] Barthel: Aus einem italienischen Wanderbuch. S. 6.
[28] Vgl. Loeb: Ideengehalte. S. 83. — Man vergleiche Barthels Roman »Das Spiel
    mit der Puppe« von 1925 (in dem der ›Heiland‹ gleichfalls eine Rolle spielt,
    besonders S. 180—187) und die Novellensammlung »Das vergitterte Land« (1922),
    die Episoden aus dem Roman zusammenstellt: beides Zeugnisse für das Erleben
    des Arbeitervagabunden.
[29] Brief an den Verfasser vom 11. 11. 1970.
[30] Fritz Hüser (Hrsg.): Max Barthel. Dortmund: Städt. Volksbüchereien 1959. S. 19.
[31] Loeb: Ideengehalte. S. 86.
[32] Barthel: Aus einem italienischen Wanderbuch. S. 6.

kein Gedichtbuch, in dem nicht auch Barthels »Wanderseele« (Barthel 6, 84) spräche. Das eigentlich Vagabundenhafte aber tritt darin merkwürdig zurück. Einerseits stehen für ihn immer die Elemente der Arbeiterjugendbewegung und des Arbeiters im Vordergrund. Noch 1970 schreibt er: »Wir wollten heraus aus den Städten in die freie Natur, [...] unsre Träume verwirklichen, [...] die Ferne erstürmen.«[32a] Das Gedicht gelingt ihm vornehmlich in der Gemeinschaft und für die Gemeinschaft:

> Brüder, wir sind nicht verloren
> (Barthel 6, 72)
> Brüder, ich geh flammenstrahlig
> und verzückt durch euch dahin
> (Barthel 5, 29)
> Brüder, Schwestern, laßt uns wandern
> (Barthel 5, 30 f).

Andererseits gibt Barthel der kritischen Sichtung und Wertung der jeweiligen Umwelt unbedingten Vorrang. Seine Lyrik entspricht in dem, was sie sagt, wie in dem, was sie nicht sagt, seinem theoretischen Bestreben.

Die Linie von Schönlank über Thurow findet in Barthel einen gewissen Abschluß: Gerade die Tatsache, daß wir das ›klassische‹ Vagabundengedicht beim Arbeitervagabunden nicht finden, erweist ihn als vagabundierenden A r b e i t e r und hebt ihn vom Vagabunden ab.

Streng soziologisch gesehen gehört der Student und spätere Dr. phil. *Hans Leifhelm* (1891—1947) nicht zu den Arbeitervagabunden. Weil er aber mit Heinrich Lersch zusammen 1913 Italien erwandert und als Frucht dieser Reise einige Vagabundengedichte schreibt — zwei davon erscheinen gar im »Kunden« (Kunde 2. 5, 7; Kunde 2. 5, 12)[33] —, sei er hier einbezogen.

Daß die Erlebnisse der Italienfahrt ein gegen jede Art des Zu-Fuß-unterwegs-Seins offener Geist notiert, beweist Leifhelms übrige Lyrik, von dem verschwommen-mythischen »Atmend bin ich auf der Wanderschaft« (Leifhelm 1, 50 f) und der »Heimkehr« (Leifhelm 1, 65 f) mit den typischen Versatzstücken Seele, Traum, Herbst, Bruder Wind aus dem »Hahnenschrei« (1926) bis zu der komparativischen Hochsommerlandschaft der »Wanderschaft« aus dem Band »Gesänge von der Erde« von 1933 (Leifhelm 1, 114 f).

Begegnet uns hier der frohe Wandersmann in ganz durchschnittlicher Prägung, so weiß Leifhelm, durch die Kraft des Erlebnisses begünstigt, in seinen Vagabundengedichten andere Töne anzuschlagen. Da sich bei ihm, der nie ein

---

[32a] Brief an den Verfasser vom 11. 11. 1970.
[33] Gregor Gog nimmt die Verbindung auf, weil er aus dem »Hahnenschrei« Gedichte nachdrucken will. Briefe Leifhelms an Gog vom 31. 10. 1928 und 7. 1. 1929 im Nachlaß Gogs (Archiv für Arbeiterdichtung und soziale Literatur, Dortmund).

Vagabund ist, aber in diese Sphäre hineingezogen wird und sie unverklärt spiegeln kann, Gedichte beider Arten finden, ist er ein gutes Beispiel dafür, wie schnell das unreflektierte Idealbild des Seelenwanderers sich auflöst, wenn es gegen die Realität gehalten wird.

Der Optimismus, der in seinen Gedichten vorwaltet, läßt ihn die Erfahrung, daß dem Kunden der Lebensraum im 20. Jahrhundert immer stärker beschnitten wird, leichthin abtun: »Da soll der Teufel Kunde sein« (Kunde 2. 5, 12); und ebenso leicht kann er einen Stern erdichten, auf dem »das Tippeln als wie ein Tanz« (Kunde 2. 5, 12) ist. Auch der Kunde hat, wie wir sehen werden, zuweilen seinen Optimismus; Leifhelms Ton aber kennzeichnet den sich stets bewahrenden Betrachter, dem eine vagabundenhafte Existenz nie ernsthaft naheliegt.

Von *Heinrich Lersch* (1889—1936), mit dem wir am weitesten in den Bereich des Vagabunden vorstoßen, ist das nicht in vergleichbarem Maße zu behaupten. Wie Barthel schreibt er eine Autobiographie, wie dieser gibt er darin seiner Vagabundage breiten Raum. In »Hammerschläge« (1930) schildert der Kesselschmied aus dem Rheinland, wie er aus familiären Gründen seine Heimat verläßt und nach Belgien und Holland wandert. Er lernt viele Tippelbrüder kennen, assimiliert sich langsam, der ursprüngliche Wanderantrieb tritt zurück, das Vagabundieren bekommt einen gewissen Eigenwert. »Ich war nun Vagabund von Beruf.«[34] Durch ganz Nord- und Ostdeutschland zieht er, ehe er gleich Barthel im Vorkriegsjahr die südliche Richtung wählt und mit Leifhelm über die Schweiz und Österreich bis weit nach Italien hinein tippelt.

Durch seine Gedichtbücher zieht sich demgemäß das Vagabunden-Erleben hindurch, von »Abglanz des Lebens« (1914) bis »Stern und Amboß« (1927), wenn es auch hinter den völkisch-mythischen Tönen zurücksteht; in »Mensch im Eisen« (1925), das die Stationen versifiziert nachzeichnet, wird die Italienfahrt gestaltet. Schon hier sei daraus der Satz zitiert, der vollends die Abkehr von dem frohen Wandersmann vollzieht: »Und die Seele ward von aller Romantik leergekratzt bis auf den Grund« (Lersch 3, 35). Auch Lersch geht mit falschen Voraussetzungen auf die Walz — wie sollte er anders? —; schnell und gründlich wird er eines Schlechteren belehrt. In der Folge identifiziert er sich mit dem Kunden, und dieser nimmt ihn als seinesgleichen an: Nicht allein veröffentlicht Lersch in der Vagabundenzeitschrift und ist dem Herausgeber freundschaftlich verbunden[35]; er nimmt auch an dem Vagabundenkongreß von 1929 teil und hält dort eine Rede über das Thema »Der Kampf

---

[34] Heinrich Lersch: Hammerschläge. Hannover: Sponholtz (1930). S. 235.

[35] Briefe Lerschs und seiner Frau aus den Jahren 1928 und 1929 an Gregor Gog im Nachlaß Gogs.

um die Freiheit«[36], mit großem Erfolg, wenn man der zeitgenössischen Presse glauben darf[37].

Seelendurchtränkt und von einer flachen Philosophie bestimmt ist noch das Kundengespräch in »Drei Wanderer und das Luftschiff«[38], das in den Satz mündet: »Bald, o Seele, findest du deine Heimat.«[39] Es entsteht allerdings *vor* der Italienfahrt Lerschs; danach steht sein Wort von der von aller Romantik leergekratzten Seele und in zeitlicher Nachbarschaft dazu das 1926 zuerst (unter anderem Titel und mit kleinen Varianten) gedruckte Gedicht »Winternacht auf Wanderschaft«:

Heinrich Lersch: Winternacht auf Wanderschaft

Himmel weht aus weißer Seide
Knisternd silbern Baldachin,
Gold sticht glühendes Sterngeschmeide;
Erde, rein im Feierkleide,
Willst du meinem Griff entfliehn?

Wo ist meine braune Erde?
Straßen, Werk und große Stadt?
Wo wühlt meine Tagbeschwerde?
Sind Maschinen, Wagen, Pferde?
Werk, das uns geboren hat?

Keinen Schmutz für unsre Hände?
Unserm Leide keine Last?
Bändigst du die Feuerbrände?
Gott, ist das die große Wende,
Die du uns versprochen hast?

Weiße Schönheit stillt mich wieder.
Kinderwunderglaube tönt!
Mich verzaubern alte Lieder,
Jugendglück sinkt auf mich nieder,
Wieder bin ich gottversöhnt.

Himmel weht in weißer Seide
Knisternd silbern Baldachin.
Ich, in meinem Lumpenkleide
Fühl' nicht, daß ich Hunger leide,
Nicht, daß ich verurteilt bin.

Stahlglanz grellt von Straßenschienen.
Traum zerschmilzt, flammt loh im Blut!
Dürft' ich kotausräumend dienen,

[36] Vgl. Richard E. Funcke: Die Bruderschaft der Vagabunden. — In: Christliche Welt 43 (1929) Sp. 993.
[37] Gustav M. Pazaurek: Die Bruderschaft der Vagabunden. — In: Der Querschnitt 9 (1929) S. 479.
[38] Heinrich Lersch: Drei Wanderer und das Luftschiff. — In: Heinrich Lersch: Abglanz des Lebens. 2. Auflage. Mönchen-Gladbach: Volksverein 1917. S. 100—106.
[39] Lersch: Drei Wanderer und das Luftschiff. S. 106.

> Wrack mich wühlen an Maschinen,
> Dampfend stehn in Schweiß und Glut!
>
> Weh! Aus meines Leibes Schande
> Wächst ein flammendes Hungerschwert:
> Riesenhaft über die deutschen Lande,
> Wühlt es in selbstzerstörendem Brande,
> Bis die letzte Stadt verzehrt!
>
> Rote Asche wie purpurne Seide
> Wabert der glühende Baldachin.
> Und das Schwert schlägt in die Scheide
> Meiner blutenden Eingeweide;
> Durch das All befreit vom Leide,
> Saust unterm goldenen Sterngeschmeide
> Mich veraschend, die Erde hin.
>
> (Lersch 5, 451 f)

Zwei Strömungen wirken gegeneinander: Die Idyllik des Wandersmannes beherrscht die ersten fünf Strophen, die verselang im Eichendorff-Ton (»Mich verzaubern alte Lieder«) einen Traum von Schönheit, Erlesenheit, Glück umkreisen (»Himmel weht aus [bzw. in] weißer Seide«). Idyllik aber ist nicht mehr durchzuhalten; der »Traum zerschmilzt«, und statt seiner dringt der Hunger vor, der nur vorübergehend träumerisch niedergehalten werden konnte. Im Gefolge von »Hunger«, »Hungerschwert«, »Schwert« verändern die letzten drei Strophen gegenüber dem ersten Teil radikal ihr Gesicht. Was dort im Mittelteil, obzwar besänftigt, anklang, bricht hier auf. Diese unversöhnliche Ablösung läßt sich an der Wortwahl beobachten: »wehen«, »tönen«, »sinken« kontrastieren mit »wabern«, »wühlen«, »sausen«; »Feierkleide«, »Seide«, »Gold« mit »Eingeweide«, »Schweiß« und »Glut«; »silbern«, »rein«, »weiß« mit »dampfend«, »flammend«, »selbstzerstörend«, »glühend«, »blutend«. (Es ist allzu augenscheinlich, wie im Dienste der Belebung, ja Dynamisierung der ruhigen, starren Schönheit des ›Traum-Teils‹ das Partizip Präsens im ›Hunger-Teil‹ die Rolle des Adjektivs übernimmt.) Der Umbruch ist gleichfalls am Metrum nachweisbar (der mit einer Ausnahme strikte Trochäus im ersten Teil wird im zweiten vielfach daktylisch durchsetzt), er beherrscht die Syntax (der harte Gewißheit signalisierende Ausruf löst das ahnende Fragezeichen ab); zeilenweise führt er zu einem Gegengesang:

> Himmel weht aus weißer Seide
> Knisternd silbern Baldachin
> (1. Strophe)
> Rote Asche wie purpurne Seide
> Wabert der glühende Baldachin
> (8. Strophe).

Freilich macht diese Ablösung nicht das ganze Gedicht aus, und ihr Schema geht nicht restlos auf. Schuld daran trägt vor allem der schwülstige Erde-Mythos, wie er in der »Wanderschaft« erst recht deutlich wird:

Nun, rauhe Erde, hast du mich gepackt!
Schon fühl' ich mich in allen Kleidern nackt.
Nun spür' ich dich! Nun braust durch mich ein Wehn,
in allen deinen Dingen aufzugehn.
(Lersch 4, 21)

Solche Eigenheiten aber, die übrigens auch bei Lersch zu einem Aufgehen in dem »brüderlichen Stoff« (Lersch 4, 21) führen, müssen gegenüber dem Stellenwert des Gedichtes in unserem Zusammenhang zurückstehen: *Wird jemand Vagabund und spricht er nicht nur davon*, so löst augenblicklich der Hunger den Traum ab, um diese beiden Begriffe als Metaphern für den Vagabunden einerseits und den Wandersmann andererseits zu nehmen.

Aus dem gleichen Zeitraum stammt das folgende Gedicht Lerschs:

Ich leb mein Leben schneller, Mensch, als du.
Mich kann der Dinge Schein nicht länger halten.
Mein Blick hat jedes Ding entzweigespalten.
Ich schmeck den Kern und eile Neuem zu.

Im Weltensausen bin ich tiefste Ruh'.
Denn ich bin eine von den Kraftgewalten,
Die Welt in sich und sich zu Welt gestalten.
So ist mir alles Ich und ich bin allem Du.

Mich hält nicht Schönheit, Glanz, nicht Glück, noch Macht.
Was gestern ich war, hab ich heut vergessen —
Wo euch noch Chaos stürzt, blüht mir schon Kosmospracht.

Ihr staunt, daß gestern ich bei euch gesessen . . .
Heut bin ich schon von neuem Trieb besessen
Und taumle trunken in die neue Nacht.
(Kunde 2. 5, 1)

Da in der »Winternacht auf Wanderschaft« das wirklich Vagabundennahe (wie es scheint: endgültig) Raum gewinnt, überrascht das Gedicht aus dem »Kunden« von 1928: Es ist uns längst vertraut. Der bessere Mensch, der »der Dinge Schein« durchschaut und »den Kern« schmeckt, »eine von den Kraftgewalten«, ist »von neuem Trieb besessen« und »euch« in allem überlegen; ein in sich gegründeter Auftrag treibt ihn.

Das »Selbstbildnis« von 1918 gibt den Grund für diese erstaunliche Neuauflage des Seelenwanderertypus an:

Heinrich Lersch: Selbstbildnis

Ich bin wie du, ein armer Knecht,
bin ein Prolet von Gottes Gnaden.
Mit allem, was da gut und schlecht,
bin ich, ein Mensch, von Gott beladen.

Ein Kind noch, mich die Arbeit nahm
und preßte mich in ihre Arme.

Der Mutter Zucht, der Jugend Scham
verlor ich bald im Menschenschwarme.

Den Tag verschafft in Ruß und Rauch,
den Abend irr und wirr vertrunken —
die Straße rief mit Baum und Strauch —
ich spie den Herren an den Bauch,
bin dann, ein Vagabund, versunken.

Und wanderte von Land zu Land,
voll Haß und Not und gottverlassen.
Ich fühlte darin Gottes Hand
und lernte sie in Inbrunst fassen,
daß sie mich aus dem Staube hob.
In Gott erwachte mir das Leben!
Nun muß ich alles ihm zum Lob
den Brüdern um mich wiedergeben.
                                        (Lersch 2, 138)

Das »Selbstbildnis« liegt der Periode der Vagabundage, offensichtlich entscheidend, näher und läßt die Vermutung zu, daß im gleichen Maße, in dem
sich seine Erinnerungen verlieren, Lersch wieder stärker in den Sog der Modeströmung gerät. Es stellt, obgleich nur für einen Augenblick (in der dritten
und zu Beginn der vierten Strophe), die Identität mit dem echten Vagabunden
her. Haß, Not, Gottverlassenheit, Trunkenheit, Auflehnung: alles das sind
Anzeichen, die das bisher so harmonische ›Vagabunden‹-Bild empfindlich stören
und auf Neues verweisen. Entscheidend aber für Lersch ist es, daß er diese
Phase als ein Versinken betrachtet, sich von Gott aus dem Staube gehoben
fühlt und aus diesem persönlichen Gnadenerweis (»In Gott erwachte mir das
Leben«), einer Art Damaskus-Erlebnis, ein Programm ableitet.

Auch er geht niemals in der Masse der Vagabunden auf und bleibt vor wie
nach den Jahren echter, aber begrenzter (und sich nur darin noch abhebender)
Vagabundage bewußt Arbeiter. Während seiner Landstraßenzeit jedoch identifiziert er sich mit dem Vagabunden und markiert so in seiner Person den
Übergang.[40]

Der Arbeiterwanderer sieht in der Wanderschaft das Paradigma einer
künftigen humanen Welt; so ist zu verstehen, daß er von dem »Ernst« spricht,
»den das Wandern in der proletarischen Klasse besitzt«[41]. Damit hebt er sich
insgesamt letztlich doch entschieden vom Wandersmann ab, der Vergangenes
erhalten möchte. Betont wird das Trennende dadurch, daß die freundschaftliche Verbundenheit die Einsamkeit ablöst. Und mit Nachdruck machen es

---

[40] Von welcher Warte aus der Arbeiterdichter die Vagabundage betrachtet, kann der
Titel von Lessens Vagabundengedicht »Das Recht auf Arbeit« (Lessen 1, 46)
besonders deutlich machen.
[41] Bräuer: Wandern. S. 32.

auch die Rollengedichte klar. Bei Taubes, Zerfaß' und Ostwalds (anonymem) Vagabunden ist eine Entwicklung in drei Stufen erkennbar[42]:

> Daß ich nicht mehr kann Gottes Welt
> so schaun, wie er sie hat bestellt
> (Taube 2, 20 f)
> Mein Leben ist an *deiner* Welt verdorben
> (Zerfaß 1, 27 f)
> Zerfallen bin mit Gott ich und den Menschen
> (Anthologie 19, 90 ff).

Mindestens zum Teil als Mißverständnis ist die breite Rezeption des Wandersmannes durch die Arbeiterjugendbewegung und den Arbeiterwandersmann zu werten: In der ablehnenden Haltung begegnen sich zwei Gruppen gegensätzlicher geistiger Disposition im vermeintlich gleichen Wollen. Der ›Arbeiter‹ gibt in dem Maße, in dem er sein Wanderbild gegenüber dem Muster emanzipiert und spezifiziert, dem sozialen Protest Raum. Darin ist er dem Handwerksburschen vergleichbar, der im übrigen nur aus der Tradition heraus zu verstehen ist. Der Arbeitervagabund legt, indem er die Protesthaltung verschärft, den Akzent auf den ersten Bestandteil des Kompositums, das ihn bezeichnen soll: A r b e i t e r vagabund.

Wenn wir zu Anfang mit gutem Recht die Vielgestaltigkeit des Arbeiterwanderers betonten, so heben wir hier mit ebenso gutem Recht seine relative Einheit hervor. Gerade in dieser Ambivalenz gewinnt er seine eigene Kontur.

---

[42] Ich verzichte auf den eingehenden Vergleich von Taubes »Der alte Vagabund« (Taube 2, 20 f), Schussens »Der Vagabund« (Schussen 1, 6), Anackers »Vagabundenlied« (Anacker 3, 28), Anackers »Der Vagabund« (Anacker 6, 72) mit Schönlanks »Der Vagabund« (Schönlank 1, 18), Zerfaß' »Der sterbende Vagabund« (Zerfaß 1, 27 f), Grisars »Der Vagabund« (Grisar 3, 44), Zechs »Bettler im Spätherbst« (Zech 2, 32); er würde bestätigen und bekräftigen, aber nicht neue Einsichten vermitteln. — Herbert Strutz, der (nach einem Brief an den Verfasser vom 11. 11. 1970) dem Wandersmann zuzuzählen ist, beweist, daß dessen Vagabundenbild nicht immer klischeehaft ausfallen muß. Sein »Landstreicher« (Strutz 1, 54 f) nimmt in der Gegenüberstellung der Rollengedichte eine vermittelnde Position ein.

DRITTER TEIL:
DER VAGIERENDE

Fortwährend die Übergänge zu betonen, wie es die Betrachtung des Arbeiterwanderers nötig machte, darf den Blick nicht für die Tatsache trüben, daß der Vagierende von dem Wanderer grundsätzlich zu unterscheiden ist. Worauf dieser Anspruch erhebt, das lebt jener; was für diesen zur Tändelei wird, ist für jenen erfahrenes Leiden; wo dieser die Worte wählt, lehren jenen Not und Elend sprechen. Erst mit dem Vagierenden wird das Zwanghafte der Fortbewegung in der Tat glaubhaft, aus Gründen und in Formen, die eine Teilung in Vagabunden und Vaganten empfehlen.

1. KAPITEL: DER VAGABUND

Motto:
Wer in den Winden seine Heimat hat,
Weiß nur: der Weg vor ihm ist weit.
(Kunde 2. 1, 1)

Es braucht einige Akribie, wenn man für den Vagabunden nicht aufgrund verfälschten Materials zu einem verzerrten Bild kommen will. Zum einen entzieht sich der echte Vagabund als Schriftsteller dem Blick: Er publiziert selten, an entlegenster Stelle, in kleinsten Auflagen. Zum andern gibt es genug falsche Vagabundenliteraten. Den viel besungenen Seelenvagabunden rechneten wir als Seelenwanderer dem Wandersmann zu.[1] Aber auch bei Vagabundengedichtbüchern ganz anderer Herkunft und ganz anderen Stils ist Vorsicht geboten.

A. Kritische Bestandsaufnahme

Im Jahre 1932 erscheint *Josef Stracks* (geb. 1897) »Vogel August. Landstreicherverse«, im Jahr darauf *Julius Bardts* (geb. 1895) Buch »Vagant unter euch«, um mit zwei Beispielen zu beginnen, die leicht auszuscheiden sind. Bardts »innere Unruhe, die Welt zu sehen, zu erleben«[2], geht, wie er selbst bekennt, vom Wandervogel aus, den »Taugenichts« empfindet er als seine »Anregung«; Stracks Verse ranken sich locker um eine phantastische, leicht skurrile »August«-Figur. Vagabunden sind beide nie gewesen. Bardt steht in der Tradition der Romantik, Strack erfindet einen papierenen Witzbold.

Mit dem Band »Hoch die Tippelei. Ein Buch von Freiheit und Wandern, von Tippelbrüdern und Strolchen, von Pennern und Vagabunden« von *Paul Willi Jakubaschk* (geb. 1899) aus dem Jahre 1930 beginnt die Aussonderung schwieriger zu werden. Auf den ersten Blick erscheint das Buch, das mit Szenen aus dem Landstreicherleben gespickt ist, als echtes geistiges Vagabundenprodukt. Der Verfasser aber bemerkt aus der Rückschau:

---

[1] Vgl. oben S. 87—98.
[2] Brief an den Verfasser vom 10. 11. 1970.

Der fragliche Gedichtband entstand auf einer meiner vielen Urlaubsreisen und Wanderungen. Ich habe weder zu jener Zeit noch später »vagabundiert«. Auf den vorstehend erwähnten Reisen und Wanderungen [durch Deutschland, Holland, Dänemark, Österreich und die Schweiz] kam ich eines Tages in eine zufällige Berührung mit einem Tippelbruder, dessen Erzählungen und Schicksal mich stark berührten. Diese Begegnung war der Anlaß zur Herausgabe des kleinen Gedichtbandes.[3]

Man ist auf den Kommentar, so nützlich er als Bestätigung sein mag, nicht angewiesen. Jakubaschks Lyrik selbst spiegelt den Sachverhalt in paradoxer Form wider. Denn gerade ihre begriffliche Klarheit ist das Indiz für nur vermittelte Echtheit, oder besser: echte Vermittlung. Zeile für Zeile wären die Gedichte zu zitieren: Was der Vagabund selbst erlebt und gewissermaßen mit allen Schlacken wiedergibt, beobachtet und begreift Jakubaschk, um es dann reiner, aber darum beileibe nicht besser zu bieten. Das Wechselverhältnis von Freiheit und Not erfährt der Kunde; in eine ›abstrakte‹, reduzierte Form bringt es allein sein Beobachter:

> Ich liebe die Not,
> Weil sie frei mich hält
> (Jakubaschk 1, 70 f).

Wenn der Kunde sein Gemeinschaftsgefühl absichtslos und überzeugend an einem Beispiel zum Ausdruck bringt (Anthologie 14, 77 f)[4], so bleibt es bei Jakubaschk in der für den Leser allerdings leichter zugänglichen und darum verfänglichen und zum Fehlurteil verleitenden Leblosigkeit des Begriffs:

> Doch dafür eint uns alle ein Band!
> Gemeinschaftsgefühl wird es genannt
> (Jakubaschk 1, 87).

Der Außenstehende kann Gedichte schreiben, in denen sich der Kunde »Enttäuschung« (Jakubaschk 1, 23), »Täuschung« und »Betrug« (Jakubaschk 1, 74 f) in aller Schärfe eingesteht; in den eigenen Poemen hingegen läßt der Vagabund den »Trug« (Jakubaschk 1, 23) in einer Art Selbstschutz zwischen den Versen nur spüren. Von Anbeginn ist der Aufbau von »Walzbruders Leben« (Jakubaschk 1, 74 f) zu logisch, zu konsequent, zu reflektiert. Jakubaschk trifft den Sachverhalt meistens; das ändert indessen nichts an der Tatsache, daß seine Gedichte sich letztlich doch stark von echter Kundenlyrik unterscheiden.

Wenn auch »Erzählungen und Schicksal«[5] so gestaltet sind, daß wir die Verse hier und da zur Unterstützung heranziehen zu dürfen glauben: als echte Zeugnisse müssen sie ausscheiden, denn sie werden durch die Person

---

[3] Brief an den Verfasser vom 15. 12. 1970.
[4] Vgl. unten S. 181—183.
[5] Brief Jakubaschks an den Verfasser vom 15. 12. 1970.

eines nichtvagabundierenden Außenstehenden gebrochen wiedergegeben. Es sind Rollengedichte, die der Linie Taube, Strutz, Grisar folgen[6], ihren besonderen Wert aber durch die Einfühlungsgabe und die Unvoreingenommenheit ihres Autors gewinnen.

In dem Städtchen Spalt in Mittelfranken, wo sich zur Hopfenerntezeit Tausende von Landstreichern sammeln, erscheint von 1905 an die Zeitschrift *»Bruder Straubinger«* (vorher als »Der arme Teufel«). Als Titel wählt sie einen der vielen Spitznamen für den Vagabunden; »das Leben auf der Landstraße in Kundenpoesie und Vagabundengeschichten« wiederzugeben, ist ihre im Untertitel erklärte Absicht; in ihrer ersten Nummer kündigt sie die »Mitwirkung [...] vieler Straßengrabenpoeten« (Straubinger 2. 1, 1) an: Scheinbar fraglos dürfen wir in diesen Blättern echte Vagabundenlyrik erwarten.

Daß sie, wie es im erweiterten Untertitel heißt, »Unterhaltung, Humor und Satire für jedermann« bieten, daß sie — das Vorwort führt es aus — ein »richtiges Bild von dem Leben auf der Landstraße«, zugleich aber eine »von urwüchsigem Humor durchsetzte Unterhaltung« (Straubinger 2. 1, 2) geben will, weckt allerdings Skepsis, eine Skepsis, die sich bestätigt fühlt, wenn wir an weniger exponierter Stelle lesen: »Natürlich weisen wir die Beiträge der Straßengrabenpoeten nicht zurück. Am meisten schreiben für unser Blatt jedoch Leute aller Stände, die auch einmal mit dem Hute in der Hand durch das ganze Land kamen. Darunter befinden sich bedeutende Schriftsteller« (Straubinger 2. 1, 13). Den Eindruck, den die zahlreichen Gedichte vermitteln und der sich mit den programmatischen Äußerungen nicht recht in Einklang bringen läßt, unterstreicht diese Erläuterung: Die Poesie von Paul Hirsch, von Karl Salm, von Willy Hacker und anderen in »Bruder Straubinger« ist durchweg die Poesie ehrbarer, seßhafter Handwerker. Sie erinnern sich an ihr Leben auf der »Strähle« und variieren in immer neuen Ansätzen die rührselige Ur-Ballade, die sich vom Abschied des jungen Gesellen über verschiedene Mädchen- und Meister-Abenteuer bis zur Rückkehr und Verkennung, zur Heimatlosigkeit und zum Tod des alten Mannes erstreckt. Diese Lyrik ist sprachlich und motivisch festgelegt und bisweilen mit den unvergessenen Spezialausdrücken der Vagabunden gewürzt, wie um ihre Authentizität zu erweisen und deren eigenartigen Reiz auszukosten, aber nicht, ohne sie pedantisch in Fußnoten zu erläutern. Das sicherste Kennzeichen der Gedichte ist die hemmungslose Sentimentalität, die in endloser Reihung die Grenze, die das echte Kundengedicht jederzeit wahrt, weit überschreitet.[7]

---

[6] Vgl. oben S. 151, Anm. 42.

[7] Als Beispiele seien genannt: »Allein« (Straubinger 2. 4, 3), »Wahrheit« (Straubinger 2. 11, 8), »Der Vagabund« (Straubinger 4. 24, 4).

Das Modell zu solcher Lyrik liegt auch den Liedern Kaufmanns und Kürtens zugrunde[8], und in diesen Zusammenhang sind die allermeisten Gedichte des »Bruder Straubinger« denn auch einzuordnen. Die Haltung des schwärmenden Betrauerns ist hier wie dort die gleiche: »Aber — war früher das ›Walzen‹ sozusagen ein Privilegium des Handwerkerstandes, so wandert heute dagegen alles. Und damit ist der Reiz und poetische Schimmer, die früher das Wandern umgaben, unwiederbringlich dahin« (Straubinger 2. 2, 12). »Das Ideelle des Wanderns ist eben verschwunden, seit sein Zwang gebrochen« (Straubinger 2. 2, 12). Wenn es wenig später heißt: »Das Elend und die Not im Wanderleben aber lassen keinen Schimmer von Poesie mehr aufkommen« (Straubinger 2. 2, 13), wir aber eine Unzahl von unbekümmerten, teils lustigen, teils rührseligen Produkten eben jener Poesie verzeichnen, so zeigt das nur ihre unüberbrückbare Entfernung von der wirklichen Lage auf der Landstraße. Nicht ohne Grund fließt die Quelle solch vermeintlicher Vagabundenlyrik in den späteren Jahrgängen spärlicher, und bezeichnenderweise stellt die Zeitschrift mit dem Jahrgang 1910 ihr Erscheinen überhaupt ein. Auch diese Poesie also scheidet insgesamt für unsere Betrachtung aus; den einen oder anderen Beitrag werden wir allerdings, mit allem Vorbehalt, heranziehen dürfen.

Aus »Bruder Straubinger« schöpft, neben verschiedenartigen anderen Quellen, *Hans Ostwald*. 1873 geboren, ist er seit 1893 selbst lange Zeit auf der Walze und beschäftigt sich, nachdem er sich der Literatur zugewandt hat, auf vielfache Weise mit dem Landstreicherwesen.[9]

Die Poesie des Kunden sammelt er seit 1903 in drei Bänden unter dem Titel »Lieder aus dem Rinnstein«; 1920 erscheint eine »Neue Ausgabe«. Der erste Band ist eine heterogene Sammlung, die vom Archipoeta über Günther und Goethe bis zu Henkell, Wedekind, Mühsam und Margarete Beutler alles Vagabundenhafte, Unbürgerliche — ›Underground-Lyrik‹ würden wir heute sagen — vereint. Im Vorwort hebt Ostwald sein Vorhaben energisch von der Vagantenpoesie Scheffels, Baumbachs oder Reinelts ab: »Mit dieser Frische, mit dieser Echtheit erhob sich die Kunst der Stromer weit über alle Kunstfeinheit des Vagantenliedes der letzten Jahrzehnte« (Anthologie 19, V). Tritt, worauf er hier anspielt, das von ihm Erfahrene und Erfragte, unmittelbar von der Landstraße Kommende, in der ersten Anthologie noch zurück, so kann er in den beiden folgenden Bändchen in der Tat »mehr volksmäßiges [!]« (Anthologie 20, III), wie er es nennt, zusammenstellen. Breiten Raum nehmen Parodien und ungelenk-wortreiche Enumerationsreime-

---

[8] Vgl. oben S. 140—142.
[9] Die wichtigeren Titel: Vagabonden. Berlin: Cassirer 1900. — Landstreicher. Berlin: Marquardt [1903]. — Die Bekämpfung der Landstreicherei. Stuttgart: Lutz 1903. — Rinnsteinsprache. Berlin: Harmonie 1906.

reien ein: Eine Station, eine Stadt nach der anderen, ein Land nach dem anderen ziehen, in holpernde Verse gefaßt, vorbei. (Damit wird die Tradition des Handwerksburschenliedes aus dem 19. Jahrhundert weitergeführt.) Die Lyrik der Handwerksmeister ist stark vertreten, besonders im dritten Band, der eine Anzahl der Autoren des »Bruder Straubinger« enthält.

Daneben aber gibt es vereinzelte Gedichte, die sich durch eine bisher unbekannte poetische Kraft und Eigenständigkeit herausheben; sie stammen namentlich von Fritz Binde, dem aus dem Arbeiterstande Abgesunkenen, »der selbst das Glück und Elend der Wandernden am eigenen Leibe erfahren« (Anthologie 19, XIII), und von Emil Nicolai, von dem gleichfalls »echtes, selbst erlebtes und durchlebtes Vagabundentum« (Anthologie 20, VI) bezeugt ist. Auf ihre Gedichte kann sich stützen, wer die wirkliche Vagabundenlyrik sucht; um 1900 entstanden, ergänzen sie die relativ spärlichen Zeugnisse unseres engeren Zeitraumes.

Verwerfen wir die Lyrik des Seelenvagabunden, scheiden wir die Verse Stracks, Bardts und, in anderem Sinne, auch die Jakubaschks aus, schränken wir die Geltung der Poesie des »Bruder Straubinger« ein und lassen wir nur ein Dutzend Gedichte aus dem Anfang des Jahrhunderts gelten: was bleibt da noch, das eine Betrachtung der Vagabundenlyrik zwischen 1910 und 1933 überhaupt möglich macht? Im wesentlichen nur »Der Kunde« und der Kreis um diese Zeitschrift.[10]

Ihre treibende Kraft ist Gregor Gog (geb. am 7. November 1891), der in jungen Jahren zur Marine entläuft und um die ganze Welt fährt. Als Soldat lernt er Theodor Plievier kennen, beide nehmen Kontakt zu anarchistischen Zirkeln auf; eine freundschaftliche Verbindung führt sie immer wieder zusammen, erst der Nationalsozialismus zerreißt das Band.[11] In den zwanziger Jahren versucht sich Gog in vielen Berufen, wird Gärtner und schließlich Reisender, ehe ihn die Landstraße in ihren Bann zieht. Als Vagabund kommt er weit herum und setzt sich lange Jahre hindurch für eine »Bruderschaft der Vagabunden« ein, mit der er eine Idee Whitmans von 1840[12] ins Werk zu setzen sucht. Als Philosoph und Aphoristiker geht seine Entwicklung von einem durch Nietzsche geprägten Atheismus zu einem radikal-utopischen Sozialismus. Seine beiden Bücher »Von unterwegs. Tagebuchblätter des verlorenen Sohnes« (1926) und »Vorspiel zu einer Philosophie der Landstraße. Aus den Notizen eines Vagabunden« (1928) richten dieses Gedankengut —

[10] *Diese* Vagabundendichtung hat bezeichnenderweise fast keinen kritischen Widerhall gefunden; noch den besten kurzen Überblick gibt Frank Maraun: Die Straßen rufen .... — In: Westermanns Monatshefte 151 (1931/32) S. 444-448.
[11] Vgl. Harry Wilde: Theodor Plievier. München, Wien, Basel: Desch (1965).
[12] Walt Whitman: Lob des Vagabunden (Kunde 3, 1 f).

das machen die Titel schon deutlich — auf das Dasein des Vagabunden aus.[13]

Gog läßt sich bei Stuttgart nieder und übernimmt Verlag und Schriftleitung der eben von Gustav Brügel gegründeten Zeitschrift »Der Kunde«. Als »Zeit- und Streitschrift der Vagabunden« macht er sie zum Organ seiner »Bruderschaft« und kann sie, die von »bewußten Kunden, den echten Vagabunden« (Kunde 1. 1, 8) getragen wird, dank seiner unermüdlichen Schaffenskraft auf ein für ein solches Unterfangen erstaunlich solides Fundament stellen: Die Zeitschrift erscheint seit 1927 regelmäßig in zehn Nummern jährlich, setzt 1930 aus, kommt im Jahr darauf als »Der Vagabund« nochmals heraus und verstummt danach.

Gog wird nach dem Reichstagsbrand verhaftet, flüchtet in die Schweiz und emigriert schließlich nach Rußland, wo er 1945 verstirbt.[14]

Mit der Zeitschrift sind Gogs Aktivitäten aber nicht erschöpft. Er gründet einen Buchverlag der Vagabunden, bringt Kunstausstellungen der Vagabunden zustande und organisiert Vagabundentreffen. Die Berliner Zusammenkünfte vom 25. Juli 1928 und — ein letztes vergebliches Warnzeichen gegen die Nazis — zu Weihnachten 1932 bleiben in der Öffentlichkeit unbemerkt; das Pfingsttreffen in Stuttgart vom 21. bis 23. Mai 1929 findet hingegen eine beachtliche Presse.[15] Neben Vertretern der Vagabunden: Gregor Gog an der Spitze, dazu unter anderen der Wiener Poet Rudolf Geist und der Dortmunder Maler Hans Tombrock[16], sprechen ihnen verbundene Dichter (wie Lersch und Paquet[17]) und Intellektuelle[18]; Knut Hamsun und Sinclair Lewis, vielleicht auch Jack London und Maksim Gor'kij, sind eingeladen, sagen aber ab.

Drei Tendenzen kennzeichnen die Beiträge der Zeitschrift. Der vage, pathetisch-sozialrevolutionäre Elan seines Herausgebers bestimmt die politische Linie des Blattes. Es will den apathischen Landstreicher zum klassenbewußten Revolutionär erziehen; an dieser Aufgabe, die im vierten Jahrgang — Zeichen

---

[13] Eingehender kann er uns, wo es um Vagabunden*lyrik* geht, nicht beschäftigen. Vgl. das Kurzporträt bei Funcke: Bruderschaft der Vagabunden. S. 990 f. — Der Nachlaß Gogs liegt im Archiv für Arbeiterdichtung und soziale Literatur, Dortmund.

[14] Brief seiner Schwiegertochter Hilde Gog an den Verfasser vom 25. 4. 1972.

[15] Vgl. Literaturverzeichnis Nr. 309, 310, 313, 347, 348, 351, 368. — Einige Reden des Treffens druckt »Der Kunde« im dritten Jahrgang ab.

[16] Vgl. Bertolt Brecht: Arbeitsjournal. Erster Band. (Frankfurt:) Suhrkamp (1973). S. 83. Dort ist ein Bild aus einer schwedischen Zeitschrift wiedergegeben, das Tombrock auf dem Kongreß zeigt; außerdem sind Lersch und Paquet zu erkennen. Der Vagabundenkongreß hat demnach sogar im Ausland Resonanz gehabt.

[17] Seine Rede ist abgedruckt in: Alfons Paquet: Eine Vagabundentagung. — In: Kreatur 3 (1929/30) S. 293—296.

[18] Theodor Lessing spricht über »Bindung und Anarchie«.

der Zeit — an Bedeutung noch zunimmt, wirkt es mit Zahlen, Fakten und Fällen.

Außerdem ist es natürlich bestrebt, den Vagabunden mit allen Mitteln aufzuwerten. Wenn schlichtweg alle Großen der Weltgeschichte seit Adam für den Vagabunden reklamiert werden, wenn gefordert wird: »Jeder Dichter sollte einmal Vagabund gewesen sein« (Kunde 2. 1, 11) und eilfertig Villon, Whitman, Rimbaud und Hille (Kunde 1. 5, 14 ff) bemüht werden[19], wenn diese Überlegungen im Extremfalle in den Satz münden: »Man kann Vagabund nicht werden: man ist es [,] oder man ist es nicht« (Kunde 2. 1, 10), so muß man dieses Pathos des Outsiders doch von dem elitären Denken des Seelenwanderers streng unterscheiden: Es ist als die Überkompensation des Unterklassigen zu verstehen.

Die dritte Tendenz ist weder ideologisch noch kompensatorisch zu werten und deshalb in unserem Zusammenhang am wichtigsten. In gewisser Weise richtet sie sich gegen die Aufwertung des Vagabunden (die eine Verklärung nach sich zieht, wie sie in der Lyrik vor allem Hans Trausil vertritt). In realer Einschätzung der Lage bekennt Gog: »Die Ethik hat ihren Ursprung in einem knurrenden Magen« (Kunde 1. 2, 7). Und: »*Wandertrieb ist — Hungertrieb*« (Kunde 4. 4, 3). Rüde hebt er sich gegen alle Illusion und deren letzte Verfechter, seine falschen Verbündeten, ab: »Quatscht nicht vom ›alten Zauber des Landstreichens‹. Der existiert nur in den Köpfen solcher, die an Verstopfung leiden, und in einer überzivilisierten[,] rückgratlosen[,] infantilen Jugend« (Kunde 4. 4, 3). Revolution, nicht »harmlos nette Romantik« (Kunde 3, 9) habe er im Sinn.[20] Aus der Rückschau formuliert es Jo Mihaly abgeklärter, aber darum nicht weniger deutlich: »Die Landstreicherromane interessierten den Kunden nicht. [...] Aber Gogs Kundenzeitung wurde mit Begier von ihm gelesen.«[21]

Für eine Zeitschrift mit solchen Zielen ist die Poesie auffällig reich vertreten. Selbst hier noch gilt es auszusondern.

Gog knüpft an Ostwalds Bemühungen an.[22] Das Handwerksburschenelement ist nicht ganz ausgeschlossen, verliert aber an Eigenart, weil nicht der ehrbare Meister, sondern der auf der Landstraße gestrandete Geselle zu Wort kommt. Spezialausdrücke, wie »Bruder Straubinger« sie liebt, fehlen weitgehend; werden sie einmal benutzt, dann absichtslos und ohne Erläuterung. Sie sind selbstverständlich; gerade damit beweisen die Gedichte ihre Echtheit.

[19] Die Vorstellungen Paquets kommen dem entgegen. Vgl. unten S. 268—270.

[20] Vgl. »Romantik der Landstraße« (Kunde 1. 2, 12 ff).

[21] Brief an den Verfasser vom 14. 3. 1972. — »Der Kunde« wurde — auch kostenlos — seinen Vagabundenlesern nachgeschickt.

[22] Ostwald schickt ihm einige seiner Bücher. Die (vergriffenen) »Lieder aus dem Rinnstein« sind nicht darunter; durch Ostwald lernt sie Gog also jedenfalls nicht kennen. (Brief Hans Ostwalds an Gregor Gog vom 15. 10. 1927 im Nachlaß Gogs.)

Gog nimmt mit jedem Verbindung auf, den er mit der Sache des Kunden-Proletariers in irgendeine Beziehung zu bringen weiß, so mit Heinz Elmann (Paul Heinzelmann, dem Haringer-Freund), Reinhard Goering, Oskar Maria Graf, Hermann Hesse, Erich Mühsam, Oskar Wöhrle, Friedrich Wolf, selbst mit Louis Häusser, dem Bohemien und Wanderprediger; Kontakte zu Johannes R. Becher, Franz Pfemfert, Arno Nadel und vor allem zu Alfons Paquet, dem literarischen Mentor, sind älteren Datums.

Wie geschmeidig Gog sein kann, wenn es darum geht, große Namen zu gewinnen, zeigt sein Briefwechsel mit Bonsels. Der Dichter der »Notizen eines Vagabunden« lehnt die Bitte um Überlassung von Manuskripten für »Den Kunden« entrüstet ab: »Ich habe Ihre Zeitschrift gelesen: so geht es nicht.«[23] Gog versucht ihn umzustimmen und nimmt den revolutionären Impetus seines Blattes zurück, indem er ins arg Verschwommene flüchtet: »So werden im ›Kunden‹ Menschen zu Wort kommen, die den ›Weg zum Geiste‹ gehen und wieder andere, die ›vom Geiste her‹ den Weg zum Leben wandern — die einen werden ›negativ‹, die anderen ›positiv‹ sein.«[24] So erzielt er das erwünschte Ergebnis: »Ich glaube, daß es im Geiste keinen Gegensatz zwischen Ihnen und mir gibt.«[24] Er differenziert nicht sonderlich stark, wenn er bekanntere Autoren aus der Seelenvagabundenmode wie Hans Reiser (Kunde 4. 2, 1) oder Hermann Hesse (Kunde 2. 9, 1) zur Mitarbeit gewinnen kann. Ihre vereinzelten Beiträge zeugen allenfalls von der Gefälligkeit oder der Unsicherheit ihrer Autoren: An der unversöhnlichen Verschiedenheit der Intentionen ändern sie nichts. Nachgiebiger als Bonsels, stimmt Hesse einem Abdruck zu: »Der ›Kunde‹ gefällt mir zum Teil, nur die alte Marxische Betrachtungsweise, die keinen Feind kennt als den ›Bürger‹, ist mir ungeniesbar [!].«[25] Aber unmißverständlich grenzt er sich von ihm ab: »Wenn der Kunde sich, so wie der Arbeiter, organisiert, und seine von geringem Wissen begleitete Klassenpolitik treibt, ist er mir ebenso unausstehlich wie es die Sozialisten sind.«[25]

An Verbindungen des »Kunden« zu einzelnen Vaganten fehlt es gleichfalls nicht. Der Österreicher Theodor Kramer ist mit zahlreichen Gedichten in der Zeitschrift vertreten. Haringer hat Gog *sicher*, Sonnenschein hat ihn *wahrscheinlich* auch persönlich gekannt. Haringer schreibt ihm: »Ich zigeunere ja stets rum, sobald ich nach Stuttgart komm, such ich Dich auf [,] und vielleicht treff' ich Dich.«[26] Sonnenschein: »Ich freue mich sehr auf Dich. Ich werde versuchen, Dich noch heute zu finden. Sollte [...] das misslingen,

---

[23] Brief Waldemar Bonsels' an Gregor Gog vom 20. 9. 1927.
[24] Brief Gregor Gogs an Waldemar Bonsels vom 26. 9. 1927. Gog hat Bonsels trotzdem nicht zur Mitarbeit überreden können. (Briefwechsel im Nachlaß Gogs.)
[25] Brief Hermann Hesses an Gregor Gog vom 12. 7. 1928 im Nachlaß Gogs.
[26] Brief Jakob Haringers an Gregor Gog; undatiert (1931?).

warte ich morgen [...] auf Dich. Ich werde Dich sofort erkennen.«[27] Ein einziges Gedicht Haringers erscheint im dritten Jahrgang (Kunde 3, 125), im letzten wird ein Buch Sonnenscheins rezensiert (Kunde 4. 2, 33). Eine wirkliche Zusammenarbeit kommt aber nicht zustande, trotz der mit Sonnenschein politischen und mit Haringer allgemein ›weltanschaulichen‹ Übereinstimmung. (»*Wir* sind Gott näher als die Anderen [!]«, schreibt er an Gog, und: »Der ›Vagabund‹ ist fast eine Bibel, ja vielleicht mehr als eine solche.«[27a])

Die Lyrik des eigentlichen »Kunde«-Kreises stammt aus der Feder von *Helmut Klose.* »Erzlandstreicher und Poet« nennt ihn Gog (Kunde 4. 1, 27), und in der Erinnerung Mihalys lebt er als »echter Kundendichter«[28]. Sie stammt weiter von *Otto Ziese* und *Jo Mihaly* (Elfriede Steckel, geb. 1902), die ihre Bände »Straße — endlose Straße« (1928) und »Ballade vom Elend« (1929) im »Verlag der Vagabunden« herausbringen. Nicht vergessen sei *Hans Trausil* (ca. 1890—1972), der nach dem Erstling »Stille Feste« von 1923 in demselben Verlag »Die Landstraße zu den Sternen« (1928) veröffentlicht.

Ziese gibt sich in seinem Lebensbericht[29], wenn auch nicht ohne falsches Pathos, als Vagabunden reinsten Wassers zu erkennen, der in schlaflosen Nächten unter offenem Himmel seine Gedichte niederschreibe; und Mihaly bekennt in einem Brief an Gog: »Alles, was ich bisher geschrieben und gedacht habe, war eigentlich für Eure Brudergemeinschaft.«[30]

Im weiteren Sinne gehören zu diesem Kreis der Wiener Vagabundendichter *Rudolf Geist* (1900—1957), dessen lyrisches Oeuvre aus dieser Zeit, außer »Glür und Urbin« (1926) und »Das schöne Gleichnis« (1937), noch heute unveröffentlicht ist[31], der Schwabinger Literaturzigeuner *Fred Endrikat* (1890—1942) und *Georg Schwarz* (geb. 1902), die beide erst Mitte der dreißiger Jahre (und dann unter völlig veränderten Vorzeichen) zu selbständigen Gedichtpublikationen kommen. Schwarz' Lebensweg in diesen Jahren ist ein aufschlußreiches Beispiel für die Verhältnisse der Zeit. Er muß nach dem Abitur versuchen, sich durchzuschlagen, ist zeitweilig Buchhändler, zieht aber dieser Tätigkeit, als sie ihm kein ausreichendes Einkommen mehr sichert, die Existenz eines vagabundierenden freien Schriftstellers vor. Vier Jahre lang »lief ich weit im Land umher, pennte in Heuschobern, in der ›Herberge zur Heimat‹, schrieb unterwegs immerzu, kam da und dort mit Gedichten, so auch im

---

[27] Brief Hugo Sonnenscheins an Gregor Gog vom 22. 8. 1929.
[27a] Brief Jakob Haringers an Gregor Gog; undatiert (1931?).
[28] Brief an den Verfasser vom 14. 3. 1972.
[29] Undatiert; im Nachlaß Gogs.
[30] Brief Jo Mihalys an Gregor Gog vom 5. 12. 1928.
[31] Brief Otto Basils an den Verfasser vom 11. 5. 1972. — In einem Brief an Gog vom 27. 2. 1929 gibt Geist eine Bibliographie seines (gedruckten wie ungedruckten) Werkes.

›Kunden‹ bei Gregor Gog an.«[32] Endlich ist mittelbar auch der Schweizer *Eduard H. Steenken* (geb. 1910) hierher zu rechnen; er »sympathisierte mit der Vagabundenbewegung, ohne ihr direkt anzugehören.«[33]

Daneben sind es gänzlich Namenlose von der Landstraße, die ihre Gedichte dem Herausgeber ›ihres‹ Blattes senden.

Dieses doch recht breite Spektrum wirkt sich in einer relativen Vielgestaltigkeit aus. Einflüsse des Seelenwanderers tragen dazu am meisten bei.

B. Der Einfluß des Seelenwanderers

Die Kundenpoesie wird bestimmt von dem Gegensatz ›Resignation‹ und ›vitaler Optimismus‹. Wo sich beide auf einzelne Gedichte verteilen, da ist am besten zu erkennen, wie in solche der ›Resignation‹ Elemente der Seelenwanderermode eindringen.

Trausil ist das beste Beispiel dafür. (Mit leichter Distanzierung im Unterton schreibt er an Gog, er könne ihm nicht überallhin folgen: »Ja, wären Sie *romantisch* eingestellt! Sie sind Revolutionär.«[34]) Seine Lyrik entsteht als Retrospektive — die Vagabundage »war eben eine Phase, die vorüberging«[35] — und nährt sich deshalb zu einem guten Teil aus den sattsam bekannten Vorstellungen. Nicht in einer einzigen Zeile kann sein »Einsamer Wanderer« das leugnen:

Hans Trausil: Einsamer Wanderer

Es geht ein Mensch, ein Mensch im Wald,
Geht weit für sich allein.
Sei still, du Mensch, sei still, denn bald,
Bald wird es auf dich schnein;
Viel Blüten fallen, fallen leis
Und hüllen weich dich ein,
Die machen dir ein Bett so weiß,
Darinnen schläfst du ein
Sanft unter Sternen, und dein Herz
Wird nicht mehr Hunger schrein;
Es ist gestillt, ganz ohne Schmerz
Und Sehnen wirst du sein.
(Trausil 2, 45)

Die Scheinidylle der Umdeutung von Schnee in Blüten, die die metaphorische Konvention rückverwandelt, erinnert an das Ende von Hesses »Knulp« und übertrifft es noch: Der Wortschatz des Gedichtes steht vollständig in dieser Mode.

[32] Brief an den Verfasser vom 26. 2. 1972.
[33] Brief an den Verfasser vom 30. 5. 1973.
[34] Brief Hans Trausils an Gregor Gog vom 3. 3. 1928 im Nachlaß Gogs.
[35] Brief Leonore Trausils an den Verfasser vom 9. 7. 1972.

Auch »Der Heimatlose« (Trausil 2, 11) bleibt ihr treu. In seinem »Antlitz«,
das die Gedichte des ›Optimismus‹ bis zur »Visage« (Kunde 2. 5, 4 f) ver-
zerren, fühlt er »seinen Segen, / Den sanft ein Gott an ihm erfüllt«. Der
(untypische) Regen ist »leise« und noch weit entfernt von Zieses »Regen,
Regen . . .« (Ziese 1, 19) oder gar der Szene in Mihalys »Kundenelend«
(Kunde 2. 5, 30 f); immerhin weicht er die scharfen Konturen des modischen
Bildes etwas auf.[36] Die Nöte und Kümmernisse der Obdachlosigkeit schildert
Trausil in »Der Landstraße zu den Sternen« (Trausil 2, 50), um sie dann
aber mit dem (zumindest inadäquaten) Hinweis auf »dein weiches Haar« zu
beheben.[37] Vollends den Rückfall bedeutet die Zeile: »Und nichts blieb dir
und mir als unser Traum«, der in »Dem Landstreicher« die Verse entsprechen:

> Ich muß hungern, denn es gibt noch Bäume,
> Die nicht gerauscht in meine Träume
> (Trausil 2, 5).

Dieser wohlbekannten Fluchtmöglichkeit entgegnet barsch oder wehmütig,
jedenfalls dezidiert der dem Optimismus Zuneigende:

> Streift uns ein Traum, wir schrecken heimlich auf,
> Schicken ein Fluchen zum bleiernen Himmel hinauf
> (Kunde 3, 119)
> Aber zum Träumen war meine Seele zu schwach,   ·
> Wo alles in mir zu Scherben zerbrach
> (Ziese 1, 24).

Trausils Vagabund ist, um es mit einem seiner Titel zu sagen, ein »Ver-
klärter Vagabund« (Kunde 1. 5, 2). Das gilt allerdings nicht ohne Ein-
schränkung, denn die Verklärung wird erst dem toten Vagabunden zuteil,
der als »der Zerlumpte« in »grauen Fetzen Dreck« lebte. Die Sternmetaphorik wiederum hält das Vermittelnde, das an solchen Stellen zum Ausdruck kommt, in der Schwebe und weist auf den Seelenwanderer zurück[38]
(in den Gedichten des ›Optimismus‹ sucht man sie vergeblich):

> Die Landstraße zu den Sternen
> (Trausil 2, 50)
> Doch ich bettle um Sterne, sie geben mir Brot
> (Trausil 2, 5)
> Der goldne Regen rauscht und Sterne wehn
> (Kunde 1. 5, 2)
> Nur über mir blinkt matt ein Stern
> (Ziese 1, 14)

---

[36] Vgl. unten S. 178 f.
[37] Vgl. unten S. 177.
[38] Vgl. oben S. 96.

Der Sternenchor in silbernen Oktaven
Singt mir zur letzten Heimkehr das Geleit
(Ziese 1, 13).

Für diese zunächst verwirrende Vermischung scheint es mir nur eine Erklärung zu geben: Die Beleseneren unter den Vagabundendichtern eifern,
indem sie ihre Erlebnisse und ihr ›besseres Wissen‹ vernachlässigen, mit ihren
literarischen Erzeugnissen den unechten, aber arrivierten Seelenwanderern
nach und stilisieren sich (nicht ohne Brüche) auf den Typus, den sie in der
Literatur vorfinden. Georg Schwarz liest Hesses »Knulp« »mit Begeisterung«
und kennt Hans Reiser persönlich[39], Trausil ist mit Bonsels befreundet[40].

Die Gedichte Zieses zeigen wohl am besten, zu welch zwiespältigen Ergebnissen das Miteinander von Angelesenem und Erlebtem mitunter führen
kann. Während im »Weg« (Ziese 1, 14) die Erfüllung des Musters (»Lied«,
»Seele«, »Blumen«, »goldreif«, »der Lerche Jubelschlag«) noch nur stark
relativiert wird (indem sie sich nachträglich als »Sonnentraum« herausstellt,
den nach der Erkenntnis, man habe sich nur »im Licht erschauen« dürfen,
»Grauen« ablöst), zeitigt das Miteinander von Grundverschiedenem in »Die
Straßen sind uns zugetan« ein geradezu grotesk es Ergebnis:

Otto Ziese: Die Straßen sind uns zugetan

Uns sind die Straßen verbrüdert zugetan,
Warten schon, daß wir morgen wieder gewandert kommen.
Vielleicht sind wir frömmer als alle betenden Frommen,
Vielleicht war Christus unser Kumpan.

Erst orgeln die Lerchen vom samtenen Himmelsgestühl
Andacht des Morgens. Ave heulen die Kettenhunde.
Also, murmelt der Bach, empfanget die heilige Kunde.
Wir lauschen mit tiefem Feiergefühl.

Wälder halten die silbernen Fahnen des Schweigens,
Unser Bundeszeichen. Erneut ist die Treue gelobt.
Ob nun der heidnische Tag hetzend um unsere Seelen tobt,
Stark sind wir, trotzig bereit zur letzten Tat des Verneigens.

Was wir ertragen müssen, ist viel. Der Wahn
Der Menschen ist leidvoller als die grausame Notkasteiung.
Doch mit Birken und Bächen besprechen wir schon die große Befreiung:
Die Straßen sind uns verbrüdert zugetan.
(Ziese 1, 10)

Auffällig geballt versammelt die zweite Strophe das Seelenwanderer-Voka-
bular in »Himmelsgestühl«, »Andacht«, »Ave«, »heilige Kunde«, »tiefes Feiergefühl«. Wer aber wollte das Parodistische dieser Verse verkennen, signalisiert in der Diskrepanz zwischen »orgeln« und »Lerchen«, noch ein-

---

[39] Brief an den Verfasser vom 26. 2. 1972.
[40] Brief Leonore Trausils an den Verfasser vom 9. 7. 1972.

deutiger in der zwischen »Ave« und heulenden Kettenhunden sowie der zwischen dem militärisch knappen »Also«, das der Bach murmelt, und der zu empfangenden »heiligen Kunde«. Hat man bisher den Eindruck, es handle sich um eine ausgesprochene Persiflage, so gehen die beiden letzten Strophen dem zum Hohn in die Anlehnung über, die sich von der Trausils nur graduell unterscheidet.

Ganz ähnlich Marga Schumachers »Wanderer« (Kunde 1. 5, 29): In der zweiten Strophe hebt sich das Gedicht durch die mehrmalige Negation wie wissend ab:

> [...] Nicht beschwingt
> Geht unser Schritt. Nein, hart und schwer.
> Und keine Melodie erklingt;

in der letzten Strophe stimmt es bruchlos in die Mode ein:

> So reich und weit und tief darfst du,
> Mein Herz, das Wunder trinken.
> Und gehst du gläubig einst zur Ruh,
> Wird eine Sonne sinken.

So wunderlich unentschieden zwischen Parodie und ernster Nachahmung muß die Lyrik desjenigen Vagabunden sein, der literarisiertes und wirkliches Bild miteinander vergleicht, sich aber keinem von beiden ungeteilt zuwenden mag.

Um recht zu nuancieren, bleibt zweierlei zu bemerken.

Erstens darf man über allem Ähnlichen die Unterschiede nicht übersehen. Man mag das Auserwähltheitsbewußtsein des Seelenwanderers mit der glanzvollen Ahnenreihe vergleichen, die sich der Vagabund erdichtet: Die Sprache, die hier Christus zum »Kumpan« (Ziese 1, 10) macht, dort »Gottes Geist [...] im Duften« (Taube 2, 24) ahnt, trennt scharf. Auch die Stoßrichtung ist eine andere: Nicht gegen die vielen Lauten geht es, sondern gegen die Kirchengläubigkeit der »betenden Frommen« (Ziese 1, 10). Ansätze zu einer säkularen Konfession mit sakraler Konvention gibt es hier nicht. Die These von dem ›grundsätzlich anderen‹ Vagabunden muß man aufrechterhalten, auch wenn er unter dem Einfluß der Literatur das im wahren Sinne Fremde übernimmt und das Eigene zurückstellt. Zieses »Haß« wird hier in anderem Sinne als »Suche« und »Sehnsucht« dort zum Motiv, beispielsweise gerade in »Dem Sucher«: »Ich habe Haß auf Haß hoch aufgetürmt« (Ziese 1, 24). Er löst eine Bewegung aus, die explizit die Abkehr zur Folge hat: »Zum Träumen war meine Seele zu schwach.«

Zweitens entspricht die Trennung zwischen den Gedichten der Resignation und des Optimismus zwar sehr oft, aber nicht notwendig der Unterscheidung zwischen *den* Vagabunden, die auch literarische Anleihen aufnehmen, und den anderen, die dazu nicht belesen genug oder zu sehr engagiert sind. Die

Ambivalenz von Resignation und vitalem Optimismus ist vielmehr, je nach Temperament, augenblicklicher Stimmung, Jahreszeit und Alter, in *jedem* Vagabunden angelegt. Sie wird sich als das tragende Element seiner Poesie erweisen und sich unter gewandelten Formen in allen ihren Motiven geltend machen. Vom Verhältnis des Vagabunden zu seiner Umwelt geht sie aus.

C. Der Vagabund und seine Umwelt

War es möglich und nötig, den Wandersmann aus sich selbst heraus darzustellen, so muß für den Typ des Vagabunden zunächst die Haltung zu seiner Umwelt geklärt werden, denn er ist ungleich weniger ›autark‹. Selbst, wo es um den Ursprung seines Unterwegsseins geht, das ihm zur Existenzfrage wird, nimmt die Umwelt die zentrale Stellung ein.

In auffälliger Weise und auf verschiedene Art umgeht der Vagabund die Frage nach dem Grund seiner Fortbewegung. Wo sie ihm zu Gebote stehen, verfällt er in diesem Bestreben gar auf die vorgegebenen Formen und will etwa in »Seelennot, Sucherqual« »die Botschaft über die Erde tragen, / Die tief in die Stirn Sehnsucht und Sonne gebrannt« (Ziese 1, 61). Aber selbst eine übernommene Zeile wie: »Armes Herz, das in Sehnsucht und Suchen zerbrach« (Kunde 3, 119) bleibt nicht im üblichen überirdisch-ästhetischen Freiraum; in einem Kontext von Haß und Fluch verliert die »Botschaft« ihre Unverbindlichkeit und führt als die vagabundenhafte Variante zum »neuen Menschen« (Ziese 1, 62) in bisher ganz ungewohnte sozialrevolutionäre Zusammenhänge.

Bleibt der Vagabund dagegen im Bereich eigenen Erlebens, so hilft er sich über die Grundfrage seiner Lebensweise mit einem nicht weiter reflektierten ›Ich bin eben so‹ oder durch den allgemeinen Hinweis auf einen »Fluch« hinweg: Eine schicksalhafte Bestimmung trägt die Schuld am Ausbruch aus dem Elternhaus. Da heißt es dann:

Für ew'ge Zeiten wandern,
so wills mein dunkler Fluch
(Kunde 2. 5, 5 f)
Wir sind verdammt seit allem Anbeginn
Ruhlos zu wandern über diese Erde hin
(Kunde 3, 119)
Und fluchbeladen zieh ich durchs Land
(Kunde 1. 1, 8).

Der Vagabund spart in der Regel den Grund seiner Fortbewegung aus, weil er ihm einfach ›abhanden gekommen‹ ist und er nicht den Willen hat, über ihn nachzudenken: Wie er extrem schwach auf die Zukunft ausgerichtet ist,

so auch auf die Vergangenheit.[41] *Kann* der Wandersmann Gründe nicht bei-
bringen, so *mag* sie der Vagabund, ohne Entwicklung und ohne Entwurf
lebend, nicht geben. In einer einebnenden Gleichgültigkeit verschiebt er die
Begründung — folgerichtig — auf die Ebene des Alltäglichen und Gegenwärtigen, und was ihm alltäglich gegenwärtig und gewärtig ist, das ist der
Fluch.

Der Fluch wird ihm zur Metapher für jede Entwürdigung des Außenseiters; seine Merkmale sind die Entbehrung und die Einsamkeit. Ihm kann
man nur auf zwei Arten begegnen: ihn hinnehmen oder sich gegen ihn
auflehnen, und beide Arten münden in die Ambivalenz von Resignation und
Optimismus.

Unterwirft sich der Vagabund dem Verdikt der Gesellschaft, sieht er sich
als »Abschaum der Erde« (Kunde 1. 1, 8) in Versen wie: »Wer wandert, ist
den andern viel zu schlecht« (Anthologie 20, 77 f), so wird er ein willen-
loses Wesen, das sich vor sich selbst und vor den anderen fürchtet: »Er will
nichts mehr« (Trausil 2, 11). Es fürchtet als reine Eintagsexistenz die Erinnerung und sucht sich zu vergessen:

> Und wollt ihr wissen, wer ich bin,
> ich weiß es selber nicht;
> ich irre so durchs Leben hin,
> weiß nicht, wo ich zu Hause bin,
> und will es wissen nicht.
>   (Kunde 1. 7, 7)

Dieser Kunde fürchtet aber auch, sich selbst gewissermaßen mit anderen
Augen zu sehen, und vermeidet peinlich jede Beschreibung. »Betrachte ich
von oben mich bis unten«, so kann ja das Ergebnis auch nur heißen: »Weiter
nichts als Lumpen« (Anthologie 19, 90 ff). Die Folge solch duldenden Hin-
nehmens ohne Schuldbewußtsein ist — über die träge Resignation hinaus —
eine grenzenlose Apathie und Orientierungslosigkeit. Der Vagabund über-
läßt sich ganz einer immerfort enttäuschbaren und meistens auch ent-
täuschten Hoffnung und lebt in einem alles übergreifenden »Vielleicht . . .«,
das Ziese nicht von ungefähr zum Thema wählt und leitmotivisch durch alle
fünf Strophen entwickelt:

> *Otto Ziese: Vielleicht . . .*
>
> Noch weiß ich nicht, wo mich die Nacht verbirgt,
> Wo meine Seele schlafen darf. Ich fürchte bang,
> Daß all der Überschwang des Tages und der Lustgesang
> Mir dieses Recht auf Ruhe hat verwirkt.
>
> Da breitet schon die Nacht die sanften Schattenschleier;
> Es rüstet meine Seele sich zur Abendfeier,
> Bereit, bereit — ist dies das warme Haus?

---

[41] Vgl. unten S. 186—189.

Die Schritte tasten ängstlich nach der warmen Schwelle,
Und jäh erlischt der Räume heimatliche Helle,
Ein kalter Luftzug wirft mich wieder weit hinaus.

Vielleicht, daß nun noch einer mir begegnet
Mit lächelndem Gesicht, der zu mir spricht:
Sei du als Gast in meinem Haus gesegnet,
Die Nacht ist dunkel und ist kühl, es regnet;
Nach deinem Namen, fremder Wandrer, frag ich nicht.

Vielleicht, vielleicht auch, daß die Dunkelheit
Mich ganz berauscht. Ein letzter Herzschlag lauscht
Des großen Wunders: immer, immer schlafen.
Der Sternenchor in silbernen Oktaven
Singt mir zur letzten Heimkehr das Geleit.

Vielleicht, vielleicht. Ich weiß es nicht,
Nur, daß die Nacht des Menschen Wahn zerbricht,
Die Ohnmacht in der Finsternis erglüht,
Und daß ein Schicksal seltsam seine Kränze flicht,
Und über allem Dunkel nur die Hoffnung blüht.

(Ziese 1, 13)

Im Umkreis von Tages- und Lebensende sieht sich der Vagabund als tod-
müde, lebensmüde, kraftlos auch zu einer letzten Tat, nur treibend und
aller Zufälligkeit des »vielleicht« widerspruchslos anheimgegeben. Jede Frage
nach Sinn greift ins Leere; wo sie ausnahmsweise gestellt wird, bleibt sie unbe-
antwortet, bleibt es bei dem Verweis auf den vordergründigen Ablauf:

Hat es Sinn,
daß unser heißes Tippelherze
uns so endlos durch den Staub der Straße hetzt?
Langsam schmilzt beim Klinkenputzen unsere Lebenskerze

(Kunde 4. 4, 1).

Wo sich Resignation und Apathie allerdings in eine wortreiche, weinerlich-
wehmütige Rührseligkeit wandeln, ist die strenge Grenze überschritten, die
der echte Vagabund einhält, als wolle er sich auf diese Weise einen Rest
an Selbstachtung bewahren.[42]

An solcher Selbstachtung kann es dem Gegentyp, der seinem Fluch mit
selbstbewußtem Trotz entgegentritt, nicht mangeln. Ist der Vagabund im
Gefühl, ausgestoßen zu sein, nicht *fähig,* entwürdigende Zustände zu ändern,
so ist er im ›Optimismus‹ nicht *willens,* Verhältnisse aufzugeben, die aller
Unbill zum Trotz etwas Verlockendes haben; in dieser Starrheit begegnen
sich beide Positionen.

Die optimistische führt über die resignative Haltung hinaus. Sie begreift
zum einen das »viel zu schlecht« (Anthologie 20, 77 f) auf eine Weise neu,
die sie von jeder Selbstanschuldigung freispricht: »Wir sind nicht gut; denn

---

[42] Vgl. oben S. 158 mit Anm. 7.

selten sind wir satt« (Kunde 3, 119). Zum andern verwandelt sie das »Vielleicht . . .« (Ziese 1, 13) in ein »Egal«, das gleichermaßen ein ganzes Gedicht zu tragen imstande ist:

Helmut Klose: Egal

Es ist egal, in was für eine Pelle
ich meine krummen Knochen stecke,
es ist egal, aus was für einer Schale
ich Honig oder Erbsensuppe schlecke;

es ist egal, ob ich bei Christen bin,
ob unter Heidenkindern,
ob unter hohen weisen Herrn,
ob unter dummen Rindern,

ob ich dem Amor diene
bei einem feinen Kinde,
ob ich mit dunklen Brüdern
die schmier'gen Karten schinde,

ob ich in Seidenbetten liege,
ob auf der nackten Erden:
ich bin ein krummer Hund,
ein Vagabund —
und mehr kann ich nicht werden.

(Kunde 3, 92)

Der Vagabund gewinnt jenseits aller anheimgegebenen, nur hoffenden Schwäche eine neue Stärke, der alles recht ist, die es versteht, in allem einen Vorteil zu sehen. Da er verlernt und vergessen hat, sich selbst eine Richtung zu weisen, reagiert er nur noch, und alles ist ihm »einerlei«:

Mein Leben ist mir einerlei,
geb keinen Heller drum
(Kunde 1. 7, 7)

oder auch, mit einem Schuß frecher Selbstbehauptung, »tutschnutz« (Kunde 4. 4, 1): eben »egal«. Das Gedicht mündet nach der endlos scheinenden Reihe mit »ob . . .« konstruierter verschiedenartigster Möglichkeiten in eine für den gewaltigen Aufschwung kümmerliche Sentenz, die von unproblematischer Selbstidentifikation und Starre gekennzeichnet ist: »Und mehr kann ich nicht werden.« Hierher gehören Gedichte nach Art des »Stromer« (Anthologie 20, 68 f), die in einer immer gleichen (obzwar mitunter verborgenen) Wenn-dann-Konstruktion einen Katalog von Unbilden bieten, denen der Vagabund pfiffig und geübt begegnet, hier etwa in den fünf Mittelstrophen der Obdachlosigkeit, der Gefangenschaft, dem Sturm, abermals der Obdachlosigkeit und der Kälte. Ein gewisses Maß an Freiheit erreicht er im Galgenhumor:

Und der Magen sticht im Weiterschreiten
wie ein ondulierter Kaktus
(Kunde 4. 4, 1).

Zum Endpunkt auf dem hier eingeschlagenen Wege führt eine Haltung, die sich aus der optimistisch trotzenden entwickelt: Der Haß gegen die ›andere‹ Umwelt wird zum Haß gegen den Bürger und lenkt damit leicht in vulgärsozialistische Bahnen ein. Die Reduktion des »schlecht« (Anthologie 20, 77 f) auf ›nicht gut, weil nicht satt‹ (Kunde 3, 119) wendet energisch die Selbst- zur Gesellschaftsanklage: »Immer der Haß ist uns nächtens Lagerstatt« (Kunde 3, 119). Der Vagabund sieht sein Dasein nicht mehr als das Ergebnis eines persönlichen Versagens, sondern als das einer versagenden gesellschaftlichen Ordnung; er ist nicht Bittender, sondern Fordernder, er duldet nicht, sondern lehnt sich auf:

> Ich habe Haß auf Haß hoch aufgetürmt
> Und grimmig durchwühlt mit Zorn und Fluchen
> (Ziese 1, 24)
> Ich bin der große Vagabund
> und muß die Bürger hassen
> (Kunde 2. 5, 5 f).

Solche Verse sind das eigentlich Neue, das die zwanziger Jahre der alten Ambivalenz des Kundengedichtes hinzufügen. Das Bemühen Gogs und anderer läßt ansatzweise den Wunsch entstehen, sich dem Proletariat jedweder Art anzuschließen. Wenn die herkömmliche Vagabundenlyrik sich wenig um Gott bekümmert oder ihn allenfalls in der Unverbindlichkeit beläßt: »Der Herrgott hat die Kunden gern« (Kunde 2. 5, 12), so wird der alte Glaube jetzt mit Vehemenz abgelöst. Mihalys »Fehde mit Gott« schließt:

> Nimm dich in acht! Ich pflüge immer noch!
> Und in die Furchen sinkt ein neuer Glaube
> (Kunde 2. 5, 29).

Dieser »neue Glaube« hätte die Kraft, die Vagabunden in der Botschaft von dem neuen Menschen zusammenzuschließen:

> Ihr müßt euren Haß und müßt eure Rache zertreten,
> Bis in euch der neue Mensch,
> Der Mitbruder,
> Rebellt!
> (Ziese 1, 62)

Allerdings zeigt die Kundenlyrik insgesamt, was Gog wiederholt bedauert: daß sich nur eine Minderheit zum kämpferischen Sozialismus bekennt.

Weit seltener noch sind die Versuche, einen mittleren Ton zu treffen, dafür sind die wenigen Gedichte, die sich in das Schema von Ablehnung und Annahme nicht restlos einfügen, aber die besten. Mit einer individuellen Lösung finden sie auch am ehesten eigene Töne und Formen.

Erwin Stein: Absage

Sieh, ich ziehe ins Unbekannte,
vielleicht in den Tod hinein.
Das Feuer ist verglüht, das einst brannte,
das, was ich damals Heimat nannte,
kennt mich nicht mehr, will ohne mich sein.

Einmal war alles ein schönes Spiel.
Aber die Schönheit verging,
da mich Ekel vor dem befiel,
daran ich noch gestern hing.

Eure Wahrheit ist Lüge geworden. Ich wandte
mich ab: die Welt ist nicht klein.
Die Straßen hinauf und hinab ziehn Verbannte.
Nun geh ich mit ihnen ins Unbekannte,
vielleicht in den Tod hinein.
                    (Kunde 4. 3, 2)

Der alternde Vagabund ist an einen Wendepunkt gelangt, von dem aus er
vorwärts- und rückwärtsschaut. Von der Zukunft erfahren wir so wenig wie
er:

> [...]   ins Unbekannte,
> vielleicht in den Tod hinein.

Schon diese beiden Zeilen lassen erkennen, daß sich hier eine Persönlichkeit
ausspricht. Während in Zieses »Vielleicht . . .« (Ziese 1, 13) das Ich stark
zurücktritt und sich nur im verneinenden »Ich weiß es nicht« voll zur Geltung
bringt, ist das »vielleicht« der »Absage« von anderer Natur: Da zieht das
Ich selbstbewußt »ins Unbekannte«, ohne zu fürchten, daß ihm daraus »vielleicht« der Tod entgegentrete.

Das Schwergewicht liegt jedoch auf der Vergangenheit. Der Vagabund
überdenkt in einem offensichtlich überaus wichtigen Augenblick noch einmal
den Zeitpunkt des Auf- und Ausbruches; er überprüft seine Entscheidung:
Jetzt ist sie endgültig. Nun, da die Sehnsucht lange erloschen (»Das Feuer ist
verglüht, das einst brannte«) und die Heimat entfremdet ist als »das, was
ich damals Heimat nannte«, gewinnt er letzte Klarheit darüber, warum
er sich aus allen Beziehungen löste. Er »hing« aus Unkenntnis an dem
»schönen Spiel«, bis er dessen »Schönheit« durchschaute und ihn der Ekel
hinaustrieb: »Eure Wahrheit ist Lüge geworden.« Der Vagabund hat sich
gegen die Heuchelei und Unehrlichkeit entschieden, auf denen ihm das ge-
sellschaftliche Zusammenleben zu beruhen scheint, und seine Konsequenz
gezogen, ohne daß er darüber in maßlose Anklagen — seine lapidaren, metaphorisch gründlichen wirken um so mehr — oder maßloses Pathos verfiele.

Die »Absage« modifiziert die gegen das Außen gerichtete Haltung, Mihalys
»Bekenntnis« wandelt die nach innen gewandte ab; schon die Titel weisen

auf diesen Unterschied hin. Beide überragen die Masse der Vagabundengedichte durch das Vermögen, statt dem Zufälligen das Allgemeine im
Einzelnen zu sehen.

Jo Mihaly: Bekenntnis

Ich bin in die Ferne gewandert,
so weit der Himmel ist;
ich habe in manchen Spelunken
mein Quantum Verstand vertrunken
und wieder mich nüchtern geküßt.

Die Liebe fand ich am Wege,
Begeisterung trank ich im Wein.
Ich soff mit manchem Lumpen
zusammen aus einem Humpen —
und blieb doch immer allein.

Die Straße ist ein Meister
mit Hammer, Stichel und Stein:
sie grub in meine Visage
die ganze große Blamage
bewundernswert hinein.
(Kunde 2. 5, 4 f)

Rückblick auch hier; er führt aber unmittelbar in die Vagabundenexistenz
hinein und spart den Augenblick des Sich-Lösens aus. In Versen, die zwischen
dem Herrischen und dem Weinerlichen, zwischen Anklage und Kasteiung souve-
rän die Mitte halten, wird das Leben des Ausgestoßenen in Szenen dargestellt,
die es von der Einsamkeit und dem Wunsch nach (neuer) Gemeinschaft bestimmt erscheinen lassen: Der Versuch, die Einsamkeit in der »Liebe« und im
»Wein« zu überwinden, scheitert: »Und blieb doch immer allein.«[43] Der
Anflug von Melancholie wird überspielt durch die reflektierende dritte Strophe.
Die Landschaft des Gesichtes, auf der sich das Leben widerspiegelt, wird
einer Kupferplatte verglichen, die der »Meister« »Straße« »mit Hammer,
Stichel und Stein« bearbeitet hat. Das eigene Scheitern wird angenommen,
der Vagabund lebt mit der »ganzen großen Blamage«, ja, bringt es fertig,
auf eigene Kosten Sarkasmus zu üben: »bewundernswert«.

Gedichte wie diese beiden finden sich nicht oft in der Vagabundenlyrik.
Um so wichtiger sind sie nicht nur ihres Ranges wegen, sondern auch als
seltene Beispiele des Überganges zu den Vaganten. Der Kunde mit seiner
meist geringen künstlerischen Potenz neigt in der Regel dazu, eine der beiden
Schablonen zu füllen, die resignative, nach innen gekehrte, oder die vital-
optimistische, gegen das Außen gewendete.

[43] Vgl. unten S. 180—183.

D. Hauptmotive

I. Die Natur

Der Vagabund befindet sich ständig in einem ›naturnahen‹ Zustand. So überrascht es (zunächst) nicht wenig, daß die erhebenden Motive, die Lerchen und Veilchen, die Düfte und Klänge, meist fehlen. Die Kundenlyrik spricht nicht mehr von der schier allmächtigen Trösterin, in die man sich hinausbegibt, um von Seelenschmerzen geheilt zu werden, sondern davon, daß man der Natur ausgeliefert ist, von ihr abgewiesen wird.

Was der Wechsel der Jahreszeiten mit sich bringt, wird niemals um seiner selbst willen erwähnt. Bietet er Annehmlichkeiten, so werden sie — als selbstverständlich — kaum beachtet, hat er Nachteile im Gefolge, so werden sie unter dem Blickwinkel betrachtet, ›am eigenen Leibe‹ erfahren werden zu müssen.

Der Frühling behält seinen Vorrang. Daß in dieser Jahreszeit alle aufleben, die zu Fuß unterwegs sind oder sein wollen, bedarf keiner Erklärung. So weht auch durch die Frühlingsgedichte oder -strophen des Vagabunden ein freundlicherer Ton; Enthusiasmus und Euphorie des Wandersmannes aber sind zum »Behagen« gemildert, das überdies noch die Gewißheit der kurzen Dauer dämpft:

> Auf's Neu' zieh ich in freier Luft,
> gekräftigt, mit Behagen
> so lang, bis die geschenkte Kluft
> ist wieder abgetragen.
> (Anthologie 20, 68 f)

Der Herbst spielt verständlicherweise für den Vagabunden eine größere Rolle als für den Wandersmann. Eigentlich wichtig aber ist die *Art*, in der sich die Akzente verschieben:

> *Georg Schwarz: Herbstlied eines Vagabunden*
>
> Der Nebel nistet auf den Bäumen,
> Im Graben liegt ein Vogel tot.
> Zu windig wird es in den Scheunen,
> Man holt sich Fieber oder Tod.
>
> Du kannst im Dorf jetzt besser leben:
> Der Pfarrer hat was eingetan.
> Mach fromm das Kreuz; er wird was geben,
> Mitleidig-mild schaut er dich an.
>
> Du wirst auch eine Penne finden,
> Und wäre es der Ortsarrest!
> Schlaf wohl, geschützt vor Schnee und Winden,
> Bis dich der Frühling ziehen läßt.
> (Kunde 3, 125 f)

Melancholie und Wehmut über das Absterben der Natur haben dort keinen Platz mehr, wo es um das eigene Überleben geht. So bleibt denn die herbstliche Außenwelt auch auf den ›Natureingang‹ mit »Nebel« und ›totem Vogel‹ beschränkt, und das Problem der Unterkunft beherrscht das Gedicht: eben noch »Scheunen«, jetzt die Suche nach einer »Penne«, um, »geschützt vor Schnee und Winden«, dem »Tod« zu entgehen und den nächsten Frühling zu erwarten.

Noch augenfälliger wird diese Verlagerung, wenn sich dem Herbst der Abend und die Nacht zugesellen. Eine solche Verbindung könnte zu Fehlschlüssen verleiten.[44] Dem Vagabunden ist die Nacht aber nur deshalb wichtig, weil er in ihr Obdachlosigkeit und Verlassenheit am stärksten empfindet und sich seines Zustandes eindringlich bewußt wird.

Der fremde Einfluß läßt sich hier am Detail beobachten. Bei Trausil heißt es:

> Auch wir sind heimatlos und ohne Gut;
> Dein weiches Haar ist unser Bett zur Nacht
> (Trausil 2, 50).

Er neigt den ›romantischen‹ Elementen am meisten zu; die Bestimmung »heimatlos und ohne Gut« idyllisiert er mit »dein weiches Haar« in unangemessener Weise und nimmt sie dadurch zurück.

Ziese geht einesteils nur geringfügig über Trausil hinaus. Statt des Körpers sucht die allbekannte »Seele« Schlaf (freilich darf man das neue und bezeichnende Motiv des Verbergens nicht übersehen):

> Noch weiß ich nicht, wo mich die Nacht verbirgt,
> Wo meine Seele schlafen darf
> (Ziese 1, 13).

Dann aber — erst eigentlich typisch für die Vagabundenlyrik — benennt er das ganze Umfeld, in das die Nacht hier eingeordnet werden muß, mit »Hunger«, »Kälte«, »frierend« und endlich auch »tot«, und häuft wie hilflos Epitheta vor sie:

> Den Hunger fand ich, ich fand die Kälte,
> Die schwarze, die schweigende, lange Nacht,
> In toten Straßen frierend verbracht
> (Ziese 1, 24).

Eine weitere Möglichkeit offenbart die Lyrik: Der Vagabund ist von seinem Zustand so gefangen, daß er nur noch diesen, nicht aber mehr die nächtliche Natur erlebt (die Kargheit solcher Verse hebt sich wohltuend ab gegen die

---

[44] Vgl. oben S. 68 f.

aufwendig-wehleidige Introspektive des »Bruders Straubinger«, etwa in der
»Nächtlichen Wanderung«, Straubinger 3. 6, 1):

> Es ist spät;
> die müden Knochen brennen
> und man möcht sich hinter eine trockne Hecke legen
> (Kunde 4. 4, 1).

Bis jetzt stellten sich vom Wanderer her bekannte Motive und Motiv-
verbindungen in einen geradezu konträren Zusammenhang, im folgenden
bietet sich von vornherein ein neues und ungewohntes Bild. Beschränkung
und Vernachlässigung gelten auch für das Wetter; der Regen bildet indessen
die bezeichnende Ausnahme.

> *Hans Reiser: Vagabund*
>
> Der Regen weht, das Pflaster blinkt,
> ein trüber Schatten wank' ich spät;
> mein schwerer Schlürfeschritt verklingt,
> das Pflaster blinkt, der Regen weht.
>
> Was mich verbrennt, sich sehnt und ringt,
> kein Wort und kein Gedanke spricht es aus;
> ich wanke müd und spät — und kein Zuhaus,
> der Regen weht, das Pflaster blinkt.
>
> Ich träum', daß mich dein Arm umringt
> und wanke wie ein Schatten spät;
> der Boden flackert, schwankt, versinkt,
> das Pflaster blinkt, der Regen weht.
>
> Das Feuer, das mich brennt, verschlingt,
> kein Regen und kein Schauer löscht es aus.
> Ich wanke müd — wohin? wo aus?
> Der Regen weht, mein Schritt verklingt.
> (Kunde 4. 2, 1)

Der Regen in Reisers »Vagabund« dient dem künstlichen Spiel der sich das
ganze Gedicht hindurch umschlingenden Halbverse »der Regen weht« und
»das Pflaster blinkt«, einem Spiel, das sich in der Reimkunst fortsetzt (sie
kommt mit nur drei Paaren aus) und das auch den aufdringlichen Wortschatz
umschließt. Die Zeilen können, auch wenn sie in der Vagabundenzeitschrift
erscheinen, über den Seelenwanderer-Zusammenhang, dem sie nahe sind, nicht
hinwegtäuschen.

Der Regen in Haringers »Regen-Ode« (Haringer 17, 72) ist der symbolische
Gleichmacher, vor dem gute wie schlechte Erinnerungen ins Einerlei sinken.
In einem Bild voll trauriger Schönheit besinnt sich der Dichter am Ende auf
die trost- und aussichtslose Gegenwart; Regen und Tod verknüpft er dabei
(über den klopfenden Knöchel) eigenwillig:

Regen, Regen klopft an des Tods Mansarde,
Keine Heimat hab ich, keine weiße Rose . . .
(Haringer 17, 72).

Der Vagabund ist weder zu dem oberflächlichen Spiel Reisers noch zu der symbolischen Deutung Haringers fähig. Statt des »Regen, Regen klopft an des Tods Mansarde« bleibt er bei dem, was er sieht: »Regen, Regen um mich her« (Ziese 1, 19); er bleibt, wie in Zieses »Regen, Regen . . .«, bei »grau« und »trübe«:

Und immerzu fällt Regen, Regen nieder.
Der Himmel ist so flach und endlos grau,
So trübe alles, wie die Nähe einer Trauerfrau;
Und wieder kommen mir die schweren Lieder.

(Ziese 1, 19)

Im Gegensatz zu Reiser kunstlos und karg, muß er im Regen, wie in der Nacht und im Herbst, sein Elend am tiefsten empfinden:

Jo Mihaly: Kundenelend

Es regnet nun schon sieben Jahr.
Woher kommt all der Regen wohl?
Es tropft und tropft aus meinem Haar;
die Brust ist mir so krank und hohl.

Ich habe keine Schuhe mehr.
Der Graben voller Wasser steht.
Ich wank' und schwanke hin und her;
der Tod an meiner Seite geht.

Ach lieber Tippelbruder mein,
du kennst das Handwerk meisterlich:
grab' mir ein Loch und scharr' mich ein,
deck' trockne Erde über mich.

(Kunde 2. 5, 30 f)

Dem Kundengedicht genügt die katalogartige Aufzählung »Haar«, »Brust«, »Schuhe«, »Graben«, »wanken« und wieder endlich »Tod« (eine Aufzählung, die gar vor dem Übermaß der Unbill vereinzelt ein wenig in ungewohntes Pathos gleitet und dennoch, gerade durch »trockne Erde« in der letzten Zeile, nicht unergriffen läßt). In solchem Verfahren werden Aufrichtigkeit wie Begrenztheit der Vagabundenlyrik gleichermaßen sichtbar.

Vernachlässigt wird schließlich auch die Landschaft. Die Erklärung dafür läßt sich auf das Verhältnis des Vagabunden zur Natur insgesamt übertragen.

Wie nicht anders zu erwarten und durch das Vorangegangene vorbereitet, wird in seiner Lyrik die dem locus amoenus nahe Einheitslandschaft radikal abgelöst.[45] Es fehlen darüber hinaus die obligaten Berge, es fehlt die ebenso

---

[45] Vgl. oben S. 66 f.

unerläßlich scheinende Weite und Offenheit; der Blick ist statt dessen auf das
Kleine gerichtet, auf den »Graben« (Kunde 2. 5, 30 f) und den »Staub der
Straße« (Kunde 4. 4, 1), auf den »Stein am Wege« (Kunde 1. 5, 29), auf
»schwarzen, feuchten Sand« (Ziese 1, 19) und den »Schmutz der Gassen«
(Kunde 2. 5, 5 f), auf »Feldrain« (Kunde 1. 5, 2) und »Acker« (Kunde 2. 5,
29).

Dem Vagabunden fehlt in seiner dumpfen Existenznot der Blick für das
Große, da er niemals offen und erwartungsvoll in die Natur tritt, sondern
sich in ihr buchstäblich mit gesenktem Kopf bewegt. (Man prüfe die Beispiele daraufhin.) Er kennt alles und erwartet nichts; so treten für ihn die
Schönheiten der Tages- und Jahreszeiten, des Wetters und der Landschaft
hinter dem scheinbar Bedeutungslosen in der Nähe zurück. Staub und Schmutz
und Erdreich ersetzen Berge, Täler, Weiten; der tägliche Trott ersetzt die
hochfliegenden Pläne, das mißliebige Kleine das wunderbare Große. Und
wenn bei dem Wandersmann von der brüderlichen Verbundenheit zu jeder
einzelnen dieser Herrlichkeiten die Rede war, so zeigt sich hier eine einzige,
weniger lieblich-idyllische Verbindung: »Uns sind die Straßen verbrüdert
zugetan« (Ziese 1, 10). Und:

> Den Bruder, den ich darbend fand,
> Nahm still die Straße an die Brust
> (Kunde 1. 3, 12).

Das Verfallen-Sein an den »Meister / mit Hammer, Stichel und Stein« (Kunde
2. 5, 4 f) steht am Anfang und am Ende des vagabundenhaften Naturbildes.

II. Einsamkeit und Verbundenheit

Der Vagabund erlebt die Einsamkeit als Vereinsamung und Vereinzelung,
als die schmerzliche Empfindung dessen, der mitten in der Gesellschaft außerhalb der Gesellschaft steht. Obwohl auch Trausil sie (unter dem Einfluß des
Erlebten) in dieser Weise deutet, scheint er noch recht stark literarisch nach-
zuempfinden: Wie selbstverständlich ist das Gedicht, in dem der Schnee
euphemistisch zu Blüten rückverwandelt wird, »Einsamer Wanderer« (Trausil
2, 45) überschrieben; Trausil spricht die Einsamkeit so unvermittelt wie kein
anderer Vagabund an:

> Und dann ragt Himmel, und darunter schräg
> Ist Abend, Feld und Einsamsein
> (Trausil 2, 11).

In der Regel läßt das Kundengedicht die Einsamkeit zwischen den Zeilen
spürbar werden. »Zerfallen bin mit Gott ich und den Menschen« (Anthologie
19, 90 ff) etwa drückt die Vereinzelung herber und eigenwilliger aus, als
wenn ›Einsamkeit‹ als ein Signal und Versatzstück erschiene. Am Ende dieser

Entwicklung steht (im Übergang zu den Vaganten) Mihalys »Bekenntnis«:

> Ich soff mit manchem Lumpen
> zusammen aus einem Humpen —
> und blieb doch immer allein
> (Kunde 2. 5, 4 f).

»Doch« bezeugt die innerliche Vereinsamung, ein Gefühl, das nicht in gesell-schaftlicher Mißachtung seine Ursache hat. Bezeichnend für den Vagabunden ist die Begründung aus der eigenen Psyche allerdings (noch) nicht. Vielmehr muß man die Einsamkeit, die er fürchtet, an den Versuchen ablesen, ihr zu entkommen. Zwei Möglichkeiten zur Rettung vor ihr sieht er: den Rausch (Liebe und Alkohol) und die Verbindung mit dem Schicksalsgefährten.

Liebe als eine Möglichkeit des Kontaktes und des Ausbruchs aus verfemter Vereinsamung in eine haltgebende Zweisamkeit ist ihm verwehrt: »Ihm wird nicht Liebe, Heim und Ort« (Kunde 1. 3, 12). Nichts könnte das deutlicher machen als Verbindungen wie die folgenden:

> Die Liebe fand ich am Wege,
> Begeisterung trank ich im Wein
> (Kunde 2. 5, 4 f)
> Und hab ich Geld,
> dann trink ich Wein
> und verlustiers mit Huren
> (Kunde 2. 5, 5 f)
> sauf gerne Bier und Rum
> [...]
> ein jedes Mädchen ist mir recht
> (Kunde 1. 7, 7).

Liebe und Alkohol verhelfen zu kurzem Rausch und Vergessen, dauerhafte Linderung können sie nicht bieten. Der Liebe stehen Bindungsfurcht und -unvermögen des Vagabunden entgegen. Bei der Flucht in den Alkohol ist die Ernüchterung gewiß; nur für kurze Zeit kann er, der als »Freund« personifiziert wird, »Not« in »Trost« verwandeln:

> Mein Trost und meine Zuflucht ist beim Glase!
> Du bist mein Freund, gibst Mut mir in der Not
> (Anthologie 19, 90 ff).

Die Vereinzelung dauerhaft lindern kann dagegen ein starkes Gemein-schafts- und Zusammengehörigkeitsgefühl der Kunden, die brüderliche Soli-darität einer Minderheit, und in der Tat ist solches Gemeinschaftsgefühl das eigentlich Spezifische der Vagabundenlyrik.

> *Emil Nicolai: Nur für Fremde.*
>
> Die Sonne zaghaft glühend sinkt im West
> wie eine Mutter, die ihr Kind verläßt.

Vom Wandern müd, die Füße schmerzen wund,
tret in die Schenke ich zur selben Stund.

Der Feuerstrahl durch schmutz'ge Scheiben dringt —
und Qualm und Staub zur Säule tanzend zwingt.

Im Raume rechts ein Tisch die Ecke füllt,
und ob dem Tische hängt ein großes Schild

An der von Ruß und Dunst geschwärzten Wand,
worauf geschrieben: »Nur für Fremde« stand.

Das »Nur für Fremde« als wie Drohung klingt
dem, der so gern an Menschenherzen sinkt.

Und doch besagt es alles, schlicht und recht:
wer wandert, ist den andern viel zu schlecht.

»Bleib eingesessen doch, du blöder Tor!
Die Made liebt die Made nur im Rohr!«

Dies alles fährt mir plötzlich durch den Sinn,
und zu dem Tische tret' ich schweigend hin.

Im Dunkel hocken drei Gesellen dort,
als wie Gespenster an dem Geisterort.

Und meine Faust klopft auf die Platte: Kenn
daß gegenklopfend sich Verwandtes nenn.

Der Ruf erfolgt, ich bin kein Fremder mehr —
das Herz wird leicht, — das mir so sorgenschwer.

Und machtlos jetzt, das »Nur für Fremde« narrt —
bis andern Ortes mir dasselbe starrt.

So geht es fort im steten Wechselspiel
und »Nur für Fremde« ist dasselbe Ziel.

Bis daß »schachmatt« so Mancher [!] niedersinkt
und ihn die Erde dann verdauend schlingt.
                 (Anthologie 20, 77 f)

Ungeachtet der ungelenken Metrik (»als wie Gespenster an dem Geisterort«
beispielsweise wird mit einiger Mühe auf die erforderliche Anzahl Hebungen
gebracht), ungeachtet auch der nicht immer glücklichen Wortwahl, die einen
gewissen Anspruch verrät, ohne ihn erfüllen zu können (»zaghaft glühend«;
»verdauend schlingt«), beeindruckt das Gedicht, ja, diese Elemente stützen
eher, als daß sie es beeinträchtigten, das Gefühl, der hier spreche, sei ausgestoßen: Es ist, als gehöre das Holpernde der Verse zu dieser Ausgeschlossen-
heit. Ein glücklicher Griff ist die Wahl des Schildes »Nur für Fremde«, das
als Symbol eine Unmittelbarkeit erlaubt, wo ähnliche Gedichte nicht über
Lamentieren und Explizieren hinauskommen. Alles, was ihm angesichts des
Schildes »plötzlich durch den Sinn« fährt, wird im Selbstgespräch breit ausgeführt, als warte es nur auf die Möglichkeit des Ausbruches. Die Wende
löst ein akustisches Symbol aus: die Beantwortung des Klopfens auf den

Tisch im bestimmten Rhythmus mit der Anrede: Kenn Kunde. »Der Ruf erfolgt, ich bin kein Fremder mehr«: Das Klopfzeichen läßt das Schild vergessen. Da wird »sorgenschwer« zu »leicht« und »wie Drohung klingt« zu »machtlos [...] narrt«, allerdings: »bis andern Ortes mir dasselbe starrt.« Für einen Augenblick verliert der Fremdling in der Gemeinschaft mit dem Gleichartigen das Stigma des Vagabunden.

Andere Strophen zu diesem Thema bleiben demgegenüber vordergründig und schwach, wie etwa die folgende:

> Doch treff ich den Bruder, vorbei ist der Schmerz.
> Habt ihr schon Treu'res gefunden,
> Als die Liebe des Bruders zum Bruderherz,
> Als die Liebe des Kunden zum Kunden.
> (Kunde 1. 1, 8)

Jakubaschk verrät dieses Gefühl: Er bezeichnet es — »Gemeinschaftsgefühl wird es genannt« (Jakubaschk 1, 87), belehrt er ganz untypisch —, und er denunziert es in der unwahr kraftvollen Übersteigerung: »Wir sind die Herren der Landstraße allein« (Jakubaschk 1, 87).

Der Vagabund selbst steigert es auf andere Weise: zum Klassenbewußtsein: »Was wir ertragen müssen, ist viel« (Ziese 1, 10). Wie »wir« in diesem Gedicht »schon die große Befreiung« »besprechen«, wie sich darin die Zuversicht derer kundtut, die »die Bürger hassen« (Kunde 2. 5, 5 f), so heißt es salopp und mit der Kampfkraft, die in »wir« liegt:

> Uns winkt der Hungertod,
> Frisch auf zum Kampf um's Brot!
> Frisch auf, wenn auch der Feind uns droht,
> Wir lindern uns're Not!
> (Straubinger 2. 6, 11)

Der Weg führte von der Einsamkeit als Leiderfahrung über das Gefühl der Verbundenheit, das den Vagabunden recht eigentlich charakterisiert, bis zur Solidarität einer Klasse. Er läuft der Entwicklung von der Resignation über den vitalen Optimismus zum Klassenhaß geradezu parallel.

III. Freiheit und Not

Im Wechselverhältnis von Freiheit und Not zeigt sich, auf welche Weise der Vagabund das Bindeglied zwischen dem Wanderer und dem Vaganten ist.

In scharfem Gegensatz zum Wanderer und dessen vielberufenem Weh und Leid zielt er mit seiner ›Not‹ nicht unmittelbar in eine Sphäre der Empfindungen, anders als der Vagant führt er sie stets auf ein körperliches Mangelgefühl zurück. Einerseits — darin liegt die Bereicherung — ist seine Not nachvollziehbar und glaubhaft, andererseits — darin zeigt sich die Beschränkung — bleibt sie in der Aufzählung von Äußerlichkeiten stecken.

Weit entfernt von dem Wandersmann, der Leid literarisiert, und dem Vaganten zur Seite, der leidet, steht der Vagabund: Er erduldet die Not (und
sieht sie in seinen stärksten Vertretern als ein Symptom und Symbol).

Trausils »Landstreicher« vermag sich in einer durch die Literatur ›verdorbe-
nen‹ Weise leicht von der Not zu distanzieren: »Die Menschen sagen, ich
litte Not« (Trausil 2, 5). Er gibt ihr die vertraute elitär-geheimnisvolle
Begründung:

> Ich muß hungern, denn es gibt noch Bäume,
> Die nicht gerauscht in meine Träume
>   (Trausil 2, 5).

Solche Ansätze sind aber vereinzelt. Energisch verwahrt sich der Vagabund
gegen »eure romantische Seelennot« und »euer girrendes Herzeleid« (Anthologie 19, 79) und deckt ihre Unwahrheit durch die elementare Trias der
Not: Kleidung, Nahrung, Unterkunft auf: »Winterkälte im dünnen Kleid, /
die bloßen Füße im Schnee« und »ohne Dach und ohne Brot / sich betten
auf einen Stein« beschließen das Gedicht, das mit der scharfen Distanzierung
einsetzte.

Damit sind die Leitmotive des Notempfindens gegeben; sie werden viel-
fältig aufgegriffen und verschränken sich mannigfach. Daß der Vagabund
gern das einzelne Kleine benennt und ihm oft exemplarische, zuweilen
symbolische Bedeutung abgewinnt, zeigt sich auch hier. Die Obdachlosigkeit
findet Ausdruck in den schmerzenden Füßen, die weitertragen müssen, bis er
eine »Penne finden« (Kunde 3, 125 f) kann.

> Ich wanke müd und spät — und kein Zuhaus
>   (Kunde 4. 2, 1)
> Vom Wandern müd, die Füße schmerzen wund
>   (Anthologie 20, 77 f).

Was den Kunden beherrscht, tut er gleichwohl in lapidarer Kürze ab, die
Sentimentalität gar nicht erst aufkommen läßt: »Ich habe keine Schuhe mehr«
(Kunde 2. 5, 30 f). Allenfalls verquickt er die einzelnen Elemente, etwa
Nahrung und Kleidung:

> Sein Reichtum ist die liebe Not —
> Sein Kleid ein Fetzen — Trug und Spiel.
> Oft nährte ihn die Krume Brot,
> Die von des Satten Schüssel fiel.
>   (Kunde 1. 3, 12)

Auch die Gegenprobe erweist, daß der Vagabund gewissermaßen ›un-
seelisch‹ ausgerichtet ist. Nicht das Glück preist er (wie der Wandersmann),
wenn die Not für kurze Augenblicke überwunden scheint, sondern das
Behagen, eine zeitweilige Bedürfnisbefriedigung, die »lustig« (Kunde 1. 7, 7),

nicht aber glücklich sein läßt. Ein Glück, das Dauer und oft eine ominöse
Tiefe impliziert, ist ihm, selbst verbal, fremd.

Wo das äußere Geschehen Metapher für die innere Verworfenheit und Ver-
lorenheit wird, die immer durchscheint in Begriffen wie: »verachtet« (Anthologie 19, 90 ff), »Verbannte« (Kunde 4. 3, 2), »verstoßen« (Kunde 1. 1, 8),
da erkennt man den Übergang zur Vagantenlyrik.

Ein typisches Merkmal des Vagabunden ist dagegen die Verknüpfung der
Not mit der Freiheit. Jakubaschk (»Wir leben ein Leben voll Freiheit und
Not«, Jakubaschk 1, 87) läßt ahnen, daß beides unlösbar miteinander verbunden ist; es heißt bei ihm mit der Deutlichkeit der Kausalkonstruktion,
die der Vagabund nicht kennt:

> Ich liebe die Not [,]
> weil sie frei mich hält —
> (Jakubaschk 1, 70 f).

Was der Vagabund für seine Freiheit hält, ist erkauft mit einem Übermaß
an Entbehrung: Es ist ein Zustand der höchst abhängigen Unabhängigkeit,
der nur sehr bedingt, im Gegensatz zum Arbeitenmüssen der Seßhaften, den
Namen ›Freiheit‹ verdient. Das Paradoxe scheint eingefangen zu sein in
Formulierungen, die die Extreme von Freiheit und Not zusammenfassen:

> Ich bin ein König
> und ein Hund
> (Kunde 2. 5, 5 f)
> Ich bin kein Herr und niemands Knecht
> (Kunde 1. 7, 7).[46]

Die vielberufene Freiheit wird geradezu in ihr Gegenteil verkehrt. Es wird
nicht der Weg der »Absage« (Kunde 4. 3, 2) beschritten; hier scheint derjenige,
der aus geistigem Ekel Brücken hinter sich abbrach, eine Spur wirklicher
Freiheit errungen zu haben.[47] Freiheit ist üblicherweise nicht mehr als die
erste und die letzte Rechtfertigung und der ›Trost‹ des Vagabunden, denn
sie ist das, was er den ›anderen‹ voraushat. Seine Berufung auf sie ist eine
Form des Selbstschutzes; so nimmt es nicht wunder, daß die Freiheit kaum
einmal ihren wahren Charakter offenbart. Wieder ist es nur natürlich, daß
Jakubaschk, für den die psychologischen Voraussetzungen des Vagabunden
nicht zutreffen, es mit brutaler Deutlichkeit sagen kann: »Die Freiheit ist
sowieso nur erborgt« (Jakubaschk 1, 81).

Wo der Vagabund die Freiheit bejubelt, leidet er in Wirklichkeit unter
seiner Bindungs- und Haltlosigkeit. In dem gleichen Gedicht, in dem »Seelen-
schmerz« aus äußerer Not erwächst, heißt es mit einem Pathos, das nur

---

[46] So schon Maraun: Die Straßen rufen. S. 447, wie ich nach Abschluß des Manuskripts feststelle.

[47] Vgl. oben S. 174.

bestätigen kann: »Gelöst ist jedes schöne, heil'ge Band« (Anthologie 19, 90 ff).
Man braucht nicht den moralischen Impetus Stecherts; wenn der Vagabund es
auch »zur moralischen Entlastung« Freiheit nenne: »es bleibt dennoch dasjenige, was sklavisch macht.«[48] Man braucht nur die Feststellung: Der Begriff
Freiheit wird in der Vagabundenlyrik über die — selten ausgesprochene,
doch oft zwischen den Zeilen stehende — Einsicht: »Frei! — Welcher Hohn!«
(Anthologie 20, 80) schließlich durch einen kleinen Zusatz pervertiert und
in einen zunächst überraschenden, aber treffenderen Zusammenhang gebracht:
»vogelfrei« (Kunde 1. 7, 7). Nur wenig überspitzt könnte man sagen, daß auf
diese Weise die Freiheit endlich das wird, was sie tatsächlich ist: ein Bestandteil der Not.

IV. Heimat und Fremde

Heimat als das, was der Vagabund verlor oder aufgab, hat eine sentimentale
Qualität. Deshalb wird die Erinnerung an sie gemeinhin peinlich gemieden
und nur von demjenigen gepflegt, der Gelesenes und Erlebtes in diesen Begriff verknüpft und (auch) alle Modifikationen der Heimat des Wandersmannes nachvollzieht.[49] Da heißt es zunächst noch recht unspezifisch: »Mein
Weg geht weit der Heimat fern« (Ziese 1, 14). Die Heimat bleibt der feste
Bezugspunkt der Bewegung: eine der Vagabundenlyrik sonst fremde, ja —
wie wir sehen werden — feindliche Vorstellung.

> Wenn Blätter wirbeln und tief im Walde die Wehmut singt,
> Suchen Wanderer wieder den Weg, der heimwärts bringt —
>   (Ziese 1, 22).

Der Kontext ist hier geeignet, das »heimwärts« in die Richtung einer geheimnisvollen Ur-Heimat zu verschieben, und vollends fühlen wir uns an
diese Zusammenhänge bei der »Wanderheimat« Georg Schwarz' erinnert:

> Wie unsre Wanderheimat heiße
> Zu wissen, hat kein Mensch Gewalt
>   (Kunde 1. 9, 25).

In einer Deutlichkeit, die die Divergenzen in den anderen Motivbereichen
noch übertrifft, hebt sich diese Einstellung aber von der des ›unverbildeten‹
Kunden ab. Dieser empfindet sich als herkunfts- wie zukunftslos: Darin liegt
letztlich der Grund dafür, daß er die Heimat nicht etwa nur aus Stolz oder
aus Scham nicht mehr kennen will und darum jedes Heimweh unterdrückt,
sondern daß er sie im eigentlichen Sinne verliert: Er vergißt sie, sie geht
verloren wie ein Schlüsselbund.

---

[48] Stechert: Der Vagabund und seine Welt. S. 89.
[49] Vgl. oben S. 78—80.

Wie sich solchem Empfinden die Heimat entrückt, so verschließen sich
ihm auch die vielfältigen Lockungen in die Zukunft, in eine geheimnisvolle
Ferne. Es ist absolut nichts zu erwarten; was bleibt, ist das Hier und Jetzt: die
Fremde allenthalben.

Heimat- und Ziellosigkeit werden nicht verbal berufen; glaubhaft werden
sie vielmehr, weil sie durch ein ganzes Gedicht hindurchscheinen. Selten und
dann lapidar kommen sie zur Sprache, ein Wesen kann der Vagabund nicht
daraus machen: »Ihm wird nicht Liebe, Heim und Ort« (Kunde 1. 3, 12).
Er spricht wie nebenhin, und er ist nicht so fixiert auf bestimmte wenige
Leitworte. Mit ›irren‹, ›treiben‹, ›hasten‹ und ähnlichen Verben bezeichnet
er den Zustand ohne bewußtes Gestern und Morgen:

> Ich irre so durchs Leben hin
> (Kunde 1. 7, 7)
> wohin mich Wind und Wellen führen, treib' ich
> (Anthologie 19, 76)
> man hastet ziellos weiter
> (Kunde 4. 4, 1).

Oder er wählt Umschreibungen:

> so weit der Himmel ist
> (Kunde 2. 5, 4 f)
> Ins Weite irgendwo hinein
> (Trausil 2, 11).

Ziellos ist er auf dem Weg, der zum Lebensweg wird: »Wohin denn will ich?
Wenn ich's endlich wüßte!« (Ziese 1, 19).

Um so stärker ist der Vagabund auf *ein* Ziel fixiert: auf den Tod als das
Ende dieses Lebensweges.

> *Fritz Binde: Vagabundentod.*
>
> Was soll ich weiter wandern
> von einem Kaff zum andern,
> ich bin dies Leben leid.
> Am Fuß verfaulte Lappen,
> im Leibe keinen Happen,
> kein Poscher in der Tasche
> und leer die Fuselflasche,
> ich bin zum End' bereit.
> Du Leib voll offner Schwären.
> Ich will dir Ruh' gewähren,
> adieu, du treue Laus.
> Hier will ich mich hinstrecken
> und still am Weg verrecken,
> dann ist dies Leben aus.
> (Anthologie 19, 108 f)

In ergreifendem Ton, dem die Anlehnung an Claudius' »Der Mond ist aufgegangen« die Wirkung nicht nimmt, ergibt sich der Vagabund dem Ende. Zwischen den Stützen des Gedichtes, dem Vers »ich bin dies Leben leid«, dem daraus folgenden und damit korrespondierenden »ich bin zum End' bereit« und der letzten Zeile »dann ist dies Leben aus«, die beide verknüpft: zwischen diesem Gerippe wird das Leben in gedrängtester Form noch einmal vorgestellt, seine Not in der Trias Kleidung (»Am Fuß verfaulte Lappen«), Nahrung (»im Leibe keinen Happen«), Unterkunft (»kein Poscher in der Tasche«) und sein (einziger potentieller) Trost: »und leer die Fuselflasche«.

Von der Gleichgültigkeit gegenüber allem ist auch der Tod nicht ausgenommen. Mißachtung drückt sich in dreierlei aus: in der Beliebigkeit des Ortes, in der kreatürlich-pejorativen Beschreibung des Sterbe- und der ebenso drastischen Schilderung des Begräbnisvorganges, in dem alle Sinnlosigkeit kulminiert. »Hier« nennt Binde den Ort des Sterbens, das heißt: hier, wo ich gerade zufällig stehe. Zieht man zum Vergleich einige Gedichtschlüsse heran, so wird das deutlicher:

> wo gerade Platz dafür —
> (Kunde 1. 7, 7)
> Wo es ist, ist schließlich so tutschnutz — —
> (Kunde 4. 4, 1).

»Hinstrecken« und »verrecken« werden im Sinne der Mißachtung bekräftigt von Versen wie:

> Und wenn ich sterb, so leg ich mich
> (Kunde 1. 7, 7)
> dann machen wir die letzte große Platte
> (Kunde 4. 4, 1)[50]
> Bis daß ›schachmatt‹ so Mancher [!] niedersinkt
> (Anthologie 14, 77 f).

Und:

> grab' mir ein Loch und scharr' mich ein
> (Kunde 2. 5, 30 f)
> man vergräbt sie, ... ungeputzt vom Straßenschmutz
> (Kunde 4. 4, 1)
> ihn die Erde dann verdauend schlingt
> (Anthologie 14, 77 f).

Nichts weiter bedeutet der Tod als das Ende der endlos scheinenden Reihung von Augenblicken und Örtlichkeiten. Der Vagabund kann weder eine Hoffnung daran knüpfen noch ihn sentimental verklären oder generell als »letzte

---

[50] »Platte machen« bedeutet in der Vagabundensprache: im Freien nächtigen.

Heimkehr« (Ziese 1, 13) vorausprojizieren (wie es Ziese einmal tut); Heimat
ist ihm nicht nur kein Wert mehr, sondern allenfalls noch eine leere Worthülse.

Hat die Heimat aber, obwohl sie der Seßhafte immer und immer wieder
gegen ihn (ver-)wendet, noch einen Rest von Gewalt über ihn, so füllt er sie
in einem Akt der Verzweiflung neu. In diesem Sinne steht als Motto über
der Vagabundenlyrik:

> Wer in den Winden seine Heimat hat,
> Weiß nur: der Weg vor ihm ist weit
> (Kunde 2. 1, 1).

Die scharfsichtige Formulierung der »Absage« zeigt, wie in einem späteren
Stadium der Heimatbegriff ursprünglichen Sinnes frei zu werden beginnt: »Das,
was ich damals Heimat nannte« (Kunde 4. 3, 2). Wie trotzig stellt der Vagabund fest: »Mein Heimatland, das ist die Welt« (Kunde 2. 5, 5 f); ohne
Hemmungen faßt er das schiere Gegenteil in den gleichen alten Begriff. Da
wird der Fremde, ohne daß sie ihre Qualität verlöre, der verbale Status
der Heimat zuerkannt.

Wie Freiheit und Not werden auch Heimat und Fremde zu letztlich aus-
tauschbaren Begriffen.[51] Jene bezeichnen den Zustand, diese den Raum, in dem
der Vagabund lebt: Lapidar in jeder Form, ohne Aufhebens, den Blick auf
das scheinbar Unwichtige gerichtet, haftet er am Äußerlichen und schreitet den
Weg von vitalem Optimismus zu tiefer Resignation und tödlicher Apathie ab.

---

[51] Genau wie der Wandersmann, wenn auch aus ganz anderen Gründen, zwingt
   also der Vagabund den Betrachter, *hinter* solche Worte zu blicken, ein Verfahren,
   das ja schon auf die Selbstbenennung angewandt werden mußte. Vgl. oben S. 5.

2. KAPITEL: DER VAGANT

Mit dem Vaganten ist eine Gruppe von Dichtern ungleich höheren Niveaus erreicht. Bei ihnen sind literaturwissenschaftliche Wiedergutmachungen möglich und nötig (obgleich auch unter ihnen kein *großer* Dichter zu finden ist); allesamt haben sie im Vergleich zu den schwächlichen Wanderern zu wenig Beachtung gefunden. Das mag mit dem Vagieren selbst zusammenhängen, das weniges reifen läßt, aber auch mit den politischen Umständen. Denn die anscheinend weltfremden Vaganten haben den besseren Instinkt als der Wandersmann bewiesen und auch die Konsequenzen daraus nicht gescheut: Das Vagieren ging für sie alle in die Flucht über und endete in Exil oder Konzentrationslager.[1]

Selbstverständlich nennt sich der Vagant nicht (oder nur zufällig) ›Vagant‹, und ebenso selbstverständlich sind diejenigen keine Vaganten, die sich gern so nennen.[2] Bei dem wirklichen Vaganten kann es nicht mehr um das Beschreiben und Interpretieren isolierter Motive gehen: Vagieren ist Sache *einer* und einer *ganzen* Person; das Unterwegs-Sein als Vagieren bekommt auf der unverändert ›fußfesten‹ Grundlage eine höhere Bedeutung. Ich kann also nur Einzelbeispiele geben; Vollständigkeit ist weder angestrebt noch überhaupt möglich. Ich wähle als zwei relative Antipoden Jakob Haringer und Hugo Sonnenschein und dazu, je als Begleitfigur, Theodor Kramer und Jesse Thoor. Das Vagantische läßt sich an ihnen besonders deutlich herausstellen. Sie können unter diesem Aspekt die Bekannteren wie Wegner, Klabund, Ehrenstein[3] in einen tour d'horizon verdrängen; so fordern sie dazu auf, einen vielleicht vorschnell verfestigten Kanon zu überprüfen.

A. Johann Jakob Haringer

Motto:
Und geh ich auch heim, ach ich hab ja kein Heim.
(Haringer 10, 17)

Im 20. Jahrhundert verkörpert den Typ des Dichter-Vaganten innerhalb des deutschen Sprachraums am reinsten der am 16. März 1898 in Dresden-

---

[1] So wäre denn auch einer der möglichen Anknüpfungspunkte an diese im allgemeinen bis 1933 reichende Darstellung, die Elemente der Heimatlosigkeit in der Literatur der Exilierten zu untersuchen.

[2] Vgl. oben S. 6—8.

[3] Vgl. unten S. 256—263.

Neustadt geborene Johann Franz Albert Haringer, der sich Johann (Jan)
Jakob oder auch nur Jakob Haringer nennt. Jeder seiner wenigen Interpreten
stellt pflichteifrig die Verbindung (wie nichtssagend sie dann auch bleiben
mag) zu François Villon her, dem berühmtesten Vaganten, zumal Haringer
die Parallele selbst nahelegt, der das Werk des Franzosen nach- und um-
dichtet und dem seinen einfügt.[4] Eine nur annähernd vergleichbare Geltung ist
ihm bis heute aber nicht vergönnt, obwohl er mit mehr Recht als beispielsweise Hesse eine Renaissance verdient hätte (und dies nicht nur aus außer-
künstlerischen Gründen): Er lebt eine Verweigerung, für die man eben jetzt die
(falschen) Propheten sucht.[5] Aber er lebt die Verweigerung ohne ›Aufwand‹,
ohne gängige Ideologie; die Rechtfertigung dazu findet er — man schämt sich
ohne Grund, es zu sagen — allein in dem, was er ›Herz‹ nennt. Von wenigen
wird er enthusiastisch bewundert, von wenigen vehement abgelehnt, und von
vielen wird er ungerechterweise nicht beachtet. So sei im folgenden eine
kritische Fürsprache versucht.

I. Biographischer Überblick

Der äußere Ablauf

Auch die spärlichsten biographischen Fakten bleiben zeit seines Lebens
und lange über seinen Tod hinaus unklar. Schon die Angaben über sein
Geburtsjahr schwanken zwischen 1883 und 1898, in die Nachschlagewerke
wird er als Dr. phil. aufgenommen, über die literarischen Preise, die er
erhält, ist man bis heute im ungewissen, und noch eine Auswahl von 1965
(Haringer 18) ist voller Fehler.

Verworrener noch ist die bibliographische Situation, einerseits durch Haringers bedenkenlos-phantasievolle Angaben, andererseits durch seinen jeder
Erforschung widerstreitenden Lebensweg. Er gibt seine Büchlein oft in Selbst-
verlagen mit klingenden Namen und Orten heraus, erwähnt zehnbändige
Gesamtausgaben, von denen er neun Bände bloß erträumt (Haringer 14);
er will viele Werke aus allen Weltliteraturen übersetzt haben, gibt Zeitschriften heraus, die bis heute niemand finden konnte, und dergleichen mehr.
Eine — allerdings typische und große — Auswahl bieten jene Bände,
die Haringer in seriösen Verlagen unterbringen kann: »Hain des Vergessens«
von 1919 (Dresdner Verlag), »Die Kammer« (1921 bei Habbel erschienen),
der große Auswahlband »Die Dichtungen« (1925), den Kiepenheuer auf
Döblins Fürsprache verlegt, und schließlich »Heimweh« (1928) und »Abschied« (1930) (bei Zsolnay).

---

[4] Vgl. oben S. 36.
[5] Ich verweise in dem Zusammenhang etwa auf die soeben unbegreiflicherweise neu
aufgelegte »Wanderung« Hesses, (Frankfurt:) Suhrkamp (1975). (= Bibliothek
Suhrkamp. 444.)

Werner Amstad kommt das große Verdienst zu, das Gespinst der Mystifikationen, das Haringer um sich zieht, soweit irgend möglich zerstört zu haben[6]; auf weite Strecken gelangt man über ein lückenhaftes Itinerar anscheinend nicht mehr hinaus. An seine Arbeit muß sich jeder biographische Versuch anlehnen.

Ob Haringer in Dresden aufwächst oder in München, wo seine Eltern 1908 heiraten, ist ungewiß. Zeitlebens als Heimat angesehen und mit Kindheitserinnerung und Jugendglück schwärmerisch verknüpft hat er die Stadt Salzburg, in deren Umgegend die Familie zieht. Der Knabe verläßt die Realschule 1914 ohne Abgangszeugnis und bricht auch eine kaufmännische Lehre nach kurzer Zeit ab: erste Anzeichen bürgerlicher Untüchtigkeit und Untauglichkeit. Er schlägt sich als Tagelöhner durch, wird 1917 zum Kriegsdienst eingezogen und nach verschiedenen Lazarettaufenthalten entlassen. Mit einer bis heute nicht restlos geklärten Episode in der Münchner Räterepublik und einem daraus folgenden Zuchthausaufenthalt in Stadelheim schließen die Jugendjahre markant ab.

Das Vagantische seines Wesens setzt sich nun immer stärker durch. In die Heimat zurückgekehrt, wechselt er seinen Wohnsitz zunächst ständig im Salzburgischen. Er arbeitet nicht oder doch kaum, sondern schreibt, liest, träumt und verfaßt Bettelbriefe und Gedichtabschriften, mit deren Hilfe er zeitlebens seinen Unterhalt bestreitet. Mit dem Tod seiner Freundin Hilda Reyer, die 1927 21jährig an Tuberkulose stirbt, ist die letzte Möglichkeit dahin, sich in eine bürgerlich-seßhafte Existenz zu finden.

Seit 1927 lebt Haringer auf Reisen, sucht ihm geneigte Verleger auf, verbringt einige Wochen bei Gönnern und Freunden, überall und ständig nur damit beschäftigt, sein sehr rasch anwachsendes Oeuvre bei Zeitschriften, Zeitungen und Verlagen unterzubringen. 1929 nimmt er am Vagabundentreffen in Stuttgart teil; durch Ohrfeigen, die er dort mit dem Wiener Rudolf Geist wechselt, bleibt er in der Erinnerung der Beteiligten.[7]

Sein Vagieren ähnelt immer mehr einer Flucht. Zunächst verfolgen ihn Haftbefehle wegen Meldeangelegenheiten, Zollvergehen, Beleidigungen und ähnlichen Bagatellen: Die kuriosen Hintergründe und Einzelheiten verstärken nur den Eindruck, daß sich damit eine soziale Ordnung an jemandem rächt, der sie bedenkenlos ignoriert. Gegen ihre Ansprüche wehrt sich der unbekümmerte Sonderling immer wieder mit einer dem Zwang zur Freiheit erwachsenden instinktnahen Pfiffigkeit.

---

[6] Werner Amstad: Jakob Haringer. Leben und Werk. Phil. Diss. Freiburg (Schweiz) 1966. — So verdienstvoll die Arbeit im biographischen, so unzureichend ist sie im interpretatorischen Teil, der über eine willkürliche Registrierung und dilettantische Psychologisierung nicht hinauskommt.

[7] Brief Otto Basils an den Verfasser vom 11. 5. 1972.

Mit dem Jahr 1933 verstärkt und verändert sich der Druck. Sein Vagieren wird auf Österreich und die Schweiz beschränkt, bis er 1936 als »Schänder unserer deutschen Sprache«[8] verfemt wird, der »zu jenen üblen Vertretern des jüdischen Kulturbolschewismus«[9] zähle und dessen Werk »übel riechende Kaschemmenpoesie blöder Absurditäten und frecher Blasphemien«[8], eben »typische Irrenhauspoesie«[9] sei. Er wird ausgebürgert, kann 1938 in letzter Minute nach Prag fliehen und gelangt endlich in Schweizer Exil. Vor 1933 wegen kleinerer Delikte strafrechtlich, dann politisch verfolgt, bleibt er auch jetzt der Gehetzte: Ohne jede Legitimation, Auflagen ignorierend, weckt er das Mißtrauen jeder Behörde. Er bleibt illegal in der Schweiz, flieht nach Frankreich, kehrt zurück, wird interniert und schließlich auf die Fürsprache von Gönnern zu seinem Schutz in einer Nervenheilanstalt untergebracht. Nach dem Krieg nimmt er die alte Lebensweise wieder auf, lebt bei Freunden, ist immer auf Reisen. Er stirbt in Zürich am 3. April 1948.

Die innere Biographie

Die Frage nach dem inneren Grund solch vagantischer Existenz kann nur das Werk beantworten, das Amstad nicht zu Unrecht ein »Bruchstück seines Lebens«[10] nennt. Bei aller Vorsicht, die im Falle Haringers doppelt angebracht ist, darf man ihn selbst als Zeugen dafür anrufen, daß seine Dichtung radikale Selbstaussage ist: »Mein ganzes Leben war ein furchtbares Aufschreien, Weinen. Ich habe all mein Leid, mein Unglück in meine Dichtung gepreßt. Wer mein Leben finden will, lese sie.«[11]

Das Vagieren liegt dem ganzen Werk wie selbstverständlich zugrunde und dringt in alle Gedichte ein.[12] Die direkten Hinweise darauf sind die Keim-

---

[8] Eberhard Wolfram: Der »Dichter« Jakob Haringer. — In: Nationalsozialistische Monatshefte 7 (1936) Nr. 79, S. 923.

[9] Wolfram: Haringer. S. 921.

[10] Amstad: Haringer. S. 111. — Dennoch mangelt es vor allem an beglaubigten biographisch-psychologischen Details, die hinweisen und bestätigen könnten.

[11] Jakob Haringer: Mein Leben. — In: Die neue Bücherschau 5 (1924/25) 3. Schrift, S. 41 (= Haringer 17, 16).

[12] So darf eine Deutung des *Vaganten* Haringer wohl beanspruchen, der Versuch zu einer Deutung Haringers überhaupt zu sein. Nicht oder kaum eingehen werde ich auf die Form (Assonanz, Refrain) und auf sprachliche Erscheinungen wie die Diminutiva und die Neuschöpfungen in Form von Zusammensetzung (»mondverweint«, Haringer 6, 120), Verbalisierung (»mohnen«, Haringer 6, 51), Variierung (»zerläuten«, Haringer 6, 127), Personalisierung (»Frauen dämmern«, Haringer 6, 120), auf die Syntax mit Inversion und Transitivierung (»Alleen versteinern Kindheit«, Haringer 5, 24 f), ferner auf die eigenwillige Orthographie, die zu einem individuellen Instrument gemacht wird, auf die Volksliedelemente, die Farben (»schwarzer Schnee«, Haringer 6, 123), die Metaphorik (Vorliebe für die Genitivmetapher: »die Dächer der Seele«, Haringer 6, 77), endlich auf die psychopathologischen Grenzfragen, auf die Frage der Mythisierung, auf das Romantik-Problem und auf anderes mehr.

zellen, aus denen es erwächst. Nur insgesamt kann es die Fragen beantworten, die sie aufwerfen.

Der unprätentiös formulierte Zwang zur Fortbewegung:

> ich darf ja nirgends bleiben
> (Haringer 3, 54 f)
> ich muß weitergehn ...
> (Haringer 6, 120)

geht in eine Ziellosigkeit mit dem Aspekt »wozu« über:

> Ich muß ja so bald wieder wandern,
> Ich weiß nicht, wozu und wohin
> (Haringer 6, 186).

Sie führt in das Irren (als Adjektiv weckt es bisher ungewohnte Assoziationen: »mein armes irres Wandern«, Haringer 14, 17 f) und mündet in die
Verabscheuung: »Das ganze elende Wandern und Leben« (Haringer 14, 17 f).
Setzt hier der explikative Charakter der Kopula Erwartungen frei, so an
anderer Stelle die enge Verbindung unspezifischer Hinweise (»Fern ach / fern
liegt meine Heimat«, Haringer 5, 12) mit solchen, die den Haringer eigenen
metaphorischen Rahmen zu erschließen beginnen:

> Keine *Heimat* hab ich, keine weiße *Rose* ...
> (Haringer 17, 72)[13]
> Wann wird uns *Heimat* und *goldene Stadt*
> (Haringer 13, 34).

Die Negation ist hier angelegt:

> Ich bin ein *Fremdling* geblieben,
> fand *keine* Ruh, *kein* Zuhaus
> (Haringer 9, 64).

Die konstituierende Ambivalenz enthalten Verse wie:

> Und geh ich auch *heim*, ach ich hab ja *kein Heim*
> (Haringer 10, 17)
> Wie oft, ach, ward ein *Heim* mir *Heimatlosen* [!]
> (Haringer 17, 61).

Spezifische Verknüpfungen künden sich an:

> Kein süß *Zuhaus* bei einer *Frau*
> (Haringer 9, 108).

Endlich führen die direkten Hinweise auf den Ausgangspunkt zurück:

> Ich bin mir so *fremde* und Allem [!] so *fern*
> (Haringer 3, 60).

---

[13] Hervorhebungen bei allen Haringer-Zitaten von mir.

Solche und ähnliche Fragen klärend weiterzuführen, ist ein Gedicht wie
»Schwermut« geeignet: Sein Aufbau, eine Kette von Versuchen zur Selbstbestimmung, ist an Einfachheit nicht zu überbieten.

Jakob Haringer: Schwermut

(1) Ich bin ein Fremdling, einst war ich ein Dichter.
Ich bin der letzte Morgengast der müden Hur.
Ich bin die Wand, die alles hört und nichts sagt.
Ich bin ein Licht, das die Nacht über beim Sterbenden brennt.
(5) Ich bin der Schiffer, der aus fernen Landen zurückkehrt, und sein Weib war
nicht treu.
Ich bin der Schnee, über den der letzte Strahl der Sonne rost.
Ich bin der alte Blinde, der nicht sterben kann.
Ich bin der müden Näherin Gebetbuch, von trostlosen Tränen beschmutzt.
Ich bin der Greis, der ein blutjunges Weib nimmt.
(10) Ich bin die Nacht aller Verzweifelnden, Trostlosen, zum Tod Verurteilten.
Ich bin das traurig in der Zelle gepfiffne lustige Lied.
Ich bin ein Kind, das keiner mit Spiel und Lächeln erfreut.
Ich bin ein blindes Lamm, das vergebens nach der Mutterbrust greift.
Ich bin der letzte sterbende Unkenruf im Röhricht —
(15) Ich bin der Fels, der an Veilchen und Moos und Ginster denkt.
Ich bin kein Stern, der einen Himmel fand —
Nun bin ich nur mehr was, ich weiß nicht was . . .
(Haringer 17, 73)

Fünfzehn Zeilen, die erste und die letzte ausgenommen, bemühen sich, in nur
leicht rhythmisierter Sprache zu bilden, was »ich bin«. Acht Ringe, die von der
Mitte nach außen kontinuierlich an Gewicht zunehmen, bauen aufeinander
auf, so daß das Gedicht vom Höhepunkt des Anfanges durch den Tiefpunkt
der mittleren Zeile bis zu dem korrespondierenden Höhepunkt am Ende
schwingt.

Die Achse, die Zeile 9, bietet ein Bild von zunächst unverständlicher
innerer Gegensätzlichkeit: »Ich bin der Greis, der ein blutjunges Weib nimmt.«
Um sie legen sich als erster Ring zwei Verse von nächtlicher Müdigkeit und
Trostlosigkeit; noch werden nur Worte aufgetürmt. Schon hier erhält der
Vers des ›Abgesanges‹ den stärkeren Akzent: »Trostloser« (das Adjektiv
wird substantiviert: Es absorbiert seinen Träger) gegenüber »trostlos«, »Tod«
gegenüber »Tränen«, »verurteilt« gegenüber »beschmutzt«.

Liegt schon ein besonderer Akzent darin, daß gerade das Gebetbuch, das
Trost spenden können sollte, in enger Verbindung zur Trostlosigkeit steht,
so verstärken die Zeilen 7 und 11, die den nächsten Ring bilden, diesen
Eindruck; sie bleiben im Umkreis von Verurteilung und Tod. Zum einen
scheint es trostloser selbst als der Tod, wenn nicht sterben kann, wer alt und
blind ist. Zum andern ist das lustige Lied Ausdruck höchster Trostlosigkeit:
In der Zelle gepfiffen, macht es gerade durch seine Lustigkeit den Gegensatz
erst deutlich.

In ähnlicher Steigerung wie die Zeile 10 gegen die Zeile 8 verbinden sich die Verse 6 und 12 sowie 5 und 13. Zunächst steht dem immerhin noch »letzten« Strahl der Sonne die Ausschließlichkeit des »keiner« entgegen. Das Motiv der Kindheit (eine Bestimmung hier zum ersten Mal[14], die für Haringer überhaupt von Bedeutung ist) wird sodann — im Bild des blinden Lammes — abgewandelt und mit dem Motiv der Liebe (Schiffer — Weib) in Verbindung gebracht. Vergeblichkeit leuchtet bezeichnenderweise gerade in diesen beiden Zeilen auf, einerseits in dem Bilde der (sinnlos gewordenen) Rückkehr zu einer Untreuen, andererseits in dem ungleich stärkeren Bild, das Kindheit und Blindheit, die Motive der vorigen Verspaare, verknüpft.

In der Metapher des Sterbens finden sich die Verse 4 und 14 zusammen. Im Bild der vierten Zeile herrscht die Hoffnung vor, dem Sterbenden Hilfe: Licht sein zu können. Das »ich« ist nicht selbst betroffen; eine besondere Rolle scheint ihm zuzuwachsen gegenüber dem noch Unbekannten, aus dem Vergeblichkeit und Trostlosigkeit folgen. In der korrespondierenden Zeile ist diese Illusion zerstört: Der Dichter selbst erstirbt mit dem »Unkenruf im Röhricht«.

Im weiteren Vorwärts- und Rückwärtsschreiten offenbaren Trostlosigkeit (Zeilen 8/10), Vergeblichkeit (Zeilen 5/13) und Tod (Zeilen 4/14) ihre Ursache: die Unmöglichkeit der Kommunikation, in Vers 3 im Bild der Wand, gegen die man sprichwörtlich reden kann, ohne eine Reaktion hervorzulocken, in Vers 15 in dem des Felsens, des toten Gesteins, das an das Lebendige, an »Veilchen und Moos und Ginster« allenfalls und jedenfalls »denkt«.

Das vorletzte Zeilenpaar (Zeilen 2/16) stellt die Ursache deutlicher heraus: Liebe und Liebeserfüllung sind unmöglich. Immer ist »der letzte Morgengast der müden Hur«, immer also muß sich mit einem Zerrbild (genauer: mit dem Zerrbild eines Zerrbildes) begnügen, wer nicht »einen Himmel fand«. Selten eindrücklich weist die vorletzte Zeile zugleich auf die Problematik voraus, die in den das Ganze einrahmenden Versen erklärt und gleichzeitig bewiesen wird: Wie in der »Bestimmung«: »Und morgen werd ich keinen Himmel schaun« (Haringer 7, 21), so wird auch hier das Bild verloren, kaum ist es gefunden: »kein Stern«. Es vernichtet und verbietet sich von selbst im Augenblick der Imagination. In solcher Nicht-Metapher gestaltet Haringer sein Ausgeschlossensein am stärksten.

Es bleibt die abschließende Kapitulation »ich weiß nicht was«, die zeigt, was die Eingangszeile als Ergebnis einer langen Entwicklung feststellt: Das

---

[14] Die Betrachtung Haringers stellt zu ungunsten des Historischen auf das Strukturale ab; die Einförmigkeit des Werks läßt ein solches Vorgehen als geeignet erscheinen (im Gegensatz etwa zu Sonnenschein, vgl. unten S. 224). So folgen Bestimmungen wie »zum ersten Mal«, »sodann«, »endlich« o. ä. nicht einer Chronologie, sondern der Logik einer Struktur.

Fremdling-Sein hat, wie alles andere, endlich auch das Dichter-Sein in sich aufgenommen und vernichtet. Der letzten Zeile geht die Einbildungskraft des Künstlers verloren; auch in dieser vermag der Dichter-Fremdling keinen Halt mehr zu finden.

Schon hier wird zugleich die entscheidende Schwäche von Haringers Werk sichtbar: Es wird zu wenig gestaltet. Es beginnt nicht gleichsam jenseits des Schweigens (um eine modische Hilfsvorstellung zu benutzen), sondern bleibt immer davor, »weiß«, um es platt zu sagen, immer noch »was«. Nur allzu vorübergehend gilt: »Ich find keine neuen Reime mehr für mein uralt Weh« (Haringer 6, 60). Eben darum wird seine Lyrik oft zur Lamentation, bleibt nur-persönlich und mangelt der Symbolkraft, wird zum wort- und bild-reichen Leerlauf, zu ohnmächtiger Stereotypie, in der nur einzelne Bild-funken davon zeugen, was das Werk als Ganzes hätte sein können, wenn Haringer den Schmerz und nicht dieser meist den Dichter beherrscht hätte.

Noch in einem anderen Sinne nimmt das Gedicht eine Schlüsselstellung ein. Es wird nämlich durch etwas zusammengehalten, das, hier mannigfaltig variiert und darum weniger augenscheinlich, sich als das wichtigste Merkmal von Haringers Lyrik erweist: die Negation. Substantive wie »Blinder« (Zeile 7), »Nacht« (Zeilen 4 und 10), »Greis« (Zeile 9), »Sterbender« (Zeile 4), Adjektive und Adverbien wie »blind« (Zeile 13), »müde« (Zeilen 2 und 8), »trostlos« (Zeile 8), »traurig« (Zeile 11), »vergebens« (Zeile 13), »alt« (Zeile 7), »sterbend« (Zeile 14) evozieren einen Bereich — in »Fremd-ling« fließt alles das zusammen —, den die beherrschenden »letzter« (Zeilen 2, 6 und 14) und »nichts« (Zeile 3), »nicht« (Zeilen 5, 7 und 17), »kein« (Zeilen 12 und 16) kennzeichnen. In dem, was ich ›Negation‹ nennen möchte, schließt sich, neben dem Komplement ›Konjunktiv‹, das ganze Werk auf.

II. Die Negation

Die Negation geht von dem Vorstellungsbereich ›Tod, Eis‹ als dem Nicht-Lebendigen aus:

> [. . .] O Erde,
> Wie bist du *eis* [!] und letzter *Sterbetisch*
> (Haringer 6, 136)
> O mein Herz ist *vereist* und möcht *sterben*
> (Haringer 10, 76);

dieser wird mit dem Verloren-, Verlassen-, Verstoßensein verknüpft:

> immer so ewig müd und *verstorbn* und *verlassen*
> (Haringer 6, 42)
> meine alte *tote* Seele ist *verstoßen*
> (Haringer 6, 68)

so *müd* und *verlassen*
(Haringer 6, 14).

Das wiederum verselbständigt sich:

Ich hab deine Himmel *verloren*
(Haringer 6, 60)
Da hab ich dein Lächeln *verlorn*
(Haringer 6, 186)
Da ich so von Allem [!] *verstoßen* [. . .] einschlaf
(Haringer 6, 42)

und führt über die Fremdheit als Begründung:

Und bin so müd, so klein, so *fremde*
(Haringer 6, 35)
Bloß ich bin *fern*
(Haringer 6, 127)

— über bloß lokale Bedeutung geht sie hinaus (»*mir* so fremde und Allem
[!] so fern«, Haringer 3, 60) — zu den Negationspartikeln selbst, zu »nirgends« (»Nirgends find ich Ruh«, Haringer 9, 21), »nie« (»Was mir menschen
[!] und Gott nie gegeben«, Haringer 10, 76), »nicht« (»der Tod läßt mich
auch nicht ein«, Haringer 6, 35), »nimmer« (»Gott mag mich nimmer«, Haringer 6, 35), vor allem aber zu »kein«.

Wie durch »kein« das Gefühl des Ausgeschlossen- und Ausgestoßenseins in
fast aufdringlich zu nennender Weise strukturbestimmend wird, zeigt

Jakob Haringer: Ewig zerbrochenes Herz

Und geh ich auch heim, auf mich wartet kein Lieb,
Auf mich wartet kein Brief und kein Wein,
Ach ich hab ja kein Heim und ich bin so betrübt,
Ich bin auf der Welt ganz allein.
Ich hab keinen Hund der sich freut wenn ich komm,
Keine Mutter kocht lieb mir Kaffee.
Ich bin so allein wie der purpurne Mond,
Ich hab nur mein Leid, nur mein Weh.
Und geh ich auch heim, ach ich hab ja kein Heim,
Mir harrt keine Frau und kein Lied,
Ich bin wie der liebe Gott so allein,
Wie ein Strauch der schon lang nimmer blüht.
(Haringer 10, 17)

Das Gedicht ist in einem dreistufigen Wechsel von Negation und deren
Folge angelegt, so daß wir es entgegen dem Druckbild in drei Strophen gliedern dürfen. Verschiedenartige Bindungsmöglichkeiten werden dargelegt. Zunächst fehlen Liebe (»Lieb«) und Freundschaft (»Brief«, »Wein«) als die
wichtigsten menschlichen Bindungen. (»Kein Wein« mag vielleicht auch
auf die fehlende Möglichkeit verweisen, vor diesem Mangel in den Alkohol

zu fliehen.) Heimlosigkeit — diese Selbstinterpretation als wichtige Voraus-
deutung — und Einsamkeit, noch ohne jeden verschärfenden Vergleich, sind
die Folge.

Die zweite ›Strophe‹ stellt die weniger tauglichen Möglichkeiten der Bindung dar: diejenigen zum Tier und zur eigenen Kindheit. Da selbst die Beschränkung auf solche erinnerten oder flach emotionalen Kontakte (der Hund
freut sich) fruchtlos bleibt, ist die erneute Bilanz doppelt trostlos: Aus »ganz
allein« wird »so allein wie der purpurne Mond«, aus »so betrübt« wird »nur
mein Leid, nur mein Weh«.

Die letzte ›Strophe‹ steigert abermals, indem sie in der Verknüpfung der
ersten und dritten Halbzeile des Gedichts das Paradoxon formuliert, durch
das Haringer der Einsamkeit überhaupt nicht entrinnen *kann*: »Und geh ich
auch heim, ach ich hab ja kein Heim«. Noch einmal werden, als Summe gewissermaßen, in »Frau« und (dem metaphorisch einen weiten Bereich ver-
tretenden) »Lied« die Hauptmöglichkeiten untersucht, noch einmal (in der
für Haringer typischen unreinen, der Assonanz nahen Form) die Reime der
ersten Strophe wiederholt, ehe auf »allein« und »allein wie der purpurne
Mond« »wie der liebe Gott so allein« folgt. Im Schluß scheint das Prinzip
der Steigerung ›überdreht‹; Haringer variiert einmal zuviel, kapituliert, läuft
leer.

Auf mannigfache Weise verknüpft die Negation, was der ordnende Ver-
such der Darstellung auseinanderzerren muß. Ihm mag deshalb eine Reihe von
Zitaten vorausgehen, aus denen das vielfältige Miteinander ersichtlich wird.
Das Umfeld ›Glück, Ruhe, Zuhause‹:

> fand keine Ruh, kein Zuhaus
> (Haringer 9, 64)
> ach ich hab kein Glück gefunden
> (Haringer 9, 64)

— auszuschließen ist körperliches Mangelempfinden wie in dem seltenen Beispiel »kein Bett und kein Brot« (Haringer 10, 112) — verschränkt sich (bei
in der Regel drei Gliedern) zunehmend mit einem bestimmten metaphorischen
Bereich:

> [...]   Ach blos [!] Du
> hast keine Rast, keinen *Mai*, keine Ruh
> (Haringer 13, 34)
> keine *Aster* mehr, kein Stücklein Blau —
> Kein süß Zuhaus bei einer Frau
> (Haringer 9, 108).

Dieser verselbständigt sich:

> Was sind mir die *Blumen* und *Vöglein* und *Stern* —
> (Haringer 3, 60)

[...]   als wär
das Leben ein lieber Spaziergang
mit *Blumen* und Lächeln und *Stern*
(Haringer 9, 64)
Es kam kein *Stern,* es kam kein *Lied* —
(Haringer 14, 41)
Und nun blüht mir kein *Lied* mehr, kein *Mai*
(Haringer 9, 108).

Er verbindet sich seinerseits mit der Kommunikation, der erinnerten:

Keine *Heimat* hab ich, keine weiße Rose ...
(Haringer 17, 72)

und der gegenwärtigen:

Mir harrt keine *Frau* und kein Lied
(Haringer 10, 17)
Und keine *Post,* kein *Buch,* kein Lied war nah
(Haringer 14, 31),

die gleichfalls allein stehen kann:

Aber kein *Gott,* kein *Kuß,* kein *Freund* half
(Haringer 17, 72)
Weil keine *Mutter,* kein *Vater* dich leise ruft
(Haringer 6, 42).

Gliedern läßt sich das vielfach verschränkte dem Dichter Verschlossene in Vergangenheit, Gegenwart, Zukunft; Vergangenheit, die vor allem in die Begriffe Heimat und Kindheit zu fassen ist; Gegenwart in den drei Unmöglichkeiten Liebe, Freundschaft, religiöse Bindung; Zukunft nicht von ungefähr (sie tritt nur für den bewußt Planenden und Zielenden in Erscheinung und ist dem Vaganten per definitionem verschlossen) in der besonderen Weise, daß für sie eine feste Metaphernwelt aus Blumen, Vögeln, Sternen, Mai und Lied eintritt, in die alles Gewünschte, Erträumte und Nichterreichte transponiert wird.

Vergangenheit: Kindheit und Heimat

»Durch Haringers Gedichte springen immer wieder spielende Kinder«[15], stellt Amstad mit unfreiwilliger Komik und ohne irgendeine Deutung dieses Befundes fest. Sie werden nur deshalb so auffällig häufig bemüht, weil Haringer sie mit seinen Wunschvorstellungen begabt; ihre Tätigkeiten sprechen schon dafür: »spielen« (Haringer 6, 60), »streunen« (Haringer 6, 127), »singen«, »träumen« (Haringer 7, 27), »heimgehen« (Haringer 6, 31). Weil

---

[15] Amstad: Haringer. S. 97.

er sich in ihrem unzweckgemäßen Tun gespiegelt sieht, möchte er wieder Kind werden.

Jakob Haringer: Schöne Verwirrung

Und heute weiß ich: alles hat gelogen,
Und allen war ich nur ein dummes Spiel,
Und alle, alle haben nur betrogen,
Und keiner war ich Weg und Rast und Ziel.
Ach ja, heut weiß ich, daß ihr ärmer dran
Als ich. Wie elend ist, wer trügt und spielt!
Drum blieb ich lieber arm; in meinem Wahn
Hab ich doch ehrlich Lieb und Leid gefühlt.
Euch blieb der Ruhm und Schönheit — todbestaubt,
Ich blieb das Kind, das an den Engel glaubt.
(Haringer 17, 66)

In einem Moment seltener Einsicht ohne Zorn und Selbstmitleid entsteht ein Gedicht mit ungewöhnlich scharfen Begriffen, in dem kaum differenziert wird. Der Blick, von notwendiger Ungerechtigkeit verengt, sieht in straffem Gegensatz von »ich« und »ihr« nur »alles«, »allen«, mit Beteuerung »alle, alle«, »keiner«. Es wird zur Gewißheit, das Ich sei Lüge und Betrug zum Opfer gefallen, ihm sei (mit-)gespielt worden, Heuchlern habe es vertraut. Zumal die Frauen haben versagt: Halt hat seinem vagantischen Wesen keine geboten. In einem Akt, der von Hilflosigkeit und besserem Wissen zugleich zeugt, wendet der Dichter die Worte, die man ihm offenbar entgegenschleudert: »arm« und »elend«, »trügen« und »spielen« um und gegen die Angreifer selbst, zurückweisend (»trügen« in Zeile 3, »spielen« in Zeile 2) und vorausgreifend (»arm« in Zeile 7). Als Folge solchen Wissens tut sich eine Reihe von Gegensätzen auf: »arm« in körperlichem Sinne gegen die geistige Armut, »ehrlich« gegen den Trug, »fühlen« gegen mitspielen, »Lieb und Leid« gegen »Ruhm und Schönheit«. »Todbestaubt« ist, wonach die Erwachsenen streben; so bietet dem von einem Wahn Besessenen nur der Rückzug auf die Kindheit und den natürlichen Glauben an das Übernatürliche Rettung: »Ich blieb das Kind, das an den Engel glaubt.«

Die Schlüsselstellung am Ende eines programmatischen Gedichtes kommt der Zeile ohne weiteres zu. Immer wieder zieht sich Haringer hilflos auf die Kindheit zurück:

[...]   ich bin
das gleiche dumme Kind noch
(Haringer 9, 49)

Von allen Menschen betrogner Wandrer
Was bliebst du alleine ein trotziges Kind?
(Haringer 3, 54 f).

Allen Erfahrungen zum ›Trotz‹ möchte sich Haringer im Kind eine reine
Vorstellung vom Menschen bewahren, oft genug wie verzweifelt:

> Und war nie Kind und möchte doch wie Kinder tun
> (Haringer 10, 90).

Hie und da glaubt er sich dem Ideal vollkommenen Lebens, das ihm Kindheit
bedeutet, augenblicksweise nahe, vornehmlich in den Momenten des Liebes-
glückes und vor Gott:

> Ich bin ja ein Mensch bloß und spielendes Kind
> Und möcht in den Himmel zu Dir!
> (Haringer 3, 60)
> Wir beide warn glücklich wie Kinder,
> Und ich bin doch fürs Unglück geborn
> (Haringer 6, 186).

Durch den Vergleich mit Else Lasker-Schüler läßt sich über Haringers Kindlichkeit einiges mehr aussagen.[16]

Beider Geburtsjahr — Folge ihrer Mystifikationsversuche — war lange Zeit
nicht zu bestimmen. Beide interpretieren die Kindheit als einen menschlichen
Idealzustand: Für Else Lasker-Schüler sind vor allem die Dichter Kinder,
und Peter Hille, der am meisten Verehrte, ist das »Urkind«[17]; Haringer
nennt sich »ein Kind, das keiner mit Spiel und Lächeln erfreut« (Haringer 17,
73). Wenn *sie* in diesem Bestreben dichtet: »Fünfjährig dichtete ich meine
besten Gedichte«[18], so stimmt *er* ein: »Ich habe meine schönsten Verse, Märchen,
Erzählungen als Kind geschrieben« (Haringer 17, 16).

Else Lasker-Schülers Schaffen ist gleichsam eingebettet zwischen den Gedichten »Mutter« (Lasker-Schüler 1, 12) aus der Sammlung »Styx« von 1902
und »An mich« (Lasker-Schüler 1, 215), das »Mein blaues Klavier« von 1943
beschließt, so sehr fühlt sie sich zeitlebens als Kind ihrer Mutter; Haringer
bleibt »der ewige Bub« (Haringer 17, 12), der gleichfalls seine Mutter nie
vergißt (Haringer 6, 42; 6, 123; 10, 17; 17, 55). Beide verknüpfen Kindheit
und Frühling, Haringer in »Kindermai« (Haringer 17, 61), Else Lasker-
Schüler etwa in dem Gedicht »Frühling« (Lasker-Schüler 1, 13 f); beide haben
vor allem zu dem »lieben Gott« (Haringer 17, 109 ff, bes. 118) ein kindliches
Verhältnis. »Als wär ich hilflos noch und klein« (Lasker-Schüler 1, 199) heißt
es bei ihr, bei ihm:

---

[16] Die erstaunliche Fülle von Parallelen, die sich schon dem flüchtigen Blick bieten,
harrt noch einer gründlichen Untersuchung. Insbesondere ist die Frage zu klären,
ob und wie weit die Übereinstimmungen auf einer bewußten Nachahmung durch
Haringer beruhen, ob und wie gut er die Dichterin kennt. (Durch Briefe ist
eine Verbindung zwischen den beiden bis jetzt nicht zu dokumentieren.)

[17] Else Lasker-Schüler: Prosa und Schauspiele. München: Kösel (1962). S. 682.

[18] Lasker-Schüler: Prosa und Schauspiele. S. 518.

O alter Mann im Frühling, du blickst,
Ein Kind, erstaunt zum lieben Gott
(Haringer 6, 14).

Man halte das »Klein Sterbelied« Else Lasker-Schülers gegen den Schluß von Haringers »Dunklem Lied«:

Else Lasker-Schüler: Klein Sterbelied

So still ich bin,
All Blut rinnt hin.

Wie weich umher.
Nichts weiß ich mehr.

Mein Herz noch klein,
Starb leis an Pein.

War blau und fromm!
O Himmel, komm.

Ein tiefer Schall —
Nacht überall.
(Lasker-Schüler 1, 126 f)

Lieber Gott sei lieb!!
Schau, ich Bettler kann
nichts dafür daß bloß
lauter Unglück kam . . .
Lieber Gott ach hilf!
alle Türn sind zu,
O wie bin ich arm —
Nirgends find ich Ruh
(Haringer 9, 21).

Bestandteile beider Gedichte sind fast auswechselbar. Der Unterschied im Ton aber wird vernehmlicher in beider Gebeten: Haringers »Gebet« ist das eines hadernden Ausgestoßenen:

Was hast du nie mir ein Zuhaus geschenkt?
Was ließt du mich so sinnlos und verwaist!!
(Haringer 17, 55),

Else Lasker-Schülers »Gebet« hingegen ist das einer Spielenden:

Oh Gott, ich bin so müd, oh, Gott,
Der Wolkenmann und seine Frau
Sie spielen mit mir himmelblau
Im Sommer immer, lieber Gott.
(Lasker-Schüler 1, 199)

Der gleiche Unterschied wird sichtbar in dem anderen wichtigen ›kindlichen‹ Verhältnis: demjenigen zu der oder dem Geliebten. Beide sehen in der Liebe, deren Dauer beide vergeblich erstreben, die erste Möglichkeit, Kind zu sein;

beide suchen im Mitmenschen Heimat-Geborgenheit und finden die Ver-
lorenheit und Einsamkeit der Nacht. »Der Liebenden Kinderkuckuck« ist
auf den ersten Blick ein scheinbar typisches Bild Lasker-Schülers, es stammt
aber von Haringer (Haringer 6, 127); er nennt seine Geliebte wiederholt
»Kind« (Haringer 12, 36; 13, 38) und spricht sie an: »Du denkst wohl manchmal [...] meiner Kinderein« (Haringer 17, 61). Dennoch spielt er die Kinder-
rolle in der Liebe nicht so selbstverständlich und so anmutig wie Else Lasker-
Schüler. Während bei ihr der Spielzwang alles, erst recht den Geliebten, ins
Spiel mit einbezieht und verzaubert, sucht Haringer in der Geliebten heimat-
gebende Kraft. Beide werden ihren Partnern nicht ›gerecht‹, und beide werden
auch nicht glücklich im bürgerlichen Sinne; während sie einen Spielpartner
sucht, strebt er in eine Heimat: Die Wege der Spielerin und des Vaganten
laufen auseinander.

Formale Beobachtungen unterstützen die Gemeinsamkeiten wie vor allem
die Unterschiede. Für beide wichtig sind die Parataxe, der Optativ, die An-
akoluthe und Inversionen, Interjektionen, Diminutiva und apokopierte Wort-
formen (bei Haringer regional bedingt), gleich ist die assoziative Sprung-
haftigkeit der Prosa und ähnlich der enge metaphorische Bereich der Lyrik.[19]
Beiden gelingt es, den verbrauchten ›ur-lyrischen‹ Wörtern ›Rose‹ und
›Herz‹ noch einmal Leben einzuhauchen, ja, sie zu Kern- und Kennwörtern
zu machen. Beiden erwachsen die Bilder klanglichem Anstoß:

> Oder zu *Bett* ein toter *Bettler* sein?
> (Haringer 3, 54 f)
> Immer muß ich eine Melodie summen,
> Die *hängt lächelnd* an den *Ästen*
> (Lasker-Schüler 1, 112).

Ähnlich sind ihre Wortneubildungen:

heimwehen (Lasker-Schüler 1, 222)	— bronnen (Haringer 6, 51)
waghalsen (Lasker-Schüler 1, 223)	— zithern (Haringer 6, 51)
frühleise (Lasker-Schüler 1, 91)	— sommertraurig (Haringer 9, 49)

und ihre Zusammensetzungen:

Feiertagaugen[20]	— Abendschoß (Haringer 6, 136)
Herzschelm (Lasker-Schüler 1, 90)	— Krämerkram (Haringer 17, 87)
wurzelliebesverschlungen[21]	— knabenverschmerzt (Haringer 6, 51).

[19] Vgl. etwa Haringers Metaphern Stern, Engel (vgl. unten S. 212 f), Herz (vgl.
unten S. 218 f) und Else Lasker-Schülers »stehende Bilder« Stern, Engel, Herz
(Walter Muschg: Else Lasker-Schüler. — In: Walter Muschg: Von Trakl zu
Brecht. 8—11. Tsd. München: Piper [1963]. S. 115—148, hier S. 138 ff).

[20] Lasker-Schüler: Prosa und Schauspiele. S. 23.

[21] Lasker-Schüler: Prosa und Schauspiele. S. 84.

Der Unterschied mag demgegenüber gering erscheinen, und doch ist er für beider Schaffen von der größten Bedeutung. Else Lasker-Schülers Neubildungen erwachsen dem Spiel, die Haringers bewußter Kombination. Während sie mit Hilfe ihrer Spielfähigkeit, die sich, ihre Umwelt und ihr ganzes Dichten einschließt, eine Kinderwelt erfindet, ist Haringer die Fähigkeit zu spielen weitestgehend versagt. Er bleibt der Wirklichkeit in verschiedener Weise, immer aber in Haßliebe, aufs engste verhaftet: Zum einen beansprucht er sie für sich: Er weiß, »wer trügt und spielt« (Haringer 17, 66), zum andern erkennt er sie an, indem er sie anklagt. Sein Weg endet darin, hilflos zornig, wütend verbohrt zu sein, wohingegen Else Lasker-Schüler in eine autochthone innerdichterische Gegenwirklichkeit flüchtet.

Haringer löst den Begriff der Kindheit von der begrenzten Zeitspanne in seinem Leben ab; die Heimat hebt er gleichfalls über die reale Örtlichkeit hinaus. Er verwendet den Begriff für eine erträumte Heimat, die er Salzburg nennt und die er anfänglich mit Worten umkreist.[22] Dann löst er sich von ihr, seine Bewegung wird offener: Im Mythos von der verlorenen Heimat knüpft Haringer Vergangenheit und Gegenwart eng aneinander.

Gegenwart: Liebe, Freundschaft, Religion

›Heimat‹ wird fortschreitend Metapher für einen Raum in der Phantasie ohne örtlich-zeitliche Fixierung, in dem Kommunikation möglich ist. Sie rückt von der Vergangenheit ab, umschließt eine visionäre Zukunft (»Wann wird uns Heimat und goldene Stadt«, Haringer 13, 34), dringt aber vornehmlich über Verse wie: »Die Gespielinnen der Heimat sind längst Mütter geworden« (Haringer 7, 95) zum ersten und wichtigsten Objekt in dem Streben nach Gemeinschaft: der Geliebten. Diese wird denn auch immer wieder als »blaue Mädchenheimat« (Haringer 6, 79) gesucht, gepriesen, verloren:

> Hätt ich eine Liebe, [. . .]
> Alle Gassen würden mir Heimat glühn
> > (Haringer 6, 35)
> Du bist das Fenster, drin eine ferne Heimat
> Glänzt [. . .]
> > (Haringer 6, 68)
> Bin ich todwund und so heimatkrank
> Blühn deiner Tür'n Zauberein
> > (Haringer 6, 51).

»Ach, was macht man, wenn die Frau der Sehnsucht nie kommt! Müd hockt man herum, wie ein kleines, verlassenes Kind« (Haringer 17, 112). Die

---

[22] Auch mit seinen Wohnsitzen umkreist er Salzburg zunächst; Amstad: Haringer, S. 37 ff führt die einzelnen Stationen auf.

Frau, das Mädchen, die Dirne nehmen die Stelle der Heimat ein; das Versagen
als *sein* eigenes Unvermögen und als *ihr* Nicht-Gewähren bezeichnet das Verhältnis zu ihnen. Die Möglichkeit der Freundschaft scheidet von vornherein
aus: »Ich bin heimatlos, habe nie auf Erden einen treuen Freund gefunden«
(Haringer 17, 15). Und Haringer kennt den Grund genau, weiß um seine
›Haltlosigkeit‹, die ihn ständig zwischen dem Wunsch nach einem Ruhepunkt
und der Flucht in neue Unruhe hält: »Ich könnt' mich ja selber nicht zum
Freund nehmen« (Haringer 17, 13). Er findet keine wirkliche Beziehung zu
einem anderen Menschen. Die Nicht-Beziehung zur Frau wird mittels Sexuali-
tät scheinbar überbrückt:

> Und keiner Hure Abendschoß und Zimmer
> Will rote Sehnsucht töten
> (Haringer 6, 136).

Wenn wir uns auf die lückenhaften Zeugnisse stützen dürfen, so geht
Haringer einen Weg, der ihn fortwährend mehr auf sich selbst beschränkt.
1920, 1924, 1926/27 sind die Jahre relativ fester Bindungsversuche. Nach
dem Tod Hilda Reyers wissen wir nur noch von häufig wechselnden ›Sekre-
tärinnen‹, und am Ende stehen die Bordell- und Onanie-Gedichte.

An den Stellen, an denen er davon spricht, er könne »kein süß Zuhaus bei
einer Frau« (Haringer 9, 108) finden, wo immer er auch Bindung suche,
kommen wir dem Wesen des Vaganten Haringer am nächsten. Die personi-
fizierte Sehnsucht äußert sich dann in Formulierungen, die den Begriff der
Heimat paradoxieren, im Motto zu diesem Abschnitt etwa oder in: »Wie oft,
ach, ward ein Heim mir Heimatlosen [!]« (Haringer 17, 61) oder in jener
Passage aus der »Legende zum Scheiden«, die den neuerlichen Verlust mit
einer Metaphernkaskade zu kompensieren versucht und endlich doch eingesteht, die ersehnte mit der erzwungenen Heimat »Menschenstraße« vertauschen zu *müssen*:

> [...]   meine alte tote Seele ist verstoßen
> Aus den goldnen Gärten deines lieben, lieben Zimmers.
> Dein Wind streichelt nimmer über die Harfe meiner Tode,
> Hängst nimmer die schöne Sonne in meine Spitäler.
> Du warst der stille Wald, drein ich angeschoßnes Tier geflüchtet.
> Du bist das Fenster, drin eine ferne Heimat
> Glänzt, wie balde trab ich wieder müd und matt und verstorb'n,
> Fremd von dir auf den steinern Menschenstraßen der Flüche, die
> Ich Heimat nennen muß ...
> (Haringer 6, 68)

Die menschlichen Beziehungen werden folgerichtig auf zweierlei Weise reduziert.

Zum einen gewinnen Tür und Fenster besondere Bedeutung. »Da klopft
ich schon tod [!] an die Türen« (Haringer 10, 76) heißt es da oder lapidar:

»Alle Türn sind zu« (Haringer 9, 21). Wichtiger ist das Fenster, weil es zwar
ebenso trennt und abschließt wie die Tür, aber durch die Möglichkeit visueller
Verbindung jenen Schimmer Hoffnung läßt, den Haringer braucht:

> Bin an allen Fenstern gestanden
> (Haringer 9, 64)
> An schönen Frauenfenster [!] vorüber
> (Haringer 6, 121)
> Klag ich unter Windlaternen,
> Darf nie in deine Fenster sehn
> (Haringer 6, 123)
> [...]   Wo noch nicht
> Dir ein Mensch die süßen fremden Himmelsfenster schloß
> (Haringer 6, 77).[23]

Zum andern ist der Brief das Mittel, lose Bindungen mit der Umwelt auf-
rechtzuerhalten, ohne von deren Ansprüchen aufgestört und weitergetrieben
zu werden. Zahlreich sind die Gedichte zu nicht erwarteten oder vergeblich erhofften Briefen. Auch dieser ungenügende Ersatz läßt schwanken
zwischen der Hoffnung:

> [...]   So wie
> Dein erster Brief mich einst betört
> (Haringer 6, 83)
> Ein fernes Lieb schreibt von Sehnen und Glück
> (Haringer 6, 68)

und der Enttäuschung:

> [...]   denk ich an die Zeit,
> Wo ich enttäuscht Briefe von Lumpen öffnete
> (Haringer 17, 72)
> Zwar hat ein Brief mich wieder mal enttäuscht
> (Haringer 14, 45),

ehe auch hier das gleichmachende, einschränkungslose »kein« überwiegt:

> Auf mich wartet kein Brief und kein Wein
> (Haringer 10, 17)
> keine Schwester bringt
> einen Hoffnungsbrief
> (Haringer 9, 21)
> Kein Brief schneit Nacht
> (Haringer 6, 136)
> [...]   Auf der Straße
> Find ich keine Briefe Gottes mehr
> (Haringer 6, 77).

[23] Vgl. unten S. 277.

»Briefe Gottes« führt zur dritten Form von Bindung, zu der Religion. Haringers Gottesverhältnis ist intensiv, unorthodox und von der Nähe zur Kindlichkeit bestimmt. Der Dichter schwankt maßlos zwischen Zuversicht, grobem Hader, Schmeichelei und Zorn. Nur selten findet er einen ruhigen, abgewogenen, ergebenen Ton wie in dem schönen »Gebet« (Haringer 17, 55). Er kennt alle Möglichkeiten zwischen Glaube, Zweifel und Verzweiflung:

> [...]   du blickst
> Ein Kind, erstaunt zum lieben Gott
>   (Haringer 6, 14)
> Ach, lieber Gott, denk hie und da an mich
>   (Haringer 6, 136)
> Aber Gott mag mich nimmer
>   (Haringer 6, 35)
> Aber Gott tut ja doch was er will
>   (Haringer 10, 76)
> Es ist doch Gott ganz einerlei,
> ob Unsre [!] Herzen zerspringen!
>   (Haringer 9, 108)
> Gott ist doch bloß ein Menschentand
>   (Haringer 10, 76)
> [...]   Gott, mein Gott!
> Warum hast du mich verlassen!
>   (Haringer 6, 83)

Das Verhältnis zu einem Gott, der auf bewußt kindliche Art danach beurteilt und behandelt wird, wie er ›funktioniert‹, kann in keiner Weise die irdische Vereinzelung ausgleichen. So gewinnt nach dem Scheitern auch dieser letzten Möglichkeit die Zukunft existentielle Bedeutung.

Metaphorik als Zukunftsersatz

In der Haltsuche und dem Kommunikationsverlangen des Vaganten versagen Vergangenheit und Gegenwart vor seinem Anspruch, wie er vor dem ihren versagt. So bleibt allein die Zukunft übrig, genauer gesagt: eine zukunftersetzende metaphorische Welt.[24]

Eines ihrer wichtigsten Elemente ist die Jahreszeit. Haringer knüpft an die Rolle an, die dem Wechsel der Jahreszeiten in der Lyrik der Wanderer und Vagabunden zukommt[25], verändert sie aber zugleich entscheidend. Das Prosastück »Der allein das Herz leicht macht« zeugt viele Seiten lang von einer, auch (im Gegensatz zu denen, die sie wortohnmächtig beriefen) sprachlich gemeisterten und beglaubigten, einzigartigen Verbundenheit mit der Natur, ehe es heißt: »Die Landschaft sagt immer dem Glücklichen alles, alles und

---

[24] Vgl. oben S. 200.
[25] Vgl. oben S. 67—70 u. 176 f.

dem Unglücklichen gar nichts« (Haringer 17, 26). Für den unglücklichen Vaganten Haringer kann daraus nur folgen, daß er selbst sie, wie alles zuvor, als Ort, der Geborgenheit geben könnte, als heimischen Bereich im alten Sinne, ablehnt: »Nein, ich verabscheue die Natur« (Haringer 17, 26). Die bekannte ›offene‹ Naturverbundenheit der Wanderer wird in seiner Lyrik immanent sichtbar; das ist deren ganz eigene Leistung. Das Einfache und auf Anhieb Verständliche hebt eine individuelle Sprachkraft ins Symbolische; so wird es wieder lebendig und überzeugend.

Der Gegensatz von Winter und Sommer gewinnt neues Leben, der Mai bleibt nicht der klischierte Frühlingsmonat, der November nicht die stereotype Jahreszeit der Erstarrung. Sie werden von den festen Bedeutungen abgelöst und aufgelöst zu Metaphern für die Vollendung aus Heimat, Jugend, Liebe, Glück und deren jeweiligem Gegenteil.

> Du und der Mai, ihr kommt nicht mehr
> (Haringer 17, 61)

Ach ihr süßen Sterbelieder von Erinnerung und Mai im November
> (Haringer 6, 83)

Als wär mein Blick noch jung, als wär noch Mai —
> (Haringer 17, 61).

Die Vorstellungen werden fortschreitend autonomer, die Sprache wird kühner, die metaphorische Qualität eindeutiger:

> Und pflücken die andern *blaue Sommer* in Winterkörbe —
> Mir müssen alle Stern, *alle Frühlinge* verderben —
> (Haringer 6, 35)[26]

Wie oft ward *Lenz* mein tiefstes *Winterweh*!
> (Haringer 17, 61)

[...]   die süßen alten Lieder
Von trauter Zeit und schönem *Kindermai* —
> (Haringer 17, 61)

All meine verstorbnen Augen täten wieder *mailich* blühn
> (Haringer 6, 35)

Mohnst du mich *herbstlich* und still
> (Haringer 6, 51)

[...]   So *märzlich*
Lachst du mein Wintern und blau
> (Haringer 6, 186)

---

[26] Nebenbei sei auf die Bedeutung der Farbe ›blau‹ verwiesen, etwa in: »Frauenbetten in blauen Julizimmern« (Haringer 6, 83) oder in: »Keine Aster mehr, kein Stücklein Blau« (Haringer 9, 108). Die metaphorische Qualität von ›blau‹, wie auch die von ›gold‹, ist in einen Zusammenhang mit der vollendeten Welt zu stellen.

> Frauen *novembern* August
> (Haringer 6, 51)
> ein Bach *novembert* Juniglühn
> (Haringer 5, 24 f).

Die Bilder lösen sich schließlich von ihren Bereichen ab; eine individuelle metaphorische Konvention entsteht. Es ist keine Erläuterung mehr nötig, wenn Gott zum »greisen *Sommerzaubrer* im Schnee« (Haringer 6, 14) wird, wenn »in unser *Sommerzimmer* ein Posthorn bläst« (Haringer 6, 121), »der Kindheit sanfte *Sommertage*« (Haringer 6, 83) dahin sind und »alle blutende *Winterpein* / mit goldnen Sternrosen bestickt« (Haringer 9, 108) ist; das Kompositum genügt ihm, wie es dem vertrauten Leser genügt. Haringer benutze die Natur, »um Gefühlswerte auszudrücken«[27], meint Amstad viel zu allgemein und nichtssagend. Der Dichter transponiert die Natur gewissermaßen nach innen und verwandelt sie sich sprachlich an, um mit Hilfe der ›natürlichen‹ Gegensätze seine eigenen Widersprüche im Bilde zu vermitteln.

Der gleiche Prozeß läuft in den beiden fast stereotypen Bestandteilen einer solchen ›künstlichen‹ Natur ab: den Vögeln und den Blumen. Ausgehend von der Anschauung und dem Vergleich:

> Wie die Schwalben schwand das Glück
> (Haringer 6, 77)
> Die letzten Vöglein singen,
> Ich denk an dich und wein . . .
> (Haringer 6, 31)

erstrebt Haringer verkrampft und maniert symbolische Bedeutung:

> [. . .]   Erinnerung
> Schneit Lerchentriller und weiße Mädchenkleider
> (Haringer 6, 83)
> Und die Nachtigall schluchzt aus deiner Tränen Flieder
> (Haringer 6, 121).

Er gewinnt sie aber in der Einfachheit, etwa in der Zeile: »O du Welt die so bös unser Vogelherz zerloht!« (Haringer 3, 54 f) oder erst recht in: »Für mich kehrn die Schwalben nicht mehr — —« (Haringer 6, 121), ein Bild, das den Kreis zu dem ersten Beispiel dieser Reihe schlägt und so (in »Für mich«) den subtilen Prozeß der Umwertung besonders gut beobachten läßt.

Einen ähnlich festen Platz nimmt die Blume ein:

> Was sind mir die Blumen und Vöglein und Stern —
> (Haringer 3, 60)
> das Leben ein lieber Spaziergang
> mit Blumen und Lächeln und Stern
> (Haringer 9, 64)

---

[27] Amstad: Haringer. S. 96.

Und die Hände, die im Leben nie
Eine kleine Blume gepflückt —
(Haringer 17, 52).

Die Blume weist gleichzeitig aber schon eindeutig in den Bereich ›geliebte
Frau‹ hinüber, dessen wichtigstes Symbol die Musik ist: Immer durchzieht
eine wehmütig-sentimentale Melodie das kurze Glück liebender Geborgen-
heit, als sei sie der Ausdruck von Haringers Grundstimmung, die in der
Erfüllung immer schon die neue Sehnsucht und den neuen Mangel ahnt.
Eine Beispielreihe, die wiederum aufeinander aufbaut, mag zeigen, wie der
Dichter die Blume und die Musik verwendet. Zunächst wird aus der lockeren,
wie willkürlichen Verbindung eine feste Verknüpfung:

Wenn die *Mädchen* lachen und die *Blumen* blühn
(Haringer 12, 36)
[...]   *Du* bist so süß
Und die *Rosen* duften so schwül
(Haringer 10, 112)
Da sitzt *du* so lieb unter *Blumen*
(Haringer 6, 186)
Mädchen singen am Ufer
(Haringer 9, 64)
Immer bin ich *verliebt* und die schöne *Musik* spielt
(Haringer 13, 38)
Mir harrt keine *Frau* und kein *Lied*
(Haringer 10, 17).

Was verknüpft wurde, wird jetzt vereinigt:

Gar oft kam's *Glück* mir mit den letzten *Rosen*
(Haringer 17, 61)
Aus *deinen Augen* pflückt ich *Veilchen*
(Haringer 6, 121)
Und nimmer häufst *du* das blaue Glas
Meiner Wolken voll *Rosen* und Sterne
(Haringer 6, 14)
Ich denk noch an ein altes *Lied* —
Und wart auf *Deinen Mund*
(Haringer 14, 41)
Dein Wind streichelt nimmer über die *Harfe* meiner Tode
(Haringer 6, 68)
In *fröhliche Lieder* schattet Holunder
(Haringer 6, 121).

Aus der Vereinigung entwickelt sich das Sprechen in metaphorischen Kurz-
formen:

Am *Rosenzaun* stand bang ich mondverweint
(Haringer 6, 120)

> Mädchen *zerrosen* an Gottes Balkon
> (Haringer 6, 51)
> Und dann ist alle blutende Winterpein
> mit *goldnen Sternrosen* bestickt
> (Haringer 9, 108)
> Denk ans *Saitenspiel eines Maifensters*
> (Haringer 7, 95)
> Soll ich wieder ein *Sommerlied* auf meine leeren Wände schreiben —
> (Haringer 3, 54 f)
> Für mich hat die Welt *keine Flöten und Wunder*
> Mehr   (Haringer 6, 121).

Und wenn Haringer seine Gedichte so oft und gern ›Lieder‹ nennt, so wäre es verfehlt, ihm deshalb formale Ahnungslosigkeit oder Willkür vorzuwerfen. Er ist auf andere Art dazu berechtigt. An der Rolle der Musik erweist sich sein Gedicht selbst, ein »Lied«, als ein Mittel zu dem immer wiederholten Versuch einer harmonisierenden Bindung.

Die Sternmetapher gesellt sich gleichberechtigt zu der ersehnten Zukunftswelt aus Frühling (»Mir müssen alle Stern, alle Frühlinge verderben —«, Haringer 6, 35), Mai (»kein Glück, kein Stern, kein Mai!«, Haringer 9, 108), aus Blumen und Vögeln (»Was sind mir die Blumen und Vöglein und Stern —«, Haringer 3, 60) und besonders der Musik:

> Ein lieber Traum mit Musik und Stern
> (Haringer 14, 17 f)
> Es kam kein Stern, es kam kein Lied —
> (Haringer 14, 41):

Sphärenmusik scheint die Wunschwelt zu durchwehen (»Sterne ziehn leis mit Musik«, Haringer 13, 34), die in dem »Stern« innerhalb und neben der Natur einen zweiten Bereich okkupiert, den der Höhe mit Sternen und Mond und Engeln:

> [...]   alle Blumen und Vöglein [...],
> Die vielleicht der gute Mond an mein arms Fenster brächt'
> (Haringer 6, 35)
> Gar oft war mir ein blondes Glück beschieden,
> Da waren liebe, kleine Engel nah
> (Haringer 17, 61)
> Wo sind die Engel, die zur mir einst kamen . . .
> (Haringer 17, 61).

In den Phasen des Vertrauens wird Gott (»O neig dich sanft aus deinen Märchensternen!«, Haringer 17, 55) mit der Bitte, aus der Vereinzelung zu retten, einbezogen:

> Nur einen Mond ans Fenster schick mir noch . . .
> (Haringer 14, 31)

Schick einen Stern bloß, der mich lind getrost —
(Haringer 17, 55).

Vornehmlich der Hoffnungs- und Verheißungsaspekt der Zukunft kommt daher in der Sternmetapher zum Ausdruck:

> keine Schwester bringt
> einen Hoffnungsbrief,
> daß ich einmal wieder
> bei den Sternen schlief
> (Haringer 9, 21)
> Aber die Sterne sagen mir immer wieder,
> Daß noch eine grüne Stunde mir irgendwo schläft
> (Haringer 6, 121)
> [...]   Die Stern
> Glühn heut so fremd, als käm auch mir ein Glück
> (Haringer 6, 120).

Mit »Glück« ist alles metaphorisch ersehnte Versagte auf die kürzeste Form gebracht. Wohin dieser Rückzug führt, zeigt

> *Jakob Haringer: Tot*
>
> Ist alles eins
> Was liegt daran,
> Der hat sein Glück,
> Der seinen Wahn.
> Was liegt daran!
> Ist alles eins,
> Der fand sein Glück!
> Und ich fand keins.
> (Haringer 10, 51; 17, 9)

Das Gedicht ist einfach und komprimiert gebaut: zweimal vier Kurzzeilen; Wiederholung der Verse eins und zwei in umgekehrter Reihenfolge und variierte Aufnahme der dritten Zeile im zweiten Teil, die anaphorische Einsätze und identische Reime bewirken; unterschiedliche vierte Zeilen, die aber beide durch Kreuzreim mit den jeweils zweiten verbunden sind, wobei die letzte Zeile überdies den Bogen zum Anfang schlägt; Sparsamkeit der Mittel in Wortwahl (zwei Adjektive, zwei Verben, zwei Substantive), Syntax (Kurzsatz bis zur Eliminierung des Subjekts), Metrik (Jamben, charakteristisch durchbrochen nur in »Der [...]«) und Komposition (Zeilenstil). Ein feines und bescheidenes Klanggebilde von fast magischer Einfachheit und Eindringlichkeit umspielt die Gegensätze Glück und Wahn in einer scheinbar allgemeinen Betrachtung, ehe die letzte Zeile unvermittelt persönlich wesentlich wird: »Und *ich* fand keins.« Die Resignation, die von Anfang an vorwaltet, kaum unterbrochen von einem kraftlosen Aufbäumen, das die Interpunktion anzeigt (Ausrufungszeichen in der fünften Zeile), kommt mit dem letzten Wort an ihren tiefsten Punkt. In gewisser Weise endgültig erfolglos

bleibt das Vagieren als die Suche nach dem Glück in und mit einem ver-
stehenden, heimatgebenden Anderen. Selbst die Möglichkeit, eine fiktive
glückliche Welt in Metaphern zu bauen, entzieht sich am Schluß, der nichts
mehr zuläßt als: »keins«. Die Negation als Verkehrung von »Glück« offenbart sich in größtmöglicher Schärfe wie Kürze, »Tot«, so der Titel, benennt
ihre höchste, endgültige Form, in die zweierlei eingeht: Einsamkeit im Tod,
Tod aus (recht verstandener) Einsamkeit.

So nimmt es nicht wunder, daß in allen Gedichten gerade »Glück« die
Verneinung herausfordert, in den Partikeln:

> ach ich hab kein Glück gefunden
> (Haringer 9, 64)
> Daß das Glück nie zu mir kam —
> (Haringer 14, 17 f)
> ohne Glück   (Haringer 13, 34),

substantivisch: »Und mein Glück war dir Tand« (Haringer 9, 108), adjek-
tivisch: »So fern von dir, [...] mein Glück« (Haringer 6, 60) und mit den
Verben:

> [...]   Zerbrich
> Mir nicht, du blasses Glück
> (Haringer 6, 60)
> Wie die Schwalben schwand das Glück
> (Haringer 6, 77).

An dem wichtigsten Begriff muß sich das eine bestimmende Merkmal von
Haringers Lyrik, die Negation, auch am deutlichsten zeigen.

III. Der Konjunktiv

Gerade am Glück wird deshalb auch das zweite Kennzeichen besonders gut
sichtbar, das zugleich in einer anderen Weise die Zukunft ersetzt:

> Ich *möcht* vor stillem Glück nicht schlafen können —
> (Haringer 17, 51)
> [...]   Die Stern
> Glühn heut so fremd, als *käm* auch mir ein Glück
> (Haringer 6, 120)
> Und *käm* das tiefste Glück —
> (Haringer 17, 52)
> Nun bin ich alt und *wär* so gern beisammen
> Mit einem stillen, kleinen Abendglück
> (Haringer 17, 61).

Immer schon schwang der Konjunktiv in der strikten Ablehnung mit: Er
ist in der Form von Optativ und Irrealis das Komplement zur Negation

und der zweite Pfeiler, auf dem Haringers Vagantenpoesie ruht. Das folgende
Gedicht kann ihn besonders gut zeigen:

Jakob Haringer: Bitte

(1) Ich möcht so gern ein andres Leben leben!
Könnt ich vergessen, was ich war und bin.
So wie ich lebe, ach, das ist kein Leben — —
Und so hat alles, alles keinen Sinn!
(5) Ich will nicht Jugend, Schönheit, Glanz und Ehren,
Ich möcht bloß einfach und zufrieden sein.
Ich möcht auf einen kleinen Engel schwören,
Und mich im Sommer auf den Winter freun.
Beim Kinderplaudern möcht ich weinen können,
(10) Ich möcht mich freun am Mond, an dunklen Seen,
Ich möcht verliebt durch alle Gassen rennen . . .
Mit einem Frauenblick dann schlafen gehn.
Ich möchte weinen über Nachtgitarren,
Und wenn der Regen durch die Linden tropft,
(15) Und möcht mich freun am Hoffen und am Harren
Und daß ein Mädchen an mein Fenster klopft.
Ich möcht wie Mohn an allen Feldern brennen — —
Ach, dann vergessen, was ich war und bin!
Ich möcht vor stillem Glück nicht schlafen können —
(20) Und so hat alles, alles keinen Sinn!
So darf bei keinem Lied ich kindlich beben,
Und all mein Leben, ach, das war ja keins —
Ich möcht so gern ein andres Leben leben — —
Ein Leben, das so anders ist als meins . . .
(Haringer 17, 51)

Der in die allgemeinste Form »ein andres Leben« gekleidete Wunsch erweist sich zu Beginn durch den unmittelbar folgenden Irrealis sogleich als un-
erfüllbar. Beharrlichkeit in der Resignation greift ihn am Ende auf. Ein
Kreis schließt sich damit, der formal schon die Unausweichlichkeit, das Unendliche der Bewegung anzeigt: Immer wieder gelangt der Dichter schließlich dorthin, von wo er ausgegangen ist. Dem Beginn folgen, dem Schluß
gehen voraus je drei Zeilen der klärenden und zugleich verunklärenden Negation, die sowohl übliche Werte wie Schönheit, Jugend, Ehre als auch den
Sinn eines Lebens *gegen* diese Werte in Frage stellt. Der Mittelteil führt in
dem stereotypen Optativ »Ich möcht [...]« über vierzehn Zeilen hin ein
Gegenbild breit aus, das, von einem Mindestmaß an körperlicher Befriedigung
abgesehen (Zeile 6), Liebe (Zeilen 11, 12, 15, 16, 19) und Natur (Zeilen 8
und 10) erfüllen. Ungeniert wird das Recht auf Sentimentalität verteidigt
(Zeilen 9, 13, 14); die kindlichen Fähigkeiten, die Kräfte des Gemütes
»weinen« (Zeilen 9, 13, 14), »freuen« (Zeilen 8, 10, 15, 16, 19) und ›glauben‹
(Zeile 7) dominieren.

Weil die Unmöglichkeit feststeht, sie zu Werten von allgemeiner Gültigkeit
zu erheben, versteckt sich der Konjunktiv in die konjunktivische Welt des
Traumes: »Ja, ich bin ein Phantast, ein Tagedieb — aber ich glaub', wirklich mein Leben lang nichts Schlechtes getan, als zuviel geträumt zu haben«
(Haringer 17, 13). Zum Traum steht Haringer in einem gespaltenen Verhältnis: Einmal verliert er sich in die Illusion, ein andermal macht er sich
ihren Charakter klar. Weil ihm der Traum kein vollgültiger Ersatz ist, weil
er ihn *als* Traum erkennt, steht auf der einen Seite ein Gedicht wie »Schöne
Träume«, das um die Klage kreist, ihm sei nicht »ein lieber Traum mit Musik
und Stern« gekommen:

> Was kam kein schöner Traum mir und
> Für einen Einzigen [!] hätt ich gegeben
> Das ganze elende Wandern und Leben
> (Haringer 14, 17 f).

Auf der andern Seite aber sagt Haringer in »Der allein das Herz leicht macht«
auch dem Traum ab. Wie verzweifelt er es auch wendet: er sieht ein, daß man
weder im Traum leben kann noch im Leben träumen darf; um so herber
ist die leidenschaftliche Abkehr: »Wenn man schon nicht im Leben sein Leben
leben darf, so sollte man's doch im Traum erträumen. Wenn man schon im
Leben nicht träumen darf, so sollte man schon im Traume leben dürfen.
Wenn man schon nicht im Traume leben, so sollte man doch schließlich im
Leben träumen können« (Haringer 17, 26). »O die Träume! diese dreckigen
Proleten und Henkersknechte!« (Haringer 17, 26).

Wichtiger aber als dies zwiespältige Verhältnis ist die Tatsache, *daß* in
den Gedichten geträumt wird. Die Tagtraumreihe — wie ich sie nennen
möchte — steht in der Regel am Ende eines Gedichtes und ist vom Vorhergehenden durch drei Punkte getrennt, als sollte damit der Übergang ange-
deutet werden. Bald tritt sie in der Form eines kurzen Hoffnungsschimmers
auf:

> So muß ich halt weiter irrn . . einmal wirds schon enden,
> Ach, es könnt alles so still und dämmersüß sein —
> (Haringer 6, 35),

bald ist sie der Erinnerung verwandt:

> Regen rinnt . . . denk ich an die Zeit,
> Wo ich enttäuscht Briefe von Lumpen öffnete,
> Hungernd und arbeitslos zu den Sternen weinte,
> Wo ich verzweifelnd in Feld und Kirchen rannte,
> Aber kein Gott, kein Kuß, kein Freund half.
> (Haringer 17, 72)
> Du bist wieder müde . . . auf den Heimatstraßen
> Funkeln die Bauernlampen rot
> (Haringer 6, 121).

Sie traum-imaginiert eine ländliche Idylle:

> [...] Denkst du
> An mich nicht, so denk an mein Weh,
> Wie an ein Hündlein der Mädchenzeit ... ein schöner
> Tag im Herbst, das Storchnest leer, am wilden
> Baum die letzten Äpfel. Und Hagebutten glühn.
> Aus einem Bauernhof pfeift lieb ein Star.
> Die schöne Tochter des Schmieds steht am Bronnen.
> Der junge Lehrer übt Orgel.
> Großmutter hängt Vogelgras an grünen Käfig.
>   (Haringer 6, 60)

Das Traumhafte zeigt sich besser, wo Erinnertes und Gegenwärtiges ineinander übergehen: Das Tempus wechselt, Kindertag und »Mitternacht« — so der Titel — schieben sich als zwei Glasbilder hintereinander:

> Ach, wenn doch der Winter bald käm .. ich lief traurig im ersten Schnee,
> Zerpflück des Knies letztes Herbstlaub und Hoffnungsgold,
> Denk ans Saitenspiel eines Maifensters,
> An Abende, wo noch jemand für mich gebetet;
> An verworrner Herbstlandschaft Vogeltraum.
> So neigt sich eines Kindertags
> Stern über dich. Und
> Singt noch einmal
> Ein aufrichtigs Lied ...
>   (Haringer 7, 95)

Am deutlichsten wird die Funktion der Tagtraumreihe schließlich, wenn in einem Gedicht wie der »Ballade vom Vergessen und von einem kleinen Stern« die hemmungslose Beschimpfung der ›anderen‹ plötzlich in traumhaftes Erinnern umschlägt; eben das Vergessen und den kleinen Stern (als metaphorische Kurzform) macht die Tagtraumreihe — die sprachlichen Kühnheiten häufen sich nicht von ungefähr — möglich:

> Und wenn ihr nicht feilscht, schimpft nur fest
> auf das was sich nicht hacken läßt ...
> wie schön die Berge ruhn,
> Die Herden weiden heilig hin,
> Ein Lied zirpt Einsamsein und Grün,
> O bittres Menschentun!
> Alleen versteinern Kindheit hin,
> ein Bach novembert Juniglühn,
> ein Kind spielt hold am Wald,
> Ein Bauer träumt von alter Zeit —
> das selbe Glück, das gleiche Leid
> macht uns verzagt und kalt.
> Und doch vor Läden Wünsche baun,
> mit Mädels süß in Zimmeraun,
> im Kino chaplint März.
> Durch kleine Pläz [!] und Gassen wehn

> Und wieder müd auf Bahnhöf stehn —
> dann stirbst du armes Herz
> (Haringer 5, 24 f).

Die Gedichte erweisen sich damit — wie schon in der Interpretation von Musik und »Lied« — als der immer wieder mißlingende Versuch der Grenzüberschreitung vom Leben zum Traum, als Mittel, zu harmonisieren, zu idealisieren und die Vereinzelung zu durchbrechen, die in aller Stärke ambivalent erlebt wird, mit äußerstem Stolz: »Nur der fort und stets allein geht — / Über Mond und Sternen heimgeht« (Haringer 17, 78), wie mit letzter Verzweiflung: »Man ersäuft in sich selber vor Alleinsein« (Haringer 17, 122), selten aber mit gelassener Selbstbeschränkung:

> Und daß ihr alle auch mich einst betrogen —
> Das hat mir [!] nur den schönsten Trost gelehrt,
> Und all das Schwere will ich pfeifend loben:
> Daß ich mir selber nun am meisten wert!
> (Haringer 14, 45)

Das Bild für die Vereinsamung ist der Tod. Wie er die äußerste Negation bedeutet, so steht er auch am Ende der mißlingenden konjunktivischen Welt. »Todeinsam« (Haringer 6, 121) und »todwund und so heimatkrank« (Haringer 6, 51) sucht Haringer Leben im anderen Menschen (»Da klopft ich schon tod [!] an die Türen«, Haringer 10, 76), und immer erneut wird ihm dieser zum Grab: »Du mein Gebet, mein Gespiel, ach, mein Grab —« (Haringer 6, 51). *Eine* Hoffnung allerdings gibt es im — letzten — Tod als dem endgültigen Rückzug in und auf sich selbst, denn alle Sehnsucht schließt »in dem engen Raume, der mehr und mehr zusammenschrumpft, bis zuletzt ein paar schmale tannene Bretter dem Rastlosen genügen« (Haringer 17, 28).

Der Ort des *vorläufigen* Rückzuges heißt »Herz«: Deshalb ist es in seiner Lyrik so häufig und so bedeutend; Haringer vom Herzen kurzweg » ›besessen‹ «[28] sein zu lassen, erklärt noch nichts. »Herz« ist das, was ihn auszeichnet, was er anbietet (»Mein Herz lauscht lang schon, daß du es besuchst«, Haringer 17, 55) und was man zurückweist (»Nun / Sperrt mein Herz keine Küsse mehr ein«, Haringer 6, 77), so daß er immer wieder in Bildern des Todes klagt:

> wie todelend mein Herz
> (Haringer 6, 136)
> mein Herz ist so tot und so müd
> (Haringer 9, 64)
> O mein Herz ist vereist und möcht sterben
> (Haringer 10, 76)

---

[28] Amstad: Haringer. S. 96.

[...]   Das Herz
erschauert herbstmüd
(Haringer 6, 83)
O Trauer die aus Allem [!] fließt
die unser Herz zu Nacht zersprießt
(Haringer 5, 24 f).

»Herz« wird zur einzigen Zwiesprache-Instanz von Dauer:

O mein Herz es wird wieder Morgen sein
(Haringer 9, 108)
gib Ruh mein Herz!
(Haringer 9, 108)
Vielleicht Du armes Herze mein,
Wird der Tod Dein schönster Traum dann sein
(Haringer 14, 17 f).

Und schließlich — unter einem Geröll von Anklagen, Verurteilungen, vorge-schobenen Motiven, Ausfällen — begründet das »ewig zerbrochene Herz« (Haringer 10, 17) die Vereinzelung: Es ist deren Ursache, Organ und End-punkt. Haringer lebt die Sehnsucht kompromißlos aus. Endlos und ziellos, Ruhe und Erfüllung, Bindung in Liebe und Freundschaft im Keim schon zer-störend, wirft sie ihn immer auf sich selbst zurück und auf eine neue Bahn.

Die Bewegung des Vaganten Jakob Haringer kehrt sich so ganz nach innen. Sie ist Ausdruck der tragischen Ambivalenz, die in der Sehnsucht liegt und in deren Spannung der Dichter ständig zerrissen wird: in dem Drang nach Erfüllung und dem nach neuer Sehnsucht.

Ambivalenz und Spannung sind das Gesetz von Haringers Leben und Werk. Verschlagen und ergeben, geltungssüchtig und kindlich unbeholfen, eitel und sich vernachlässigend, hungernd und erster Klasse reisend: eine endlose Reihe von gegensätzlichen Attributen kann man für ihn aufstellen. Die Gebrochen-heit des Bettlers im maßgeschneiderten[29] Anzug, der immer wieder um Men-schen fleht, sie gewinnt und sie bald grob verletzt und abstößt, bleibt allen seinen Bekannten als vorherrschender Zug im Gedächtnis. Hesse spricht von »einer sympathischen Mischung von Naivität und Gerissenheit«[30]; Torberg meint, »daß er mit dem Vagantentum ein bißchen kokettiere«[31]; Paeschke sieht in ihm »eine weiche, feinfühlige, übersensible Natur«, die in der ihr aufgezwungenen Auseinandersetzung »grob und ausfallend« werde[32].

Die Biographie bietet ein anschauliches Symbol für Haringers spannungs-volles Empfinden: Der 21jährige will in ein Kloster eintreten und verbringt

[29] Aus dem ›Maß‹geschneiderten und dem Un›maß‹, das Haringer beherrscht und unter dem er leidet, Schlüsse zu ziehen, wäre verführerisch.
[30] Zit. nach Amstad: Haringer. S. 55.
[31] Zit. nach Amstad: Haringer. S. 45.
[32] Zit. nach Amstad: Haringer. S. 47.

einige Wochen in einer Abtei, der 26jährige sucht hartnäckig um die Erlaubnis nach, »zur Selbstverteidigung eine Waffe zu tragen«[33]. Sein Vagieren ist Pendeln zwischen den Kräften ›Kloster‹: Flucht vor der Welt, Rückzug auf sich selbst, und ›Waffe‹: Auseinandersetzen, Durchsetzen, Besitz als Kampf; es ist Ausdruck einer seelischen Konstitution, die, »schreiend« wie ein »Kind«, in der Bewegung nach Ruhe verlangt und, noch kaum in der Ruhe, wie ein »Hund« immer wieder die alte Fährte aufnimmt:

> Ach, einmal, einmal im Leben das sein dürfen und nichts als das, was die ewig genarrte, trotzdem niemals getötete, immer wieder Kind gewordene Sehnsucht da drinnen — ist sie Blut oder Seele? — schreiend verlangt!
> (Haringer 17, 40)

> Sehnsucht! Nenne sie Leid oder Leiden, was liegt an Worten! Aber wisse: sie allein nur gibt Kraft, selbst wenn sie uns die Kraft nimmt, und sie ist der einzige Balancierstab, mit dem man sich über die tiefen Abgründe dieser verfluchten Gegenwart hinwegsetzt; erinnernde und doch hoffende Empfindung, der Witterung vergleichbar, die der Fuß des Wildes auf der Erde für den Hund hinterläßt.
> (Haringer 17, 41)

B. Hugo Sonnenschein

Motto:
Im Wort ist deine Heimat,
Sonka, deutscher Dichter.
(Sonnenschein 9, 155)

Dem deutschsprechenden slowakischen Juden Hugo Sonnenschein ist das Heimatlos-Vagantische schon durch Herkunft und Geburt gemäß. »Ein deutscher Dichter: als Mensch ein Vagabund und Bastard, zwischen den Rassen, Kulturen und Klassen, ein Unwirklicher, Vaterlandsloser; seine Dichtung aber, die ihren Ursprung in schwarzer slowakischer Bauernerde hat, findet ihre Heimat in Wesen und Wunder deutscher Sprache« (Sonnenschein 13, 12). So formuliert er 1937 im Rückblick die Spannungen, aus denen sich sein Leben entwickelt.

Er ist mehr noch vergessen als Jakob Haringer, zu dem er den Gegentyp bildet, wenn auch nicht in der radikalen Weise, wie man es nach der ersten Kenntnis des Lebensweges sowie der Art und Funktion seiner Dichtung vermuten sollte. Außer einigen Rezensionen gibt es keine Arbeiten über ihn; auch die Germanisten, die sich mit den linken Autoren der Zwischenkriegs-

---

[33] Amstad: Haringer. S. 39.

zeit beschäftigen, haben ihn noch kaum entdeckt.[34] In einigen größeren
Literaturlexika ist er im Zusammenhang mit dem Aktivismus verzeichnet;
wenige unsichere Daten werden übermittelt. Die kurze Rekonstruktion seines
Lebensweges ist unter diesen Umständen nur ein erster lücken- und möglicherweise fehlerhafter Versuch, der sich streckenweise an des Dichters eigenen
verstreuten Angaben orientieren muß.[35]

I. Überblick

Das Leben

Hugo Sonnenschein wird am 25. Mai 1889 in Kyjov (dt. Gaya) nahe Brünn
in Mähren als Sohn Adolf Sonnenscheins und seiner dritten Frau Berta geboren. Er wächst im Judenviertel der Stadt in bäuerlicher Umgebung unter
dem bestimmenden Einfluß von Großmutter und Mutter auf, da der Vater
stirbt, als Sonnenschein noch nicht drei Jahre alt ist; als »Einziger, vor dem
ich Achtung hatte« (Sonnenschein 1, 153), erscheint dem offensichtlich schwierigen Knaben der ältere Bruder Wilhelm. Möglicherweise genießt er eine un-
vollständige höhere Schulbildung, die er in der Folgezeit autodidaktisch zu
erweitern sucht. (Später hört er sporadisch an verschiedenen Orten philo-
sophische Vorlesungen.) Zahlreiche Ausreißversuche des Knaben bezeugen
früh den Drang zur Ferne.

1907 bricht Sonnenschein endgültig mit dem Elternhaus, verläßt die Heimat
und schlägt sich nach Wien durch. Dort gehört er, obdach- und arbeitslos,
oft hungernd und frierend, zum Lumpenproletariat. Wie einem Adolf Hitler,
mit dem er in diesen Jahren täglich hätte zusammentreffen können, bildet
sich auch ihm aus den Erfahrungen dieser Umgebung »ein Weltbild und eine
Weltanschauung«[36].

Für Sonnenschein ist Wien allerdings — und nicht nur darin unterscheidet
er sich von dem anderen arbeitslosen Bewohner der Obdachlosenasyle der
Stadt — nur ein Stützpunkt: Sechs Jahre lang zieht er durch alle Länder

---

[34] Eva Kolinsky: Engagierter Expressionismus. Stuttgart: Metzler (1970). S. 137 f. —
Lothar Peter: Literarische Intelligenz und Klassenkampf. (Köln:) Pahl-Rugenstein
(1972), bes. S. 175. Peters Angaben sind vager und ungenauer, als sie nach den
leicht zugänglichen Quellen (Sonnenschein 14) sein dürften. — Früher ist Sonnenschein berücksichtigt von Kreuzer: Bohème, passim.

[35] Vgl. den Abriß in dem Gedicht »Flucht in die Verbannung« (Sonnenschein 9,
138—140; vgl. Sonnenschein 5, 28) und vor allem die kurze Selbstbiographie in
der Einleitung zu »Der Bruder wandert nach Kalkutta« (Sonnenschein 13, 11—15).
— Der Nachlaß ist nach Auskunft Tomi Spensers, eines seiner Söhne, in der Nazi-
zeit zerstört worden oder verlorengegangen.

[36] Adolf Hitler: Mein Kampf. Erster Band. Eine Abrechnung. 237. Tausend.
München: Eher 1933. S. 21.

Europas (vielleicht war er auch in Übersee), vor allem treibt es ihn immer
wieder nach Italien (»In Italien«, Sonnenschein 2, 24).

Er hat die ersten bescheidenen Erfolge als Schriftsteller: Im Jahre 1910
erscheint (nach einem nicht auffindbaren Werk »Närrisches Büchel«) ein Lyrik-
band mit dem bombastischen Titel »Ichgott, Massenrausch und Ohnmacht«, in
den die Vagantenerlebnisse direkt einfließen. In »Geuse Einsam von Unterwegs« (1912) deckt der ›Sonnenbruder‹, indem er die Erfahrungen seiner
obdachlos umhergetriebenen proletarischen Existenz zu verarbeiten sucht, die
Grundlagen seines späteren dichterischen und politischen Wollens auf.

Von 1913 an erscheinen seine Verhältnisse etwas gesicherter; er ist jetzt
Journalist in Wien. In fortschreitendem Maße tritt die Politik in den Vorder-
grund. Damit geht das ursprünglich (relativ) freiwillige Vagieren in die
Flucht über: Von jetzt an reißt die Kette der Verhaftungen nicht mehr ab.

Sonnenschein faßt langsam in den expressionistischen Zeitschriften Fuß,
veröffentlicht im Münchner »Zeit-Echo«, in der »Aktion« (in den Kriegs-
jahrgängen vor allem, vereinzelt auch später) und in Pfemferts Anthologien.
Nach dem Krieg — er ist Soldat auf dem Balkan, dann in verschiedenen
Spitälern und Gefängnissen — spielt er eine bescheidene Rolle im Wiener
Literaturbetrieb, schreibt im »Frieden«, ist mit Franz Werfel, Oskar Maurus
Fontana und Albert Ehrenstein befreundet und als Mitherausgeber an der
kurzlebigen Zeitschrift »Der neue Daimon« (1919) beteiligt, in der er »Die
Legende vom weltverkommenen Sonka«, entstanden 1915—1919, zuerst
veröffentlicht.

Karl Kraus greift ihn in der »Fackel« heftig an. Sonnenschein hat ihm
wohl bis 1918 Verse zugeschickt, wird aber nicht beachtet und endlich abgewiesen.[36a] In dem polemischen Schlagabtausch des Jahres 1920, der von
einer Fälschung Kraus' ausgeht und in eine Erörterung der Haltung beider
im Krieg mündet, wird Sonnenschein als »eines der weniger begabten Revo-
lutionsinterl«[37] und »ein aus dem Kosmos aufgestörter Skandalreporter«[38]
bezeichnet. Der Illustration halber sei noch ein »Fackel«-Zitat angeführt:
Kraus verreißt ihn, indem er außer Anspielungen auf die »Legende« solche
auf Ehrensteins »Wanderer« (Ehrenstein 1, 82) benutzt:

> Sonka dichtet. Ist größere Tragik auf Erden? In der Wind-ins-Gesicht-Gasse
> wohnt er als Aftermieter bei Ehrenstein, ein Sieb-Dach für Anregungen ist
> über seinem Haupte, Schimmel für neue Formen freut sich an den Wänden,
> gute Ritzen sind für den Expressionismus da, immer muß er an das Herz
> der Lasker-Schüler denken. [...] Ich halte den weltverkommenen Sonka

---

[36a] In der Wiener Stadtbibliothek werden »zwei Blätter eines Karl Kraus dedizierten
    Privatdruckes (›Erde auf Erden‹) verwahrt« (Brief an den Verfasser vom 13. 8.
    1975).
[37] Karl Kraus: Innsbruck. — In: Die Fackel 63 (1920) Nr. 531—543, S. 103.
[38] Kraus: Innsbruck. S. 116.

für einen Simulanten; und zwar für einen ungeschickten, denn ich habe schon
bessere Gedichte aus Irrenhäusern bekommen.[39]

Sonnenschein geht den typischen Weg eines expressionistischen Lyrikers: Der
Phase des Einklanges von Literatur und Politik folgt die Phase entschiedeneren (partei-)politischen Engagements an der Seite des Dichters und Anarchisten Stanislav Kostka Neumann, den er schon um 1909 in Mähren
kennengelernt hat.[40] 1920 nimmt er als Delegierter der »Kommunistischen
Gruppen« am zweiten Kongreß der III. Internationale in Moskau teil, ohne
das Wort zu ergreifen[41]; Lenin erteilt den Linksabweichlern hier eine klare
Absage. Unter ungeklärten Umständen flüchtet Sonnenschein von Moskau
nach Sibirien, nach Vardö in Norwegen und gelangt über Berlin wieder in
die Heimat, wo er wegen Hochverrats verhaftet und in Kuttenberg festge-
halten wird (Dezember 1920 bis Januar 1921)[42]. Er arbeitet mit an dem Zusammenschluß der verschiedenen linken Gruppierungen und ist Mitgründer
der auf solche Art am 16. Mai 1921 ins Leben gerufenen Kommunistischen
Partei der Tschechoslowakei.

Seinen Aufenthaltsort ändert er ständig; meist wechselt er zwischen Wien
und Kolin an der Elbe, dem Wohnort der Familie. Gehetzt und verfolgt, »in
dunklen Wiener, Berliner, Pariser Vorstadtverstecken« (Sonnenschein 9, 139),
ist er in den folgenden Jahren rastlos politisch tätig; die Einzelheiten harren
noch der Aufklärung. Jedenfalls isoliert er sich dabei immer mehr. So tritt
er auf dem Kongreß der Kommunistischen Partei der Tschechoslowakei von
1924 auf, wo er sich als Mitglied der österreichischen Kommunistischen
Partei ausgibt.[43]

Klärung und Wende bringt das Jahr 1927: Wegen seines Anti-Stalin-
Kurses wird er aus der Partei ausgeschlossen und lebt seit 1928 »als vogel-
freier Schriftsteller« (Sonnenschein 13, 13) in Wien. Dort erscheint zwei Jahre

---

[39] Karl Kraus: Literatur. — In: Die Fackel 62 (1919/20) Nr. 521—530, S. 85. —
Die polemischen Hinweise auf verschiedene Abhängigkeiten werden wir zu prüfen
haben; wie wenig der Vorwurf der ›Irrenhauspoesie‹ verfängt (auch wenn ein
Karl Kraus ihn erhebt), sollte schon bei Haringer deutlich geworden sein.

[40] Vgl. František Kautman: Stanislav Kostka Neumann. Člověk a dílo. Praha 1966.
S. 99 f. — Im Krieg auf dem Balkan Ende 1917, als Sonnenschein Neumann
aufnimmt, vertieft sich die Freundschaft. — Über Neumann, die Politik seiner
Gruppe und das Organ »Červen« vgl. Ulrich Grochtmann: Anarchosyndikalismus,
Bolschewismus und Proletkult in der Čechoslowakei, gezeigt am Beispiel des
Publizisten S. K. Neumann. Phil. Diss. Köln 1974.

[41] Protokoll des II. Weltkongresses der Kommunistischen Internationale. Erlangen:
Liebknecht 1971 (Reprint). S. 788, Nr. 205. — Sonnenschein hat kein Stimm-
recht; in der Exekutivsitzung vom 20. 8. hat er indessen gesprochen. Vgl. Hugo
Sonnenschein: Moskau und Prag. — In: Červen 3 (1920/21) S. 423.

[42] Hugo Sonnenschein: Die goldenen Ritter der Freiheit oder Tschechoslovakische
Demokratie. Tagebuch meiner Kuttenberger Haft. Leipzig, Wien: Literaria 1921.

[43] Pavel Reiman: Ve Dvacátých Letech. Praha 1966. S. 196 f.

später sein Hauptwerk »Der Bruder Sonka und die allgemeine Sache oder
Das Wort gegen die Ordnung«, das er selbst als Summe und Höhepunkt
seines Schaffens empfindet (Sonnenschein 13, 13). Den größten Teil des
Buches füllen veränderte ältere Gedichte, Neues will nicht mehr recht gelingen.
»Genosse Sonka, der gottverkommene Bettelpoet« (Sonnenschein 9, 115) blickt
auf mehr als zwanzig Jahre des Lebens und Kämpfens in der Umwelt des
Vagabunden zurück. In vier Bücher faßt ein »Totmüdegewanderter [!]«
(Sonnenschein 9, 40) sein Leben zusammen: »Fibel der Heimat«, das von
der Zeit vor 1907 und steter Erinnerung an sie spricht, »Im Palast der Vaga-
bunden«, das die Jahre vor dem Ersten Weltkrieg umspannt, »Alle Macht
dem Bettler«, das von der Periode des politischen Kampfes handelt; einen
Ausblick gibt »Wann werden Ferien sein?«.

Sonnenscheins Weg führt von der direkten Teilnahme am Schicksal des
heimatlos Umhergetriebenen über die Mittelbarkeit der Parteiarbeit zu seinen
vagabundischen Brüdern zurück: Im gleichen Jahr 1930 gründet er den »Offenen Weltbund der Brüder«, der Ende 1931 in Paris seine erste Welttagung ab-
hält. Darin schafft sich der politisch Gescheiterte eine eigene Organisation, um
der Idee der Freiheit zu dienen, »der Freiheit, welcher der Vagabund, wenn
er sein Schicksal auf sich geladen hat, von allen Menschen am nächsten ist«
(Sonnenschein 13, 37). »Widersinnig aber wäre es, das Kollektiv des Welt-
bundes der Disziplin einer Partei zu unterstellen. Der Vagabund will nichts
sein als ein Partisan der Freiheit« (Sonnenschein 13, 37).

Hugo Sonnenscheins späte Jahre sind trostlos und erst in dürren Daten
nachzuvollziehen. Er wird im März 1934 aus Österreich ausgewiesen und lebt
fortan in Prag, wo er Mitte der dreißiger Jahre noch einige Bücher publizieren
kann. Nach dem März 1939 hält er sich zunächst verborgen, wird dann aber
entdeckt und 1943 nach Auschwitz verschleppt, wo seine Frau Marenka er-
mordet wird. Im Januar 1945 von den Russen befreit, wird er als Nazi-
helfer denunziert und zu zwanzig Jahren Zuchthaus verurteilt. Im Jahre 1953
ist er (in Mirov?) verstorben.

Die Literatur

Sonnenscheins Werk macht anders als das Haringers eine Darstellung in
Phasen notwendig. Es ist nicht gleichförmig und in sich (un-)ruhend, sondern
antwortet unvergleichlich direkter auf seine Zeit, und zum großen Teil auch
in der Weise seiner Zeit. So sind zunächst einige Worte auf die literarische
Strömung zu verwenden, in die es einzuordnen ist.

Zu Anfang 1910 ist Hugo Sonnenschein zwanzig Jahre alt, und die Chronologie gibt exakt seine Zugehörigkeit zur expressionistischen Generation wieder.
Er ist von seiner Sendung als deutscher Dichter überzeugt. Lesehungrig und
literaturbeflissen, kennt er die Exponenten der Tradition ebenso gut wie die
Berliner Avantgarde.

Er lehnt die Preziosität Georges ab, ohne sie am Anfang ganz vermeiden
zu können:

> In Frost und Winter werden meine Tränen
> zu Eisesperlen und zu Schneekrystallen
> (Sonnenschein 1, 81);

den heroischen Gestus Nietzsches empfindet er begeistert nach:

> Menschenfreundschaft hat er nie empfunden ...
> Heimatlos ist er geboren — niemals
> kann er Heimat finden ...
> (Sonnenschein 1, 50 f)
> und sieht die träge Höhe, wo er mit sich und schweigend
> dem Taumeltanz der Welt, die vom Besitze träumt,
> zusah [...]
> (Sonnenschein 2, 19 ff).

Der französische Symbolismus wird zur bedeutsamen Anregung (Baudelaire), Walt Whitman zum Vorbild in Leben und Werk (Sonnenschein 2, 19 ff).
Eigentümlich für Sonnenschein ist es, daß er nicht nur wie Becher oder Stadler
oder Werfel den Hymniker, sondern auch den Tramp Whitman beachtet.

Stärker als diese Einflüsse wirkt die kosmische Mode der vorigen Generation,
Momberts, Däublers, des Charon-Kreises, nach. Sonnenscheins grenzenloses
Fühlen und Wollen braucht »sternenhohe Bahn« (Sonnenschein 5, 12), um
die »Musik der Sphären« (Sonnenschein 9, 152) zu vernehmen und endlich
»in kosmischer Glut« (Sonnenschein 5, 20 f) zu zerschmelzen; in einem Gedicht wie »Mon verre n'est pas grand« (Sonnenschein 3, 21), das alle diese
Elemente vereinigt, »die Sonne, das All, die Sterne« und die »weltweite Seele«,
wird daraus eine Werfel ähnliche Allverbundenheit und Alliebe: »Ein dur-
stiger Wanderer«, »im Weltall zu Haus«, umschließt in literarisierter Ekstase
das All.

Das Lebensgefühl der Generation ist auch das seine: Weltende (van Hoddis)
und Aufbruch (Stadler), Menschheitsdämmerung (Pinthus) und Neubeginn als
weltbeglückendes Fanal finden sich bei ihm wieder. O-Mensch-Pathos und
Verbrüderungsgeste, der Wille zum Absoluten und das Bewußtsein der Er-
lösungsbedürftigkeit, Utopie und Aktivismus sind die Grundlagen der Wandlung von Opposition zu Revolution, von Euphorie zu Anarchie, von Religiosität zu Radikalität, von Proklamation zu Aktion, von Aufbruch zu Aufruhr. Wenn Pinthus 1919 im Vorwort seiner berühmt gewordenen Anthologie
feststellt, »Mensch, Welt, Bruder, Gott« seien die häufigsten Worte der Expressionisten[44], so kann man den dort nicht vertretenen Sonnenschein geradezu
als die Inkarnation ihres Programms ansehen. Er steht den vielgestaltigen,

---

[44] Kurt Pinthus (Hrsg.): Menschheitsdämmerung. Ein Dokument des Expressionismus. [Neuausgabe] (51.—58. Tsd.) (Hamburg:) Rowohlt (1964). S. 29.

unter dem Schlagwort Aktivismus uniformierten Bemühungen von Rubiner, Mühsam, Kanehl, Becher, Toller und anderen nahe und geht den Weg, den Franz Jung exemplarisch geschildert hat[45], von den Grünen über die Roten in die Grauen Jahre, die Jung in den Hort des Wirtschaftsjournalismus, Sonnenschein aber an den Anfang seiner Bestrebungen zurückführen, von literarischem Aufbruch zu politischem Aufruhr und zu ernüchtertem Rückzug.[46]

Dazu nicht recht passen will zunächst der zweite große Einfluß: der des Seelenwanderers. Und doch führt erst das Ineinander von Expressionismus und Seelenwanderermode zu Sonnenscheins Eigenem.

Immer bedient sich der Dichter solcher Vorstellungen, stärker am Anfang, im Spätwerk spärlicher. Hinweise auf das allzu Bekannte mögen auch hier genügen, auf die Unbesitzideologie in »Curriculum vitae« (Sonnenschein 1, 76), auf Begriffe wie »Gottes Schreiter« (Sonnenschein 5, 12), »Wahn der Zeit« (Sonnenschein 9, 101), »die selig Wandernden« (Sonnenschein 5, 8 f), auf Feststellungen wie »Der ich Gottes bin« (Sonnenschein 9, 101) und »Töricht fremd im irdischen Land« (Sonnenschein 9, 120). Ganz eklatant ist der Einfluß in der üblichen Naturbeseelung:

> Denn er läßt die Wolken sich lebendig werden,
> gibt der wolkenlosen Bläue eine Seele,
> und dem Stein, dem kleinsten Sandkorn,
> wenn er durch die leere Wüste wandelt.
> (Sonnenschein 1, 50 f)[47]

Mindestens vier Unterschiede schränken die scheinbar völlige Gleichartigkeit wieder ein. So gut wie vollständig eliminiert ist die Natur als Rückzugsort und Hort der Heilung. Sonnenscheins Lyrik sucht das Heil in der Zukunft, die Seelenwanderer finden es in der Vergangenheit. Während sie sich resignativer Müdigkeit hingeben, ergreift ihn die Kraft einer Utopie. Sein Auserwähltheitsbewußtsein will nur für eine gewisse Zeit elitär sein, wohingegen der Seelenwanderer stets auf die kleine Anzahl bedacht ist.

Zwei einander gegensätzliche, ja feindliche Haltungen begegnen sich in der gemeinsamen Opposition einem Dritten gegenüber, den beherrschenden Kräften der Zeit: Das Vokabular des Seelenwanderers benützt Sonnenschein für seine Utopie und füllt es mit zukunftweisender klassenkämpferischer Brisanz.

---

[45] Franz Jung: Der Weg nach unten. (Neuwied, Berlin:) Luchterhand (1961).

[46] Der Politiker Sonnenschein muß in unserem Zusammenhang ebenso vernachlässigt werden (das gilt also insbesondere für die Phase von 1918 bis 1927) wie die gesamte Problematik des politischen Literaten, in der das Tagebuch der Kuttenberger Haft (1921) beispielsweise als Antwort auf Ludwig Rubiners programmatisch-hoffnungsvollen Aufsatz »Der Dichter greift in die Politik« (1912) zu werten wäre.

[47] Vgl. oben S. 63 f.

Bei aller modischen Uniformität zeigen sich hier die Ansätze zu Eigenem. Dem heimat- und mittellosen Proletarier, der, wo er auch lebt, aus der Gosse heraus schreibt, ist das Gefühl des Aufbruchs in eine gerechtere Welt ungleich näher und lebensvoller als den aus wohlhabenden Bürgerfamilien stammenden Studenten Becher, Werfel oder Toller. Bei ihm haben Pathos und Klage ihre direkte Wurzel, Verbrüderungs- und Erlösungswille wachsen aus der Umwelt, die er schaut. Nichts Amorphes hat die Klasse, für die er kämpft: Es sind die Vagabunden, denen zeitlebens seine künstlerische und politische Arbeit gilt.

II. Utopie und Anarchie

Erste Phase: 1907—1912

Die Grundlagen zu Sonnenscheins Werk werden in der ersten Phase gelegt, die von der Flucht aus dem Elternhaus bis zu dem »Geusen Einsam von Unterwegs«, also ungefähr von 1907 bis 1912, reicht. Ihre Bedeutung für das gesamte spätere Schaffen des Dichters steht in umgekehrtem Verhältnis zur Bedeutung des Werkes dieser Zeit selbst. Es ist von der Suche Sonnenscheins nach einer Rolle gekennzeichnet, in deren Aura er sich zu überindividueller Geltung aufschwingen kann.

Das leistet der wandernde Spielmann längst nicht mehr: Das »Wien 1907« datierte »Curriculum vitae« (Sonnenschein 1, 76) kultiviert die Mode vergangener Zeiten, in der Bildungsbeflissenheit seines Titels, in dem Besitzlosigkeits-Topos, in so typischen Versatzstücken wie der Fiedel sowie in der üblich glatten Formgewandtheit und gleichmütigen Unbesorgtheit des Tons, für die nur die letzte Strophe stehen soll:

> Nichts suchend, find ich meine Freuden
> und ziehe in der Welt herum.
> Die Zeit, die küßt mich, ich — die Dirnen —
> und treibe Wolken-Studium.
> (Sonnenschein 1, 76)

Auch das bloße gereimte Erlebnis, das sich um 1910, auf dem Höhepunkt seiner äußerlichen Teilhabe an dem Vagabundenleben, vielfach im Werk findet, kann ihm nicht genügen. Immerhin kehrt sich Sonnenschein in solchen Gedichten von der Sterilität alter Muster ab; sie bleiben im üblichen Rahmen des Vagabundengedichts, schwankend zwischen Kraftgefühl und Katzenjammer. Neben dem ›starken‹ »Im Winter« (Sonnenschein 1, 73) (im Ton von Dauns »Landstreicher«, Kunde 2. 5, 5 f) stehen das »Winter-Sonett« (Sonnenschein 1, 81) oder die »Weinerliche Melodie« (Sonnenschein 1, 75). Je eine Strophe mag beides kurz belegen:

> Was kümmert sie denn Eis und Schnee
> Und Wind und Wetter tut nicht weh,
> denn sie sind hart wie Straßensteine
> und haben aus Eisen Herz und Beine.
>   (Sonnenschein 1, 73)

> Ja, das ist des Lebens Lauf,
> mich fressen zum Schluß meine Läuse auf —
> ich bin nur ein verlauster Hund,
> ein verkommener Vagabund —
>   (Sonnenschein 1, 75).

Das Neue, das zum ersten Mal den Blick freigibt auf Sonnenscheins weitere Entwicklung, begegnet uns in

Hugo Sonnenschein: Jesus

> Ein Vagabund mit langen Haaren,
> mit schwarzen Haaren wirr und wild,
> und großen Augen — den sonnenklaren,
> den weißen Leib in Lumpen gehüllt,

> kam mit der Schar von Utopisten,
> — den Träumern ohne Schollensinn —
> die seine Füße bebend küßten . . .
> einst nachts zu einer Kupplerin:

> Er sprach den Dirnen seine Lehren;
> da konnte man flammende Blicke sehn,
> und in den Blicken Sehnsuchtzähren
> von Dirnen, die einen Strolch verstehn.
>   (Sonnenschein 1, 28)

Daß hier nicht ein thematisch vereinzeltes Gedicht vorliegt, beweist die Umgebung in dem Band von 1910 (Sonnenschein 1, 22; 1, 75). »Jesus« ist ein Beispiel für Sonnenscheins Identifikationssuche und -sucht; der »Narr von Nazareth« (Sonnenschein 1, 22), Bettler und »Vagabund mit langen Haaren« wie der Dichter selbst:

> Ich habe nichts als braune Augen
> und mein verwirrtes langes Haar
>   (Sonnenschein 1, 76),

wird als Sozialutopist mit der eigenen Person gleichgesetzt, die Verklärung (große Augen; sonnenklarer, weißer Leib) ist Selbstverklärung. Die Dirnen vertreten als eine Gruppe der Verworfenen den sozial deklassierten Menschen überhaupt; er ist von einer starken verinnerlichten Hoffnung getragen (»Sehnsuchtzähren«), die in das Bewußtsein der Übervorteilung und in Kampf umschlagen kann (»flammende Blicke«). Möglich wird diese Rolle wie die späteren, tragfähigeren dadurch, daß Sonnenschein einen Ausweg aus der körperlichen wie geistigen Armut und Trostlosigkeit um sich her erkennt: die Utopie, die er dann konsequent dichtet und lebt, solange es ihm möglich ist: »Mir aber wuchsen meine Träume über den Kopf« (Sonnenschein 1, 43).

Unerschütterliche Zuversicht zeichnet die Utopie zu Beginn aus. Ihre Träger sind »Träumer ohne Schollensinn« (Sonnenschein 1, 28), die unterwegs sind nach einem Land, das ihnen ein Auserwählter, ein ›alter Jesus‹, vorzeichnet. Von Anfang an ist sich Sonnenscheins Utopie aber ihres Charakters bewußt, sonst würde der Begriff kaum so häufig und so dezidiert verwandt. Den Eindruck, daß er aus Theorie und als Theorie genommen wird, verstärkt ein Gedicht wie

Hugo Sonnenschein: Einsam, nie vereinsamt
— A. G. —

Immer weiter reißt es den Erlösten.
Planlos liebt er's durch die Welt zu wandern —
Schönheit suchend . . . Ewig unbefriedigt,
weil ihm seine himmelhohen Träume
alles mit dem gleichen goldnen Schein umweben
und er doch nach neuen Welten schmachtet,
neues Leben sucht und neue Freuden . . .
Und beseelt von immer junger Hoffnung,
jagt er den Gedanken nach, getragen
von der Utopien weißen Schwingen . . .

Skeptisch gegen Wirklichkeit des Lebens,
täuscht er über Hunger sich hinweg und Kälte,
über Abgründe des Unverstandes,
Süßigkeit der Freundschaft, Gift des Hasses.
Einsam flieht er — einsam, nie vereinsamt:
Denn er läßt die Wolken sich lebendig werden,
gibt der wolkenlosen Bläue eine Seele,
und dem Stein, dem kleinsten Sandkorn,
wenn er durch die leere Wüste wandelt.
Und aus düsterm Dunkel formt er Geister.

Menschenfreundschaft hat er nie empfunden . . .
Heimatlos ist er geboren — niemals
kann er Heimat finden . . . Nie die Heimat?!
Doch — er findet eine heilge Heimat,
denn die Liebe setzt auch ihm die Schranken.
Einzigmal nur kann er lieben, — einmal
in der Wirklichkeit nur weilen:
unter Menschen findet er die Liebe . . .
Und das Stückchen Erde — wo er sie gefunden,
bleibt ihm ewig im Gedächtnis brennen,
und er blickt dahin zurück aus seinen
Höhen . . .
(Sonnenschein 1, 50 f)

Übersehen wir den Seelenwanderer der zweiten und den halbherzigen Nietzsche-Adepten der dritten Strophe; die erste führt wortreich Sonnenscheins Bild eines Erlösten aus. »Ewig unbefriedigt« genügt nicht, nicht »seine himmelhohen Träume«; weder »neue Welten«, »neues Leben« noch die »immer junge Hoffnung« reichen aus: Letzter Deutlichkeit halber muß all das von »der Utopien weißen Schwingen« abgeschlossen werden.

Ein respektables Werk entsteht freilich nur dadurch — Sonnenschein ist kein phrasenhafter Seelenwanderer —, daß sich die Utopie in fortschreitendem Maße von der rein literarischen Herkunft löst und ihren Grund in Sonnenscheins Biographie findet.

Auf einer Übergangsstufe innerhalb der Phase der Suche werden zunächst aber »Nazareth« und das Heilige Land als das »Land der sehnsuchtsvollsten Utopisten« (Sonnenschein 1, 22) mit einem neuen Objekt von Sonnenscheins Identifikations- und bald auch Mythisierungswillen gleichgesetzt: dem »Land der Geusen« (Sonnenschein 1, 22). Das Bild eines Predigers der Gewaltlosigkeit wird durchwirkt und dann abgelöst von einem Bild, das einen beinahe hundertjährigen verzweifelten Freiheitskampf assoziiert: Unübersehbar verstärkt sich der Zug zum Kämpferischen. Es bedarf noch eines kleinen Schrittes, und der »Geuse Einsam von Unterwegs« — so der Titel des Gedichtbandes von 1912 — ist geschaffen. Selbststilisierung löst die Anlehnung an die Historie ab, nachdem in der Utopie das Programm einer derart überhöhten Gestalt gefunden ist.

Der »Dithyramb der Distanzen«, der die erste Phase abschließt, vereinigt die Elemente, die sich nach und nach in Sonnenscheins Werk zusammenfanden und es mit nur graduellen Abstufungen bis zu den letzten Gedichten bestimmen.

Hugo Sonnenschein: Dithyramb der Distanzen

DAS ist die Welt, die ihren eignen Rumpf nicht tragen kann,
wo man in heiligen Hainen zu Göttern betet
um Gnade, Gutes Los und Schein-und-nichts;
das ist der Tag, der sich nicht sieht, ein Tag,
der Sehnsucht hat nach Morgen —
verzückt an Gestern denkt:
Das ist der Augenblick, der Wirrsal ist und Nacht,
Nacht ohne Weg, Nacht ohne Licht
mit einer Unzahl Lichtern,
der Augenblick des Schmerzes bar
in Leid um Leid,
mit Sorgen,
die wühlen und nicht bauen,
die würgen und nicht wecken;
das ist die Welt: — Verdacht, Verrat,
die Welt, als hätte Goethe nicht gelebt,
als wäre Michelangelo gestorben,
und Wagner tot, Walt Whitman tot ...

Die Welt, wo Einsam sich den Geusen nennen muß,
den Bettler:

— Ich, Geuse Einsam, ich allein am Weg,
der Trotter Ungefähr zur Einheit, —
Verneiner wahnbetörten Zwiespalts
der Kleinheit,
selbst gottbetört, —
verzweifelt unselig wie keiner
und qualvoll gläubig,
von Allschmerz umbrandet,
Bejaher der Räusche,
verflucht wie keiner,
gesegnet hoffnungslos wie keiner, —
ich sag der Welt der Taten Abstand,
ob gut ob böse — schmerzensreich,
weil alles, was geschieht,
weil sich, was ist, verneinen muß
und nur in Schmerz besteht. —

Und dieses ist die Welt,
wo Einsam, der sich aufgebaut aus Quadern
des schmerzlichen Erlebens, ein Unding ist.

Das ist die Welt, die Tag . . . die Augenblick verleugnet,
um einen Traum aus Nazareth zu feiern,
den Traum und seinen armen Mann,
den sie gekreuzigt haben eh er sich verstand,
bevor er einer ward, der von sich selbst
zur Welt kommt, einer Welt,
die ihn zu Gott gemacht, weil er nicht Mensch geworden.

Da ist die Materie, die nur noch einem lebt:
dem Tod.
Sie stirbt, wenn sie in Todesangst verharrt,
ans Sterben glaubt und alles TOTE segnet.

Herr Geuse Einsam lebt:
wie Goethe, Michelangelo und Wagner leben,
Walt Whitman lebt —
und Geuse Einsam schaut die Wege seines Geistes,
kennt seinen eignen zähen Leib,
er weiß die morschen Brücken, über die
er seinen Körper mühevoll geschleppt hat,
und sieht die träge Höhe, wo er mit sich und schweigend
dem Taumeltanz der Welt, die vom Besitze träumt,
zusah — verzeihend hinter sich,
der GEUSE, Geuse Einsam,
der Strolch von Unterwegs,
solang ich lebe unterwegs,
der Mensch.
(Sonnenschein 2, 19 ff)

Das Gedicht lebt aus dem Gegensatz zwischen der Welt und einem Ich, das sich als Geuse Einsam stilisiert; zunächst ist es — um seinen Titel aufzugreifen — ein Dithyrambus *dieser* Distanz.

Der erste Abschnitt verkündet in einer weiten Phrase den Ekel vor dem
Bestehenden. Von gewählter, bisweilen preziöser Sprache (»verzückt«, »des
Schmerzes bar«), mit dem Willen zur Dunkelheit:

> [...]   Nacht ohne Licht
> mit einer Unzahl Lichtern
> in Leid um Leid,

hymnisch im Ton — ein Weihegesang, nur in Umkehrung —, pathetisch in der
Gebärde, gewinnt dieser Teil zudem Schwere und Stärke durch den be-
schwörend eindringlichen Rhythmus. Diesem gesellen sich Anapher, Variation
und Alliteration zu:

> die wühlen und nicht bauen,
> die würgen und nicht wecken;
>
> DAS ist die Welt [...]
> das ist der Tag, [...] ein Tag,
> [...]
> Das ist der Augenblick [...]
> das ist die Welt [...]
> die Welt [...]
>
> Nacht ohne Weg, Nacht ohne Licht
> [...] Verdacht, Verrat,

die Gewalt und Wucht, eben das prophetisch Kündende, Widerspruch nicht
Duldende bewirken: Die Welt, »die ihren eignen Rumpf nicht tragen kann«,
gehe an sich selbst zugrunde; der letzte in der Reihe der Heroen Goethe,
Michelangelo, Wagner, Whitman, der sich als Prophet Hölderlinschen Maßes
(»Wirrsal«, »in heiligen Hainen«) begreift, müsse zum Bettler werden.

Entsprechend unreflektiert und unkompliziert ist das Sendungs- und Auserwähltheitsbewußtsein des kontrastierenden folgenden Teils. Seine Sprache
wird noch gespreizter und kann das Gesuchte und Hohle ihrer Pathetik noch
weniger verbergen. Neologismen und gewählte Genitive (»Verneiner wahnbetörten Zwiespalts / der Kleinheit«), die Beteuerung der Einsamkeit (»ich
allein am Weg«; dreimal: »[...] wie keiner«), die Vereinigung scharfer
Gegensätze (»verzweifelt unselig« — »qualvoll gläubig«; »verflucht« —
»gesegnet«), das Wissen um Rausch (»Bejaher der Räusche«) und Schmerz
(»schmerzensreich«), endlich die reine Geistigkeit (»ich sag der Welt der Taten
Abstand«): sie komponieren einen Erlöser von wahrhaft übermenschlichem
Zuschnitt, der in dieser Welt »ein Unding« ist (und sich in diesem stilistischen
Fehltritt unfreiwillig karikiert, ja, kompromittiert). *Einen* historischen Ver-
gleich läßt er gelten, und die Parallele wird denn auch sogleich gezogen: zu
Jesus, gekreuzigt, »bevor er einer ward, der von sich selbst / zur Welt kommt«,
als Gott verkannt, »weil er nicht Mensch geworden«. Mißdeutet wurde, was
er verkündete; Geuse Einsam wird die wahre Erlösung bringen. Er hat den
»Traum aus Nazareth« überwunden.

Der letzte Abschnitt sucht die heilbringende Figur aufs neue zu steigern. Die Wege, die der vagantische Künder zurücklegt, führen als »Wege seines Geistes« zu einer »Höhe«, deren Übermenschlichkeit deutlich von Nietzsche entlehnt ist.[48] Von dort sucht er die Welt visionär zu fassen, sucht Ekstase und Ergriffenheit wie zuvor Pathos und Wucht, ehe er einen ebenso mißlingenden Versuch unternimmt: Es bleibt unvermittelt, unerwartet und unglaubwürdig, in dieser Ekstase endlich nichts weiter als das Symbol für den Menschen sein zu wollen und so die schwülstige Hybris zu vermindern.

Zweierlei möchte Sonnenscheins Suche verbinden: eine Möglichkeit dichterischer Existenz und eine Möglichkeit der Veränderung der Zustände. Beides glaubt er in der Selbststilisierung als prophetischen Künder gefunden zu haben. Gleichwohl ist das Ergebnis in seiner Mischung von Erhabenheit und künstlerischer Plattheit, von rhetorischem Schwall und Armut an Aussage kläglich, und es ist in mehr als einer Hinsicht förderlich für ihn, daß ihn der weitere Weg von diesen Vorstellungen befreit. Die Konsequenz, sich der Parteipolitik zuzuwenden, bringt dem Künstler Sonnenschein fruchtbare Konflikte, aus denen die Elemente der Frühzeit klarer, einfacher und von Skepsis gebrochen hervorgehen werden.

Zweite Phase: 1912—1920

Die zweite Phase von Sonnenscheins Entwicklung baut auf den Erfahrungen mit dem Vagabundenmilieu auf. Wenn er nun ein Nebeneinander von Literatur und Politik zu erreichen sucht, dann ist es ganz ausdrücklich der Lumpenproletarier, für den er sich mit allen Mitteln verwendet. So spricht er etwa 1920 von »unserer Wanderschaft« »mit Landstreichern« (Sonnenschein 5, 8 f) und empfindet sich auch zehn Jahre später noch als »Lumpenprolet« und »Bettelpoet« (Sonnenschein 9, 120). Erfahrung und Enttäuschung schleifen einen großen Teil des literarischen Schwulstes ab, die realen Schwierigkeiten und Erfordernisse überlagern die idealen Hoffnungen und Wünsche immer mehr. Das Werk wird persönlicher, ehrlicher in der Sprache: besser. Sonnenschein wandelt sich von dem »Geusen Einsam« zum »Bruder Sonka«, um seine elitäre Haltung so zu mäßigen, wie es seinen politischen Intentionen entspricht. Viel mehr als eine verbale Änderung bedeutet das freilich nicht, und das eigentliche Problem ist dadurch noch lange nicht gelöst: der Widerstreit zwischen dem künstlerischen Selbstverständnis, das auf Erhöhung, und dem politischen Bestreben, das auf Gleichheit und Nivellierung gerichtet ist.

Ein programmatisches Gedicht aus der Sammlung »Die Legende vom weltverkommenen Sonka«, die diese Phase abschließt, mag die Reste des Alten und das Neue zeigen:

[48] Vgl. oben S. 30.

DIES eine Bein, darauf das andre ruht,
gestellt auf niebebauten Boden irgendwo
und mit den müden Händen einen wunden Fuß
umfassend,
sitz ich verkauert stumm auf einem morschen Stamm,
gekrümmten Rückens,
daß mein Knie, von meines Hauptes blinder Last bebürdet,
die kalte Schläfe mir durchbohrt.

Ich bin ein Samenkorn
vom Wetter hergetragen.
Was werde ich, wenn ich da Wurzel fasse,
in diesem Moder kraftverlassen?

Bin ein verirrter Block,
verwitternd.
Entspringt eine Quelle meinem Gestein?
Verwehen Stürme mich zu Staub,
daß mich die ganze Erde begrabe?
Oder bin ich Felsen genug, zu versinken im Grund?

Bin eine Schraube,
losgelöst von ihrer Dampfmaschine,
die vorüberrollte zu den Städten.
O, ist der Riesin Leib geborsten ohne mich?
O, ward die Lücke ausgefüllt von einer stahlgetreuern Schwester?
mein Wert, mein Schicksal: der neuen Maschine zu dienen?
wird man mich suchen? wer mich finden?
spielende Kinder — ein rostig Ding?

Ich bin ein Bund Telegraphendraht,
der von einem hastenden Motor verschleudert
hier die Straßenböschung herabglitt.
Guter Draht, geglüht, zu verbinden,
der Erde brüderlich schmerzvollen Puls zu verkünden,
Bewegung erleidend zu klingen.

Ich werde zerfallen, Unkraut düngen,
Dasein wird mich überwuchern.

Ich sitz verkauert stumm auf einem morschen Stamm,
zusammenbrach ein Wanderer am Wege,
mit erdenschweren Händen ein Gebilde,
(Seele ward der Form,
die Seele meines längst verscharrten Meisters,
der Götter schuf aus Stein)
ein meisterhaft vollendet unvollkommen letztes Werk:
Mensch auf dem Weg zu Gott.

Stoff: mein Leib,
Gestalt: mein Blut,
o Gleichnis mein Blut,
es sei dein Traum, was er wolle:
einmal verschlingt dich die durstige Scholle,
schmilzt in kosmischer Glut —

und endlich mündet die Welt in Geist,
der meinem Ja sein Nein erweist.
(Sonnenschein 5, 20 f)

Der Jüngling, der voll Emphase in erlesener angelesener Sprache seine Empfindungen in die Welt schreit, ist dem durch allerlei Widerstände Abgeklärten
gewichen. Auch dieser meint freilich, ohne die literarische Anlehnung nicht
auskommen zu können: Zu deutlich ist der Eingang auf Walthers von der
Vogelweide »Ich saz uf eime steine«[49] hin stilisiert, mit dessen »und dahte
bein mit beine« das Gedicht einsetzt. Es ist ein Landstreicher, der sich »irgendwo« niedergelassen hat, um auszuruhen: 1930 trägt das Gedicht den Titel
»Einfälle während der Rast« (Sonnenschein 9, 83 f), der die Situation eindeutig
beschreibt (und ein Ventil für den programmatischen Überdruck ist). Der
Vagabund der einleitenden, deutlich abzugrenzenden Szene wird in einen
fast *zu* trostlosen Kontext gestellt; »müde«, »wund«, »verkauert stumm« mag
noch hingehen, aber »gekrümmten Rückens« wiederholt nur »verkauert«, und
»auf einem *morschen* Stamm« beweist, daß, wo eine bildkräftige Sprache
fehlt, das Mittel der Häufung herhalten muß, den gewünschten Eindruck zu
erzielen.

In vier Ansätzen versucht der in Denkerpose Hockende, sich zu umschreiben.
Die Mittel dazu stammen zu gleichen Teilen aus Natur (»Samenkorn«,
»Block«) und Technik (»Schraube«, »Telegraphendraht«). Es verbindet sie die
Vorstellung des Unbeheimatet- und Verlorenseins, der einzigen ›Kontinuität‹:
»hergetragen«, »verirrt«, »losgelöst«, »verschleudert«. Der Sitzende hält im
übertragenen Sinne Ausschau nach vorn so gut wie zurück. Die Zukunft herrscht
dabei vor (»Was werde ich [...]?«; »wird man [...]?«; »wer [wird ...]?«),
die Besinnung auf die Vergangenheit (»ward die Lücke [...]?«) ist nur
der Anlaß dringlicherer Fragen nach dem, was aus solchen Anfängen
werden wird.

Die ersten drei Abschnitte des Mittelteils steigern beständig; es leitet sie
die Frage nach Wirken oder Vergessensein. Während zunächst das indifferente
»Was?« noch keinen der beiden Fälle ins Spiel bringt, suggerieren die beiden
nicht durch Interrogativpronomen eingeleiteten Fragengruppen jeweils eine
der konträren Möglichkeiten, die sich im zweiten Abschnitt in das Bild von
»Staub« und »Felsen« und in die gegensätzlichen Aktionsarten von Perfekti-
vum (»verwehen«, »versinken«) und Inchoativum (»entspringen«) verstecken,
im dritten aber sich ängstlich aus der bildlichen und grammatischen Verschleie-
rung zu lösen versuchen: »Wird man mich suchen? wer mich finden?«

Das Bild des vierten Abschnittes (wie der erste mit der Vollform »ich bin«
beginnend) zielt auf die Gegenwart. Es verschmilzt mit der fiktiven Situation,

---

[49] Walther von der Vogelweide: Die Gedichte. 13. Ausgabe neu herausgegeben von
Hugo Kuhn. Berlin: de Gruyter 1965. S. 9 f. (v. 8, 4 — 8, 27).

aus der es entsteht (»Straßenböschung«), und kleidet die bekannte selbstbe-
wußte Vorstellung (»verbinden«, »verkünden«, »erleidend«) nur neu ein.
Um so niederschmetternder ist die Gegenüberstellung des erlesenen alten An-
spruches mit der gewachsenen Einsicht, wenn das Bild vom Samenkorn aufgenommen wird: Es beantwortet die Frage: »Was werde ich?«, die dort gestellt wurde, illusionslos (»zerfallen«, »überwuchern«) und mit einem Pessi-
mismus, der sich des Sarkasmus bedient (»Unkraut düngen«):

> Ich werde zerfallen, Unkraut düngen,
> Dasein wird mich überwuchern.

Der Zusammenprall zweier Entwicklungsstufen führt auf die Eingangs-
szene zurück. Die Zeile 5 wird wörtlich wieder aufgenommen; der dort »gekrümmten Rückens« saß, ist nun zusammengebrochen. Er ist am Ende eines
Weges angelangt, den er als Erlöser und Symbol für den zu Erlösenden zugleich beschritten hatte, als »Mensch auf dem Weg zu Gott«. Am Ende steht
die Resignation des Todes, die sich hinter viel aufgetürmter sprachlicher Dunkelheit verbergen möchte.

Es liegt nahe, das Gedicht Sonnenscheins als Gegenstück zu Haringers
»Schwermut« (Haringer 17, 73)[50] zu sehen, das ja auch von dem Versuch einer
Selbstbestimmung getragen ist, sogar noch weit dominierender als hier. Dabei
zeigen sich erste grundsätzliche Unterschiede. Sonnenschein konstruiert, nicht
immer ohne sichtbare Anstrengung, Vergleiche, die Teil für Teil rückübersetzt
werden können, mehr noch: die eigentlich nur durch die Übertragung leben,
die der Leser leistet. So setzt man der »Dampfmaschine« leicht alles, was
Heimat und Ursprung meint: einen dörflich-kleinstädtischen Bezirk gleich,
der »neuen Maschine« die Stadt, die große Welt. Mühelos überträgt man die
Fragen, die peinlich genau im Bilde bleiben: »Ist der Riesin Leib geborsten
ohne mich?« und: »Ward die Lücke aufgefüllt von einer stahlgetreuern
Schwester?« Der Vergleich mit dem Telegraphendraht im vierten Abschnitt
ist über alle Widrigkeiten hinweg bis »klingen« durchgehalten. Er wird an
keiner Stelle selbständig, immer liest man (nur) durch ihn hindurch, wenn er
auch mehrfach gedehnt und überfordert wird: *Ein* Draht wird verschleudert
(Wicklung), er verkündet (Telegraphendraht) und klingt (Saite). Aber nicht
solche Ungeschicklichkeiten machen den Unterschied aus. Wo Haringer Zeile
für Zeile unbekümmert Bilder erfindet, hält Sonnenschein einen Vergleich
durch, der ohne Frage besser paßt als etwa »das traurig in der Zelle gepfiffne lustige Lied« (Haringer 17, 73), der aber weniger stimmt. An der
Häufung in der Eingangszeile fällt es schon auf: Weder rhetorische noch tech-
nische Fertigkeit können darüber hinwegtäuschen, daß Sonka hier dichterische
Einbildungskraft fehlt. Das tritt unverhüllt zutage, weil in der zweiten Phase
seiner Entwicklung das fremde große Pathos zusammengeschmolzen ist.

---

[50] Vgl. oben S. 195—197.

III. Revolution und Rückzug

Dritte Phase: 1920[51]—1927

Aus der Erfolglosigkeit und Resignation des Einzelgängers zieht Hugo Sonnenschein den Schluß, der Kampf an der Seite Gleichgesinnter gegen die Verhältnisse und für die Vorstellungen, an denen er nach wie vor festhält, müsse sein individuelles Bemühen ablösen. Der humanitäre Antrieb geht in ein sozialistisches Engagement über, die Literatur als Vehikel vergangener Zeiten weicht dem neuen Motor Parteipolitik. Bis 1927, dem Jahr seines Ausschlusses aus der Partei, entstehen für den Kampf schmale Auswahlbände wie »War ein Anarchist« (1921) und »Aufruhr und Macht zur Freiheit« (1921) mit der Parole auf dem Schutzumschlag: »Dein Schlachtruf, Proletariat: Mit Wladimir Iljitsch auf zur Tat.«

Trotz der so aufrührerischen Titel nehmen die Kampfverse allerdings nur einen kleinen Raum ein. Es ist kein ›neuer‹ Sonnenschein entstanden; der alte versammelt unter einer neuen Fahne die bekannten Gedichte Sonkas. Das Individuum läßt sich nicht so weit ausschalten, wie es für gute Agitationslyrik nötig wäre. Darin ist wohl letztlich auch der Grund für die Schwierigkeiten zu suchen, die endlich zu seinem Parteiausschluß führen. Er bleibt der (nur) von seinen Erfahrungen geprägte schwierige Einzelgänger, der eine Strecke weit einen Weg mitgeht, weil er glaubt, dieser stimme mit dem seinen überein. Statt sich ein- und unterzuordnen, statt sich dem Gebot politischer Wirkung zu unterwerfen, kündet er weiterhin gegen alle Doktrinen und Weisungen von der eigenen Individualität. Als die Wege auseinanderzulaufen beginnen, kehrt er auf den Pfad des einzelnen vagantischen Vorkämpfers zurück; die Absage an Stalin mag der Anlaß gewesen sein, die Ursache der Trennung liegt gewiß tiefer.

Vierte Phase: 1927—1939

So kehrt Sonnenscheins Entwicklung in der vierten Phase, die bis zu dem erzwungenen Verstummen von 1939 reicht, zu seinen Anfängen zurück; aber aus gleichartigen Bedingungen heraus entsteht etwas sehr Verschiedenes. Neben der menschlichen gewinnt Sonnenschein eine bisher nicht gekannte künstlerische Größe.

Neues enthält der 1930 erschienene Band »Der Bruder Sonka und die allgemeine Sache oder Das Wort gegen die Ordnung« nicht sehr viel; gleichwohl ist er nicht nur der Quantität nach Sonnenscheins bisher stärkster. Den Umarbeitungen kommt der Rang eigenständiger, neuer Werke zu, und sie vor

---

[51] Das Datum 1920 für den Beginn einer dritten Phase ist zuvörderst der Mißlichkeit zuzuschreiben, in einem kontinuierlichen Prozeß einen Einschnitt zu markieren.

allem lassen die Entwicklung von dem vorbehaltlosen Optimismus über den klassenkämpferischen Aktivismus zur abgeklärten Resignation erkennen.

Schon allein durch die Änderung eines Gedichttitels versteht es der Dichter, eine entschiedene Wendung anzuzeigen: Das Gedicht »Jesus« (Sonnenschein 1, 28)[52], 1910 gedruckt, verliert den starken Akzent der Verheißung und Überhöhung, es wird vordergründiger und anspruchsloser und pervertiert sich in gewissem Maße selbst, wenn es zwanzig Jahre später »In einem Hurenhaus« (Sonnenschein 9, 88) heißt. Die geringen Retuschen im Text selbst — statt dem »weißen« der »hagere« Leib beispielsweise — unterstützen diesen Eindruck.

Das Gedicht »Meine Sprache«, gleichfalls von 1910, ist in diesem Zusammenhang besonders aufschlußreich:

> *Hugo Sonnenschein: Meine Sprache*
>
> Derb ist meine Sprache, bettelarm und derb,
> was ich singe — trostlos, kalt und herb,
> mein Instrument ist eine geborstne Violine,
> gedämpft durch eine schwarze Holzsordine ...
>
> Ich geh allein ... und oft auf toten Wegen,
> wo mein mattes Spielen ungehört verhallt ...
> Verirrten geb ich meinen unfruchtbaren Segen.
> Mein Lied ist herb und derb und kalt.
>   (Sonnenschein 1, 33)

Das Gedicht bekundet unleugbares Selbstbewußtsein über alle verhaltene Melancholie (»schwarze Holzsordine«) hinweg. Der hier spricht, steht allen Widerständen zum Trotz zu seiner Sache und zu seiner Sprache: Vor allem die trotzig-bestimmte Wiederaufnahme in der letzten Zeile bekräftigt diesen Eindruck.

Ganz anders die Umarbeitung von 1930:

> *Hugo Sonnenschein: In der Einöde*
>
> Dumpf ist meine Sprache, bettelarm und derb,
> Was ich singe: trostlos, kalt und herb,
> Mein Instrument ist die geborstene Violine,
> Gedämpft von einer schwarzen Holzsordine.
>
> Ich geh allein auf toten Wegen,
> Mein Lied ist herb und kalt.
> Verlorene empfangen meinen Segen,
> Mein Spiel verhallt.
>   (Sonnenschein 9, 76)

Der abgeänderte Titel weist schon in die entgegengesetzte Richtung. 1910 legt der Dichter den Akzent von vornherein auf das mächtige Mittel, das er be-

---

[52] Vgl. oben S. 228.

herrscht; 1930 betont er noch vor dem Beginn, sich in die größte Einsamkeit gesungen zu haben. Recht gut paßt sich die alte erste Strophe seinem veränderten Wollen ein; außer einigen stilistischen und metrischen Besserungen genügt es, neben die Epitheta »herb«, »derb«, »bettelarm«, »trostlos« und »kalt« in eine Schlüsselstellung »dumpf« zu setzen und dadurch die vorhandene dunkle Tönung um ein starkes Element zu bereichern.

Entscheidend umgestaltet ist die zweite Strophe. Sie gewinnt an Kürze und Eindringlichkeit, wird wirkungsvoller und schärfer in den Konturen; und in ihr vollzieht sich bei geringstem Aufwand die entscheidende Wendung: Was im Jugendgedicht Ausdruck einer augenblicklichen Mißstimmung war, aus der der Glaube an die eigene Sendung relativ ungebrochen hervorging, ist nun zum herrschenden Lebensgefühl geworden; der damals »ungehört« »Segen« bringen wollte, will es zwar noch jetzt, ohne aber von der Wirkung oder auch nur Gültigkeit noch ähnlich bedingungslos überzeugt zu sein. Wo jener in der Heilsgewißheit war, ist dieser in der »Einöde«. Die Paradoxie seines Handelns ist ihm vollständig bewußt: *Immer* statt nur »oft« geht er »auf toten Wegen«, »Verlorenen«, nicht nur »Verirrten« kündet er. Der Schluß bildet denn auch die deutliche Absage. Wo es 1910 in ungebrochen-kraftvoller Wiederholung hieß: »Mein Lied ist herb und derb und kalt«, steht 1930 die endgültige Abkehr: »Mein Spiel verhallt.« »Lied« ist zu »Spiel« mit seiner schillernden Bedeutung geworden, die später — folgerichtig — in der Zeile »In Wort und Spiel und Traum vertan« (Sonnenschein 13, 33) endgültig (wie in Haringers »Schöner Verwirrung«[53]) auf das Wahnhaft-Trügerische eingeschränkt wird. Erweckt die Strophe nicht schon in ihrer äußerlich sichtbaren Reduktion den Eindruck, hier beginne sich jemand aus dem Sprach»spiel« zurückzuziehen?

Aufgegeben ist nicht die Vorstellung einer besonderen Rolle für den Dichter Sonnenschein und nicht der Wille, dank dieser herausgehobenen Stellung seine Brüder zu erlösen, aufgegeben ist der Glaube, das je ins Werk setzen zu können.

Das Ziel steht Sonnenschein unverändert vor Augen; die Einsicht, es sei nicht zu erreichen, ist nun ebenso unabänderlich: Wie ihm aus dieser Spannung künstlerische Potenzen zuwachsen, die er vorher vermissen läßt, zeigt vielleicht das Gedichtpaar »Der Dichter mit sich konfrontiert« und »Die Antwort des Doppelgängers« am ehesten.

Hugo Sonnenschein: Der Dichter mit sich konfrontiert

Bettler Von [!] Haus zu Haus, wo wohnst du?
Auf der Menschheitsgaleere,
Geschmiedet an die Zeiger der Lüge,
Geflochten ans Urrad, das Uhrrad der Welt,

[53] Vgl. oben S. 201.

Hausen die Nächsten, Besitzer der Hütten und der Paläste,
Sie hassen die Armut, die sie furchtsam lästern,
Und mästen Gewissen verbittert mit Wahn —
Aber du?

Blaudunkel flutet dein Blick:
Doch die Nacht kennt dich nicht,
Du bist unter Schatten nicht zu erblicken,
Dich beherbergt kein Grab.

Dein Antlitz ist ausgemergelt von Sonne —
Und ich begegne dir nie,
Wie du des Sommers wanderst im Staub der Straßen
Oder wie du wandelst am weißen Strand vor den Toren
Und ich find dich nicht schlafend am Wiesenrain
Und ertapp dich nie
Abbeerend den Weinstock im Weinberg.
Die Gräser blühen nichts von deinem leichten Gang,
Die Wipfel rauschen nichts von deinem sich wiegenden Haupt,
Der Winde Atmen hat deinen Odem nie verspürt.
Nicht kündet spiegelnd dich der Glanz der herben Jahreszeiten:
Schnee oder Blüte.
Die Männer wissen dich nicht,
Die Frauen: niemals hat solch ein Mensch hier gebettelt.

Und ich erschau dich doch allemal, Bettler Von [!] Haus zu Haus,
Am hellen Mittag und zu Mitternacht
Unbekümmert schreiten von Haus zu Haus
In einem Bettlerkleid
Mit deinem Bettelsack
Und deiner Schnapsflasche:
Wo luderst du dein Tagwerk hin?
Was ist dein Wesen, was dein Sinn?
Wo ruhst du aus?
                    (Sonnenschein 9, 17 f)

Hugo Sonnenschein: Die Antwort des Doppelgängers

Und wenn ich sachlich überlege,
Ist nämlich lausig mein Gewand,
Ich bin ganz gründlich auf dem Wege
Zum Absoluten abgebrannt.

Balanz [!] und Rhythmus meiner Hosen
Entsprechen meinem Gleichgewicht,
Im Ring der Obdach-Namenlosen
Goutiert man Glanz und Haltung nicht.

Natur enthüllt sich in den Gesten,
Weil man Erziehung leicht vergißt,
Ich lebe schlecht, von solchen Resten,
Die ein Gourmet nicht gerne frißt.

Der Mensch ist weder gut noch böse,
Nur hungrig oder satt gesinnt:

O Bürger, göttliche Synthese
Des Daseins, die der Wanst gewinnt.

Doch auch der Mob, der ihm verhaßte,
Versagt mir Fremdling das Vertraun,
Denn ein Bewußtsein seiner Kaste
Hat selbst der Stromer in den Aun.

Wenn ich mich klar zusammenfasse,
Bin einsam ich wie ein Genie,
Ein Ribellante meiner Rasse
und Deserteur der Bourgeoisie.

Ein Sonnenbruder aller Brüder,
Bin ich ein klassenloser Geist
Und weltverkommen und entgleist
Und Sonka, Dichter dieser Lieder.
(Sonnenschein 9, 19 f)

Sonnenschein versteht es, aus dem Vorhandenen das ganz Neue, ihm durchaus jetzt Angemessene zu bilden: Diese Fähigkeit beweist er hier in noch größerem Maße.

Das erste Gedicht entspricht dem ersten Teil eines 1919 im »Neuen Daimon« gedruckten, im Jahr darauf in den Band »Die Legende vom weltverkommenen Sonka« (Sonnenschein 5, 26 f) aufgenommenen, überschriftlosen, großen, später »Sonka« (Sonnenschein 8, 45 f) betitelten Poems, das zweite ist die Umarbeitung von »Der Strolch in der Nacht« (Sonnenschein 2, 51 f) aus dem Jahre 1912.

Wieder beginnt die Umformung mit dem Titel, der jetzt beide Gedichte verknüpft. Die unlösbare Spannung zwischen Anspruch und tatsächlichem Vermögen verkörpert sich in einem »Doppelgänger«. Die zwei Seelen, der prophetische »Dichter« und der gescheiterte »Sonnenbruder« halten ein Zwiegespräch.

Demgemäß verlangt das erste Gedicht nur geringe Änderungen[54], von denen die bemerkenswerteste die Angleichung an die berühmte Losung des »Hessischen Landboten« ist: »Besitzer der Hütten [statt Höhlen] und der Paläste« (einer »letztlich von Horaz herrührenden kontrastierenden Metapher«[55]). Im übrigen entwirft der Dichter noch einmal das gewohnte Bild. Eine Welt von bürgerlichem Zuschnitt (»hassen die Armut«, »mästen Gewissen«), der die Besitzer der Hütten wie der Paläste unterschiedslos angehören, wird von Verkettung und Haft (»geschmiedet«, »geflochten«) bestimmt, eine dreifach durchwirkte Metapher (Galeere, Rad, Zifferblatt) zeigt es an. Ihrem »Wahn« kontrastiert nach »Aber du?« die Wirklichkeit des Dichter-Bettlers, des weihevollen Einzelnen mit den bekannten Bestimmungen: allem

---

[54] Deshalb kann ich es bei der Wiedergabe *einer* Fassung bewenden lassen.
[55] Elisabeth Frenzel: Stoff-, Motiv- und Symbolforschung. 2. durchgesehene Auflage. Stuttgart: Metzler (1966). (= Sammlung Metzler. 28.) S. 50.

voran dem »blaudunklen Blick«, von dem das unbeschreibliche Besondere ja
stets ausgeht. »Antlitz« (»ausgemergelt«), »leichter Gang« (»wandeln«), »sich
wiegendes Haupt«, »Odem« richten eine erlesene Aura um den vom Seelenwanderer entlehnten, phantomhaft unwirklichen Heilskünder auf. In der Erinnerung als Vision (»Ich erschau dich«) löste sich Sonnenschein schon 1919
von dem literarisch überhöhten Bild (»Bettlerkleid«, »Bettelsack«, »Schnapsflasche«, »ludern«); erst recht streicht er nun das schwer erträgliche Privat-
mythologische, Kosmische, absichtlich Dunkle, das ursprünglich den zweiten
Teil des Gedichtes bildete. An solcher ›Tiefe‹ findet der Autor nach 1927 kein
Gefallen mehr; er schließt vielmehr mit der Zeile, die erst jetzt an dieser
Stelle ihre volle Wirkung entfaltet und durch den Ausblick auf den Tod dem
großartigen Versgebäude hinterrücks ein Gutteil der Wirkung nimmt: »Wo
ruhst du aus?«

Einer umfassenden Neubearbeitung bedarf dagegen »Der Strolch in der
Nacht« von 1912, um als Antwort die ›zweite Seele‹ zu Wort kommen zu
lassen. Das Gedicht lautet in der frühen Fassung:

Hugo Sonnenschein: Der Strolch in der Nacht
Wien, im Herbst Anno 19 . . .
Und wenn ich wirklich überlege,
ist wirklich lausig mein Gewand,
schön abseits kaure ich vom Wege,
der via aurea benannt.

Ich tapp in stümperhaften Posen,
mir wird kein seelisch Gleichgewicht:
im Ring der Obdach-Namenlosen
gutiert [!] man die Parade nicht.

Ich überdenk die Seinsynthese,
die — wer gescheit und satt ersinnt,
und bin im Grund aufs Leben böse,
dem Gott der Güte schlimm gesinnt.

Verruchte Gier — Verrat der Gesten:
— leicht, daß ein Wer die Miene mißt —
ich lebe, ich, von faulen Resten,
die selbst die Sau mit Abscheu frißt.

Beim Pöbel schwindet mein Vertrauen,
ich bin als Parvenu verhaßt,
Oh auch der Stromer in den Auen
hat das Bewußtsein seiner Kast.

Verdächtigt von den Schicksalsbrüdern,
ein Bourgeoiser, der entgleist —
mit armer Seele, hagren Gliedern
und was man: ganz verkommen heißt.

Ich b i n ein Strolch und bin v e r k o m m e n. —
Der Der, der mir das Wort verlieh,

hat mein Bekenntnis hingenommen
vom Deserteur der Bourgeoisie. —

Und wenn ich wieder überlege,
gebiert die volle Nacht den Tag.
In dieser Nacht bring ichs zuwege,
daß ich den Glauben: Morgen wag,

den Torenglauben an den Tag.
(Sonnenschein 2, 51 f)

Der Text wird gründlich revidiert, ohne völlig neue Wege zu gehen. Denn
Sonnenschein wählt wieder ein Gedicht des vorübergehenden Zweifels und
schmilzt es in Verse der bösen Gewißheit jenseits dieses Zweifels um.

Wieder geht die Änderung vom Titel aus, der die Strophen der beliebigen
Überlegung einer beliebigen Nacht zu Versen der Reflexion an einer bedeutsamen Wende anhebt. Die Reimwörter und die Strophenfolge bleiben im
großen und ganzen erhalten; die dritte und vierte Strophe werden vertauscht,
die sechste und siebente zusammengefaßt, nur die achte als jetzige siebente
neu gebildet: in engen Grenzen ein weiter Wandel.

Beide Male beginnt das Gedicht mit der Beteuerung, nüchtern betrachten zu
wollen, und mit dem ersten Objekt solch unverstellten Blickes, dem »Gewand«.
Die Besserung von »wirklich« in »sachlich« und die der ungeschickten Wiederholung »wirklich« in das Flickwort »nämlich« sind noch stilistisch zu moti-
vieren, wohingegen die Änderung im zweiten Teil der Strophe schon geradezu
programmatisch ist. Während Sonnenschein 1912 bildungsbeflissen (der Weg
aller als »via aurea«) und mit leichter Ironie (»schön abseits«) das eigene
Außenseitertum konstatiert, deutet er 1930 den zurückgelegten Weg als »Weg
zum Absoluten«, auf dem Scheitern (»ganz gründlich [...] abgebrannt« heißt
es ohne Selbstmitleid) notwendig ist.

Die folgenden drei Strophen geben Einzelheiten des Lebens auf diesem Wege
wieder: Versuch der Assimilation an die »Obdach-Namenlosen«, Befriedigung
der vitalen Bedürfnisse, die politische Einstellung, die auf den Gegensatz
»hungrig oder satt« reduziert. Das Grelle wird gemildert (»ich lebe, ich, von
faulen Resten, / die selbst die Sau mit Abscheu frißt«), um mit ironischem
Euphemismus desto entschiedener zu gelten (»Ich lebe schlecht, von solchen
Resten, / Die ein Gourmet nicht gerne frißt«), wie es überhaupt zum Vorteil
gereicht, daß das Florett den schweren Säbel ersetzt, das intelligent-subtile
»O Bürger, göttliche Synthese / Des Daseins, die der Wanst gewinnt« das
larmoyant-infantile »und bin im Grund aufs Leben böse, / dem Gott der
Güte schlecht gesinnt« ablöst.

Derjenige spricht hier, der selbst von den Ausgestoßenen noch abgewiesen
wird: Diese Tatsache ist von umfassender Bedeutung. Sie zeigt zum ersten
Mal, in welcher Weise Sonnenscheins Vagieren gesehen werden muß und
warum gerade er nicht zu den Vagabunden gezählt wird. Wie er für dauernd

nicht zu einem Parteigenossen wird, so geht er auch nicht unter den Vagabunden auf, bleibt auch bei ihnen »Fremdling«. Was sich 1912 dem »Parvenü«
andeutet (»schwindet mein Vertraun«), ist 1930 längst abgeschlossen und endgültig (»Versagt mir Fremdling das Vertraun«). Die Zusammenfassung, die
formal zum Beginn zurückführt, beherrscht denn auch das Bewußtsein, nicht
nur heimatlos zu sein, sondern unabänderlich zwischen den »Rassen« und
»Klassen« zu stehen, »einsam [...] wie ein Genie«, wie es mit viel Selbstironie heißt.

Die Schlußzeile radikal zu verändern, wird unter dieser Perspektive unversehens zu einer Frage der Existenz. Allen Erwägungen zum Trotz enden die
frühen Zeilen, nachdem die Nacht des Grübelns vorüber ist, mit einem ungebrochen hoffnungsfrohen »Glauben: Morgen«: Die herausgestellte Einzelzeile
bekundet wie ein Fanal »den Torenglauben an den Tag«, der aus der Nacht
der Armut und Unwürdigkeit herausführt. Das späte Gedicht kann nur
zweierlei an die Stelle des geschwundenen Glaubens setzen: den nach dem
Voraufgegangenen hilflos anmutenden rhetorischen Schwall und — das Werk
selbst. Das Bewußtsein, »Sonka, Dichter dieser Lieder« zu sein, ist die unauf-
gebbare letzte Stufe des Rückzuges. Das Gedicht ist nicht mehr Instrument
eines Heilsbringers, nicht Mittel im Klassenkampf, es erhält ›nur‹ noch den,
der seine Entwicklung und die seines Werkes zu dumpfem Einklang und darin
zu einem unerwarteten Höhepunkt bringt. Die Krise ist vorüber (nicht überwunden: dazu entsteht zu wenig Neues), die den Übergang von dem all-
verbundenen Hochgefühl der frühen zu dem für-sich-stillen Bemühen der
späten Jahre möglich macht und die Zeit zwischen 1927 und 1930 umfaßt.

In zwei Richtungen geht der Wandel: Nachhall und Neubesinnung.

Versucht Sonnenschein, noch einmal eine überwundene Tonlage zu treffen,
so gelingt ihm nur mehr die schwächliche Imitation des ehedem kraft- und
ichbewußten Aufschwunges, so etwa in

Hugo Sonnenschein: Vagabunden

Da hob ich im Sommer, hob jählings
Voll Freude die Hand auf der Straße,
Hob beide Arme dem Schicksal entgegen,
Dem weiten Himmel, der Welt,
Den Brüdern entgegen,
Willens, mein Dasein der Not zu ergeben;
Auf andern Straßen in den vier Winden
Hoben als Antwort acht Menschen die Hände,
Bereit, sie ganz der Armut zu schenken;
Auf allen Straßen der Erde erhoben tausende Brüder
Die weißen, gelben und schwarzen Hände
Gelöst und offen den unsern entgegen:

Es kam die Liebe selten spontaner in die Erscheinung
Aus ihrer Idee:

Den Menschen die Freiheit wiederzufinden,
Und niemals führte ein Manifest
Zu einer echtern Gemeinschaft.

Wir haben uns ohne Thesen, Dekrete,
Fast stumm, verständigt:
Von Wien nach Paris, von London, Berlin
Bis Moskau und Stambul,
Von Kalkutta nach Kapstadt und San Franzisko.
An hundert Orten halten die Brüder,
Unhörbar still und nicht zu erspähn,
Die lichtleichten Fäden
Des kommenden Reiches unendlicher Armut:
Der Offene Weltbund der Brüder entsteht,
Wir spinnen den Mythos der neuen Epoche,
Neun sind auf dem Weg
Zur großen Beratung der lebendigen Bahn
Nach den Toren einer uralten indischen Stadt,

Und einer der Wandrer
Ist Sonka, der treue Verkünder.
(Sonnenschein 13, 27 f)

Das Gedicht ist ein schwach versifizierter Abklatsch seiner noch immer rastlosen Tätigkeit. Wir erfahren, daß Sonnenschein mit acht Vagabunden den
»Offenen Weltbund der Brüder« gegründet und ein Treffen in Kalkutta ver-
einbart hat. Die tragenden Elemente der früheren Dichtung, die All-Umar-
mung (»Hob beide Arme [. . .] dem weiten Himmel, der Welt [. . .] entgegen«), die Selbststilisierung, das Schwelgen in Idealbegriffen (»Liebe«,
»Freiheit«), die Utopie (»Wir spinnen den Mythos der neuen Epoche«) sind
nur noch rudimentär vorhanden; das trocken Berichtende hat sie überlagert
und abgelöst. »Und einer der Wandrer / Ist Sonka, der treue Verkünder«:
Viel ist an diesem Schluß abzulesen, der gewaltsam und ungeschickt angefügt
scheint. Sonnenschein läßt von der Rolle nicht, die er sich vor Zeiten beilegte.
Aber was sich damals großartig entfaltete, kann jetzt nur noch den Eindruck
von Hilflosigkeit erwecken. Es ist ein vergeblicher Rückzug auf eine über-
holte Position, und das Gedicht selbst beweist, daß diese nicht mehr tragfähig
ist. Wie man nach dem spektakulär veränderten Schluß der »Antwort des
Doppelgängers« erwarten muß, ist hier jemand auf dem Wege zu seinem
»Absoluten« wieder bei sich selbst angelangt; und er kündet davon, ohne auf
die Wirkung zu achten.

Zieht Sonnenschein dagegen die lyrischen Konsequenzen aus seinem Rückzug auf sich selbst, ohne an den eigenen Modellen zu haften, dann gelingen
ihm einige seiner schönsten und einfachsten Verse, die unmittelbar an »Die
Antwort des Doppelgängers« anschließen und die Zeile »Mein Spiel verhallt«
(wie er »In der Einöde« schloß) immer wieder in der Schwebe zu halten versuchen.

Hugo Sonnenschein: Elegie

Des Abends lag die Gegend klar
Und tief im Sternenschweigen,
Allein im grauen Morgen war
Der Tod auf falben Zweigen.

Da wurde meine Seele (Wald,
Du schweigsamer und trüber!)
Wie die der Landschaft fremd und kalt.
Mein Sommer ist vorüber.
                              (Sonnenschein 13, 32)

Hugo Sonnenschein: Dezembernacht

Es haucht die Stadt wie Nebelfahnen
Die Lichtphantome sternenwärts.
Ich hab den Weinberg meiner Ahnen
Verludert, heimatloses Herz.

Geblendet von dem Glanz im Äther
Gerät der Mensch aus seiner Bahn.
Ich hab die Erde meiner Väter
In Wort und Spiel und Traum vertan.
                              (Sonnenschein 13, 33)

»Losgelöst von allem, was mich bindet« (Sonnenschein 13, 30), wie er sich in
»Melancholie« weiß, findet der Vagant Sonnenschein nun zu einem Ton, der
dem Haringers erstaunlich verwandt ist. Die Zwiesprache-Instanz »heimatloses
Herz« löst die Kommunikation mit dem ganzen Kosmos ab. Da nur noch *er*
sich wichtig wird, kann er *uns* als Gescheiterter wichtig werden. Er trägt
keine Botschaft wie der prophetische Literat vor 1920, er ist nur ›für sich‹. Er
entdeckt als seinen Spiegel die Landschaft; »fremd und kalt« ist sie und eben
darin ihm verwandt, dessen Seele jetzt im Sinne Haringers »tot« ist. Wie
dieser nutzt Sonnenschein die Natur zum persönlichen Symbol: »Mein Sommer ist vorüber«; wie dieser dichtet er jetzt ausschließlich aus der Rückschau.
»Sternenwärts« wendet er sich wieder, nun aber nur, um, in eine allgemeine
Formulierung (»gerät *der Mensch* aus seiner Bahn«) versteckt und doch leicht
auf ihn selbst zu beziehen, in herbster Selbstkritik eine Abkehr zu vollziehen,
auf die nichts mehr wird folgen können. »Vorüber«, »vertan«: mit diesen
Kenn- und Kernwörtern der Vaganten enden die Gedichte.

Hugo Sonnenschein hat einen Weg von Wille, Aufschwung und Scheitern
vollendet. Er steht scheinbar wieder vor dem Anfang, tatsächlich aber, leise
und lapidar geworden im Bewußtsein der (steten) Niederlage und mehr als
je aus sich selbst wahr, ist er ein gutes Stück vorangekommen.
Seine Entwicklung ist gekennzeichnet von dem Wechselspiel zwischen der
Einsamkeit, gegen die der ewige Vagant lebenslang kämpft, ehe sie ihn um so
unerbittlicher heimsucht und er sich ihr ergibt, und der Gemeinschaft, um die

der Nicht-Politiker ebenso vergeblich ringt. Zum wiederholten Male zeigt sie das Dilemma eines politischen Dichters, der wirkungsvolle Politik und große Kunst vereinbaren will und von sich sagt: »Seine Dichtung ist Tendenzdichtung. Man vergesse aber nicht, daß Tendenzdichtung, um wirksam zu sein, Kunst im wahrsten Sinn sein muß« (Sonnenschein 13, 14). Diese Spannung ist seit Herwegh unverändert und die Lösung, die nur Auflösung ist, immer noch unbefriedigend. Sonnenscheins Utopie schließt die Einsamkeit aus, und so buhlt er denn um Gefolgschaft und Gemeinschaft und verirrt sich in eine Partei, von deren Zielen er eine Zeitlang glaubt, sie seien die seinen. Dem widerstrebt am Anfang das starke Ich-Bewußtsein, das den Anspruch erhebt, als Künstler begnadet zu sein, ohne ihn erfüllen zu können, dem widerspricht am Ende die reine vagantische Isolation. Sein Ausweg kann zwar nicht überzeugen, beweist aber, daß Hugo Sonnenschein das Dilemma sieht und in der rückschauenden Deutung zu überwinden versucht; denn 1937 schreibt er: »Ich habe das Gedicht nicht allein, ich habe den Dichter objektiviert« (Sonnenschein 13, 11).

C. Theodor Kramer

Motto:
Aber meines Bleibens ist nicht länger
als des Halms, der auf den Leiten steht.
(Kramer 1, 13)

Das Schicksal, nach dem Zweiten Weltkrieg nahezu vergessen zu sein, teilt mit Haringer und Sonnenschein auch der am 1. Januar 1897 in Niederhollabrunn in Niederösterreich geborene Landarztsohn Theodor Kramer. Die Tatkraft einzelner hat ihm nach 1945 geringe, regional begrenzte Aufmerksamkeit, aber nicht die erhoffte breite Wirkung gebracht, die der ›Volksdichter‹ verdient hätte.[56]

Kaum der für ihn unglücklichen Schulzeit entronnen, wird der Achtzehnjährige zum Militärdienst einberufen und 1916 schwer verwundet. Leidenschaftslos hält der Gedichtband »Wir lagen in Wolhynien im Morast« (1931) die Kriegserlebnisse in Schützengraben und Lazarett fest. Der Krieg bewirkt für ihn zweierlei: Kramer beginnt zu schreiben, und er vermag im bürgerlichen Leben nicht mehr Fuß zu fassen; er bricht ein Studium ab, schlägt sich mit verschiedenartigen Beschäftigungen durch und ist schließlich im Buch-

---

[56] Vor allem Erwin Chvojka und Michael Guttenbrunner sind zu nennen. Erwin Chvojka: Theodor Kramer. — In: Akzente 9 (1962) S. 143—152. Dazu Herausgabe von Kramer 9. Michael Guttenbrunner: Verhängte Welt. — In: Forum 16 (1969) S. 748—749. Dazu Herausgabe von Kramer 8.

handel tätig. Erst, als er beides, Schreiben und Scheitern, verbindet, kann sich Kramer aus blassen Nachahmungsversuchen befreien. Er beginnt zu vagieren (die Anfänge dazu sind offenbar vom Wandervogel mitbeeinflußt[57]) und findet in der neuen Umwelt, die sich ihm eröffnet, sein Thema und seine Sprache. Der Wanderarbeiter und Tagelöhner aus Niederösterreich hebt die kraftvoll-dumpfe ›unterbäuerliche‹ Sphäre, in der er heimisch wird, auf einfache und ehrliche Weise ins Wort: ›von unten‹ her.

Möglichkeiten zu veröffentlichen findet er kaum. »Das Tagebuch« Leopold Schwarzschilds druckt von 1928 an gelegentlich seine Verse, so etwa »Im Schlafsaal«[58], »Strolch und Prolet«[59] und »Der Graben«[60], deren Titel für sich sprechen. »Der Kunde« bringt im zweiten Jahrgang einige seiner Gedichte (Kunde 2. 1, 2; 5, 6; 5, 11 f; 5, 21; 5, 23 f; 5, 27 f), die — die ungewohnte »Du«-Perspektive verrät es — nach der Tendenz der Zeitschrift ausgewählt und für Kramer nicht gerade typisch sind.

Der Band »Die Gaunerzinke«, den er 1929 bei Rütten und Loening unterbringt, macht ihn mit einem Schlage bekannt. Die Kritik horcht auf, zunächst wohl wegen des ungewohnten Sujets, und urteilt durchweg wohlwollend. Oskar Maurus Fontana schreibt, ohne zu wissen, in welchem Maße er recht hat: »Vaganten-Lieder sind auch alle Gedichte dieses starken jungen Talents.«[61] Von jetzt an kann Kramer seine Gedichte in Zeitungen, Zeitschriften und im Rundfunk publizieren.

Die Verse in der »Gaunerzinke« haben Tagelöhner und Huren, Vagabunden und Obdachlose zu (unheldenhaften) Helden. Der Autor spricht ohne messianisches Pathos als einer von ihnen. Er ist ja selbst ein »Gänger«, jemand, der herumzieht und Gelegenheitsarbeiten verrichtet: Er ist »Auf Stör«.

Theodor Kramer: Auf Stör

Aus den Städten folge ich den Gleisen
durch das Hügelland, bis meilenweit
die Gehöfte lagern, durch die Schneisen
und die Meiler, wo der Habicht schreit.
Und man dingt auf manchem Hof den Gänger;
denn im Ödland ward noch nicht gemäht.
Aber meines Bleibens ist nicht länger
als des Halms, der auf den Leiten steht.

Wann die Hügelbauern Latschen roden,
ist für Einen an der Axt noch Raum
und das Kummet fällt zertrennt zu Boden;

[57] Vgl. »Die Laute« (Kramer 5, 43).
[58] Das Tagebuch 9, 2 (1928) S. 1341.
[59] Das Tagebuch 9, 2 (1928) S. 1896.
[60] Das Tagebuch 11, 2 (1930) S. 1121.
[61] Oskar Maurus Fontana (Rez.): Theodor Kramer: Die Gaunerzinke. — In: Das Tagebuch 9, 2 (1928) S. 1764.

mit der Ahle näh ich Korb und Zaum.
Alle Göpel gehn im Lande strenger,
und ich schneid den Saft und schrein' die Nut.
Aber meines Bleibens ist nicht länger
als des Korns, das in den Ähren ruht.

Winter ist schon vor den Wald gegangen
und die Quetschen pressen Öl aus Raps.
Häuslich warte ich die Kupferschlangen,
brenne Tag und Nacht Wacholderschnaps.
Und Gesind und Bauer hocken enger,
preisen mein Geschick beim Probeglas.
Aber meines Bleibens ist nicht länger
als der Wurzel in dem Flammenfraß.

(Kramer 1, 13)

Kramer trennt sich nie von den formalen Mitteln des 19. Jahrhunderts. Der Kreuzreim mit abwechselnd stumpfer und klingender Kadenz, die Strophe, der Kehrreim, ein festes metrisches Schema sind ihm selbstverständlich. Man mag oft mit Recht bezweifeln, ob dies formschöne Gewohnte noch in der Lage ist, den schrecklichen Inhalten gerecht zu werden, etwa in den Gedichten vom Krieg und später von der Flucht aus Österreich. Andererseits kann aber Kramer auch nicht selten im Gegensatz zum Wandersmann die alten Formen noch einmal lebendig machen, wie es ihm in dem zitierten Gedicht gelungen ist. Das Mittel dazu ist augenscheinlich die besondere Sprache des Vagierenden. Sie speist sich aus Regionalismen, dem Idiom der bäuerlichen Welt und den Ausdrücken der Landstreicher. Rauh, kantig und von sprödem Reiz, bildet sie zu dem allzu Glatten der Form das nötige Gegengewicht: »Leiten« (Hänge), »Latschen« (Krummholzkiefern), »Kummet« (Bügel um den Hals von Zugtieren), »Göpel« (Antriebsvorrichtung), »Quetsche« (Presse). »Schnappsack«, »Zinke« (Kramer 1, 29) und »Walz« (Kunde 2. 1, 2) weisen Kramer als einen Autor aus, der nicht *über* die Vagierenden, sondern aus ihrer Mitte heraus spricht.

Zugleich ist damit die Spannung gegeben, die alle diese Gedichte hält. Vertraut bewegt er sich in einer ländlichen Umgebung, zu der er nicht gehört, zu der er als Saisonarbeiter nur jeweils zugelassen wird. Nach dem Mähen, Roden, Flechten, Schneiden, Schreinen, Pressen oder Brennen zieht er weiter, dem Gang der Natur sich angleichend. Der Bauer braucht und meidet ihn; er selbst braucht auch den Bauern, vergißt aber nicht, sich streng von dem »Erbfeind« abzuheben:

Gewaltig wohnt der Bauer in der Stube
— und über Brot und Wein reicht seine Hand.
Mit Rebenschlingen deck ich mir die Grube
und friere fremd in seinem Ackerland.

(Kramer 1, 19)

Im Gedicht »Auf Stör« ist diese Spannung besonders glücklich in den Kehrreim mit seinem dreimaligen »Aber [...]« gefaßt. Nach dem behäbigen Schritt
fünfhebiger Trochäen treibt der auf jeweils zwei Hebungen zudrängende
Rhythmus des Refrains aus der Strophe, dem Gedicht, dem Ort der stets
zeitlich begrenzten Arbeit und Bleibe hinaus.

Auf den Höhepunkt von Kramers Wirkung um 1930 folgen rasch die
Stationen der Umzingelung und Flucht. Alle Möglichkeiten in Deutschland
sind dem Juden seit 1933 versperrt. Ehe ihm die politischen Ereignisse auch
in Österreich jede Wirkens-, ja Lebensmöglichkeit nehmen, kann er hier 1936
noch einen Band Gedichte »Mit der Ziehharmonika« publizieren. Einerseits
führt er damit »Die Gaunerzinke« konsequent weiter. Neben die ländliche
Umwelt (»Mit Lattich und Mohn«) tritt die städtisch-proletarische (»Kalte
Schlote«); »Kalkbrennern« (Kramer 4, 11) und »Kohlenschippern« (Kramer 4,
84), »Rübenzupfern« (Kramer 4, 32) und »Rohrschneidern« (Kramer 4, 35)
leiht er seine Sprache. Andererseits läßt die wachsende Isolierung schon Ansätze zu einer Entwicklung erkennen, an deren Ende »Nicht fürs Süße, nur fürs
Scharfe...« (Kramer 9, 21) stehen wird; das Titelgedicht »Mit der Ziehharmonika« (Kramer 4, 172) präludiert das Thema, allerdings noch weit
weniger symbolisch. In dieser Lage bekommt der Konjunktiv für Kramer
eine ähnliche Funktion, wie er sie für Haringer besitzt[62], beispielsweise in
»Hätt ich ein Gewind zu schmieren...« (Kramer 4, 164 f) mit der Schlußstrophe:

> Hätt ich Karren, Hund und Leine,
> Leute ... doch ich habe nichts,
> Garten nicht noch Platz im Scheine
> milden Lichts und grellen Lichts.
> Beine hab ich nur zum Wandern
> und zum Singen einen Mund;
> und ich gehe an euch andern
> und ihr geht an mir zugrund.

Auch für Kramer geht das Vagieren in die Flucht über. Er hält sich, täglich
die Verhaftung erwartend, bei Freunden verborgen. Die Gedichte »Wien
1938. Die grünen Kader« (1946) geben von diesen Monaten Kunde. Man
liest sie mit einem Gemisch von Erschütterung und Skepsis ob der Larmoyanz,
die mitunter in die glatten Reime gegossen wird.
  Obwohl sich Kramer bis zuletzt gegen den Gedanken wehrt, seine Welt zu
verlassen, die er klar als die Grundlage seines Dichtens erkennt, muß er doch

---

[62] Einen eingehenden Vergleich muß ich mir hier, wie auch sonst, versagen. Er würde
beispielsweise für das »Lob der Verzweiflung« (Kramer 10) Aufschlußreiches
ergeben, wenn man nur die Rolle der Frau sowie das Einzelgängertum mit seiner
doppelten Möglichkeit — Stolz und Verzweiflung — und seiner dichterischen
Umsetzung — der wie bohrenden Reihung — zeigte.

im folgenden Jahr nach England fliehen. Dort führt er das Leben des Exilierten mit Obdach- und Arbeitslosigkeit, vor allem aber mit der geistigen Not
des Dichters, die den ›Provinziellen‹, den intensiv an eine Landschaft und an
einen Dialekt Gebundenen besonders hart treffen muß.

Erst kurze Zeit vor seinem Tode (3. April 1958) kehrt er nach Österreich
zurück. Neben finanziellen Gründen — er hat in England eine Stelle als
Bibliothekar gefunden — mag die Angst ihn zurückgehalten haben, das nicht
mehr anzutreffen, was er verlassen hat: in der Heimat nur noch fremder zu
sein.

Denn längst hat er eine Möglichkeit ausgeschöpft, die ihm das Exil erträglich
macht: die Erinnerung. Wozu ihn die späten zwanziger Jahre werden ließen,
das nimmt er als seine Lebensrolle an und verinnerlicht es. Kramers Stellung
in der Welt war und bleibt die des ausgestoßenen vagierenden Sängers, wie
er sie in einem nach 1945 entstandenen Gedicht geformt hat:

Theodor Kramer: Nicht fürs Süße, nur fürs Scharfe . . .

Nicht fürs Süße, nur fürs Scharfe
und fürs Bittre bin ich da;
schlag, ihr Leute, nicht die Harfe,
spiel die Ziehharmonika.

Leer, verfilzt ist meine Tasche
und durchlöchert ist mein Hut;
daß ich leb, das Herz aus Asche,
macht: aus Branntwein ist mein Blut.

Ließ das Salz der Tränen Spuren,
wären meine Gucker blind;
meine Liebsten sind die Huren,
mir Gesellen Staub und Wind.

Das Falsett, das möcht umarmen,
doch das Ganze trägt der Baß;
hab Erbarmen, brauch Erbarmen,
doch zuinnerst haust der Haß.

Weiß zuviel und möcht doch träumen
wie der Echs im Sonnenschein;
leeres Brausen in den Bäumen,
braus für mich, nick träg ich ein!

Darf nicht ruhn, muß Straßen weiter;
denn bald bin ich nicht mehr da,
und es spielt die Stadt kein Zweiter
so die Ziehharmonika.
(Kramer 9, 21)

Von Zeit und Lokalkolorit losgelöst sieht sich Kramer hier als den Dichter-
Vaganten mit der Ziehharmonika, einem Instrument der Straßenmusikanten.
Der alten ›aristokratischen‹ Harfe, lieblich, ›romantisch‹, an Orpheus er-

innernd und an die Lyra, das ›lyrische‹ Musikinstrument schlechthin: gerade
ihr wollen sich die Verse der modernen Vaganten entgegenstellen, wollen
gebrochen und kantig sein und trotz aller Abgesondertheit und in der Spannung dieser Paradoxie mitten aus dem vielberufenen Volk sprechen. Die
Kontrastpaare »süß« — »bitter« (»scharf«) und »Falsett« — »Baß« stützen
diesen Gegensatz; außerdem werden durchgehend lyrische Grundworte und
-werte gestört und umgekehrt: das Herz als »Herz aus Asche«, die leuchtenden Augen als fast blinde »Gucker«, die Liebsten als »Huren«, die Freunde
als »Gesellen Staub und Wind«. Damit ist der hohe Ton (Baß statt Falsett)
der ›romantischen‹ Lyrik mit Liebes- (Huren) und Freundespreis (Gesellen),
Naturverbundenheit (Staub und Wind) und Glückseligkeit (Tränen, Haß)
Stück für Stück zu Ende und ad absurdum geführt.

Die beiden letzten Strophen setzen aufschlußreich neu an. Die fünfte fächert
in »träumen«, »Sonnenschein« und der Eichendorffschen Zeile »leeres Brausen
in den Bäumen« auf, was in Hugo Sonnenscheins »Sordine« (Sonnenschein 9,
76) verborgen ist: die melancholische Gewißheit, dieses Träumen sei nicht
mehr erlaubt. Aus ihr entspringt die schroffe Abkehr in den vorangegangenen
Strophen, eben »Weiß zuviel«. Abschließend, aus der Selbstvergessenheit sich
aufrüttelnd: »Darf nicht ruhn«, besinnt sich der Vagant in der Art Sonnenscheins auf den letzten verbleibenden Halt, sein Künstlertum:

> und es spielt die Stadt kein Zweiter
> so die Ziehharmonika.

Theodor Kramer, obgleich Haringer näher, steht zu beiden voraufgegangenen Autoren in einem Gegensatz. Jakob Haringer wird in seiner Ich-Ver-
lorenheit entweder ganz Symbol, oder, seltener, seine Bildwelt mißlingt, und
er fällt in unverbindliche, nur noch peinliche Lamentation. Hugo Sonnenschein
kämpft angestrengt darum, Repräsentant zu sein, scheitert aber zumeist daran,
daß er sich und seine Verse zu sehr stilisiert; damit entfernt er sich von denen,
für die er sprechen möchte. Theodor Kramer dagegen, der nicht auch Messias
sein will, gibt (wie Haringer, aber ohne dessen Gefangensein) nichts als seine
Erfahrungen preis. So gelingt es ihm in wenigen glücklichen Fällen von sym-
bolischer Wirkkraft bei einfachster Gestaltung, »Dichter für die, die ohne
Stimme sind«[63], zu sein.

---

[63] Wieland Schmied: Theodor Kramer. Dichter für die, die ohne Stimme sind. —
In: Wort in der Zeit 3 (1957) Heft 1, S. 1—9. — Nach der Widmung zu Kramer
4: »Für die, die ohne Stimme sind«.

D. Jesse Thoor

Motto:
Da stehe ich: — ein Erzvagant im Königreich der Asche!
(Thoor 2, 47)

Wenn Theodor Kramer dem Typus nähersteht, der in Jakob Haringer voll ausgeprägt ist, so bildet Jesse Thoor eine Variante zu dem Typ Hugo Sonnenscheins.

Peter Karl Höfler, wie er in Wirklichkeit heißt, ist am 23. Januar 1905 in Berlin geboren.[64] Er lebt als Kind lange Zeit in Österreich, woher seine Eltern stammen. Geprägt wird er als jüngster der vier hier behandelten Vagantenlyriker durch die Nachkriegs- und Inflationszeit. Nach einer abgebrochenen Lehre geht schon der Jugendliche auf die Walz und kommt überall in Europa herum, namentlich in Bayern, in Österreich und in Italien. Die Unruhe der Zeit und die eigene Unrast gehen in dem jungen Vaganten, der ohne jede Möglichkeit zu veröffentlichen Gedichte verfaßt, eine unlösbare Verbindung ein.

Gegen Ende der zwanziger Jahre ist er für längere Zeit in Berlin, wird Mitglied der KPD und wirkt im Kreis um Theodor Plievier[65]. Das parteipolitische Engagement geht aber, anders als bei Sonnenschein, nicht in das Werk ein. Wo dieser Führer sein will, empfindet sich Höfler immer als zum Fußvolk gehörig. Dennoch spukt in beiden Köpfen die Idee vom Dichter-Führer. Wo aber Sonnenschein sie in Realität verwandeln will, behält Höfler sie nur theoretisch bei und stellt, wie in seinem frühen »Sonett vom Alleinsein« (Thoor 2, 139), Distanz nach oben wie nach unten her: »Herr über mir, und unter mir der affenhafte Knecht.« Er ist dadurch von vornherein »allein«; der schmerzhafte Lösungsprozeß, den Sonnenschein durchläuft, bleibt ihm erspart.

In anderer Hinsicht ähneln sich mit trauriger Selbstverständlichkeit beider Lebenswege; auch seine Biographie ist von außen her bestimmt. Nahtlos geht das Vagieren in die Flucht über. 1933 flieht er zunächst nach Österreich. Er übt verschiedene handwerkliche Tätigkeiten aus, die ihm allesamt nur das Dichten ermöglichen sollen. Ein neuer Anfang ist gemacht, vieles entsteht, vieles ist geplant. Da reißt das Jahr 1938 auch diese Fäden auseinander. Auf

[64] Die biographischen Einzelheiten entnehme ich der Einleitung zu Thoor 2, die M[ichael] H[amburger] nach Befragen von Freunden und Verwandten zusammengestellt hat. — Den Hinweis auf dieses Buch danke ich Herrn Professor Helmut Kreuzer.
[65] Wilde: Plievier erwähnt ihn nicht. Harry Schulze-Wilde kann sich auch nach brieflicher Anfrage nicht an Jesse Thoor erinnern. (Brief an den Verfasser vom 22. 11. 1972.)

die Flucht nach Brünn folgt eine schwere Krise, in deren Verlauf sich Höfler immer mehr in sich verschließt. Seine Beziehungslosigkeit nimmt zu; er sagt sich von der Partei los.

Zugleich holt er an dieser Wende die Reflexion über sein Vagantentum nach und beginnt sein Leben in diesem Sinne zu deuten. Energisch erteilt er den Seelenwanderern die Absage: »Was weiß denn ich, wer mir den Auftrag gab und den Befehl dazu« (Thoor 2, 48). Bei ihnen kann für den ehrlichen Vaganten der Platz nicht sein. Die negative Abgrenzung aber reicht nicht aus; wie viele vor ihm bemüht er die Literatur, nennt sich »so eine Art von Villon« (Thoor 2, 18) und findet endlich den Namen Jesse Thoor, in dem er die Spannung einfaßt zwischen der Hoffnung, in einer barbarischen Zeit Wurzel für einen neuen Menschen sein zu können, und der Gewißheit, in dieser Hoffnung ein Tor zu sein. Er fügt denn auch gleich an: »Wohl mehr Thoor als Jesse« (Thoor 2, 19).[66]

Ein herausragendes Beispiel für die Stufe, auf die sich Jesse Thoor damit hebt, ist

Jesse Thoor: Sonett von der Beziehungslosigkeit

Geboren wurde ich und auch getauft: — Ich bin ein Christ!
Es weiß der Himmel also nur, was mich ernährt und erhält.
Und stark bezweifle ich, daß es allein die Gürtelschnalle ist,
die dafür sorgt — so meine Lumpenpracht nicht auseinanderfällt.

Vom Leben aber bin ich angefüllt . . . das macht zum Schluß:
Es will die Seele fort, der Körper bleibet blank und bloß.
Und denk ich an den Tod — und wie ich einmal in die Grube muß,
quäl' ich mich sehr, und meinen Trübsinn werd' ich nimmer los.

Wer bin ich denn, wenn ich im Rinnstein mir die Füße wasche?
Verwirrt, vom Nichtstun aufgebracht — beim Armenamte registriert.
Daß läppisch mir der Speichel auf der Zunge friert.

Es steckt die Frechheit mir die Hände in die Hosentasche.
Die Dummheit strickt in mein Gedächtnis schon die letzte Masche.
Da stehe ich: — ein Erzvagant im Königreich der Asche!

                                              (Thoor 2, 47)

Die Form des Sonetts prägt sich auch im Inhalt aus. Von den Terzetten, in denen versucht wird, eine Summe zu ziehen, grenzen sich die Quartette deutlich ab, die den Weg von dem körperlichen zum seelischen Mißstand verfolgen:

---

[66] Vgl. dagegen die Deutung Alfred Murnaus (Thoor 1, 146), der sich Hamm (Thoor 3, 100) anschließt: Jesaja (richtig: Isai) (Jesse) und Donar (Thor) umschließen Norden und Süden. — Die Vorstellung, Rufer, Seher, Prophet, Richtender zu sein, hat sich in den Jahren der Emigration ins nicht nachvollziehbare Wahnhafte verdichtet. Vgl. dazu das Nachwort Murnaus (Thoor 1, 136—147), das sich auf Höflers »Umgang mit Engeln und Erzengeln« gründet.

Der ironischen Anspielung auf die Bergpredigt (Mt 6, 25—34) in der zweiten
Zeile, dem Hunger und der »Lumpenpracht« folgen »Trübsinn« und insbesondere der Gedanke an den Tod. Diese seelische Verfassung legt den
Grund zu der Selbstbesinnung in den Terzetten nach der Einleitung »Wer
bin ich denn«. Die Wirklichkeit scheint ihm allen poetischen Mitteln überlegen zu sein: Auf Haringers Versuch, sich in Bildern zu umschreiben[67], auf
Sonnenscheins Möglichkeit, sich in Vergleichen zu bestimmen[68], antwortet
Thoor, indem er nicht ›poetisiert‹, sondern versucht, von sich abzurücken
und das Bild einer Misere zu registrieren, die sich aus Verwirrung, Nichtstun,
Unzufriedenheit, Asozialität, Frechheit und Dummheit zusammensetzt. Die
letzte Zeile komprimiert all das in eine Formel: »Erzvagant im Königreich
der Asche«; sie wiederholt die Dichotomie in dem Namen Jesse Thoor: Zwar
ist es ein Königreich, in dem sich der Dichter und Vagant geistig bewegt, aber
es ist erstorben, ist wie Asche so tot und wertlos. Schon Haringers Metaphern-
reich bedrohen die äußeren Beeinträchtigungen, Thoors ungleich dürftigeres
erobern sie. Blickt man vom Schluß aus auf den Titel zurück, so bezeichnet
er zunächst und vor allem die Beziehungslosigkeit zu sich selbst, von der auch
die Versuche der anderen Vaganten ausgehen.[69]

Nachdem mit Hilfe der American Guild for German Cultural Freedom
und auf Empfehlung von Alfred Neumann und Franz Werfel im letzten
Moment die Flucht nach England gelungen ist, wird für Jesse Thoor das Exil
zu der neuen Form von Fremdsein. Auch er kann sich in England, wo er
wieder als Handwerker arbeitet, nicht zurechtfinden; der Prozeß der Ein-
engung auf sich selbst nimmt auch bei ihm die letzten Formen an:

Jesse Thoor: In der Fremde

Ist es so auf Erden?

Bin in die Welt gegangen.
Habe mancherlei angefangen.
Aber die Leute lachten.

— — — — —

Auf dem Felde gegraben.
Einen Wagen gezogen.
Ein [!] Zaun gerade gestellt.
Tür und Fenster gestrichen.
Warme Kleider genäht.
Hölzerne Truhe gezimmert.
Feine Stoffe gewoben.
Goldenes Ringlein geschmiedet.

---

[67] Vgl. oben S. 195—197.
[68] Vgl. oben S. 234—236.
[69] Welche Folgen sich daraus ergeben, wird der Versuch einer Typologie zeigen.
Vgl. unten S. 271—278.

Was soll nun werden?

Werde nach Hause wandern,
und barfuß ankommen.

(Thoor 2, 107)

»In der Fremde«, das ist die ganze »Welt«, das sind »die Leute« schlechthin. Nach einem Leben einfachen handwerklichen Tätigseins wird er »nach Hause wandern«, »barfuß«, und das bedeutet mehr als ›mit leeren Händen‹. Die Heimat eines Wahn-Österreich der Vollkommenheit verschiebt sich in eine himmlische Heimat: Immer stärker verbindet sich seine Zurückgezogenheit mit einer Wendung zum Religiösen, mit Verfolgungswahn und Wunderlichkeit. Die Kommunikation mit der Umwelt wird fast unmöglich: »Ich bin wie einer, der sich nicht mehr auskennt« (Thoor 2, 27). Das Heimweh ist übermächtig, unter dem (gar nicht paradoxerweise) gerade die Vaganten zu leiden haben, zumal, wenn sie nicht mehr Herr ihrer Schritte sind. ›Post‹ beherrscht jetzt seine Briefe und Dichtungen, ›Post‹ wird ihm wie schon Haringer zur Metapher für jede Verbindung überhaupt. Denunziert und interniert, immer noch von allen Möglichkeiten zu publizieren abgeschnitten, will er sich nach 1945 dennoch nicht zu einer endgültigen Rückkehr nach Deutschland entschließen. Er findet eine Gelegenheit, endlich sein erstes Bändchen »Sonette« zu veröffentlichen. Reisen nach Österreich und in die Schweiz dienen der Suche, wo und wie man zum vierten oder fünften Mal anfangen könne. In Lienz ist er am 15. August 1952 gestorben.[70]

E. Ausblicke

In Jakob Haringer und Hugo Sonnenschein, in Theodor Kramer und Jesse Thoor ist der Typ des modernen Vaganten am besten ausgeprägt. Einige

[70] Nach Abschluß des Manuskripts erscheint in einer weit verbreiteten Taschenbuchreihe eine Auswahl aus den Gedichten Jesse Thoors mit einem ausführlichen Nachwort Peter Hamms (Thoor 3); Karl Krolow bespricht sie sehr ausgiebig an prominenter Stelle (Frankfurter Allgemeine Zeitung Nr. 140 v. 21. 6. 1975, Beilage S. 5); das Leitgedicht »In der Fremde« (Thoor 3, 5 und 3, 61) wird in der Tagespresse vorgestellt (Frankfurter Allgemeine Zeitung Nr. 39 v. 15. 2. 1975, S. 19). Steht etwa eine kleine Thoor-Renaissance bevor, wie sie Hamm möglich scheint, für den »die Entwicklung Jesse Thoors die Entwicklung einer ganzen Epoche Europas vorweggenommen hat« (Thoor 3, 102)? Er interpretiert Thoor im eingehenden Vergleich mit Simone Weil als einen Mystiker und Visionär, der die heute zu beobachtende »neue Metaphysik« vorgelebt habe. So deutet er auch die völlige Abgeschlossenheit und Unverständlichkeit Thoors im späten Londoner Exil im Sinne dieses Sehertums: »Jesse Thoor gehörte zu jenen Narren, die auf ihrer Narrheit beharrten und deshalb weise wurden« (Thoor 3, 95). — Der Vagant Thoor beschäftigt ihn dagegen nur ganz am Rande. Gleichwohl weist Hamm schon auf dessen Verwandtschaft mit Theodor Kramer hin.

seiner Merkmale lassen sich aber auch an einer Anzahl anderer Lyriker beobachten. Dabei tun sich Ausblicke nach verschiedenen Seiten auf.

Armin T. Wegner (geb. 1886) ist darunter einer der auffälligsten. Jeden
zweiten Rezensenten veranlassen Autor und Werk zu einer Bemerkung wie:
›Sein Leben ist ein ewiges Wandern‹, verbunden gar mit einer Erklärung, die
sich immer gut macht: »Dämonie trieb ihn über die Erde hin.«[71] Für Hanna
Meuter ist er nicht nur »der ganz Großen einer unter den ewig Rastlosen, den
Seelisch-Heimlosen unseres Tages«[72], sondern auch der Kronzeuge ihres Buches
über die Heimlosigkeit. Und ein Verlagsprospekt (Deutsche Verlags-Anstalt,
1927) schließlich liest die Unrast des Dichters in werbewirksamer Tiefsinnig-
keit gar aus seinem Namen: Wegner = der ruhelos des Weges Wandernde.

Neigt man weniger zur Mythisierung, so erkennt man Anfänge, die dem
Wandervogel nahe sind und Gedichte in der typischen Manier des Wandersmannes entstehen lassen. »Neue Wanderschaft« (Wegner 1, 60) etwa aus dem
Band »Zwischen zwei Städten« von 1909 bleibt genau in der üblichen
Situation, indem es den ersten spürbaren Frühlingstag besingt, und das »Lied
der Sehnsucht« (Wegner 1, 23 ff) unterscheidet sich nicht wesentlich von
Ginzkeys »Wo noch Abendsonne liegt« (Ginzkey 3, 49): Beide personifizieren
die Sehnsucht, beide suchen ein unbestimmtes und unbestimmbares Glück, und
beide erkennen: »In diesem Suchen schon allein liegt Glück« (Wegner 1, 23 ff).

Nachdem Wegner in den Band »Gedichte in Prosa. Ein Skizzenbuch aus
Heimat und Wanderschaft« (1909) die Frucht seiner jahrelangen Wanderungen, vor allem in Italien, eingebracht hat, ändert sich das Bild. Einerseits wird
er, der im Krieg durch ganz Europa und Vorderasien reist, zum Reiseschrift-
steller und wechselt damit zu einem obzwar alten, in dieser extensiven Form
aber erst in der Moderne möglichen Genre über, für das nur der Name *Alfons
Paquet* stehen möge. Andererseits wandelt sich seine Lyrik unter dem Einfluß
des Expressionismus kraß. »Die Straße mit den tausend Zielen« von 1924
ist der Hymnus eines All-Seligen, dessen Aufbruch ganz à la mode in kosmische und kosmopolitische Weiten führt:

> Sturmwolke, Flamme, Wind und Vogelfall,
> Vom Pol gedreht bis an des Südens Wende —
> Daß ich mich grenzenlos der Welt verschwende,
> Bläst Gott als Rauch mich brennend durch das All.
> (Wegner 4, 12)

---

[71] Hanns Martin Elster (Rez.): Armin T. Wegner: Die Straße mit den tausend
Zielen. — In: Die Horen I (1924/25) S. 95.
[72] Hanna Meuter: Die Fahrt in das Heimlose. — In: Berliner Tageblatt Nr. 267
v. 8. 6. 1927. S. 2.

Kurz und prägnant hat Wegner den Ton in das Motto zu seinem Buch gefaßt:

> Meine Schreibtafel ist die Erde.
> Mit dem Griffel der Füße sang ich mein Leben über die Welt.

Solch modische Welttrunkenheit, von der sich schon Sonnenschein nicht freihält und deren Einfluß selbst bei Haringer zu spüren ist (»Abenteuer«, Haringer 14, 66), hat, auch wenn der Dichtervagant *Theodor Däubler* zu ihren frühen Vertretern zählt, schließlich mit dem Vaganten gar nichts mehr gemein; *Franz Werfels* »Prooemium« (Werfel 1, 261), das das vierte Buch (»Laurentin der Landstreicher«) des »Gerichtstages« einleitet, beweist es.[73] Der Kosmopolitismus hingegen, der sich auf *Max Dauthendey* berufen kann, ist wohl eine dem Vagantentum entwachsende neue Erscheinung, deren Reiz der überwältigende Erfolg des falschen Tramps *George Forestier* (Karl Emerich Krämer) in den fünfziger Jahren zeigt.

Dieser Entwicklung zur Seite ist die moderne Reiselyrik anzuschließen, von *Rudolf Leonhards* »Reiselied« (Leonhard 1, 61) und *Ernst Lissauers* »Reisehymnus« (Lissauer 1, 67) bis zu den Gedichten Benns, Eichs, Celans, Krolows.[74]

Wegner bleibt der Reisende, bis er 1933 nach seinem mutigen Protest gegen die beginnende Judenverfolgung sieben Jahre lang in ein Konzentrationslager gesperrt wird. Auch ihm bleibt dann der Übergang in die schmerzliche besondere Form vagantischen Daseins nicht erspart, und er selbst hat es so empfunden: »Meine Wanderjahre haben sich später durch meine Vertreibung aus Deutschland und das damit verbundene Exil bis in das hohe Alter verlängert.«[75]

Ähnlich häufig und undifferenziert wird Alfred Henschke (1890—1928) mit Vaganten-Epitheta belegt. Nach *einer* Version soll das Pseudonym, unter dem er bekannt wird, eine Kontraktion aus Kla-bautermann und Vaga-bund sein, und seitdem Alfred Kerr, in dessen Zeitschrift »Pan« *Klabund* zuerst veröffentlicht, die Gedichte »Vagantenverse«[76] genannt hat, pflegt man dem Dichter ein Epitheton beizugeben, das schön ist und wenig sagt, so etwa sein Biograph Grothe: »Er liebt die Vaganten, er, der im tiefsten Kern seiner

---

[73] Werfel bietet mit seinem Gedicht »Des Wanderers Heimweh in die Welt« (Werfel 1, 46) auch ein gutes Beispiel dafür, wie die Seelenwanderermode selbst in den Expressionismus eindringt.

[74] Vgl. Dieter Arendt: Der Mensch unterwegs. Wanderschaft und Reise in der Dichtung. — In: Zeitwende 38 (1967) S. 688—698.

[75] Brief an den Verfasser vom 19. 10. 1970.

[76] Zitiert nach Heinz Grothe: Klabund. Leben und Werk eines Dichters. Berlin: Goldstein 1933. S. 17.

Seele selbst einer ist.«[77] Auch die Dichterfreunde Herbert Fritsche[78] und
Herybert Menzel sehen ihn so: »Klabund fand heim« (Menzel 1, 46—48).
(Menzel schließt ihn allerdings zu Unrecht an die romantische Heimat-Idee
an.)

Klabunds Hetze und Unstetheit stehen unter eigenem Gesetz: Schon der
Sechzehnjährige weiß, daß er früh sterben wird. Nur so erklären sich die
hektische Produktion und die Fülle der Formen und Mittel des Lungen-
kranken, der von einem Sanatorium zum andern zieht, um Linderung zu
finden. Im rasenden Ablauf seiner Zeit sucht er Halt in der Identifikation mit
den Vorbildern der Literaturgeschichte. Von Bellman, dessen »Notabene«
(Klabund 6, 150) er übersetzt, schreiben sich die ins Gewaltsame gesteigerte
Lebensfreude und abgezwungene Vitalität der »Trinklieder« (Klabund 6, 27;
6, 302 f) her. Klabund verkörpert sich in »Bracke«, dem märkischen Schelmen
und Vagabunden Hans Clauert aus Bartholomäus Krügers Volksbuch. Er
spürt die Nähe zu dem früh verstorbenen Günther: »Wie in Frankreich der
Vagant François Villon, so steht in Deutschland der ahasverische Wanderer
Johann Christian Günther, Student und Vagabund, der Unstete, der
Schweifende, am Anfang der neuen Dichtung.«[79]

Vor allem aber fühlt er sich François Villon zeitlebens verbunden und
widmet ihm ein lyrisches Porträt »Der himmlische Vagant«.[80] Er steht ihm
viel näher als der befreundete Bertolt Brecht: Villon wie Klabund müssen —
wenn auch aus verschiedenen Gründen — mit der Möglichkeit eines frühen
Todes rechnen, und beide reagieren darauf mit einem Werk' voll trotziger,
raffender Lebensfreude und voll Zynismus. Hinzu kommt bei Klabund das
Schnellfertige, Anverwandelte, Aus- und Anprobierte seiner Schaffensweise.

Nur so ist der Umschlag der »Wanderung« (Klabund 2, 14) in »Die Verlorene Welt« (Klabund 2, 54) im gleichen Band »Die Himmelsleiter« (1916)
zu verstehen. In der »Wanderung« unternimmt er den Versuch, an die romantische Tradition anzuknüpfen mit der Naturverbundenheit in ihrer engsten
Form: »Es sprechen die Steine« in der ersten, »Ihr Bäume, ihr Hügel, /
O kommt auf mich zu!« in der zweiten, »Umarme mich, Tanne!« in der dritten und, alles umgreifend, »Nun werden wir Wald« in der letzten Strophe.
In dem Gedicht »Die verlorene Welt« hingegen finden wir einen völlig
anderen Ton:

Klabund: Die verlorene Welt

Ich bin ohne Glück und unrasiert,
Meine Hosen drehn sich in Spiralen.

---

[77] Grothe: Klabund. S. 33.
[78] Vgl. unten S. 261 f.
[79] Klabund: Deutsche Literaturgeschichte in einer Stunde. Leipzig: Dürr und Weber
 1920. S. 28.
[80] Vgl. oben S. 36.

Meinen Hut hat mir ein Herr entführt,
Ohne ihn entsprechend zu bezahlen.

Meine Gummischuhe weilen wo?
Ebendort zweihundert Manuskripte,
Die der Strassenreiniger rauh und roh
In den Exkrementenkasten schippte.

Goldne Nadel, die den Schlips bestach!
O ihr braunpunktierten Oberhemden!
Eines zieht das zweite andre nach;
Meine Heimat wandelt unter Fremden.

Wäscherin stahl mir das letzte Glück.
Die Vermieterin möblierter Höhlen
Legt mir auf den Nachttisch Beil und Strick,
Um mir zart das Jenseits zu empfehlen.

Hass sprüht wie ein fahles Feuerwerk
Mir aus allen aufgerissnen Poren,
Und ich renne schreiend wie ein Zwerg
Nach der Riesenwelt, die ich verloren.

(Klabund 2, 54)

Den Hauptteil von vier Strophen umrahmt das wohlbekannte »Glück«
(»Ich bin ohne Glück«; »Wäscherin stahl mir das letzte Glück«). Es wird
abgetan und, »unrasiert« nebengeordnet, ironisch vernichtet. Über die Unzu-
länglichkeiten und Mängel, die der Vagabund zum Inhalt seiner Lamentation
macht, die aber auch Kramer registriert, erhebt sich hier die Verzerrung. Der
Autor steigert mit Vorbedacht und zerfetzt den Wert eines Dinges nach dem
anderen in der Überspitzung: inadäquate »Spiralen« statt der Löcher bei den
Hosen, bei dem Hut die witzig-unbeteiligte Darstellung des Diebstahls. Auf
die Kontrastierung zwischen der Form (der leichthin gestellten rhetorischen
Frage) und dem Inhalt (etwas so Wichtigem wie Schuhen) folgt diejenige
zwischen extremen Inhalten: den üblicherweise sorglichst (»zweihundert«)
gehüteten »Manuskripten« und dem »Exkrementenkasten«. Wortspiel und
Parodie sind in der dritten Strophe die Mittel der Zerstörung. Die erste Zeile
lebt aus dem Doppelsinn in »bestach«, die zweite versucht, das O-Pathos der
lyrischen Tradition durch den Inhalt, erst recht durch den bemüht genau be-
zeichneten, zu demaskieren: »braunpunktierte Oberhemden«. Die Absage des
Anfangs wird verschärft: einmal durch den parodistischen Effekt (»Meine
Heimat wandelt unter Fremden«), dann durch die bewußte Pejorisierung der
Zentralbegriffe »Glück« und »Heimat« (Oberhemd als Heimat), ehe der
Sarkasmus zuletzt, nachdem das ›eigentlich‹ Wertvolle zerstört ist, auch den
Tod einschließt: Anspielungen mit »Beil und Strick«, die ihm »zart das Jen-
seits zu empfehlen« geeignet sind, bedeuten ihm und seinem Gesang, über-
flüssig und unerwünscht zu sein.

Der krasse Umschlag in eine zweite Tonlage (in der letzten Strophe) macht vieles deutlich. Zunächst zeigt er den zerstörenden Sarkasmus des weitaus größeren ersten Teils als eine letzte mögliche Haltung jenseits des Hasses, zu dem der Autor jetzt zurückfindet. Klabund läßt als die Ursache der seelischen Zerrissenheit das Ungenügen an einer Welt erkennen, die ihn »aufgerissen« und an der er sich wundgerissen hat. Nur von hier aus ist das Gedicht zu erschließen; der Titel beweist es. Der Dichter hat die Welt »verloren«, und doch ist sie immer wieder seine Aufgabe und sein Ziel. In einem Bild von erschütternder Disparatheit verfolgt der einzelne, mit seinen Gefühlen und Ansprüchen »ein Zwerg«, die »Riesenwelt«; ungeachtet seines kraftvollen Aufschwunges ist ein Wimmern der Hilflosigkeit und Vergeblichkeit zu vernehmen.

»Die verlorene Welt« mit ihrer an Groteske, Bänkellied und Kabarett geschulten modernen Form gestattet einen weiteren Ausblick: auf den immerfort reisenden Wortartisten und Vortragskünstler von der Art *Joachim Ringelnatz'*. Ihm ist *Walter Mehring* an die Seite zu rücken, mit dem der Weg von einer kabarettistisch-spielerischen Aufnahme des Themas der Heimlosigkeit, etwa in den Gedichten »Die 4 auf der Walze« (Mehring 3, 85 f) oder »Eines Strolches Trostlied« (Mehring 3, 87 f), zur bitter-ernsthaften Exildeutung (»Der Wanderer«, Mehring 3, 186) am besten dokumentiert werden kann.[81]

Klabunds vagantennahes Empfinden, seine gehetzte Suche und sein Ausgeschlossensein entwickeln sich aus dem Bewußtsein, in besonderem Maße keine Zeit zu haben. Während er sich in diesem Lebens- und Todesgefühl gleichgeartete Vorläufer anverwandelt, ist die Berufung auf Vorbilder bei *Herbert Fritsche* (1911—1960) rein literarischer Art.

Die Fülle und Unterschiedslosigkeit seiner Zitate im Verein mit der Tatsache, daß der Benn-Freund um 1930 ein durchaus seßhaftes Literatendasein führt[82], lassen vermuten, daß Fritsches Lyrik — 1967 erscheint eine Auswahl unter dem Titel »Die Vaganten« — nachempfunden ist. Unter den Zeitgenossen sind Haringer und Klabund seine nie erreichten Vorbilder. Die Sammlung »Verschneites Atelier« von 1930 ist dem Freund Haringer gewidmet; sie bedient sich eines seiner Gedichttitel (Haringer 15, 56) und enthält ein Poem auf »Jakob Haringers Einsiedelei« (Fritsche 1, 7)[82a]. Im zweiten Teil, »Requiem für Klabund« überschrieben, steht unter anderem eine »Späte Zwiesprache mit

---

[81] Vgl. »Die Gassenhauer für Tippelkunden, Plattenbrüder und Vaganten« (Mehring 2, 185—200) und Mehring 4, 7—10; dort schildert er, wie er in das Milieu eingeführt wird, das ihn zu seinen Tippelkunden-Liedern inspiriert. Das »Lexikon für ›Außerhalbsche‹« in Mehring 1 erklärt unter anderem Begriffe aus der Landstreichersprache. Vgl. oben S. 12.

[82] Herbert Fritsche: Romanisches Café. Vier Kapitel aus einer unvollendeten Autobiographie »Abenteuer wider Willen«. — In: NDH 13 (1966) Heft 3, S. 3—8.

[82a] Vgl. Fritsches Beiträge in: Jakob Haringer zum Gedächtnis. Amsterdam, Paris: Brundel [o. J.]. (= Die Einsiedelei. 31.)

dem toten Klabund« (Fritsche 1, 29). In den »Gedichten« (1932) huldigt er
beiden mit der »Bitte an einen Toten« (Fritsche 2, 33) (Klabund) und mit den
Versen »An Jakob Haringer« (Fritsche 2, 7). Daneben dürfen Villon
(Fritsche 3, 32) und Li-Tai-Pe (Fritsche 3, 32) nicht fehlen. Fritsche nennt sich
Kaspar Hauser, was nach Verlaine und spätestens nach Trakl schwerlich mehr
als eine Attitüde sein kann, und Rimbaud leistet er seinen Tribut mit den
bezeichnenden Zeilen:

> Es bleibt nur: Unterm Wintermond auf letzter Schneechaussée
> Rimbaud lesen
>
> (Fritsche 1, 5).

Alle diese Einflüsse hindern nicht, auch die deutsche Romantik mit ihrem
typischen Vertreter: »Ewiger Eichendorff« (Fritsche 1, 34) zu ihrem Recht
kommen zu lassen; Fritsches Zeitschrift führt den nicht ganz unbekannten
Titel »Der Taugenichts«[83].

Das wirre Bild eines Literatur-›Vaganten‹ aus zweiter Hand können auch
die Gedichte selbst nicht verwischen. Wir wollen nicht im einzelnen fest-
halten, wo die Freundschaft mit Benn aus der Sprache abzulesen ist, wo er
Klabunds krankhaft-fiebernde Vitalität auch empfindet, wo er Haringers Einsamkeit teilt (er dichtet ohne Skrupel »Die Ode von den Linden im Mai«,
Fritsche 2, 11). Was die Vagabundenlyrik einzugrenzen half, gibt auch bei
Fritsche den Aufschluß: Das allzu ›Richtige‹ und Vollständige ist ein Indiz
für die Unechtheit. »Mohnkelch der Dichtkunst, der tief in mir reift«
(Fritsche 4, 14 f): so schön und schön deutlich hat es der Vagant Haringer
nicht gesagt; Verse, »mit tödlicher Schwermut getränkt«, schüttet Haringer
expressis verbis nicht »aus bröckelnder Herzvase« (Fritsche 4, 14 f); und auch
folgender Befund ist bei ihm weniger leicht zu eruieren:

> Ihr ahnt meine Freiheit — ich aber flieh eure Gassen gemäß dem Gesetz meiner
> einsamen Sendung
> (Fritsche 4, 14 f).

Ein letztes Beispiel sei noch genannt: Nur aus dem Zwang literarischer Anpas-
sung heraus kann ein Gedicht über eine ganz normale Reise zu einer »Ahasve-
rischen Ballade« (Fritsche 4, 32 f) stilisiert werden.

In einen ganz anderen Zusammenhang mit den Vaganten gehört *Viktor
Hadwiger* (1878—1911). Er kann als Prager besonders gut das Gegenbeispiel
zu Hugo Salus bilden. Wenn dieser schöne Motive variiert, so ist Hadwiger
nach 1904 wirklich unstet herumgezogen und ›heruntergekommen‹. In dem
Band »Wenn unter uns ein Wanderer ist« (1912) versucht er, das Bild des

---

[83] In ihr publizieren unter anderen Haringer, Sonnenschein, Klose, Hesse und
Reiser.

Wanderers als Ausdruck der ganzen Person zu erneuern. Diese Ansätze bleiben, vielleicht durch seinen plötzlichen frühen Tod, vielleicht aber auch durch die Sache selbst, ebenso fruchtlos wie die späteren und entschiedeneren *Albert Ehrensteins* (1886—1950).

Ehrenstein will seinen »Wanderer« zu dem Ausgestoßenen, Unbehausten schlechthin machen, um auf solche Weise ein Symbol der Distanz zu gewinnen, nicht nur in dem bekannt gewordenen Gedicht gleichen Titels (Ehrenstein 1, 82)[84], sondern beispielsweise auch in »Auf der hartherzigen Erde« (Ehrenstein 2, 62). Er gibt diesen Versuch aber auf, um sich aus Ekel vor der Alten Welt, die er Barbaropa tauft, vollends zurückzuziehen. In den zwanziger Jahren wird er zum Weltenbummler und findet in China seine geistige Heimat.

Für einen letzten Ausblick mögen die Namen Max Herrmann-Neiße und Yvan Goll stehen.

Max Herrmann-Neiße (1886—1941) leidet unter einem mißgestalteten Körper. Deshalb ist er besonders befähigt, den Außenseiter zu verstehen (»Der Obdachlose«, Herrmann-Neiße 4, 87). Innerlich und äußerlich heimatlos, fühlt er sich (besonders in den Jahren des Exils) der Fremdheit des Vaganten nahe: »Verirrt in dieser Fremdheit Not« (Herrmann-Neiße 2, 16 f).

Verliert Herrmann-Neiße die geliebte Heimat, so hat der Elsässer *Yvan Goll* (1891—1950) die seine zeitlebens gesucht. Selbst was als Minimum für Sonnenschein gilt: »Im Wort ist deine Heimat« (Sonnenschein 9, 155), trifft für ihn nicht zu: Ihm fehlt diese ausschließliche Bindung, denn er wächst zweisprachig auf und dichtet später sogar in drei Sprachen. In der »Menschheitsdämmerung« hat er seinem Bewußtsein am knappsten Ausdruck gegeben: »Iwan Goll hat keine Heimat.«[85] Von hier aus zieht sich eine gerade Linie bis zu den Dichtungen des »Jean sans Terre«, in denen Goll auch sich selbst darstellt.

Was als Zeichen des Überganges Herrmann-Neiße und Goll exemplifizieren sollten, ist auch bei zwei der größten modernen deutschen Lyriker aufzuspüren. Bei aller Nähe stehen sie jenseits der Grenze zum Vaganten, können diese aber von dorther bestimmen helfen.

In den Briefen *Else Lasker-Schülers* (1869—1945) wimmelt es geradezu von Bemerkungen wie: »Ich bin fremd überall.«[86] Oder: »Ich habe keine Ruhe, Herr, immer unstät [!], kein zuhaus [!].«[87] Und: »Mir kommt zuerst mein

[84] Vgl. oben S. 222 f.
[85] Pinthus: Menschheitsdämmerung. S. 341.
[86] Else Lasker-Schüler: Lieber gestreifter Tiger. Briefe. Erster Band. München: Kösel (1969). S. 31.
[87] Else Lasker-Schüler: Wo ist unser buntes Theben. Briefe. Zweiter Band. München: Kösel (1969). S. 34.

Junge, für den ich arbeite. Sonst würd ich wandern — wandeln Tag und Nacht — ich weiß nicht wohin.«[88] Zahlreich sind die Belege für ein besonderes Verhältnis zu den Vagierenden. 1909 möchte sie mit ihrem Briefpartner »durch die Straßen Londons streifen wie Vagabunden«[89], und 1943 nennt sie sich einen »manchmal armen Vagabund und verarmten Prinz Jussuf«[90]. (Daß die Dichterin sich in der frühen Zeit *wie*, in der späten aber *als* ein Vagabund fühlt, läßt schon eine Entwicklung erkennen.)

Welche besondere Bewandtnis es aber mit dieser ›Vagabundin‹ hat, darüber gibt ihre Lyrik auf den ersten Blick Auskunft. Das Gedicht »Vagabunden« (Lasker-Schüler 1, 44) etwa oder auch nur jene Zeilen aus dem frühen »Morituri« genügen schon:

> Du hast mich aus dem Rosenparadies vertrieben,
> Ich musst sie lassen, Alle, die mich lieben.
> Gleich einem Vagabund jagt mich der Gram
> (Lasker-Schüler 1, 35).

Für diese Lyrikerin muß jede Deutung fehlgehen, die am Äußeren haften bleibt, gerade weil es hier Ansatzpunkte genug gibt.

Es beginnt mit der Verehrung für den vagierenden Peter Hille; Else Lasker-Schüler dichtet später ihn und sich als »Petrus und ich auf der Wanderung«[91]. Die Bohemienne verbringt ihre Zeit in möblierten Zimmern, in Hotels und Cafés. Die in den Literaturbetrieb Verstrickte lebt auf Vortragsreisen. Die Jüdin flieht 1933 vor den Nationalsozialisten in die Schweiz.

Ebensowenig reicht die Erklärung aus, sie habe sich als Künstlerin unter Bürgern heimatlos und fremd gefühlt. Auch dafür bietet die in Berlin stadtbekannte, über die Maßen exzentrische Person in Pluderhosen genug Anhaltspunkte.

Gleichwohl ist ihre Heimatlosigkeit im Grunde von anderer Art. »Du hast mich aus dem Rosenparadies vertrieben«: Diese Zeile läßt das eine Leitmotiv, das »Paradiesheimweh« (Lasker-Schüler 1, 25), schon anklingen, das aus dem anderen, der »Mutterheimat« (Lasker-Schüler 1, 26), herauswächst. Paradies aber heißt: liebendes Einssein, heißt: ungebrochene Erinnerung zugleich an »meine Heimat / Unter der Mutterbrust« (Lasker-Schüler 1, 26); Paradies bedeutet jenen Augenblick der Liebe, »da Heimat gegenseitig wir im Auge sehen« (Lasker-Schüler 1, 201). In der Erfüllung wie in der Sehnsucht verbindet sich ihre »Heimat« unlösbar mit dem Geliebten:

---

[88] Lasker-Schüler: Wo ist unser buntes Theben. S. 47.
[89] Lasker-Schüler: Lieber gestreifter Tiger. S. 44.
[90] Lasker-Schüler: Wo ist unser buntes Theben. S. 209.
[91] Lasker-Schüler: Prosa und Schauspiele. S. 9—12.

Und ich werde heimwärts
Von deinem Atem getragen
(Lasker-Schüler 1, 70)
Weiß nicht wo ich hin soll
[...]
Bist meine heimliche Heimat
(Lasker-Schüler 1, 128).

Das Gedicht »Heimweh« mit der Schlüsselstrophe:

Aber dein Antlitz spinnt
Einen Schleier aus Weinen
(Lasker-Schüler 1, 105)

läßt darüber hinaus in den Bildern »ausgestochen«, »versteinert«, »tot«, »versunken« Liebe und Kindlichkeit (»buntes Bilderbuch«; »auf deinem Schoß«) als das erkennen, was sie für Else Lasker-Schüler sind: Voraussetzungen ihres Schaffens. Ihr Schaffen aber ist eine Bedingung ihres Lebens, und wo diese erfüllbar wird, da ist die »Heimat«, nach der die Ruhelose beständig wandert: Ihre Dichtung ist eine Dichtung um diesen Zustand und in diesem Zustand. So muß »Das Lied meines Lebens« mit der Zeile »Sieh in mein verwandertes Gesicht« (Lasker-Schüler 1, 95) beginnen und enden.

In der Jerusalemer Zeit, in der die Resignation ihren ›Wander‹-Drang endgültig gebrochen hat, faßt sie alles Verlorene ihres Lebens noch einmal in ein Symbol zusammen: »Die Verscheuchte« (Lasker-Schüler 1, 204). (Das Gedicht trägt in einer früheren Fassung noch den neutralen Titel »Das Lied der Emigrantin«.) Sie spricht verzweifelt erinnerte Spiel- und Liebespartner an, vergleicht sich in ihrer Einsamkeit nur noch den Tieren (»heimatlos zusammen mit dem Wild«), in ihrer Vereinzeltheit und Heimatlosigkeit und Kleinheit endlich einem »Bündel Wegerich«, über das der Fuß der Menschen hinwegging. Die Möglichkeit, in die ›Transzendenz‹ einer eigenen Bilderwelt zu entkommen, ist unwiderruflich versagt. (Aus der Klage darüber schafft sie, deren letzter Gedichtband zwanzig Jahre zurückliegt, »Mein blaues Klavier«.) So dichtet sie sich in eine unangreifbare Kindlichkeit hinein (»Gebet«, Lasker-Schüler 1, 199), nun aber im Blick nicht auf die Vergangenheit, sondern auf eine erhoffte Zukunft: »Sterb ich am Wegrand wo, liebe Mutter, kommst du und trägst mich hinauf zum blauen Himmel« (Lasker-Schüler 1, 215).

»Else Lasker-Schüler in Verehrung« widmet *Georg Trakl* (1887—1914) das Gedicht »Abendland« (Trakl 1, 139); in einer der Vorfassungen, die noch den Titel »Wanderschaft« trägt, heißt es:

Wandern wir mit weißen Schritten
An der dornigen Hecke hin
Singende im Ährensommer
Und Schmerzgeborne.
(Trakl 1, 401)

Wie die Dichterin einen »Spielgefährten« (Lasker-Schüler 1, 151) in ihm
erkennt, so erspürt auch Trakl das Gemeinsame in beider Wanderschaft:
»Schmerzgeborne«. Auch ihm wächst die eigen-artige Gestaltung fremdling-
hafter Wanderschaft aus der *inneren* Biographie zu. Ziel- und planlos
schwankt er nach der Ausbildung als Apotheker hin und her, ist in kurzen
Abständen verschiedene Male Soldat, Apothekergehilfe, Beamter. Eigentlich
charakterisiert werden seine beruflichen Vorstellungen nur durch jene utopischen Pläne, die Albanien für zu naheliegend halten, die nach Holländisch-
Indien ausgreifen, wo sie wünschen, »fast schon jenseits der Welt« (Trakl 1,
546) zu sein, wie es in dem erschütternden letzten Brief heißt. »Es kommt
vor, daß ich tagelang herumvagabundiere« (Trakl 1, 551), beginnt er 1910
oder 1911 einen Brief; nachdem er ihn durch Verlaine kennengelernt hat,
identifiziert er sich mit dem ›absoluten‹ Fremdling, dem Findelkind Kaspar
Hauser: »Ich werde endlich doch immer ein armer Kaspar Hauser bleiben«
(Trakl 1, 487).

Die Bedeutung seiner zahllosen kurzen Wanderungen in der heimatlichen
Umgebung streicht Lachmann, wenn auch wohl zu pointiert, heraus. Der »Tat-
bestand« der Ortsnamen in den Gedichtüberschriften sei »für Trakls Dicht-
art sehr aufschlußreich. Er bestätigt, was auch andere Gedichte zeigen, daß
Trakl ein Wanderer im buchstäblichen Sinne war, daß ihn seine dichterischen
Eingebungen auf seinen Wanderungen überfielen«[92]. Lachmann vergißt freilich
nicht, das Wichtigere hinzuzufügen: »Zugleich aber zeigen die Gedichte, wie
wenig die Örtlichkeit selbst mit jenen Eingebungen zu tun hat, weil Trakl
seine innere Welt immer mit sich trägt«[93].

Den Bekannten erscheint er als »Nirgendwozuhause«[94], als »Wanderer
im Dämmerlicht«[95], und schon Mahrholdt, der erste, der eingehend über ihn
arbeitet, faßt Leben und Werk in diesen einen Blick: »Er ist der Einsame,
der Fremdling und der Heimatlose auf Erden, zieht als der Wanderer seinem
Ziel entgegen«[96].

Trakls Dichtung ist gekennzeichnet durch eine fest umgrenzte Anzahl von
Leitwörtern, Farben und Substantiven vor allem. Zu diesem Gerüst des
Werkes gehören der Fremdling, auch der Wanderer und der Einsame:

---

[92] Eduard Lachmann: Kreuz und Abend. Eine Interpretation der Dichtungen Georg
    Trakls. Salzburg: Müller (1954). S. 58.

[93] Lachmann: Kreuz und Abend. S. 58.

[94] Ludwig Ficker: Briefe Georg Trakls. — In: Erinnerung an Georg Trakl. Zeugnisse
    und Briefe. 3. Auflage. Salzburg: Müller (1966). S. 135—223, hier S. 137.

[95] Joseph Georg Oberkofler: Georg Trakl — Eine Erinnerung. — In: Erinnerung an
    Georg Trakl. S. 127—132, hier S. 129.

[96] Erwin Mahrholdt: Der Mensch und Dichter Georg Trakl. — In: Erinnerung
    an Georg Trakl. S. 21—90, hier S. 48.

Wenn es Nacht wird,
Hebt der Wanderer leise die schweren Lider;
Sonne aus finsterer Schlucht bricht
(Trakl 1, 134).

Wo die lauen Lüfte des Wandersmannes zum »schwarzen Wind« (Trakl 1, 91) werden, genügt es aber nicht, zu sagen, Trakl gebe »dem ehrwürdigen Motiv einen neuen Umriß, ohne dessen Zeitlosigkeit anzutasten«[97]. Wenn das Gedicht »Ein Winterabend« (Trakl 1, 102), an dem Piontek solches feststellt, auch relativ lange im vertrauten Umkreis bleibt, berührt er es doch damit nur feuilletonistisch (»der unirdische Wohllaut der Sprache«[97]) und kann deshalb eine Zeile wie »Schmerz versteinerte die Schwelle« einfach übersehen.

Nicht ohne Grund wählt Karl Otto Conrady zur Einleitung eines Vortrages über »Moderne Lyrik und die Tradition« das Gedicht »Der Wanderer«; eine »Kluft« tut sich ihm hier auf etwa im Vergleich zu »Goethes Gestaltung des für ihn so bedeutsamen Wanderermotivs«[98]:

Georg Trakl: Der Wanderer

Immer lehnt am Hügel die weiße Nacht,
Wo in Silbertönen die Pappel ragt,
Stern' und Steine sind.

Schlafend wölbt sich über den Gießbach der Steg,
Folgt dem Knaben ein erstorbenes Antlitz,
Sichelmond in rosiger Schlucht

Ferne preisenden Hirten. In altem Gestein
Schaut aus kristallenen Augen die Kröte,
Erwacht der blühende Wind, die Vogelstimme des Totengleichen
Und die Schritte ergrünen leise im Wald.

Dieses erinnert an Baum und Tier. Langsame Stufen von Moos;
Und der Mond,
Der glänzend in traurigen Wassern versinkt.

Jener kehrt wieder und wandelt an grünem Gestade,
Schaukelt auf schwarzem Gondelschiffchen durch die verfallene Stadt.
(Trakl 1, 122)

»Der Wanderer« und »Am Mönchsberg« (Trakl 1, 94) haben eine gemeinsame Vorstufe, der Mönchsberg liegt nahe Salzburg. Trotz dieses realen Bezuges entfaltet sich ganz und gar eine innere Landschaft, für die das romantische Grundmuster Nacht — Mond — Wasser — Blume — Tier nichts mehr gilt. »Weiße Nacht«, »Sichelmond« (mit der Todesassoziation), »traurige Wasser«, »Gestein« und »Kröte« leiten in jenen rätselhaften Bereich hinein, der sich nur im Zusammenhang mit dem Gesamtwerk erschließt. Figuren, nicht genau

---

[97] Piontek: Trakl. S. 250.
[98] Karl Otto Conrady: Moderne Lyrik und die Tradition. — In: GRM 41 (1960) S. 288.

bestimmbar und wie ineinander verschwimmend: der »Knabe«, der, welcher das »erstorbene Antlitz« trägt, der »Totengleiche«, »jener« und eben auch der »Wanderer« wandeln in einer toten Welt oder gar in einer Totenwelt. Die Diskrepanz zwischen dem Wanderer, wie ihn Trakl vorfindet, und dem Wanderer, wie er ihn gestalten möchte, ist überdeutlich in den Schluß des Gedichtes eingegangen: Jener »wandelt an grünem Gestade«, dieser aber »schaukelt auf schwarzem Gondelschiffchen durch die verfallene Stadt«. Trakl mag eingesehen haben, daß sich das Bild des Wanderers nur gewaltsam seiner Welt einfügen ließe. Deshalb drückt er die Erfahrung schmerzlicher Einsamkeit in den offeneren und zugleich härteren beiden Bildvorstellungen desselben Umkreises aus: in dem »Fremdling« und in dem »Einsamen«.

In Else Lasker-Schüler und Georg Trakl weitet sich das spezifisch Vagantische auf das Fremde im allgemeinen aus. Fließend sind die Übergänge; und weil jeder große Dichter — zumal der moderne — auf irgendeine Weise Fremdheit und Unbehaustheit spürt und ihnen Ausdruck verleiht, nimmt es nicht wunder, daß man den Künstler oftmals in notwendige und größtmögliche Entfernung zur Gesellschaft rückt, daß man weiterhin einen Wesenszusammenhang zwischen ihm und dem Vagierenden herstellt, daß man endlich alle Dichter zu Vaganten erklärt. Über den Ausgangspunkt läßt sich streiten; die Verbindung von diesem Allgemeinen zum besonderen Vagantischen zu ziehen, ist sicher fehlerhaft.

Beispiele für diese Auffassung gibt es genug. Freudig macht sie sich selbstverständlich der Vagabund zunutze. Paquet spricht auf dem Stuttgarter Kongreß nichts Außergewöhnliches aus: »Ich bringe euch den brüderlichen Gruß der Dichter und Künstler, die immer bei euch gewesen sind, die immer mit euch waren, die immer mehr im Proletariat lebten als in der bürgerlichen Gesellschaft. [...] Aber in jedem Künstler lebt die Unruhe, eine innere Heimlosigkeit.«[99] Hanna Meuter verweist von der Soziologie her »auf den starken Zusammenhang großer Künstler mit der Heimlosigkeit«[100], und der Rheinländer *Wilhelm Schmidtbonn*, der sieben Jahre lang durch Tirol wandert — 1901 erscheint das Schauspiel »Mutter Landstraße« — entwirft eine extreme lyrische Variante dieses Wunschbildes:

> *Wilhelm Schmidtbonn: Der Dichter*
>
> Über den Weg
> geht er mit harten Schuhn,
> die Bäume grüßend,
> die Vögel darüber, die Wolken.
> Es stehen die Menschen
> und sehen ihm nach und vergessen

---

[99] Paquet: Vagabundentagung. S. 295. — Vgl. oben S. 161 f.
[100] Meuter: Heimlosigkeit. S. 129.

das Licht seiner Augen
für diesen Tag nicht mehr.
Abends auf ihren Bänken,
zu beiden Seiten der Tür,
erzählt die Frau dem Mann,
der Nachbar dem Nachbarn
von dem Wanderer
mit diesen fremden Augen.
Aber niemand geht ihm nach,
geht zu ihm hin,
ladet ihn ein, ins Haus zu kommen,
die Füße zu ruhn, zu essen, zu trinken.

Klopft er an eine Tür,
schweigt jedes Gespräch,
alle stehn auf von ihren Stühlen
rings um die Wand,
stehen und sehen ihn an,
ziehen die Hüte vom Haar,
staunend, voll Ehrfurcht.
Sie geben, um was er bittet,
willig, schnell.
Er sitzt am Tisch und hält
die Schüssel am durstigen Mund,
bis er die Tür nimmt und geht
und seine Schritte verhallen.
Nach vielen Jahren erst,
wenn aus Jungen und Mädchen
Väterchen und Mütterchen wurden,
die durchs halbgeöffnete Fenster
sanft in den Frühling sehn,
sagt eins dem andern:
Denkst du des Wandersmanns,
Wundersmanns,
mit diesen fremden Augen?

Fremd geht er durch Dörfer und Berge,
durch Städte der Meere.
Die Kinder heben die Hand,
ihn mit Steinen zu werfen —
und senken die Hand,
werfen nicht,
verstecken die Hand hinter dem Rücken.
Doch die Hunde
gehn hinter ihm her,
in langem Zug,
riechen ihm an den Schuhen,
lecken die Hände ihm,
wie dem Herrn, der endlich gekommen.

Und am Bergpaß oben,
der Gekreuzigte unterm Holzdach,
hoch gegen den Himmel stehend:

als der Wanderer kommt,
löst er plötzlich den Arm vom Kreuz,
hebt den bärtigen Kopf zu sich auf,
sieht in die Augen hinunter,
beglückt, und küßt die hohe,
königlich hohe Stirn
über dem wilden, befriedeten,
über dem traurigen, seligen,
über dem demütigen, stolzen,
jetzt so stolzen Gesicht:
»Bruder!«
(Schmidtbonn 1, 6 ff)

Dem Dichter als »Wanderer mit diesen fremden Augen« bringen die Menschen Furcht und Ehrfurcht entgegen, mit der Natur indessen steht er in wun-
derbarem Einklang. Sein Bild wird in einer Weise stilisiert (zumal, nachdem
der Umschlag vom »Wandersmann« zum »Wundersmann« vollends vollzogen
ist), daß mir die Grenze zum Kitsch überschritten scheint, wenn »am Bergpaß
oben« Christus sich vom Kreuz löst und den Dichter mit »Bruder« zu sich holt.

Sicher falsch, leicht erklärlich und nicht erst im Kitsch demaskiert ist die
Ansicht, jeder Dichter sei ein Vagant. Sehr viel ernster zu nehmen sind dagegen die Versuche der Literaturwissenschaft, den Vaganten als *einen Typ*
zu sehen. Walter Muschg gesellt den »großen Kulturformen des Dichtertums«[101], dem Magier, Propheten, Sänger, Poeten und Bürger, als »Urform«
den Vaganten zu und kann unter dieser Perspektive einen eindrucksvollen
literaturgeschichtlichen Abriß von Kalidasa und Archilochos bis Rimbaud
geben.[102] Clemens Lessing lehnt sich mit seiner Typisierung eng an ihn an.[103]
Ihm geht es jedoch »um den Aufweis soziologischer Idealtypen, nicht um den
metaphysischer Grundformen des Dichtertums.«[104] Von daher wendet er gegen
Muschg ein: »Sozialhistorische Kategorien werden metaphysiert, was metho-
disch zweifellos sehr bedenklich ist.«[104] Muschgs Verfahren mag vom Standpunkt literatursoziologischer Methodik her bedenklich sein, dem Wesen der
Sache scheint es doch eher gerecht zu werden als das seines Kritikers. Dieser
übersieht, in soziologischen Denkkategorien befangen, daß sich der von ihm
»sozial Expropriierter« Genannte in erster Linie durch seine menschliche und
künstlerische Eigenart ausschließt; im Widerstreit Gesellschaft — Individuum
verliert Clemens Lessing den einzelnen aus dem Blick.

Walter Muschg hat von der dritten Auflage seiner »Tragischen Literatur-

---

101 Walter Muschg: Die Vaganten. — In: Walter Muschg: Tragische Literaturgeschichte. Bern: Francke 1948. S. 183.
102 Muschg: Vaganten. S. 183—201.
103 Clemens Lessing: Das methodische Problem der Literatursoziologie. Diss. Bonn
1950.
104 Lessing: Literatursoziologie. S. 29.

geschichte« an die Rolle des Vaganten wieder eingeschränkt.[105] Ob der Vagant als ein Grundtyp des Dichters anzusehen sei, ist in der Tat, auch nach Muschg und Lessing, zumindest solange fraglich, wie nicht gemeinsame Grundzüge für ihn erarbeitet sind. Versuche dazu haben die Anthologisten angestellt, am ambitioniertesten Löpelmann 1940 (Anthologie 17) und Schulz 1961 (Anthologie 28). Sie paraphrasieren das Schlagwort von Wein, Weib und Gesang, sie variieren das Thema des freiheitsliebenden Außenseiters, wollen sogar merkliche formale Unterschiede zur Dichtung der Seßhaften herausfinden, können aber über Gemeinplätze wie »Fast alle Vagantendichter neigen zum Symbolismus« (Anthologie 17, 21) nicht hinauskommen, weil sie Eichendorff neben Seume, Hille neben Löns, Ringelnatz neben Baumbach und Reiser aufnehmen. Aus einer solchen Ansammlung, die zu unterscheiden versäumt, können niemals brauchbare Kriterien entspringen. So seien auf der gegebenen schmalen Basis als erste Vorarbeit zu einer Typisierung des Vaganten einige Gemeinsamkeiten herausgehoben.

F. Zusammenfassung: Versuch einer Typologie

Trotz der ausgeprägten Individualität des Vaganten sind über den vereinzelten Vergleich hinaus Grundzüge erkennbar: In grobem Umriß entsteht ein Muster, in das sich das Individuelle einpaßt.

Die biographischen Parallelen sind von unterschiedlicher Qualität. Daß alle vier Autoren, Haringer, Sonnenschein, Kramer und Jesse Thoor, aus dem Österreichischen stammen, ist sicher Zufall. Weniger zufällig mag schon ihre Herkunft aus bäuerlich-kleinbürgerlicher Umgebung sein, die sie auf natürliche Weise dem ›Volke‹ verbindet: der Landbevölkerung (Haringer, Kramer), dem Großstadtproletariat (Sonnenschein, Thoor). Mit Sitten und Gebräuchen, Glauben und Aberglauben, Freuden und Nöten ›ihres‹ Volksteiles sind sie unmittelbar vertraut.

Damit hängt (wenn auch nicht notwendig) zusammen, daß sich alle zu linken Ideen hingezogen fühlen. Alle haben auch irgendwann in diesem Sinne politisch zu wirken versucht, alle aber — und erst das ist bezeichnend — nur vorübergehend, sei es in einer Episode (wie Haringer[106]), sei es jahrelang (wie Sonnenschein).

Weitere, noch vage Andeutungen gibt ihr Bildungsgang. Haringer bricht eine Lehre ab, Thoor deren zwei, Sonnenschein und Kramer haben keine abgeschlossene Ausbildung; allesamt sind sie zum Autodidaktentum genötigt.

Das Ende ihres Lebensweges läßt das Besondere des deutschsprachigen Va-

---

[105] Walter Muschg: Tragische Literaturgeschichte. 4. Auflage. Bern, München: Francke (1969). S. 245—276.
[106] Vgl. oben S. 192.

ganten in der ersten Hälfte des 20. Jahrhunderts erkennen; äußere Gewalt
überlagert die inneren Kräfte. Er flieht und ist zur Heimatlosigkeit gezwun-
gen, die ursprünglich ambivalenten Wünsche werden einschichtig. Ausgewiesen,
ausgebürgert, verboten und verfolgt: sein Schicksal verbindet sich mit dem
aller Exilierten.

In den selbstgegebenen Namen verlassen wir das biographisch Zufällige
vollends. Haringer nennt sich in Anlehnung an Villon (ähnlich wie der arme
B. B.) und an Verlaines Anagramm ›pauvre Lélian‹ ›der arme Jakob (Haringer)‹[107]. Höfler nennt sich Jesse Thoor, Henschke Klabund, Sonnenschein ist
immerfort um Namen bemüht und wandelt sich vom »Geusen Einsam« zum
»Bruder Sonka«.

Das scheinbar Äußerliche deutet den ersten Grundzug an. Einsamkeit ist
dem Vaganten vorgegeben. Er erlebt sie zwiespältig, als Rettung und als
Verdammung. Er flieht in sie, er flieht vor ihr, und er endet in ihr, ohne sie
je wirklich überwunden zu haben; sie ist nur jeweils verschieden stark überlagert. Aus dieser Einsamkeit resultiert ein in jedem Fall gebrochenes Verhältnis zur eigenen Person; die bestätigende oder beschränkende Korrektur
durch andere kann oder will der Vagant nicht haben. Eine der Folgen ist die
Stilisierung, bisweilen Mythisierung der eigenen Person, schwach ausgebildet
bei Thoor und Klabund, in der Abwandlung zur Demut bei Haringer, in der
oft grotesken Übersteigerung bei Sonnenschein. Während dieser sein Ich als
scheinbar unproblematischen kraftvollen Kern für alle anderen in das Zentrum rückt, ist es für Haringer die leidende Mitte all seines Dichtens, über die
hinaus er nicht zu anderem kommt. So verschieden die Auswirkung, so
durchaus ähnlich ist beider Grundhaltung.

Solcher Überkompensation aus Ich-Beschränktheit diametral entgegengesetzt
und ein notwendiges Komplement sind Zweifel und ängstliche Unsicherheit,
eben der Mangel an Selbstbewußtsein. Daraus fließen Haringers und Sonnenscheins »Ich bin [. . .]« und Thoors »Wer bin ich denn«: die Versuche, eine
Identität in Bild und Vergleich zu erdichten wie auch die gnadenlos-ehrliche
Absage an das ›schöne Poetische‹. Wenn auf der einen Seite Sonnenschein
aus vielerlei Mangel die Stilisierung grenzenlos übertreibt, so ist auf der
anderen Haringer die stärkste und deutlichste Stimme des Ich-Zweifels:

[107] Es spielt wohl noch anderes hinein: Jakob ist der Patron der Pilger; der Name
   ist in der Gauner- und Kundensprache in appellativer Bedeutung ungemein häufig.
   Möglicherweise im Anschluß an das Grab in Santiago de Compostela ist seit
   dem 18. Jahrhundert die Redensart »das ist der wahre Jakob« überliefert. (Es
   gibt auch falsche Jakobsgräber.) Vgl. die satirische Zeitschrift »Der wahre Jakob«.
   — Oder sollte Haringer aus der deutschen Literatur schöpfen und den Namen
   Herweghs Gedicht »Vom armen Jakob und von der kranken Lise« entlehnen?

            Ich kenn mich selber nit
            (Haringer 7, 27)
   öl   [...]   So fern
            Bin ich mir selber
            (Haringer 6, 120).

Was schon Zarek bei Haringer (wie übrigens auch bei Hille!) als »Bruch«
deutet[108], wird im Gegeneinander und Miteinander von Identifikations-
schwäche und Selbststilisierung als der zweite Grundzug sichtbar: die
Spannung. Sie äußert sich in dem vorherrschenden Lebensgefühl, einer in-
stabilen Verbindung von Lebenslust und Apathie, Inbrunst und kalter Ober-
flächlichkeit, Beharrung und Fortschreiten; sie äußert sich in allen Themen-
bereichen: Der Traum wird als Fluchtmöglichkeit wie als Illusion erfahren,
der Tod als Symbol äußerster Vereinzelung und als endgültiger Ruhepunkt,
das Neue der Technik als Rückschritt und Fortschritt zugleich, die Liebe
als Hort der Geborgenheit und Fluch der Gefangenschaft. Die Spannung
offenbart sich bei den selbstbewußten ›Starken‹ im Durchschimmern des besinn-
licheren Untergrundes (die Begründung ist allzu offensichtlich vorgeschoben):

   Und wenn ich auch zuweilen voller Andacht bin und meine Hände falte,
   so tu ich dies, weil es mir Spaß bereitet und Vergnügen macht
                        (Thoor 2, 48),

in einer Anwandlung selbstbewußter Kraft bei den ›Schwachen‹:

   Ach, pfropft euch voll mit Wissen und Kultur,
   Mein Witz zersticht doch euer Betteltun
            (Haringer 17, 87).

Vor allem aber bilden die Gegensätze Heimat und Fremde, Einsamkeit
und Gemeinschaft, Sehnsucht und Erfüllung die geistige Welt des Vaganten.
Auf Heimat und Fremde zugleich ist seine Bewegung gerichtet. Er braucht
jene so gut wie diese. Gerade er erinnert sich oft der Heimat, und gerade er
leidet, als er in der erzwungenen Heimatlosigkeit des Exils diese Spannung
vermissen muß. Sonnenscheins Erörterung gipfelt, stellvertretend, in dem
engstmöglichen Zusammenschluß: »ewiges Heimweh und Fernweh« (Sonnenschein 9, 41). Die Spannung zwischen Einsamkeit und Gemeinschaft zeigt
Haringer in dem Gegensatz von Hochmut (für sich allein zu sein) und de-
mütigem Wunsch (wie die anderen zu sein). Das immer gleich starke Ge-
fühlsengagement des Vereinzelten reißt ihn von maßloser Hypertrophie zu
ebenso maßlosen Ausfällen. Es läßt den Vaganten kaum jemals in sich ruhen
und ist jeder Differenzierung abhold:

   Und alle, alle haben nur betrogen
            (Haringer 17, 66)

[108] Otto Zarek: Der Dichter Jakob Haringer. — In: Das Tagebuch 7, 1 (1926)
S. 457.

Und habe ich mich mit der ganzen Welt schon überworfen und verkracht
(Thoor 2, 48).

Sonnenschein stellt diese Spannung vor die immer unlösbare Aufgabe, zwischen
der elitären Einsamkeit und dem Willen zur Repräsentation zu vermitteln.
Für den nach außen Gerichteten, der führen und wirken will, wird dies
Gegensatzpaar zum Wichtigsten, während Haringer in besonderer Weise das
Verhältnis von Sehnsucht und Erfüllung bestimmt. Deren Unvereinbarkeit
mündet in erlittene (»ach«) Paradoxien, die seine Welt aufschließen:

Und geh ich auch heim, ach ich hab ja kein Heim
(Haringer 10, 17)
Und all mein Leben, ach, das war ja keins —
(Haringer 17, 51).

Seine Bewegung ist zwischen zwei Pole gespannt, die beide für sich seinem
Anspruch nicht genügen können. Der Vagant erlebt an allem und in allem
auch dessen Gegenteil: Er lebt dissonantisch und amphibolisch.

Von allen Seiten her drängen die unlösbaren Spannungen auf einen dritten
Grundzug zu. Bis jetzt blieben die formalen Auswirkungen (etwa die
schnelle Produktion Haringers, Thoors, Klabunds oder die Formschwäche und
das Haltsuchen in alten Formen) unberücksichtigt; sie scheinen zu zweifelhaft.
Innerhalb des *Kreisganges* dagegen sind der Refrain und die beschließende
Wiederaufnahme des Anfanges bei Haringer (z. B. Haringer 17, 51; 6, 42;
7, 27; 9, 21), Sonnenschein (z. B. Sonnenschein 2, 24; 1, 73; 1, 75) und
Kramer (z. B. Kramer 1, 13; Kunde 2. 5, 6) doch wohl eine aufschlußreiche
Nebenerscheinung.

In vier Phasen kehrt Sonnenschein zu sich zurück, Kramer und Thoor zieht
es nach dem Kriege in die Heimat, die sie doch auch wieder abweist, Haringer
kreist um das eigene Ich und die Jugend in Salzburg wie Sonnenschein um die
Heimat in Gaya.

Die Kreisbewegung ist als Ergebnis der umfassenden Spannung Ausdruck
der Vergeblichkeit, die zum vierten und wichtigsten Grundzug überleitet: der
Sehnsucht.

Der Vagant ist auf dem Wege zu seinem Absoluten, zu einer Utopie, wie sie
Sonnenschein am klarsten ausdrückt und wie sie Haringer am tiefsten lebt.
Es kann dies eine psychisch bedingte persönliche Utopie sein, die auf Kommunikation dringt und immer wieder zerstört und verwirft, sich zeitweilig
in einer Metaphernwelt eigener Provenienz verwirklicht, um auch da hinaus-
zufallen (Haringer); es kann aber auch eine soziale Utopie sein mit mehr
(Sonnenschein) oder weniger (Kramer) modischem Einschlag.

Diese gegensätzlichen Möglichkeiten innerhalb des gleichen Typs zeigt der Vergleich der »Antwort des Doppelgängers« (Sonnenschein 9, 19 f) mit der »Schönen Verwirrung« (Haringer 17, 66) genauer.[109] Gemeinsam ist beiden Gedichten der hervorragende Augenblick selbstkritischer Besinnung (»Und heute weiß ich« bei Haringer, bei Sonnenschein: »Und wenn ich sachlich überlege«), gemeinsam ist das Ergebnis: Isolierung. Für Haringer bedeutet die Vereinzelung (»keiner war ich Weg und Rast und Ziel«) *unmittelbar* und ständig das Gegenteil des Absoluten, zu dem er auf dem Wege ist; für Sonnenschein ist der Rückzug auf sich selbst *mittelbar* Kapitulation vor seinem Absoluten, einer neuen Welt, die nur in und mit der Gemeinschaft zu bewirken ist. Haringer ist immer Vagant, Sonnenschein wird es gegen sein Sträuben immer mehr und ist es erst im Scheitern ganz. Das Scheitern ist beiden Möglichkeiten, eine Utopie zu dichten und zu leben, gemeinsam. Die eigene Dichtung bekommt existentielle Bedeutung, als (untaugliches) Mittel der Harmonisierung wie bei Haringer oder als (selbstgesetzter) letzter Halt wie bei Sonnenschein und Kramer.

»Ich hab die Werte des Lebens verloren / und suche, — was man nicht finden kann« (Sonnenschein 1, 32). So antwortet der Vagant Sonnenschein ein Leben lang den zwei Zeilen des Wandersmannes Bodman: »Ich suche, was ich verlor, / Und kann's nicht wieder finden« (Bodman 2, 65): Es braucht nicht einmal den Hinweis, daß das Symbol für die über allem schwingende Sehnsucht die Musik ist, das Lied bei Haringer, die Violine bei Sonnenschein, die Ziehharmonika bei Kramer, um zu bemerken, daß auch vom Vaganten aus Linien zur Romantik verlaufen.

Zweifelsohne ist der Vagant in Ziolkowskis Terminologie dem »Nachleben« zuzuordnen; in seiner Zwiespältigkeit und Zerrissenheit durchlebt er aber vor allem dessen Fragwürdigkeit und Fragilität.[110]

Yvan Goll mag mit seinem programmatisch überschriebenen Gedicht zum Exempel dienen:

Yvan Goll: Der letzte Romantiker

Ruhlos erwarte ich in Bahnhöfen den Frühling
Die Lokomotive der Sehnsucht hält an keiner Station mehr

Fünftausend Brieftauben mit falscher Adresse
Hab ich der unbekannten Geliebten nachgeschickt

Nachtigallen ließ ich in Klavieren nachhause transportieren
Doch sie erstickten in einer Sommernacht

Ich kaufte Pampas mit gescheckten Tigern
Und alle waren brüderlich gezähmt

---

[109] Vgl. oben S. 201 und 240—242.
[110] Vgl. oben S. 110 f. — Auch er stützt damit die Bedenken gegen Ziolkowskis Schema.

> Den Mond aus Aluminium gewann ich auf einer Messe
> Schlechte Fabrikware: er schmolz vor Tagesanbruch
>
> In welches Herz, in welches Herz
> Die neuen Veilchen stecken?
>
> Trostlos irre ich so durch Europa
> Eine tote Schwalbe in meiner Rocktasche
>   (Goll 1, 88).

Zwiespältigkeit ist das innere Thema des Gedichtes. Es ist formal verwirklicht in einem fünfmaligen Widerspiel der Zeilen, in der ersten Strophe ausgedrückt durch die Negation (»keiner«), in der zweiten und fünften durch die Adjektive (»falsch«, »unbekannt«; »schlecht«), mit Hilfe resultativer Verben in der dritten, vierten und fünften (»ersticken«; »zähmen«; »schmilzen«), durch Konjunktionen in der dritten und vierten Strophe (»doch«; »und« mit adversativen Obertönen). Es zeigt sich inhaltlich in dem Gegeneinander von »Sehnsucht« und »Lokomotive«, »Nachtigall« und »Klavier«, »Mond« und »Aluminium«, das, als Miteinander gewünscht, halb widerwillig und halb mit zerstörerischer Freude decouvriert; in dem traurig-schönen Symbol der »toten Schwalbe« drückt die Härte des Disparaten, subtiler und wie nach innen gewendet, nur um so stärker Trauer und Betroffenheit über das Unvereinbare aus.

Mannigfach sind die Kräfte von Einst und Jetzt zu Beginn verschränkt, einst »ruhlos«, »Frühling«, »Sehnsucht«, jetzt »Bahnhof«, »Lokomotive«, »Station«. Das Ergebnis, ein weites Auseinanderfallen, wird am augenscheinlichsten dort, wo der Dichter sie eng und gewaltsam in der Weise der Genitivmetapher verquickt. Die Direktheit der Verzweiflung in »an keiner Station mehr« fängt er in den folgenden Strophen durch Ironie und Selbstironie und durch Übersteigerung auf; gleichwohl bleibt sie im Hintergrund merklich, ehe sie gegen den Schluß die Funktion des (auch buchstäblich) nur Vorgeschobenen gänzlich aufdeckt, indem sie sich unverstellt äußert.

Alle Mittel des Selbstschutzes versammelt die zweite Strophe zur Kompensation der erschreckenden Offenheit im Vorhergehenden: die märchenhaftironische Übersteigerung in »fünftausend Brieftauben« und die stark selbstironische ›Doppelmotivierung‹ in »falsche Adresse« und »unbekannte Geliebte«. Auf eine endgültige Weise trennt sich der Dichter damit von dieser Geliebten, der Romantik, und doch sucht er auch eine Verbindung (»nachgeschickt«).

Enger zusammen gehören die folgenden drei Strophen, die Kernmotive der Romantik evozieren und vernichten: Nacht und Nachtigall, Ferne, Mond. Der »letzte Romantiker« läßt transportieren, kauft, gewinnt; im boshaften Verriß hält er die Schwebe zwischen scheinbarer Bindung und wirklicher Hinneigung. In der ›tief romantischen‹ Sommernacht ersticken unmotiviert die Nachtigallen, die er sich »in« (mit Hilfe von) Klavieren beschafft: Noch vor dem ersten Ton verstummen sie, unzeitgemäße Relikte. Fernsehnsucht und Abenteuerlust erweisen sich als nicht käuflich, und das bedeutet jetzt: auf keine (zu vermittelnde) Weise erreichbar. Den Zusammenprall von Romantik und Kommerz führt am schärfsten der dritte Bildbereich aus: »Mond« gegen »Messe«, ehe in plötzlichem Umschlag der Aufschrei den Ton scheinbarer Überlegenheit ablöst (und im nachhinein erläutert). Das verzweifelte Fragen, das aus der Einsamkeit hinausdringt, verhallt ungehört. Die Romantik kann nicht wieder erstehen; für die »neuen Veilchen« findet sich kein Herz. Die letzte Strophe zeigt den nachromantischen Wanderer, der nicht mehr in der Gewißheit, verwurzelt zu sein, frei schweift, sondern »irrt«: Ohne Mitte in sich selbst, in resignativem Dreinfinden, dringt er in die Fremde, unter dem Symbol der erstorbenen Fernsehnsucht, der »toten Schwalbe«, und in der fragenden, wankenden Haltung angesichts dieser Paradoxie.

Im Widerstreit zwischen einem Lebensgefühl, das sich an sie anlehnt, und den Lebensbedingungen, die sie verneinen, sind Nuancierungen möglich: Der Vagant steht in verschiedener Weise am Ende der Romantik.

Jakob Haringer vertritt die eine Möglichkeit; er ist später Nachfahre: »Keine blaue Blume deine schwarzen Wunden stillt« (Haringer 6, 42). Meist überlagert der Wunsch, Romantisches sei möglich, die trauernde Gewißheit, daß es nicht mehr möglich ist. Ungebrochen wird die Sehnsucht selten laut:

> Da sing ich mit dir unsre alten Wanderlieder,
> Und in unser Sommerzimmer ein Posthorn bläst
> (Haringer 6, 121).

In seine »Heimat« geht auch die Romantik ein, und am deutlichsten ist sie im »Fenster« wiederzuerkennen, einer der Metaphern Haringers für die mittelbare menschliche Beziehung.[111] Wenn der Romantiker am Fenster stand und voll verhaltener Sehnsucht hinausschaute (als etwa das Posthorn ertönte), so hat der letzte Romantiker Haringer, wenn man ihn denn so nennen will (Härtling: »der letzte deutsche Dichter, der sich vor dem unerreichbaren Bild der Blauen Blume verneigte«[112]), seiner Sehnsucht nachgegeben, steht immerfort draußen und schaut voll verhaltener Sehnsucht hinein. Nur der Standort hat sich verändert, nicht der Wunsch, über ihn hinauszugreifen. Vernichtend antwortet Haringer in »Tot« dem romantischen Wanderer, der hinauszieht, das Glück zu suchen; aber nicht etwa, weil er die Suche ablehnt, sondern, weil er hinauszog und »fand keins« (Haringer 10, 51).[113]

---

[111] Vgl. oben S. 207.
[112] Peter Härtling: Jakob Haringer. — In: Der Monat 14 (1962) Heft 162, S. 59.
[113] In diesem Sinne könnte man Haringer als die tragische, weil unerfüllte Erfüllung der Romantik interpretieren.

Ihn ergänzen (im Zwiespalt des Vaganten von Angezogen- und Abge-
stoßensein) diejenigen, bei denen Abwehr überwiegt. Während Haringer
Lieder dichtet, die keine Lieder mehr sein können, sagen Sonnenscheins zer-
borstene Violine und Kramers ausdrücklich der Harfe entgegengesetzte Ziehharmonika den romantischen Inhalten ab, ohne aber verleugnen zu können,
daß sich in der schrofferen Lösung nur auch *ihre* heimliche Verbundenheit
beweist:

> [...] verbittert
> legst du dich unter einen Strauch und träumst
> von einer Greisin, die im Stadtpark junge Amseln füttert.
> (Thoor 2, 47)

> Weiß zuviel und möcht doch träumen
> wie der Echs im Sonnenschein;
> leeres Brausen in den Bäumen,
> braus für mich, nick träg ich ein!
> (Kramer 9, 21)

Der dezidiert umgekehrt Romantische, der die Seite des »weiß zuviel« vertritt und das romantische Träumen höhnisch (und mit Wehmut) in sich zerstört, bietet nur die notwendige Ergänzung zu dem Träumenwollen Haringers.
Beider Haltung ist gebrochen und läßt den Gegensatz durchschimmern. Beide
zusammen erst zeigen das zwiespältige Verhältnis des Vaganten auch zur
Romantik und darüber hinaus auf einer höheren Stufe die notwendige Verknüpfung aller vier Grundzüge.

Wenn die Behauptung zutrifft, jeder Dichter entwerfe lebenslang eine
Utopie, so vertritt der Vagant *eine* Möglichkeit, sie zu dichten, und, Indiz
der künstlerischen Wahrheit, er lebt seiner Sehnsucht nach.

VIERTER TEIL:
DIE DEUTSCHE WANDERIDEOLOGIE

Zu Zeiten, die ›Ideologie‹ zum Schlag-Wort machen, heißt es mit diesem Instrument besonders vorsichtig umgehen. Etwas Unpolitischeres, Privateres als das Wandern ist kaum denkbar: Indem dieser kurze Ausblick gerade den Gegenbeweis dazu führen will, zeigt er eine Ideologie auf: ein immer mehr verkrustendes und sich verstärkendes und im gleichen Maße von der Wirklichkeit sich entfernendes Denkgerüst. So entschieden ich mich gegen die Allgemeingültigkeit der These wende, auch das Unpolitische sei in *jedem* Fall politisch, so entschlossen muß sie für diesen besonderen Fall verteidigt werden (der freilich ins augenscheinlich Politische hineinwächst). Entgegenzutreten ist auch dem Eindruck einer einschichtigen und zwangsläufigen Entwicklung, den die straffe Verfolgung eines im Gesamtrahmen winzigen und unbedeutenden Details wie des Wanderns leicht suggerieren könnte.[1] Nichts mehr (aber auch nichts weniger) als einen Beitrag zur Erklärung des Dritten Reiches bietet die deutsche Wanderideologie.

Erinnern wir uns an die Linie, die das 19. Jahrhundert hindurch zu verfolgen ist. Einer ihrer wichtigeren Ausgangspunkte war Friedrich Ludwig Jahn. Der Satz, mit dem er in seinem »Deutschen Volksthum« das zweite Kapitel »Deutschheit« des X. Abschnittes »Vaterländische Wanderungen« einleitet: »Uralt ist des Deutschen Reisetrieb«[2], ist zum stets hergebeteten Glaubenssatz geworden[3] (was gar nicht so ironisch ist, wenn man die quasi-religiösen Zusammenhänge beachtet). Jahn setzt die völkisch-nationalen Akzente, die sich seither unlöslich mit dem Wandern verbinden, in einer Zeit, in der das Bewußtsein der fehlenden Einheit und Stärke Deutschlands durch Napoleon besonders geschärft ist; oder, wie es hundert Jahre später heißt: »Er erweckte in der Zeit der tiefsten nationalen Erniedrigung, als das deutsche Volk in der größten Gefahr stand, sich selber und sein Deutschtum zu verlieren, das Wandern als ›Turnfahrt‹ zu neuem Leben.«[4]
Man könnte vermuten, diese Aspekte seien nach 1871 geschwunden, aber

[1] Etwa im Sinne von Ernst Loewy: Literatur unterm Hakenkreuz. (Frankfurt:) Europäische Verlagsanstalt (1967): »Man wird deshalb die ›Vorgänger‹ des Nazi-Schrifttums nicht zu ›Schuldigen‹ zu stempeln haben, aber doch immerhin als Glieder einer Kausalkette begreifen müssen, die dahin führte, wohin es schließlich kam« (S. 24).
[2] Jahn: Das deutsche Volksthum. S. 421.
[3] Wie meist, ist er in seiner Substanz gar nicht so abwegig. Wandern in seiner spezifischen Form scheint besonders von den Deutschen gepflegt worden zu sein, wie schon der Blick in französische und englische Wörterbücher lehrt: Die Franzosen setzen ›voyageur‹ und ›marcher‹ ein, die Engländer nehmen ›to wander‹ und ›wanderer‹ als Fremdwörter auf, ›wanderlust‹ ist 1902 zuerst belegt.
[4] Eckardt: Das Wandern. S. 1 f.

das Gegenteil ist der Fall: Sie sind nach verschiedenen Seiten hin ausgeweitet worden. Das Bewußtsein der ›Schmach‹ macht dem Gefühl immerwährenden Zuspät- und Zukurzkommens Platz, die andere ›Schmach‹, die von Versailles, sichert dem völkisch-nationalen Komplex die Kontinuität bis in seinen Exzeß hinein.

Die eifrigsten Sachwalter Jahns sind Eckardt und Raydt, die den Nationalismus, wo er sich dem Wandern verbindet, zu einer Deutschtumsideologie aufblähen und dem Wandern den ersten kräftigen Schub in einen reaktionären Bereich hinein geben. (Neuendorff führt dann folgerichtig die deutsche Turnerschaft 1933 Hitler zu.[5]) Der Rahmen ist bekannt. Er sei nur mit wenigen Worten abgesteckt, ehe ihn Zitate zum Wandern füllen.

Gegen den französischen Lüstling und den englischen Krämer steht der tiefe, eigentliche, gesunde, wert- und seelenvolle Deutsche, eben der Wanderer. Sein Wesen bietet den besten Schutz gegen das Unwesen der Zeit, gegen Reizüberflutung, Unkeuschheit und undeutsche Schlaffheit, gegen die Implikationen von Zivilisation und Materialismus. Mit dem deutschen Sang (»Echt deutsch ist auch die enge Verknüpfung der Wanderfahrten mit L i e d u n d G e s a n g«[6]), dem deutschen Wald (»gesundes Naturgefühl«, selbstredend verstanden als »das *deutsche* Naturgefühl«[7]) und der deutschen Seele (der engsten Verbindung von weitestreichender Wirkung) bezeichnet der deutsche Wanderer *die* Mitte der Deutschheit überhaupt. »Kein ander Ding ist uns Deutschen da natürlicher [gegen den »Pesthauch der Großstadt«] als das Wandern«[8], heißt es im zweiten Jahrgang des Deutschen Wanderjahrbuches, im Jahr darauf tönt es entschiedener: » W a n d e r n i s t r e c h t e i g e n t l i c h d e r d e u t s c h e S p o r t«[9], und im vierten Jahrgang lautet es kurz und bündig: »Wandervogeltum und Deutschtum ist eins!«[10]

Diese Einheit ist von Anbeginn jeder Erklärung überhoben; es ist einfach das Wesen: »Die Wanderlust ist eine Eigenart des deutschen Wesens.«[11] Werden wir noch ›wesentlicher‹, sprechen wir von dem »immer regen Wander*trieb* der Deutschen«[12], verknüpfen wir beides als »Wander- und Bildungstrieb« »des germanischen Wesens«[13] und bezeichnen wir seine Herkunft: »Eine der

---

[5] Edmund Neuendorff: Ewiges Turnertum als Wegbereiter zum dritten Reich. Wittingen: Landsknecht 1934. — Vgl. Ueberhorst: Frisch, frei, stark und treu. S. 196 f.
[6] Raydt: Fröhlich Wandern. S. 9.
[7] Ströhmfeld: Die Kunst zu wandern. S. 12.
[8] Deutsches Wanderjahrbuch 2 (1912) S. 9.
[9] Ebd. 3 (1913) S. 8.
[10] Ebd. 4 (1914) S. 8.
[11] Chrosciel: Wanderlust. S. 1.
[12] Lindner: Vom Wandern und vom Reisen. S. 5. (Hervorhebung von mir.)
[13] August Herzog: Romantische Strömungen im deutschen Geistesleben. — In: Die Nation (Berlin) 17 (1899/1900) S. 425.

glücklichsten und liebenswürdigsten Eigenschaften, die Allvater Wotan seinem deutschen Volke in die Seele gepflanzt hat, ist der *Wandertrieb*.«[14] »Das beste Stück der deutschen Seele: Die Innerlichkeit«[15] gehört dazu, so daß »Wandern etwas ausgesprochen Deutsches« und mithin »eine Tätigkeit der Beine und ein Zustand der Seele«[16] werden kann. Eckardt, der »herrlichste Schätze für Herz und Gemüt«[17], »innigste Empfindungen der Seele«[17] verspricht, wo »tief deutsch empfunden«[18] werde, übertrifft das alles noch, indem er Gott einbezieht: » M ö g e G o t t d i e s e n W a n d e r - u n d S a n g e s - s i n n u n s e r m V o l k e e r h a l t e n !«[17] Der Überblick mit Hilfe weniger Zitate ist ein Blick in deutsche Tiefe und irrationale Hilflosigkeit im Gewande überheblicher Wesentlichkeit.

Die Wissenschaft der Zeit, zumal die Germanistik, die in der gleichen dunklen, verwaschenen Terminologie schwelgt, also etwa »vom Gespeistwerden der Gegenwart wie der Romantik aus den gleichen Quellen unseres Wesens«[19] weiß, hat sich die herrschende Irrationalität zu eigen gemacht und sie noch gesteigert: Mit allen akademischen Weihen beruht das Wandern »auf einem uralten germanischen Trieb«[20].

Auf diesem Boden gedeihen Wanderer- und Seelenwandererlyrik und -prosa, diese ›Kunst‹ ist dieser ›Bewegung‹ nahtlos ein- und unterzuordnen; das Tiefe und Gesunde, Trieb, Wesen, Seele und nicht zuletzt die Pseudo-Religion sind noch gut in schlechter Erinnerung. Vor dem Hintergrund der an Zahl reichen Wanderliteratur wird das Ideologische und eminent Politische einer scheinbar eminent unpolitischen Lyrik vollends offenbar.[21]

Es bleibt nämlich nicht beim nur Belächelnswerten, mag es auch bisher scheinbar vorgeherrscht haben.

[14] Eckardt: Das Wandern. S. 1.
[15] Diete: Wanderheil. S. 16 f.
[16] Hofmiller: Wanderbuch. S. 245.
[17] Eckardt: Das Wandern. S. 4.
[18] Ebd. S. 2.
[19] Kluckhohn: Fortwirkung der Romantik. S. 68.
[20] Hitchcock: Jugendwandern. S. 132. — Erst Mayer: Wandertrieb hat diesen Unfug 1934, vorsichtig noch, zur Seite geschoben: »Wir haben die Anschauung, daß man von einem allgemeinen blutsmäßigen Wandertriebserbe beim deutschen Volke nicht sprechen kann« (S. 20).
[21] Loewy: Literatur unterm Hakenkreuz faßt nicht von ungefähr die erste Gruppe von Schrittmachern zum nationalsozialistischen Schrifttum unter den Titel »Taube Blüten der Romantik«; indem er darin neben vielem anderen »Die diffamierte Ratio« (S. 51), das »Rauschen der deutschen Seele« (S. 60) und »Die Ahnen im Blut« (S. 66) behandelt, kommt er in seinem kurzen Überblick zu dem Ergebnis: »Nicht verleugnen indessen läßt sich die Bedeutung, die eine große Anzahl typischer Ideen und Gehalte, Motive und Topoi, Symbole und Bilder der Neuromantik im braunen Schrifttum spielen; man wird ihnen dort allenthalben begegnen« (S. 49 f).

An einer Stelle wird das Diffuse faßlich. Da wird scheinbar arglos »der sittliche und nationale Gewinn vom Wandern«[22] berufen, das »zum nationalen Bindeglied, zu einem hervorragenden Mittel der Einigung«[23] werde. Da heißt es schon weniger arglos, »der patriotische Entschluß [in den Dienst des Vaterlandes zu treten, sei] so recht Ergebnis nationaler Wanderschaft«[24], und Wandern solle »unserem Volk und unserem Vaterland wieder ein kraftvolles und mannhaftes Geschlecht [...] geben, das ihm so bitter nottut«[25], ehe die Stunde der Gefahr die Stunde der Unverblümtheit wird: »Es gibt kaum eine bessere Vorbereitung auf den Militärdienst als das Wandern«[26], heißt es in den »Kriegsbetrachtungen über das Wandern«; zu Recht gibt man sich der Zuversicht hin, daß der deutsche Wanderer »mit gleicher Liebe die Waffe wie den Wanderstock zu führen weiß«[27]. Nicht von ungefähr spricht man »Vom Wandern und vom bunten Rock«[28] in einem Satz: Der von der deutschen Wanderideologie Gestählte weiß nicht nur vorzuleben, er weiß, wenn Volk und Vaterland ihn rufen, auch vorzusterben. Das Vorwort zu Heiß' Gedichtband »Krieger und Wanderer« von 1919 schließt:

> Daß du, Deutscher, so streitest fortan mit Gott
> Als ein neugeborener Anderer,
> Befreit aus des Mammons tötender Not;
> Dazu helf' Er dir, Krieger und Wanderer!
> (Heiß 1, 5);

und noch 1930 ist in der »Deutschen Wanderkunde« schon im Vorwort von der »Vorbereitung auf den Krieg«[28a] die Rede (wenn auch in der Retrospektive).

[22] Ströhmfeld: Die Kunst zu wandern. S. 60.

[23] Diete: Wanderheil. S. 18.

[24] Chrosciel: Wanderlust. S. 15.

[25] Deutsches Wanderjahrbuch 4 (1914) S. 8.

[26] Hermann Heinrich: Kriegsbetrachtungen über das Wandern. — In: Der Tourist 31 (1914) S. 482. — Chrosciel: Wanderlust führt im Untertitel die »Anleitung zum Wandern« unmittelbar neben dem »Kriegsspiel« auf. Auch dazu gibt Jahn das Vorbild; Wildt spricht von Wanderungen »zur körperlichen Vorbereitung auf den Kriegsdienst« und von (Kriegs-)Spielen, mit denen Jahn das Turnen begonnen habe (Wildt: Jahn und das deutsche Turnen. S. 31), und als eine moderne Stimme zur schwierigen Beurteilung des Turnvaters stellt Ueberhorst fest: »Jahns Turnen muß als bewußte Wehrertüchtigung gewertet werden« (Ueberhorst: Zurück zu Jahn? S. 37). — Zur Diskussion über die Wehrerziehung in der Arbeiterturnbewegung vgl. Ueberhorst: Frisch, frei, stark und treu. S. 68 f.

[27] Arthur Loening: Der Krieg und das deutsche Wandern. — In: Der Tourist 31 (1914) S. 433.

[28] Otto Bojarzin: Vom Wandern und vom bunten Rock. Wolfenbüttel: Zwißler 1916. (Bojarzin ist 1914 gefallen.)

[28a] Emil Schulten: Deutsche Wanderkunde. Gründliche Einführung ins Kartenlesen und in die Kunst zünftigen Wanderns. Dresden: Limpert (1930). S. 3.

Der Wanderer wird, befähigt durch sein besseres Menschentum, die Schmach der Niederlage von 1918 durch Einsatz seines Lebens tilgen. Flex' Wanderer Ernst Wurche ist das große Vorbild. Sein »geruhiges, stolzes und in Stunden der Gefahr hochmütiges Schreiten [...] konnte Spiel sein oder Kampf oder Gottesdienst, je nach der Stunde.«[29] »Wandervogels Kriegslied« desselben Walter Flex weiß das scheinbar so friedliche Wandern mühelos mit dem Krieg in Verbindung zu bringen.

Walter Flex: Wandervogels Kriegslied

Den Thüringer Wandervögeln ins Fahrtenbuch

Durch Vaterland und Feindesland,
Vom Wasgau bis nach Flandern,
Durch Polen und zum Weichselstrand
Ergeht ein Völkerwandern.

Das große deutsche Wandern hat
Gott selber ausgeschrieben,
Im Feuerschutt von Dorf und Stadt
Ist Spur der Schrift geblieben.

Wir wandern mit durchs breite Feld,
Durch hell' und dunkle Stunden,
Und wissen's wohl: es muß die Welt
An unsrer Fahrt gesunden!

Der Degen, den der König gab,
Er wandelt sich in Träumen
Zum alten lieben Wanderstab,
Bis Morgendüfte schäumen.

Und kommt die letzte Wandernot,
Die Not und Lust zu wandern,
So schlummern wir ins Morgenrot:
Ein Bruder bei dem andern.

Der Stahl, den Mutters Mund geküßt,
Liegt still und blank zur Seite.
Stromüber gleißt, waldüber grüßt,
Feldüber lockt die Weite! —
(Flex 1, 60)

»Das große deutsche Wandern«, eine nationale Selbstverständlichkeit, wird umgedeutet in die Truppenbewegungen der Armee, in gewohnter Unbefangenheit wird die höchste Autorität dafür in Anspruch genommen. Und wenn die Welt — mit dem vielgebrauchten Geibel-Wort[30] — am deutschen Wesen genesen sollte: hier wird Gewißheit, daß sie »an unsrer Fahrt gesunden«

---

[29] Walter Flex: Der Wanderer zwischen beiden Welten. München: Beck 1917. S. 6.
[30] Deutschlands Beruf. — In: Emanuel Geibel: Gesammelte Werke. Vierter Band. Stuttgart: Cotta 1883. S. 214 f.

wird[31]; der schillernde Begriff ›gesund‹ wird für die Propagandazwecke des Nationalisten schändlich umgedeutet.[32] Nach solcher Vorbereitung kann sich der Degen zum »alten lieben Wanderstab« wandeln — beide Begriffe sind austauschbar geworden —, und jetzt auch kann in einem üblen Euphemismus der Tod auf dem Schlachtfeld als das Schlummern der Brüder interpretiert werden. Von 12 000 Wandervögeln, die in den Krieg zogen, fielen 7 000.[33] »Feldüber« — ›Feld‹ meint eben noch Acker, jetzt schon Schlachtplatz — lockt nun *die* Weite, die ein Volk ohne Raum sucht.[34]

Hermand faßt nur einen kleinen Zipfel, wenn er an Hand von Elsters Vorwort zu Bonsels' »Wanderer zwischen Staub und Sternen« feststellt, »daß sich diese Vagabundengesinnung auch ins Präfaschistische ausweiten läßt«[35]. Das (arische) Blut ist schließlich nur *ein* Indiz dafür, wohin es geraden Weges geht[36], und es mangelt an dem Blut, in dem »uns Deutschen [...] der Wandertrieb und auch die Reiselust«[37] liegen, auch neben Elster nicht: Wandern ist allenthalben »einer der charakteristischsten Züge der Deutschen, der ihnen von Kindheit an im wahrsten Sinne des Wortes ›im Blute steckt‹«.[38]

»Im wahrsten Sinne des Wortes«: Der verhängnisvolle Superlativ zeichnet auch Elsters Vorwort aus, das im Anschluß an Eckardt, stellvertretend für alle Seelenwanderer, eine zweite Stufe der irrationalen Verblasenheit anzeigt, mit: »Herz, im herrlichsten und weitesten, schönsten und wahrsten Sinne des Wortes«[39], mit der »Schau des wesenhaften Seins«[40], dem »sinnvollen und

---

[31] Zum Bedeutungswandel von »Fahrt« ist Kober heranzuziehen: »Gilt es die letzte, die heiligste Fahrt / Zur Freiheit des Deutschen von nordischem Blut« (Kober 2, 14).

[32] Vgl. Richard Zimprich: Walter Flex, der Dichter des Wandervogels. Reichenberg: Sudetendeutscher Verlag 1933. S. 16 f.

[33] Vgl. Else Frobenius: Mit uns zieht die neue Zeit. Eine Geschichte der deutschen Jugendbewegung. Berlin: Dt. Buch-Gemeinschaft (1927). S. 141—146.

[34] Kober antwortet im Zweiten Weltkrieg: »Die weite Welt ist unser Feld«; allen hat der Deutsche, »zur Ordnung ausgesandt / In alle Kontinente«, die »wahre Freiheit« zu bringen (Kober 2, 18).

[35] Hermand: Der ›neuromantische‹ Seelenvagabund. S. 101, Anm. 23.

[36] Um nur das wichtigste Beispiel noch zu erwähnen: Zur entscheidenden Tendenz des Seelenwanderers, der metaphorischen Sakralisierung, steuert Loewy: Literatur unterm Hakenkreuz (ohne jede Verbindung zum Wandern) für das nationalsozialistische Schrifttum die Erkenntnis vom »Gebrauch stereotyper Metaphern und Phrasen [bei], von denen diejenigen, die dem Bereich des Sakralen entstammen, sich besonderer Vorliebe erfreuen« (S. 26).

[37] Konrad Maß: Deutschtum und Erziehung. Leipzig: Eckardt 1911. S. 108.

[38] Marbitz: Wandern und Weilen. S. 7. — Wie fest und allgemeingültig diese Terminologie ist, zeigt »Der Kunde« am besten: »Vagabundsein ist eine Angelegenheit des Blutes« (Kunde 2. 1, 10).

[39] Hanns Martin Elster: Waldemar Bonsels. — In: Waldemar Bonsels: Der Wanderer zwischen Staub und Sternen. Berlin: Dt. Buch-Gemeinschaft (1926). S. 17.

[40] Ebd. S. 22.

wesenhaften Leben, [...] einem Menschentum im letzten, reinsten, tiefsten Sinne«[41] oder mit jener anderen, unübersehbar vorausweisenden Wendung, in Bonsels empfange Deutschland »in blühender Schöne und edelster Wahrheit den religiösen Sinn seines Daseins und seiner Natur wieder.«[41a]

Muß man noch auf Will Vesper hinweisen, der zwischen 1923 und 1925 einen (unvollendeten) Gedichtkreis »Der Wanderer im Volke. Deutsches Schicksal in Gedichten« (Vesper 2, 273 ff) verfaßt, auf Erwin Guido Kolbenheyer mit seinem »Wandersegen« (Kolbenheyer 1, 92), auf Hans Friedrich Blunck, der als seinen Beitrag den Band »Der Wanderer« 1920 (Blunck 1) und in erweiterter Fassung 1925 (Blunck 2) vorlegt, auf Hanns Johst und sein typisches Gedicht »Die Wanderung« (Johst 2, 12)? Sie alle gehören in den Umkreis des Wandervogels und spielen im Dritten Reich dann eine hervorragende Rolle. Muß man an Heinrich Anacker erinnern, der Wandern und Wanderertum im Zeitsinne in den zwanziger Jahren am bedenkenlosesten, häufigsten und flachsten besingt und als SA-Barde und Poet der Bewegung nach 1933 zu Ruhm und Ansehen kommt, an Hans Baumann[42] oder an Joseph Goebbels, der 1929 ein (leider nicht auffindbares) Drama »Der Wanderer« verfaßt haben soll, um zu bemerken, welche Masse sich da aus Antiintellektualismus, Reaktion und Nationalismus: aus Wanderstab und Waffe ergibt? Es braucht einen Hitler, und sie wird kritisch.

Bruchlos und in stetiger Steigerung verläuft die geistige Entwicklung vom Zweiten zum Dritten Reich auch in dem winzigen Bestandteil Wandern[43]: Auf Eckardt und Elster folgt Bruno Goetz' »Deutsche Dichtung. Ursprung

---

[41] Elster: Bonsels. S. 11.

[41a] Ebd. S. 22.

[42] Baumanns zahlreiche Gedichtbände erscheinen seit 1933, Anackers Lyrik seit 1921. Wie das Wandern mit dem Jahr der Machtergreifung zum Marschieren wird, könnte ein eingehender Vergleich beider deutlicher machen (Baumann 2 und 3). Er würde zeigen, wie auch Baumann von demselben Vorstellungskreis: Morgenfrühe, Fahrt und Gefährten, Marschieren als Beten ausgeht, der dann lediglich um den militär-romantischen: Trommeln, Fahnen, Trompeten und Fanfaren (Baumann 2) erweitert wird. Baumann ist übrigens noch im »Deutschen Wanderliederbuch« von 1964 (Anthologie 37) mit acht Titeln der beliebteste Autor. — Um noch ein weniger drastisches, aber nicht weniger deutliches Beispiel zu nennen: Der Thüringer Wandererdichter Julius Kober (1894—1970) gibt 1942 »Gedichte und Lieder« (Kober 2) heraus, in dem die Abschnitte »Ewiges Deutschland«, »Aus zwei großen Kriegen« und »Wanderlust und Heimattreue« einander folgen; nach 1945 hat der Buchhändler Kober vorübergehend Berufsverbot (Lebenslauf im Nachlaß Kober, Zapfendorf).

[43] Eckardt revidiert seine Wanderanthologie (Anthologie 1) im Jahr nach der Machtergreifung schleunigst; jetzt führt er nicht weniger als zehnmal einen Ausspruch Hitlers an (Anthologie 2).

und Sendung«[44] von 1935, das in seinem achten Kapitel »die beiden Pole
der heiligen Mitte der deutschen Dichtung: Wanderertum und heiliges Reich«[45]
behandelt; es verkörpern sie »Odin, der Geist des Wanderertums, und
Christus, der Vollender des Reichs.«[45] Wie Odin schon als »Allvater Wotan«
bei Eckardt herhalten muß, so trifft man auf jeder Seite das bekannte Wanderertum als »einen der eingefleischtesten Wesenszüge der deutschen Seele«[46]
wieder. »Wanderung in der dem Strome der Zeit entgegengesetzten Richtung,
eine Wanderung zum Quellgebiet dieses Stromes, zum mythischen Ursprung«[47], das hieß bei Eckardt: »Das Wandern bringt uns auch wieder den
Quellen des Volkstums näher«[48]. Dietes These: »Das Leben als eine Wanderung zur Ewigkeit anzusehen ist echt deutsch«[49] wird so paraphrasiert: »Auch
hier ist es der Wandererzug in der deutschen Seele, der sich in diesem ewigen:
›Wir dürfen nicht verweilen‹, in diesem ewigen Abschiednehmenmüssen ausdrückt.«[50]

Neu ist die schon hier sichtbare Tendenz zur typisch epigonalen Aufschwel-
lung. Und neu ist bei näherem Hinsehen die entschiedene Kraft, mit der das
alte Diktum, daß »jeder echte deutsche Dichter ein Wanderer«[51] sein müsse —
der gefährliche Umkehrschluß aus der These vom typisch deutschen Wandern —, erfüllt wird. Leicht geht es bei Goethe, Hölderlin, Eichendorff und
Lenau, nur mit großen Anstrengungen bei Jean Paul, Stifter und Hermann
Stehr; bei Thomas Mann endet die Linie: »Die besondere Abwandlung, die
er diesem Thema verliehen hat, bekundet ihn als echten deutschen Dichter«[52].
Mit dem unverbindlichen Ausspruch Dietes ist hier ›persönlicher‹ Ernst gemacht und damit flugs ein Kriterium für ›echt deutsch‹ und ›undeutsch‹ gefunden.[53]

Das Verschwommene, Vage der Wanderideologie läßt sich leicht mit der
Ideologie des Dritten Reiches füllen. Jetzt wird es ernst mit ›Blut‹ und ›Führer‹, jetzt ist für alles Große und Gute, Schöne und Wahre, Tiefe und Reine
die Heimstatt gefunden. Das hehre Ziel, nach dem der Wandersmann unterwegs gewesen ist, offenbart sich. Aus der Pathetik kann sich Aktivität ent-

---

[44] Bruno Goetz: Deutsche Dichtung. Ursprung und Sendung. Luzern: Vita Nova
     1935. — Vgl. Goetz' »Der Wanderer« (Anthologie 11, 134) und »Wandern
     mußt du, mein Herz« (Anthologie 32, 338 f).
[45] Ebd. S. 61.
[46] Ebd. S. 65.
[47] Ebd. S. 72.
[48] Deutsches Wanderjahrbuch 3 (1913) S. 8.
[49] Diete: Wanderheil. S. 23.
[50] Goetz: Deutsche Dichtung. S. 72.
[51] Diete: Wanderheil. S. 19.
[52] Goetz: Deutsche Dichtung. S. 69.
[53] Von hier aus ist es dann nur noch ein ganz kleiner Schritt zur Scheidung der
     arischen von der nicht-arischen Kunst.

wickeln; das namenlos Große hat einen Namen bekommen: Da Hans Castorp
»auf dieser seiner Todeswanderung ein innerlich freier Mensch geworden ist,
so kämpft und fällt er für ein noch Namenloses und Neues, das er zwar noch
nicht klar erkennt, aber wahrträumend als deutsche Sendung erahnt hat«[54].

Wir haben den Wanderer kennengelernt als bewahrend, beharrend, ja, rückwärts gewandt und rückschreitend. Wir sahen im Vaganten (auch) einen
Sonderfall zu dem Typus des weit vorausgerichteten Utopisten (der sich in
dieser Hinsicht dem größeren Teil der expressionistischen Literatur einfügt).
Beide — sie werden dabei selbst zu einer Modeströmung — wenden sich
gegen die vorherrschenden Zeittendenzen, ohne sie aber aufzunehmen und
mit Argumenten zu bekämpfen; beide weichen in Emotionen aus und optieren
für schwer faßliche seelische Kräfte. Ist der mangelnde Gegenwartsbezug
beider ein Symptom für die geistige Struktur der Zeit überhaupt? Wäre in
solcher Struktur etwa eine Begründung zu finden für den Irrweg in die
Diktatur? Diese und die weiterführenden Fragen können auf solch schmaler
Basis nur noch gestellt, aber nicht beantwortet werden.

[54] Goetz: Deutsche Dichtung. S. 70.

LITERATURVERZEICHNIS

A. Primärliteratur

1. Lyrikbände

Aus den Lyrikbänden der Zeit sind die für das Thema wichtigeren, in der Regel zu Zitaten benutzten Veröffentlichungen ausgewählt. Es folgen Selbstzeugnisse — Selbstbiographien, aufschlußreiche Prosa und theoretische Texte zum Thema — sowie (inkonsequenter-, aber, wie ich glaube, sinnvollerweise: der Umkreis *eines* Autors sollte zu erkennen sein) Sekundärliteratur, je nach ihrer Bedeutung in unserem Zusammenhang. Die verkürzte Zitierweise im Text setzt sich zusammen aus dem Namen des Autors, der Nummer für die jeweilige Publikation (in chronologischer Abfolge) und der Seitenzahl. Bei den zahllosen Zitaten von Gedichtzeilen sind Auslassungen vor und nach dem zitierten Ausschnitt nur gekennzeichnet, wenn sie in die betreffenden Zeilen hineinreichen.

Anacker, Heinrich

Anacker 1   Klinge, kleines Frühlingslied. Aarau: Sauerländer 1921.
Anacker 2   Werdezeit. Neue Gedichte. Zürich, Leipzig, Wien: Amalthea 1922.
Anacker 3   Auf Wanderwegen. Gedichte und Lieder. Aarau: Sauerländer 1924.
Anacker 4   Sonne. Neue Gedichte. Aarau: Sauerländer 1926.
Anacker 5   Ebbe und Flut. Neue Gedichte. Aarau: Sauerländer (1927).
Anacker 6   Bunter Reigen. Neue Gedichte. Leipzig, Aarau: Sauerländer 1931.

Paul Gerhardt Dippel: Heinrich Anacker. München: Deutscher Volksverlag (1937).

Aulke, Anton

Aulke 1   Der Wanderer. Neue Dichtungen. Stuttgart-Cannstatt: Phaeton 1919. (= Die Brücke. 13.)

Bardt, Julius

Bardt 1   Vagant unter euch. Gedichte. Duisburg: Deutsche Brücke (1933).

Barthel, Max

Barthel 1   Verse aus den Argonnen. Jena: Diederichs 1916.
Barthel 2   Freiheit! Neue Gedichte aus dem Kriege. Jena: Diederichs 1917.
Barthel 3   Arbeiterseele. Verse von Fabrik, Landstraße, Wanderschaft, Krieg und Revolution. Jena: Diederichs 1920.
Barthel 4   Utopie. Gedichte. Jena: Diederichs 1920.
Barthel 5   Überfluß des Herzens. Gedichte. Berlin: Arbeiterjugend 1924.

Barthel 6   Botschaft und Befehl. Berlin, Leipzig: Buchmeister 1926.

Wanderschaft. — In: Das Vier-Männer-Buch. Erlebnis-Novellen von Barthel, Jung, Scharrer, Wöhrle. Berlin: Bücherkreis 1929. S. 7—113.
Aus einem italienischen Wanderbuch. — In: Wieland 6 (1920) Heft 2, S. 5—7.
Das vergitterte Land. Novellen. Hamburg, Berlin: Hoffmann und Campe 1922.
Das Spiel mit der Puppe. Roman. Leipzig: Büchergilde Gutenberg 1925.
Kein Bedarf an Weltgeschichte. Geschichte eines Lebens. Wiesbaden: Limes (1950).

Fritz Hüser (Hrsg.): Max Barthel. Dortmund: Städtische Volksbüchereien 1959. (= Dichter und Denker unserer Zeit. 26.)

Baumann, Hans

Baumann 1   Macht keinen Lärm. Gedichte. München: Kösel und Pustet (1933).
Baumann 2   Die Morgenfrühe. Potsdam: Voggenreiter [1938].
Baumann 3   Morgen marschieren wir. Liederbuch der deutschen Soldaten. Im Auftrag des Oberkommandos der Wehrmacht herausgegeben. Potsdam: Voggenreiter (1939).

Marcel Reich-Ranicki: Der Fall Hans Baumann. — In: Marcel Reich-Ranicki: Literarisches Leben in Deutschland. Kommentare und Pamphlete. München: Piper (1965). S. 63—69.

Becher, Johannes

Becher 1   Die Gnade eines Frühlings. Dichtungen. Berlin: Bachmair 1912.

Bergengruen, Werner

Bergengruen 1   Der Wanderbaum. Gedichte. (Berlin:) Rabenpresse 1932.

Berghäuser, E[rnst]

Berghäuser 1   Wandervogels Sturzflug. Gedichte, Stücke, Prosa. Rudolstadt: Greifen 1922. (Der Titel war mir nicht zugänglich.)

Bergmann, Heinrich

Bergmann 1   Wandern und Träumen. 30 Gedichte. Leipzig: Volger 1922. (Der Titel war mir nicht zugänglich.)

Bernus, Alexander von

Bernus 1   Die gesammelten Gedichte. 1900—1915. München: Piper (1918).
Bernus 2   Gold um Mitternacht. Gesammelte Gedichte. Weimar: Lichtenstein (1930).

Besser, E[mma]

Besser 1   Wie sich Wandersleute grüßen. Gedichte. 3. Auflage. Cassel: Lometsch 1916.

Bischoff, Fritz

Bischoff 1   Gottwandrer. München: Recht (1921).
Bischoff 2   Die Gezeiten. Gedichte. Trier: Lintz 1925.

Blunck, Hans Friedrich

Blunck 1   Der Wanderer. Gedichte. Hamburg: Hauf 1920.
Blunck 2   Der Wanderer. Gedichte. Neue Ausgabe. München: Müller 1925.

Bodman, Emanuel von

Bodman 1   Der Wandrer und der Weg. — In: Die gesamten Werke 1. Im Auftrag
      von Clara von Bodman herausgegeben von Karl Preisendanz. Stuttgart:
      Reclam (1960). S. 303—371.
Bodman 2   Die gesamten Werke 2. Der tiefe Brunnen. Funken. Im Auftrag von
      Clara von Bodman herausgegeben von Karl Preisendanz. Stuttgart: Reclam
      (1952).

Bonsels, Waldemar

      Hanns Martin Elster: Waldemar Bonsels. Weltanschauung und Werk. — In:
      Waldemar Bonsels: Der Wanderer zwischen Staub und Sternen. Berlin:
      Deutsche Buch-Gemeinschaft (1926). S. 7—22.

Bosshart, Jakob

Bosshart 1   Gedichte. Zürich, Leipzig: Grethlein (1924).

Bourfeind, Paul

Bourfeind 1   Wir Wanderer in der Höhe. Gedichte. Köln: Rheinland 1923.

Brand, Jürgen

Brand 1   Wir sind jung...! Gedichte. Berlin: Arbeiterjugend 1924.

      Mit Rucksack und Wanderstab. Berlin: Singer 1912.

Brandenburg, Hans

Brandenburg 1   Die ewigen Stimmen. Gedichte. Stuttgart, Heilbronn: Seifert 1921.
Brandenburg 2   Gedichte. Gesamtausgabe der sieben Bücher. München: Piper (1935).

Bröger, Karl

Bröger 1   Unsere Straßen klingen. Neue Gedichte. Rudolstadt: Greifen 1925.
Bröger 2   Sturz und Erhebung. Gesamtausgabe der Gedichte. Jena: Diederichs
      (1943).

      Der Held im Schatten. Jena: Diederichs 1919.

      Walther G. Oschilewski: Über Karl Bröger. Mit einer Bibliographie. Nürn-
      berg: Stadtbibliothek 1961. (= Veröffentlichungen der Stadtbibliothek Nürn-
      berg. 3.) S. Anthologie 7.

Burte, Hermann

Burte 1   Ursula. Gedichte. Leipzig: Haessel 1930.

Busse, Carl

Busse 1   Heilige Not. Ein Gedichtbuch. 2. Auflage. Stuttgart, Berlin: Cotta 1910.

Busse-Palma, Georg

Busse-Palma 1   Lieder eines Zigeuners. 2., vermehrte Auflage. Stuttgart, Berlin: Cotta 1908. (S. 23—52: Aus der Wanderzeit.)

Claudius, Hermann

Claudius 1   Lieder der Unruh. Neue, vermehrte Auflage. Lübeck: Antäus 1923.
Claudius 2   O, Wandern! Skizzen und Gedichte. Zeichnungen von Arthur Illies. Hamburg: Selbstverlag 1930.

Dauthendey, Max

Dauthendey 1   Ausgewählte Lieder aus sieben Büchern. München: Langen 1914.
Gedankengut aus meinen Wanderjahren. Zwei Bände. München: Langen (1913).

Dehmel, Richard

Dehmel 1   Gesammelte Werke. Zweiter Band. Berlin: Fischer 1907.
Dehmel 2   Gesammelte Werke. Dritter Band. Berlin: Fischer 1907.

Delden, Horst Herta van

Delden 1   Ewiges Wandern. Gedichte. Leipzig: Blömer 1927.

Deutsch, Hans

Deutsch 1   Wanderungen. Gedichte. Wien: Konegen 1918.

Dörfler, Anton

Dörfler 1   Gedichte. Nürnberg: Der Bund 1925. (S. 25 ff: Aus Wandertagen.)

Domanig, Karl

Domanig 1   Wanderbüchlein. Kempten, München: Kösel 1907.

Ehrenstein, Albert

Ehrenstein 1   Die rote Zeit. Berlin: Fischer 1917.
Ehrenstein 2   Die Gedichte. Leipzig, Prag, Wien: Strache (1920).

Ehrke, Hans

Ehrke 1   Der Rufer. Gedichte. Hamburg: Hermes 1922.

Ehrler, Hans Heinrich

Ehrler 1　Frühlingslieder. München: Langen (1913).
Ehrler 2　Gedichte. Stuttgart: Strecker und Schröder 1919.
Ehrler 3　Gesicht und Antlitz. Neue Gedichte. Gotha: Klotz 1928.
Ehrler 4　Neuer cherubinischer Wandersmann. Gedichte. Paderborn: Bonifacius 1941.

　　Wanderer und Pilger. Erzählungen. Paderborn: Bonifacius (1950).

　　Henriette Herbert: Hans Heinrich Ehrler. Versuch einer Wesensschau. Krailling: Wewel 1942.

Engelke, Gerrit

Engelke 1　Rhythmus des neuen Europa. Gedichte. Jena: Diederichs 1921.

　　Fritz Hüser (Hrsg.): Gerrit Engelke. Arbeiter und Dichter. 1890—1918. Dortmund: Städtische Volksbüchereien 1958. (= Dichter und Denker unserer Zeit. 24.)

Englert, Josef

Englert 1　Ewige Wanderschaft. Gedichte. Nürnberg: Der Bund (1923).

Enking, Ottomar

Enking 1　Erleben und schauen. Gedichte. Schwarzenberg: Glückauf 1940.

　　Matthias Tedebus der Wandersmann. Ein Roman. Berlin: Cassirer 1913.
　　Das Wunder des Wanderns. — In: Rast auf der Wanderung. Eine Sommergabe deutscher Dichter. Bad Rothenfelde: Holzwarth 1920. S. 3—5.

Ernst, Otto

Ernst 1　Siebzig Gedichte. Neue und alte Verse. 11.—15. Tausend. Leipzig: Staackmann 1908.

　　Gottes rechte Gunst. Geschichten vom Wandern und Reisen. Berlin: Vaterländische Verlags- und Kunstanstalt [1925]. (= Unsere Erzähler. 1.)

Faesi, Robert

Faesi 1　Der brennende Busch. Gedichte. Zürich, Leipzig: Grethlein 1926.

Falk, Walter

Falk 1　Der Wanderer. Gedichte. Berlin-Steglitz: Orplid 1924.

Feesche, Marie

Feesche 1　Von Wanderwegen. Gedichte. 10.—15. Tausend. Hannover: Feesche 1913.
Feesche 2　Wanderbüchlein für besinnliche Leute. 11.—20. Tausend. Hannover: Feesche 1929.

Finckh, Ludwig

Finckh 1 Mutter Erde. Gedichte. Stuttgart, Berlin: DVA 1917.

Jakob Gratwohl (d. i. Ludwig Finckh): Wanderkunst. — In: Der Tourist 30 (1913) S. 33—34.

Bruder Deutscher. Ein Auslandsbüchlein. Stuttgart, Berlin, Leipzig: DVA 1925.

Flemes, Bernhard

Flemes 1 Ewiger Wandersmann. Gedichte. Hannover: Sponholtz [1925].

Flex, Walter

Flex 1 Sonne und Schild. Kriegsgesänge und Gedichte. 15.—24. Tausend. Braunschweig, Berlin, Hamburg: Westermann 1918.

Der Wanderer zwischen beiden Welten. Ein Kriegserlebnis. München: Beck 1917.

Richard Zimprich: Walter Flex, der Dichter des Wandervogels. Reichenberg: Sudetendeutscher Verlag 1933.

Fritsche, Herbert

Fritsche 1 Verschneites Atelier. Gedichte. Berlin: Die Mitternacht 1930.
Fritsche 2 Gedichte. Berlin: Rabenpresse (1932). (= Glühwürmchenbarkarole. 2. Auflage.)
Fritsche 3 Im Dampf der Retorte. Gesammelte magische Gedichte. Berlin: Rabenpresse [1934].
Fritsche 4 Die Vaganten. Gedichte. Zeichnungen von John Uhl. Berlin: Schönherr 1967.

Romanisches Café. Vier Kapitel aus einer unvollendeten Autobiographie »Abenteuer wider Willen«. — In: NDH 13 (1966) Heft 3, S. 3—8.

Briefe an Freunde. 1931—1959. Stuttgart: Klett (1970).

S. A 3. Zeitschriften: Der Taugenichts.

Gättke, Walter

Gättke 1 Von fröhlichen Fahrten. Lieder zur Laute. Hamburg: Hammerbrook 1924.

Gamper, Gustav

Gamper 1 Wanderschritt. Gedichte. Schkeuditz: Schäfer 1910.

Geissler, Max

Geißler 1 Gedichte. Volksausgabe. Leipzig: Staackmann 1908.
Geißler 2 Die Neuen Gedichte. Volksausgabe. Leipzig: Staackmann 1914.

Geist, Rudolf

Geist 1 Glür und Urbin. Sonette in zwei Farben. Heilbronn: Kunter 1926.

Geist 2   Das schöne Gleichnis. Nachwort von Otto Basil. Wien: Krystall [1937].
Schriften. Nr. 1—3, 4—5. Wien, Ober St. Veit: Die Schriften 1923 f.

Ginzkey, Franz Karl

Ginzkey 1   Das heimliche Läuten. Gedichte. Leipzig: Staackmann 1906.
Ginzkey 2   Balladen und neue Lieder. Leipzig: Staackmann 1910.
Ginzkey 3   Lieder. Konstanz: Reuß und Itta (1916).
Ginzkey 4   Befreite Stunde. Neue Gedichte. Vermehrte Auflage. Leipzig: Staackmann 1922.

   Der Heimatsucher. Ein Leben und eine Sehnsucht. — In: Ausgewählte Werke
in vier Bänden. Erster Band. Wien: Kremayr und Scheriau (1960). S. 17—208.

   Robert Hohlbaum: Franz Karl Ginzkey. Sein Leben und Schaffen. Leipzig:
Staackmann 1921.

Goebbels, Joseph

   Der Wanderer. Drama. Berlin 1929. (Der Titel war mir nicht zugänglich.)

Gog, Gregor

   Von unterwegs. Tagebuchblätter des verlorenen Sohnes. Mit einem Vorwort
von Alfons Paquet. Stuttgart-Cannstatt: Dußler (1926).

   Vorspiel zu einer Philosophie der Landstraße. Aus den Notizen eines Vagabunden. Stuttgart: Verlag der Vagabunden 1928.

   Harry Wilde: Theodor Plievier. Nullpunkt der Freiheit. Biographie. München,
Wien, Basel: Desch (1965). (S. 50 f., 79 f., 85 f., 267 f., 370 f. u. ö.)

   Nachlaß. Archiv für Arbeiterdichtung und soziale Literatur, Dortmund.

   S. A 3. Zeitschriften: Der Kunde.

Goll, Yvan

Goll 1   Der Eiffelturm. Gesammelte Dichtungen. Berlin: Die Schmiede 1924.

Grisar, Erich

Grisar 1   Das Herz der Erde hämmert. Skizzen und Gedichte. Leipzig: Verlagsanstalt für proletarische Freidenker [1923].
Grisar 2   Das atmende All. Gedichte. Leipzig: Türmer 1925.
Grisar 3   Bruder, die Sirenen schrein. Gedichte für meine Klasse. Hirsau: Die
Arche 1931.

Grube, Erich

Grube 1   Wandern und Schauen. Gedichte. Leipzig: Xenien [1923].

Hadwiger, Viktor

Hadwiger 1   Wenn unter uns ein Wandrer ist. Ausgewählte Gedichte. Aus dem
Nachlaß herausgegeben von Anselm Ruest. Berlin-Wilmersdorf: Meyer (1912).

Ferdinand Josef Schneider: Viktor Hadwiger. Ein Beitrag zur Geschichte des Expressionismus in der deutschen Dichtung der Gegenwart. Halle: Niemeyer 1921.

Hafischer, Karl

Hafischer 1   Der Wanderer nach Niemandsland. Leipzig: Haessel 1926.

Hannich, Rudolf

Hannich 1   Die Seele des Vagabunden. Gedichte. Leipzig: Verlag für Literatur, Kunst und Musik 1906.

Haringer, Johann Jakob

Haringer 1   Abendbergwerk. München: Die Wende [1919]. (= Der Keim. Klein-werke ringender Kunst. 7.)
Haringer 2   Hain des Vergessens. Dresden: Dresdner Verlag 1919. (= Das jüngste Gedicht. 24/25.)
Haringer 3   Die Kammer. Regensburg: Habbel 1921.
Haringer 4   Das Marienbuch des Jakob Haringer. Amsterdam: Brundel 1925.
Haringer 5   Weihnacht im Armenhaus. (Amsterdam: Brundel [1925]).
Haringer 6   Die Dichtungen. Band 1. Potsdam: Kiepenheuer (1925). (Mehr nicht erschienen.)
Haringer 7   Kind im grauen Haar. Frankfurt: Iris 1926.
Haringer 8   François Villon. Le Testament. Umdichtung von Jacob Haringer. (Crimmitschau: Stoß 1928).
Haringer 9   Heimweh. Gedichte. Berlin, Wien, Leipzig: Zsolnay 1928.
Haringer 10   Abschied. Gedichte. Berlin, Wien, Leipzig: Zsolnay 1930.
Haringer 11   Das Schnarchen Gottes. Band 1: Heiliger Sebastian. Amsterdam: Brundel 1931.
Haringer 12   Das Schnarchen Gottes. Band 2: Gläserner Gott. Amsterdam: Brundel 1931.
Haringer 13   Das Schnarchen Gottes. Band 3: Ewig toter Lazarus. Amsterdam: Brundel 1931.
Haringer 14   Der Reisende oder die Träne. Der Werke X. Band. [Ebenau:] Grigat 1932. (= Die Denkmäler. 48—51.) (Mehr nicht erschienen.)
Haringer 15   Andenken. Amsterdam: Brundel (1934).
Haringer 16   Der Orgelspieler. Gedichte. Fürstenfeldbruck: Steinklopfer (1955). (= Steinklopfer-Reihe. 3.)
Haringer 17   Lieder eines Lumpen. Aus dem Gebetbuch des armen Jakob Haringer. Zürich, Stuttgart: Classen (1962).
Haringer 18   Der Hirt im Mond. Eingeleitet und ausgewählt von Theodor Sapper. Graz, Wien: Stiasny (1965). (= Stiasny-Bücherei. 135.)

Bruchstück eines Lebens. — In: Weimarer Blätter 3 (1921) S. 651—655.

Mein Leben. — In: Die neue Bücherschau 5 (1924/25) 3. Schrift, S. 41—42.

Leichenhaus der Literatur oder Über Goethe. Berlin: Der Strom 1928. (= Die Einsiedelei. 5—7.)

Selbstbericht. — In: Richard Drews, Alfred Kantorowicz (Hrsg.): Verboten und verbrannt. Berlin, München: Ullstein-Kindler (1947). S. 59—60.

Werner Amstad: Jakob Haringer. Leben und Werk. Phil. Diss. Freiburg (Schweiz) 1966.

Robert Flinker: Jakob Haringer. Eine psychopathologische Untersuchung über die Lyrik. Mit Hinweisen auf Hermann Hesse und Max Herrmann. — In: Archiv für Psychiatrie 107 (1938) S. 347—399.

Oskar Maurus Fontana (Rez.): Jakob Haringer: Kind im grauen Haar. — In: Das Tagebuch 7, 2 (1926) S. 1856.

Peter Härtling: Jakob Haringer. Hinweis auf einen Vergessenen. — In: Der Monat 14 (1962) Heft 162, S. 52—59.

Jakob Haringer zum Gedächtnis. Amsterdam, Paris: Brundel [o. J.]. (= Die Einsiedelei. 31.)

Paul Heinzelmann: Das letzte Werk Jakob Haringers. — In: Zwiebelfisch 25 (1946/48) Heft 10, S. 11—12.

Paul Heinzelmann: Jakob Haringer in memoriam. Fürstenfeldbruck: Steinklopfer (1955). (= Steinklopfer-Reihe. 1.)

Paul Hühnerfeld: Zu Unrecht vergessen. Anthologie. Hamburg: v. Schröder 1957. S. 203—236.

Günter Pahl: Kind im grauen Haar. — Jakob Haringer —. — In: Goldenes Tor 4 (1949) S. 482—483.

Carl Stang: Jakob Haringer. Der Mensch und der Dichter. — In: Weimarer Blätter 3 (1921) S. 631—635.

Eberhard Wolfram: Der »Dichter« Jakob Haringer. — In: Nationalsozialistische Monatshefte 7 (1936) Nr. 79, S. 921—924.

Otto Zarek: Der Dichter Jakob Haringer. — In: Das Tagebuch 7, 1 (1926) S. 456—457.

Hausmann, Manfred

Freundschaft mit Straßen. — In: Einer muß wachen. Betrachtungen. Briefe. Gedanken. Reden. Frankfurt: Fischer 1950. S. 40—45.

Heiß, Friedrich

Heiß 1   Krieger und Wanderer. Gedichte. Mannheim: Stadtmission 1919.

Heller, Leo

Heller 1   Aus Pennen und Kaschemmen. Lieder aus dem Norden Berlins. Berlin: Delta 1921.

Herrmann-Neiße, Max

Herrmann-Neiße 1   Das Buch Franziskus. Gedichte. Berlin-Wilmersdorf: Meyer 1911.
Herrmann-Neiße 2   Empörung, Andacht, Ewigkeit. Gedichte. Leipzig, München: Wolff [1917].
Herrmann-Neiße 3   Verbannung. Ein Buch Gedichte. Berlin: Fischer 1919.
Herrmann-Neiße 4   Im Stern des Schmerzes. Ein Gedichtbuch. Berlin: Die Schmiede 1924.

Herrmann-Neiße 5 Einsame Stimme. Ein Buch Gedichte. Berlin: Wasservogel (1927).
Herrmann-Neiße 6 Abschied. Gedichte. Berlin: Fechner 1928.

Friedrich Grieger (Hrsg.): Max Herrmann-Neiße. Eine Einführung in sein
Werk und eine Auswahl. Wiesbaden: Steiner 1951. (= Verschollene und Ver-
gessene. 2.)

Rosemarie Lorenz: Max Herrmann-Neiße. Stuttgart: Metzler (1966). (= Ger-
manistische Abhandlungen. 14.)

Hesse, Hermann

Hesse 1 Unterwegs. München: Müller 1911.
Hesse 2 Musik des Einsamen. Neue Gedichte. Heilbronn: Salzer 1915.
Hesse 3 Wanderung. Aufzeichnungen von Hermann Hesse. Mit farbigen Bildern
         vom Verfasser. Berlin: Fischer 1920.
Hesse 4 Trost der Nacht. Neue Gedichte. Berlin: Fischer 1929.
Hesse 5 Gesammelte Dichtungen. 5. Band. (Frankfurt:) Suhrkamp (1952).

(Über Wandern und Reisen.) — In: Wandern und Reisen. 14. Flugschrift des
Dürerbundes. München: Callwey [1906]. S. 1—8.

Knulp. Drei Geschichten aus dem Leben Knulps. Berlin: Fischer (1920).

Hugo Ball: Hermann Hesse. Sein Leben und sein Werk. (7.—16. Tsd.) Berlin,
Frankfurt: Suhrkamp 1947.

Nicolàs Jorge Dornheim: Das Gedächtnisfest. Das Motiv der Erinnerung in
der Dichtung Hermann Hesses. Phil. Diss. München 1969.

Edmund Gnefkow: Hermann Hesse. Biographie 1952. Freiburg: Kirchhoff
(1952).

Gerhard Maurer: Hermann Hesse und die deutsche Romantik. Phil. Diss.
Tübingen 1955.

Kurt Weibel: Hermann Hesse und die deutsche Romantik. Winterthur: Keller
1954. (Zugleich Phil. Diss. Bern.)

Heynicke, Kurt

Heynicke 1 Das namenlose Angesicht. Rhythmen aus Zeit und Ewigkeit. (Leipzig:)
           Wolff (1919).
Heynicke 2 Die hohe Ebene. Gedichte. (3., vermehrte und veränderte Auflage.)
           Stuttgart, Berlin: Deutsche Verlagsanstalt (1941).

Erich Worbs: Kurt Heynicke und das Weltbild des Novalis. Eine Bemerkung
zur heutigen romantischen Dichtung. — In: Romantik 3 (1921) Heft 2,
S. 21—23.

Hille, Peter

Hille 1 Gesammelte Werke. Herausgegeben von seinen Freunden. Eingeleitet von
        Julius Hart. 2. veränderte Ausgabe. Berlin: Schuster und Löffler 1916.

Heinrich Hart: Peter Hille. Berlin, Leipzig: Schuster und Löffler [1906].
(= Die Dichtung. 14.)

Hlawna, Franz

Hlawna 1   Wanderer im Herrn. Gedichte. Wien, Leipzig: Neugebauer (1929).

Hoek, Henry

Hoek 1   Berg- und Wanderlieder. Wien: Gallhuber [1927].

Der denkende Wanderer. München: Münchner Buchverlag 1932. (= Jahres-
gabe der Gesellschaft alpiner Bücherfreunde. 8.)

Huggenberger, Alfred

Huggenberger 1   Die Stille der Felder. Neue Gedichte. Leipzig: Staackmann 1913.
Huggenberger 2   Wenn der Märzwind weht. Verse aus jungen Tagen. Frauenfeld:
   Huber 1920.
Huggenberger 3   Lebenstreue. Neue Gedichte. Leipzig: Staackmann 1923.

Jakubaschk, Paul Willi

Jakubaschk 1   Hoch die Tippelei. Ein Buch von Freiheit und Wandern, von Tippelbrüdern und Strolchen, von Pennern und Vagabunden. Radolfzell: Dreßler
   1930.

Janke, Erich

Janke 1   Wandervogel. Ein fliegendes Blatt. Berlin-Wilmersdorf: Meyer 1920.

Johst, Hanns

Johst 1   Wegwärts. Gedichte. München: Delphin (1915).
Johst 2   Lieder der Sehnsucht. München: Langen 1924.

Jungnickel, Max

Jungnickel 1   Aus Wind und Himmel. Gedichte. Hannover: Sponholtz (1925).

Aus den Papieren eines Wanderkopfes. Berlin, Leipzig: Schneider (1918).

Aus einer Träumerwerkstatt. Gedichte. Leipzig: Volger 1909. (Der Titel war
mir nicht zugänglich.)

Kasack, Hermann

Kasack 1   Der Mensch. Verse. München: Mundt 1918.

Kaufmann, Otto

Kaufmann 1   Handwerksburschen Leid und Freud. Dichtungen und Lieder aus dem
   Kunden- und Wanderleben. Berlin: Kaufmann [1916].

Wanderlust. 4. vermehrte und verbesserte Auflage. Berlin: Kaufmann 1912.
(Der Titel war mir nicht zugänglich.)

Kayßler, Friedrich

Kayßler 1   Kreise im Kreis. Alte und neue Gedichte. Berlin: Horen (1929).
Kayßler 2   Wege — ein Weg. Eine Auswahl aus Gedichten, Prosa und Aphorismen.
Berlin: Horen (1929).

Kiehne, Hermann

Kiehne 1   Wandern und Weilen. Gedichte. Berlin: Oldenburg [1919].

Kippes, Benny

Kippes 1   Im Weiterwandern. Gedichte. Köln, Leipzig: Salm 1920. (= Neue Flugblätter rheinischer Dichtung. 1.)

Klabund

Klabund 1   Morgenrot! Klabund! Die Tage dämmern! Gedichte. Berlin: Reiß (1913).
Klabund 2   Die Himmelsleiter. Neue Gedichte. Berlin: Reiß (1916).
Klabund 3   Der himmlische Vagant. Ein lyrisches Porträt des François Villon. Mün-
chen: Roland 1919.
Klabund 4   Dreiklang. Ein Gedichtwerk. Berlin: Reiß (1919).
Klabund 5   Die Sonette auf Irene. Berlin: Reiß (1920).
Klabund 6   Gesammelte Gedichte. Lyrik. Balladen. Chansons. Wien: Phaidon 1930.

Deutsche Literaturgeschichte in einer Stunde. Leipzig: Dürr und Weber 1920.

Heinz Grothe: Klabund. Leben und Werk eines Dichters. Berlin: Goldstein
1933.
Erich Klausnitzer: Klabund. Zu seinem 20. Todestag am 14. August. — In:
Aufbau 4, 2 (1948) S. 683—687.

Klemm, Wilhelm

Klemm 1   Entfaltung. Gedichtfolge. (Frankfurt: Kleukens 1919.)
Klemm 2   Ergriffenheit. Gedichte. München: Wolff (1919).

Knoche, Paul

Knoche 1   Gedanken auf Wanderwegen. Gedichte. Leipzig: Xenien [1922].

Kober, Julius

Kober 1   Wald-Wandersprüche. Zeitz: Sis 1933. — Erweiterte Ausgabe. Weimar:
Böhlau (1937).
Kober 2   Gedichte und Lieder. Suhl: Kober 1942.
Kober 3   Spruchbüchlein eines Wanderers. (Überarbeitete und erweiterte Neuauflage.
Coburg 1972: Sprechsaal.)

Kolbenheyer, Erwin Guido

Kolbenheyer 1   Lyrisches Brevier. München: Müller 1929.

Kothe, Robert

Kothe 1 Trabe, Rößlein, trabe. Gedichte. Jena: Diederichs 1910.

Fritz Jöde: Robert Kothe und das deutsche Volkslied. Magdeburg: Heinrichshofen 1917.

Kramer, Theodor

Kramer 1 Die Gaunerzinke. Gedichte. Frankfurt: Rütten und Loening 1929.
Kramer 2 Kalendarium. Berlin 1930: (Sporn). (= Die Anthologie. 12.)
Kramer 3 Wir lagen in Wolhynien im Morast . . . . Gedichte. Berlin, Wien, Leipzig: Zsolnay 1931.
Kramer 4 Mit der Ziehharmonika. Gedichte. Wien: Gsur 1936.
Kramer 5 Verbannt aus Österreich. Neue Gedichte. London: Austrian PEN 1943.
Kramer 6 Wien 1938. Die grünen Kader. Gedichte. Wien: Globus 1946.
Kramer 7 Die untere Schenke. Gedichte. Wien: Globus 1946.
Kramer 8 Vom schwarzen Wein. Ausgewählte Gedichte. Herausgegeben von Michael Guttenbrunner. Salzburg: Müller (1956).
Kramer 9 Einer bezeugt es . . . . Eingeleitet und ausgewählt von Erwin Chvojka. Graz, Wien: Stiasny (1960). (= Stiasny-Bücherei. 57.)
Kramer 10 Lob der Verzweiflung. Wien, München: Jugend und Volk (1972).

Erwin Chvojka: Theodor Kramer. — In: Akzente 9 (1962) S. 143—152.

Oskar Maurus Fontana (Rez.): Theodor Kramer: Die Gaunerzinke. — In: Das Tagebuch 9, 2 (1928) S. 1764.

Michael Guttenbrunner: Verhängte Welt. Über Theodor Kramer. — In: Forum 16 (1969) S. 748—749.

Ernst Lissauer: Ein neuer Lyriker: Theodor Kramer. (Rez. Theodor Kramer: Die Gaunerzinke.) — In: Die Literatur 31 (1928/29) S. 451—453.

Wieland Schmied: Theodor Kramer. Dichter für die, die ohne Stimme sind. — In: Wort in der Zeit 3 (1957) Heft 1, S. 1—9.

Viktor Suchy: Drei österreichische Dichter. Heinrich Suso Waldeck. Theodor Kramer. Ernst Waldinger. — In: Austria 1 (1946) Heft 4, S. 18—21.

Harry Zohn: Theodor Kramer, Neglected Austrian Poet. — In: German Life and Letters 9 (1955/56) S. 118—119.

Krille, Otto

Krille 1 Aus Welt und Einsamkeit. Gedichte. Sassenbach 1906.
Krille 2 Neue Fahrt. Gedichte. Berlin: Sassenbach 1909.
Krille 3 Das stille Buch. Gedichte. Berlin: Fleischel 1913. (S. 87—97: Der Wanderer.)
Krille 4 Der Wanderer im Zwielicht. Zürich: Oprecht 1936. (S. 8—23: Der Wanderer.)

Krutina, Edwin

Krutina 1 Wanderung und Ziel. Gedichte. Berlin: Fontane 1924.

Kürten, Franz Peter

Kürten 1 Der Brunnen. Minneweisen. Cöln: Salm 1917.

Kürten 2 Lieder eines Dorfpoeten. 3. vermehrte Auflage. Wittingen: Heyer 1921.
Kürten 3 Neudeutsche Volkslieder. Darmstadt: Werkkunst 1921.
Kürten 4 Der rheinische Fiedelmann. Gedichte. Köln: Rheinland 1922.

Wilhelm Bachmann: Franz Peter Kürten. Ein westdeutscher Mundartdichter. — In: Kölnische Volkszeitung Nr. 540 v. 14. 11. 1931. Sonntagsbeilage S. 2.

Rolf Mayr: Franz Peter Kürten oder Der Acker des Herzens. — In: Die neue Literatur 40 (1939) S. 511—515.

Kunde

S. A 3. Zeitschriften: Der Kunde.

Kutzleb, Hjalmar

Kutzleb 1 Landfahrerbuch. Leipzig, Hartenstein: Matthes 1921.

Lasker-Schüler, Else

Lasker-Schüler 1 Sämtliche Gedichte. (Herausgegeben von Friedhelm Kemp.) München: Kösel (1966). (= Bücher der Neunzehn. 134.)

Prosa und Schauspiele. (Herausgegeben von Friedhelm Kemp.) München: Kösel (1962). (= Gesammelte Werke. 2.)

Lieber gestreifter Tiger. Briefe. Erster Band. (Herausgegeben von Margarete Kupper.) München: Kösel (1969).

Wo ist unser buntes Theben. Briefe. Zweiter Band. (Herausgegeben von Margarete Kupper.) München: Kösel (1969).

Walter Muschg: Else Lasker-Schüler. — In: Walter Muschg: Von Trakl zu Brecht. Dichter des Expressionismus. (8.—11. Tsd.). München: Piper (1963). (= Sammlung Piper.) S. 115—148.

Lauckner, Rolf

Lauckner 1 Gedichte. Stuttgart, Berlin: Cotta 1912.

Leifhelm, Hans

Leifhelm 1 Sämtliche Gedichte. Herausgegeben von Norbert Langer. Salzburg: Müller (1955).

Leonhard, Rudolf

Leonhard 1 Katilinarische Pilgerschaft. München: Müller 1919.
Leonhard 2 Die Insel. Gedichte einer italienischen Reise. Berlin: Die Schmiede 1923.

Lersch, Heinrich

Lersch 1 Vergiß du deines Bruders Not. Arbeitergedichte. Köln: Salm 1917.
Lersch 2 Deutschland! Lieder und Gesänge von Volk und Vaterland. Jena: Diederichs 1918.

Lersch 3   Mensch im Eisen. Gesänge von Volk und Werk. Stuttgart, Berlin: DVA
          (1925).
Lersch 4   Stern und Amboß. Gedichte und Gesänge. Berlin: Arbeiterjugend 1927.
Lersch 5   Gedichte. Herausgegeben und mit Einleitungen und Anmerkungen ver-
          sehen von Johannes Klein. (Düsseldorf, Köln:) Diederichs (1965). (= Aus-
          gewählte Werke. 1.)

          Drei Wanderer und das Luftschiff. — In: Abglanz des Lebens. 2. vermehrte
          Auflage. Mönchen-Gladbach: Volksverein 1917. S. 100—106.

          Hammerschläge. Ein Roman von Menschen und Maschinen. Hannover: Spon-
          holtz (1930).

          Hans Eiserlo: Heinrich Lersch, ein deutscher Arbeiterdichter. Phil. Diss. Bonn
          1938.

          Fritz Hüser (Hrsg.): Heinrich Lersch. Kesselschmied und Dichter. 1889—1936.
          Dortmund: Städtische Volksbüchereien 1959. (= Dichter und Denker unserer
          Zeit. 27.)

Lessen, Ludwig (d. i. Louis Salomon)
Lessen 1   Aus Tag und Tiefe. Gedichte. Berlin: Vorwärts 1911.
Lessen 2   Wir wollen werben, wir wollen wecken. Gedichte für die arbeitende
          Jugend. Berlin: Arbeiterjugend 1924.

          Ein Wanderbuch. An deutschen Seen, Flüssen und Buchten. Berlin: Vorwärts
          1920.

Ley, Karl (Ps. Justus Marckord)
Ley 1   Die Drehscheibe. Siegen: Ley (1969).

          Wir glauben Ihnen. Tagebuchaufzeichnungen und Erinnerungen eines Lehrers
          aus dunkler Zeit. Siegen: Rabenhain (1973).

Lissauer, Ernst

Lissauer 1   Der Strom. Neue Gedichte. Jena, Berlin: Schuster und Loeffler [1912].

Löns, Hermann

Löns 1   Der kleine Rosengarten. Volkslieder. 14.—23. Tausend. Jena: Diederichs
          1917.

          Erich Griebel: Hermann Löns, der niederdeutsche Dichter und Wanderer.
          Berlin: Naturschutz 1924.

Loerke, Oskar

Loerke 1   Wanderschaft. Gedichte. Berlin: Fischer 1911.

Lothar, Ernst

Lothar 1   Der ruhige Hain. Ein Gedichtbuch. München: Piper 1910.
Lothar 2   Die Rast. Gedichte. München: Piper [1912].

Maurer, Adolf

Maurer 1   Auf der Wanderschaft. Gedichte. Basel: Reinhardt [1925].

Mehring, Walter

Mehring 1   Das politische Cabaret. Chansons, Songs, Couplets. Dresden: Kaemmerer
1920.
Mehring 2   Die Gedichte, Lieder und Chansons. Berlin: Fischer 1929. (S. 185—200:
Die Gassenhauer für Tippelkunden, Plattenbrüder und Vaganten.)
Mehring 3   Das Neue Ketzerbrevier. (Köln, Berlin:) Kiepenheuer und Witsch (1962).
Mehring 4   Kleines Lumpenbrevier. Gossenhauer und Gassenkantaten. (Zürich:)
Die Arche (1965).

Menzel, Herybert

Menzel 1   Im Bann. Gedichte. Berlin: Hendriock 1930.

Mihaly, Jo (d. i. Elfriede Steckel)

Mihaly 1   Ballade vom Elend. Stuttgart: Verlag der Vagabunden [1929].

Möller, W[erner]

Möller 1   Sturmgesang! Proletarische Gedichte. Elberfeld: Selbstverlag [1914].

Morgenstern, Christian

Morgenstern 1   Mensch Wanderer. Gedichte aus den Jahren 1887—1914. München:
Piper 1927.

Mühsam, Erich

Mühsam 1   Die Wüste. Berlin: Eißelt 1904.
Mühsam 2   Der Krater. Berlin: Morgen 1909.

Namen und Menschen. Unpolitische Erinnerungen. Leipzig: Volk und Buch
1949.

Münchhausen, Börries von

Münchhausen 1   Das Liederbuch. Ausgabe letzter Hand. Stuttgart: DVA 1928.
(Erster Teil: Wanderungen und Landschaften.)

Neumann, Robert

Neumann 1   Zwanzig Gedichte. Kassel: Ahnert 1923.

Oberkofler, Josef Georg

Oberkofler 1   Gebein aller Dinge. Gedichte. München: Kösel und Pustet 1921.
Oberkofler 2   Triumph der Heimat. Gedichte. München: Kösel und Pustet (1927).

Paquet, Alfons

Paquet 1   Auf Erden. Ein Zeit- und Reisebuch in fünf Passionen. 2. Auflage. Jena:
            Diederichs 1908.
Paquet 2   Held Namenlos. Neue Gedichte. Jena: Diederichs 1912.
Paquet 3   Amerika. Hymnen, Gedichte. Leipzig: Die Wölfe (1925).

            Delphinische Wanderung. Ein Zeit- und Reisebuch. München: Drei Masken
            (1922).

            Alexander Baldus: Dichter und Wanderer. Zum Tode Alfons Paquets. — In:
            Deutsche Allgemeine Zeitung Nr. 51 v. 21. 2. 1944. S. 2.

            Dettmar Heinrich Sarnetzki: Alfons Paquet. — In: Kölnische Zeitung Nr. 44
            v. 24. 1. 1941. S. 2.

Paulsen, Rudolf

Paulsen 1   Christus und der Wanderer. Ein Berggespräch. Leipzig: Haessel 1924.

Petzold, Alfons

Petzold 1   Der Ewige und die Stunde. Gedichte. Leipzig: Erdgeist 1912. (S. 41—95:
             Der Wanderer.)
Petzold 2   Der heilige Ring. Neue Verse 1912/13. Wien, Leipzig: Anzengruber 1914.
Petzold 3   Dämmerung des Herzens. Innsbruck: Wagner 1917.
Petzold 4   In geruhigter Stunde. Neue Verse. Konstanz: Reuß und Itta (1918).
Petzold 5   Der Dornbusch. Wien, Prag, Leipzig: Strache 1919.
Petzold 6   Das Buch von Gott. Wien, Prag, Leipzig: Strache 1920.
Petzold 7   Einkehr. Gedichte. Wien, Prag, Leipzig: Strache 1920.
Petzold 8   Pfad aus der Dämmerung. Gedichte und Erinnerungen. (Wien:) Wiener
             Verlag 1947.

             Sil, der Wanderer. Erzählungen. Konstanz: Reuß und Itta (1916).

             Das rauhe Leben. Autobiographischer Roman. (Wien:) Wiener Verlag 1947.

             Franz Karl Ginzkey: Rede für Alfons Petzold. — In: Alfons Petzold: Das
             letzte Mittel und andere Geschichten. Mit einem Nachwort von Franz Karl
             Ginzkey. Leipzig: Reclam [1924]. S. 69—74.

             Fritz Hüser (Hrsg.): Alfons Petzold. Beiträge zum Leben und Schaffen mit
             einer Petzold-Bibliographie von Herbert Exenberger, Fritz Hüser, Hans
             Schroth. Dortmund: Stadtbücherei 1972. (= Dichter und Denker unserer Zeit.
             40.)
             Josef Luitpold: Alfons Petzold. Zur 10. Wiederkehr seines Todes am 25. Jän-
             ner. Eine bisher unbekannte Lebensskizze des Dichters aus dem Jahre 1909. —
             In: Arbeiterzeitung Wien v. 25. 1. 1933. S. 6.

Potthoff, Adolf

Potthoff 1   Aus erlebten Stunden. Gedichte. Cöln: Salm 1918. (= Die westfälische
              Dichtung in Flugblättern. Erste Reihe. Blatt 4.)

Preczang, Ernst

Preczang 1   Im Strom der Zeit. Gedichte. Stuttgart: Dietz 1908. (S. 77—114: Aus
              Natur und Wanderschaft.)

Preczang 2   Im Strom der Zeit. Gedichte. 4. erweiterte Auflage. Stuttgart, Berlin: Dietz 1921.

Preczang 3   Röte dich junger Tag. Gedichte. Berlin: Arbeiterjugend 1927.

Preczang 4   Auswahl aus seinem Werk. Herausgegeben von Helga Herting. Berlin: Akademie 1969. (= Textausgaben zur frühen sozialistischen Literatur in Deutschland. 9.)

Preuß, Erhard

Preuß 1   Vom Wandern. Vagabundenlieder. Prosa und Verse. Cassel: Ahnert 1922.

Reiser, Hans

Reiser 1   Sonette. Leipzig: Haessel 1923.

Reiser 2   Der Freund. Stuttgart, Heilbronn: Seifert (1924).

Reiß, Friedrich

Reiß 1   Dir, Natur! Dichtungen. Berlin, Leipzig: Wigand 1910. (S. 301—338: Wandrer.)

Reuter, Heinrich

Reuter 1   Wanderer auf Erden. Gedichte. Bad Nauheim: Selbstverlag 1929. (Der Titel war mir nicht zugänglich.)

Richter, Helmut

Richter 1   Wandern. Lieben. Sterben. Gedichte. Leipzig: Erdgeist 1922. (Der Titel war mir nicht zugänglich.)

Ringelnatz, Joachim

Ringelnatz 1   Gedichte. München, Leipzig: Hans Sachs 1910.

Die Flasche und mit ihr auf Reisen. Berlin: Rowohlt 1932.

Mein Leben bis zum Kriege. Berlin: Henssel 1951.

Walter Kiaulehn: Wanderer über Meer und Wolken: Joachim Ringelnatz. — In: Die Dame 63 (1936) Heft 13, S. 11, 59—60.

Walter Pape: Joachim Ringelnatz. Parodie und Selbstparodie in Leben und Werk. Berlin, New York: de Gruyter 1974. (= Quellen und Forschungen. Neue Folge. 62.)

Röttger, Karl

Röttger 1   Wenn deine Seele einfach wird. Gedichte. Lichterfelde: Charon 1909.

Röttger 2   Tage der Fülle. Neue Lieder und Landschaftsgedichte und der Kreis des Jahres. Lichterfelde: Charon 1910.

Röttger 3   Buch der Liebe. Gedichte. München: Müller 1928.

Sack, Gustav

Sack 1   Gesammelte Werke in zwei Bänden. Herausgegeben von Paula Sack. Zweiter Band. Berlin: Fischer 1920.

Salm, Carl

Salm 1   Eifelwanderlieder nach bekannten Melodien. Köln: Selbstverlag 1906.

Salus, Hugo

Salus 1   Glockenklang. Gedichte. München: Langen (1911).
Salus 2   Klarer Klang. Gedichte. (Wien: Rikola 1922).
          Lotte Tinkl: Neuromantische Elemente bei Hugo Salus und Franz Herold.
          Phil. Diss. Wien 1949.

Schaukal, Richard von

Schaukal 1   Gedichte. München: Müller 1918.

Schenk, Walter

Schenk 1   Kampfjugend. Gedichte. 3. Auflage. Berlin: Arbeiterjugend 1927.
           S. Anthologie 26.

Schmid-Noerr, Friedrich Alfred

Schmid-Noerr 1   Straßen und Horizonte. Gedichte. Leipzig: Weiße Bücher 1917.

Schmidtbonn, Wilhelm

Schmidtbonn 1   Lobgesang des Lebens. Rhapsodien. Berlin: Fleischel 1911.
                Mutter Landstraße. Das Ende einer Jugend. Schauspiel in drei Aufzügen.
                Berlin: Fleischel 1903.

Schmückle, Georg

Schmückle 1   Gesammelte Werke. Erster Band: Gedichte, Reimsprüche, Versspiele.
              Stuttgart: Hohenstaufen 1940.

Schoeler, Anna

Schoeler 1   Wanderstrauß. Gedichte und Sinnsprüche. Gütersloh: Bertelsmann 1914.

Schönlank, Bruno

Schönlank 1   In diesen Nächten. Gedichte. Berlin: Cassirer 1917.
Schönlank 2   Blutjunge Welt. Gedichte. Berlin: Cassirer 1919.
Schönlank 3   Ein goldener Ring — Ein dunkler Ring. Gedichte. Berlin: Cassirer
              1919.
Schönlank 4   Sei uns — du Erde! Gedichte. Berlin: Arbeiterjugend 1925.

Scholz, Wilhelm von

Scholz 1   Neue Gedichte. München: Müller 1913.
Scholz 2   Die Häuser. Stuttgart: Hädecke 1923.
Scholz 3   Gedichte. Stuttgart: Hädecke 1924.
Scholz 4   Die Gedichte. Gesamtausgabe 1944. Leipzig: List (1944).

Fahrten. Ein Wanderbuch. Leipzig: List (1924).
Wanderungen. Leipzig: List (1924).
Das Wilhelm von Scholz Buch. Eine Auswahl seiner Werke. (6.—8. Tsd.). Stuttgart: Hädecke 1924.

Schröder, Rudolf Alexander

Schröder 1   Widmungen und Opfer. Gedichte. (München: Bremer Presse 1925).
Schröder 2   Mitte des Lebens. Geistliche Gedichte. Leipzig: Insel 1930.
       Der Wanderer und die Heimat. Leipzig: Insel 1931.
       Die Ballade vom Wandersmann. Berlin: Fischer (1937).

Schröder, Walter

Schröder, W. 1   Im Wanderschritte des Lebens. Gedichte. Bielefeld: Thomas 1929.

Schüler, Gustav

Schüler 1   Mitten in der Brandung. Gedichte. Leipzig: Eckardt 1911.
Schüler 2   Von Stundenleid und Ewigkeit. 4. u. 5. Tsd. Stuttgart, Berlin: Cotta 1926.

Schussen, Wilhelm (d. i. Wilhelm Frick)

Schussen 1   Heimwärts. Gedichte. Stuttgart, Berlin: DVA 1913.

Schuster, Erich

Schuster 1   Der Wanderer. Gedichte. Leipzig: Xenien [1921].

Schwarz, Georg

Schwarz 1   Mythischer Morgen. Gedichte. München: Pflaum [1934].
       Dazu Nr. 111.

Schwarz, Otto

       Aus dem Wanderbuch. Stuttgart: Silberburg 1927. (Der Titel war mir nicht zugänglich.)

Seidel, Ina

Seidel 1   Gedichte. Berlin: Fleischel 1914.
Seidel 2   Neben der Trommel her. Gedichte. Berlin: Fleischel 1915.
Seidel 3   Neue Gedichte. Berlin, Leipzig: DVA 1927.

Seitz, Robert

Seitz 1   Das Herz in den Augen. Gedichte. Magdeburg: Peters 1921.

Sonnenschein, Hugo

Sonnenschein 1   Ichgott, Massenrausch und Ohnmacht. Gedichte. Die Utopie des Herostrat. Ein Akt. Paris, Wien: Utopia 1910.

Sonnenschein 2 Geuse Einsam von Unterwegs. Gesichte, Erfahrungen, Ahnungen, Erkenntnisse: Lyrik. Wien, Leipzig: Adria 1912.

Sonnenschein 3 Mein Becher wider die Schwere der Welt. Heidelberg Saturn 1914.

Sonnenschein 4 Slovakische Lieder. Wien, Berlin: Genossenschaftsverlag 1919.

Sonnenschein 5 Die Legende vom weltverkommenen Sonka. Leipzig, Wien, Zürich: Tal 1920. — Zuerst in: Der neue Daimon 2 (1919) Heft 3—4, S. 38—39, 63—64 und Heft 11—12, S. 161—182.

Sonnenschein 6 Erde auf Erden. (2. Auflage.) Wien, Prag, Leipzig: Strache 1920.

Sonnenschein 7 Aufruhr und Macht zur Freiheit. Wien: Arbeiter-Buchhandlung 1921.

Sonnenschein 8 War ein Anarchist. Auswahl aus sieben Büchern. Berlin: Rowohlt 1921.

Sonnenschein 9 Der Bruder Sonka und die allgemeine Sache oder Das Wort gegen die Ordnung. Berlin, Wien, Leipzig: Zsolnay 1930.

Sonnenschein 10 Meine slowakische Fibel. Prag: Edition Corona 1935.

Sonnenschein 11 Nichts als Brot und Freiheit. Gedichte. Mit einem Geleitwort über sozialistische Dichtung. Prag: Edition Corona 1935.

Sonnenschein 12 Zeitgeister. Worte der Ordnung. Prag: Selbstverlag 1935.

Sonnenschein 13 Der Bruder wandert nach Kalkutta. Bratislava: Prager 1937.

Sonnenschein 14 Schritte des Todes. Traumgedichte. Zürich: Limmat (1964).

Närrisches Büchel. Gedichte. 1909. (Das Buch ist nicht zu ermitteln.)

Karl Kraus oder die Kunst der Gesinnung. — In: Neues Wiener Journal 28 (1920) Nr. 9467 v. 14. 3. 1920. (Auch abgedruckt in: Die Fackel 63 (1920) Nr. 531—543, S. 99—133.)

Moskau und Prag. — In: Červen 3 (1920/21) S. 409—412, 423—426, 445—448.

Die goldenen Ritter der Freiheit oder Tschechoslowakische Demokratie. Tagebuch meiner Kuttenberger Haft. Leipzig, Wien: Literaria 1921.

Albert Ehrenstein (Rez.): Hugo Sonnenschein: Erde auf Erden. — In: Neue Blätter für Kunst und Dichtung 2 (1919/20) S. 213.

František Kautman: Stanislav Kostka Neumann. Člověk a dílo. 1875—1917. Praha: Academia 1966.

Eva Kolinsky: Engagierter Expressionismus. Politik und Literatur zwischen Weltkrieg und Weimarer Republik. Eine Analyse expressionistischer Zeitschriften. Stuttgart: Metzler (1970).

Karl Kraus: Literatur. — In: Die Fackel 62 (1919/20) Nr. 521—530, S. 65—88. (Zu Hugo Sonnenschein: S. 80—86.)

Karl Kraus: Innsbruck. — In: Die Fackel 63 (1920) Nr. 531—543, S. 1—206. (Zu Hugo Sonnenschein: S. 95—140.)

Helmut Kreuzer: Die Bohème. Beiträge zu ihrer Beschreibung. Stuttgart: Metzler 1968.

Erik Krünes (Rez.): Hugo Sonnenschein: Slovakische Heimat. — In: Das literarische Echo 23 (1920/21) Sp. 1017.

Erik Krünes: Hugo Sonnenschein. — In: Das literarische Echo 24 (1921/22) Sp. 1416—1418.

Erik Krünes (Rez.): Hugo Sonnenschein: Aufruhr und Macht zur Freiheit. — In: Das literarische Echo 24 (1921/22) Sp. 122.

Lothar Peter: Literarische Intelligenz und Klassenkampf. »Die Aktion« 1911 bis 1932. (Köln:) Pahl-Rugenstein (1972).

Pavel Reiman: Ve Dvacátých Letech. Praha: Rudé právo 1966.

Jindřich Veselý: Entstehung und Gründung der Kommunistischen Partei der Tschechoslowakei. Berlin: Dietz 1955.

Rose Wottitz (Rez.): Hugo Sonnenschein: Der Bruder Sonka und die allgemeine Sache oder Das Wort gegen die Ordnung. — In: Der Vagabund 4 (1931) Heft 2, S. 33.

Spiero, Heinrich

Spiero 1   Gedichte des Wanderers. Leipzig: Xenien [1912].

Stamm, Karl

Stamm 1   Dichtungen. Erster Band. Zürich: Rascher 1920. (S. 105 ff: Wanderung und Lied.)

Stammler, Georg

Stammler 1   Zwanzig Gedichte. Mit einem Anhang. Heidelberg: Schöll 1914.

Steenken, Eduard H.

Steenken 1   Floßfahrt, Vagabund und Hafenschenke. Aufgeschriebenes. Zürich: Höhn [1939].

Josef Rennhard: Schweizer Autoren. Heute: E. H. Steenken. — In: Der Schweizerische Beobachter 47 (1973) Nr. 6, S. 62—65.

S. A 3. Zeitschriften: Vagabundenblätter.

Steguweit, Heinz

Steguweit 1   Aus junger Seele. Verse im deutschen Biederton. Köln: Salm 1920. (= Rheinische Dichtung in Flugblättern. 8. Sonderheft.)

Sternberg, Leo

Sternberg 1   Leyer, Wanderstab und Sterne. Gedichte. Wiesbaden: Staadt 1900.
Sternberg 2   Im Weltgesang. Berlin, Leipzig: Behrs 1916.
Sternberg 3   Ins Auge der Ewigkeit. Gedichte. Cöln: Salm 1917. (= Flugblätter rheinischer Dichtung. 3. Reihe, 2. Blatt.)

Strack, Josef

Strack 1   Vogel August. Landstreicherverse. Krefeld: Selbstverlag 1932.

Straubinger

S. A 3 Zeitschriften: Bruder Straubinger.

Strauß, Ludwig

Strauß 1 Die Flut — Das Jahr — Der Weg. Gedichte 1916—1919. Berlin: Welt
1921.

Strutz, Herbert

Strutz 1 Wanderer im Herbst. Wien, Leipzig: Saturn [1933].

Supper, Auguste

Supper 1 Das Glockenspiel. Gedichte. Stuttgart, Berlin: DVA 1918.

Szittya, Emil

Gedichte. Brüssel: Edition Caston de Behongue 1913. (Der Titel war mir nicht
zugänglich.)
Das Kuriositäten-Kabinett. Begegnungen mit seltsamen Begebenheiten, Landstreichern, Verbrechern, Artisten, religiös Wahnsinnigen, sexuellen Merkwür-
digkeiten, Sozialdemokraten, Syndikalisten, Kommunisten, Anarchisten, Poli-
tikern und Künstlern. Konstanz: See 1923. (S. 11—37: Landstreicher, Ver-
brecher, Gefängnisse.)

Taube, Otto von

Taube 1 Neue Gedichte. Leipzig: Insel 1911. (S. 97—127: Der Wanderer.)
Taube 2 Wanderlieder und andere Gedichte. Merseburg: Stollberg (1937).

Wanderjahre. Erinnerungen aus meiner Jugendzeit. Stuttgart: Koehler (1950).

Werner Bergengruen: Otto von Taube. — In: Eckart 15 (1939) S. 247—248.
Otto Brües: Der Dichter Otto von Taube. — In: Eckart 15 (1939) S. 251—255.

Thoor, Jesse

Thoor 1 Die Sonette und Lieder. Herausgegeben von Alfred Murnau. Heidelberg,
Darmstadt: Schneider 1956. (= Veröffentlichungen der Deutschen Akademie
für Sprache und Dichtung. 7.)
Thoor 2 Das Werk. Sonette, Lieder, Erzählungen. (Einleitung von M[ichael] H[am-
burger].) (Frankfurt:) Europäische Verlagsanstalt (1965).
Thoor 3 Gedichte. Herausgegeben und mit einem Nachwort von Peter Hamm.
(Frankfurt:) Suhrkamp (1975). (= Bibliothek Suhrkamp. 424.)

Karl Krolow: Die stille Raserei des Dichters Jesse Thoor. Zu einer neuen Auswahl. — In: Frankfurter Allgemeine Zeitung Nr. 140 v. 21. 6. 1975, Beilage
S. 5.

Thurow, Hermann

Thurow 1 Flug in die Welt. Gedichte. Ludwigsburg: Friede durch Recht (1923).

Trakl, Georg

Trakl 1 Dichtungen und Briefe. (Historisch-kritische Ausgabe. Herausgegeben von
Walther Killy und Hans Szklenar. Band I.) Salzburg: Müller 1969.

Erinnerung an Georg Trakl. Zeugnisse und Briefe. (3., erweiterte Auflage.) Salzburg: Müller (1966).

Karl Otto Conrady: Moderne Lyrik und die Tradition. — In: GRM 41 (1960) S. 287—304. — Auch in: Reinhold Grimm (Hrsg.): Zur Lyrik-Diskussion. Darmstadt: Wissenschaftliche Buchgesellschaft 1966. (= Wege der Forschung. 111.) S. 411—435.

Eduard Lachmann: Kreuz und Abend. Eine Interpretation der Dichtungen Georg Trakls. Salzburg: Müller (1954). (= Trakl-Studien. 1.)

Heinz Piontek: Georg Trakl. — In: Jürgen Petersen (Hrsg.): Triffst du nur das Zauberwort. Stimmen von heute zur deutschen Lyrik. (Frankfurt, Berlin:) Propyläen (1961). S. 244—254.

Trausil, Hans

Trausil 1   Stille Feste. Gedichte. Leipzig, Wien: Erdgeist (1923).
Trausil 2   Die Landstraße zu den Sternen. Gedichte. (Berlin:) Verlag der Vagabunden [1928].

Tügel, Otto Tetjus

Tügel 1   Nur Gedichte. Worpswede: Dreizack [1930].

Vesper, Will

Vesper 1   Die Liebesmesse und andere Gedichte. München: Beck 1913.
Vesper 2   Kranz des Lebens. Gesamtausgabe meiner Gedichte. München: Langen-Müller 1934.

Viehweg, Max, Richard Franke

Viehweg 1   Des Wanderers Muse. Leipzig: Viehweg [1928].

Völklein, Friedrich

Völklein 1   Der Wanderer. Gedichte. Nürnberg: Spindler 1926.

Vollmer, Martin

Vollmer 1   Auf einsamen Wegen. Gedichte. 2. Auflage. Stuttgart: Ebinger [1914].

Watzlik, Hans

Watzlik 1   Der flammende Garten. Gedichte. Reichenberg: Stiepel 1921.

Wegner, Armin T.

Wegner 1   Zwischen zwei Städten. Ein Buch Gedichte im Gang einer Entwicklung. Berlin: Fleischel [1909].
Wegner 2   Gedichte in Prosa. Ein Skizzenbuch aus Heimat und Wanderschaft. Berlin: Fleischel 1910.
Wegner 3   Das Antlitz der Städte. Berlin: Fleischel 1917.

Wegner 4   Die Straße mit den tausend Zielen. Dresden: Sibyllen 1924. (S. 107 ff.:
            Gesänge des Wanderers am Wege.)

            Der Weg ohne Heimkehr. Ein Martyrium in Briefen. Berlin: Fleischel 1919.
            Unser Kaffeehaus oder Die Arche. — In: Michael Schmid (Hrsg.): Else Lasker-
            Schüler. Ein Buch zum 100. Geburtstag der Dichterin. Wuppertal: Hammer
            1969. S. 87—99.
            Hans Brandenburg (Rez.): Armin T. Wegner: Die Straße mit den tausend
            Zielen. — In: Die schöne Literatur 26 (1925) S. 14.
            Hanns Martin Elster (Rez.): Armin T. Wegner: Die Straße mit den tausend
            Zielen. — In: Die Horen 1 (1924/25) S. 95 f.
            Hanna Meuter: Die Fahrt in das Heimlose. Zu dem Buche Armin T. Wegners
            »Die Straße mit den tausend Zielen«. — In: Berliner Tageblatt Nr. 267 v. 8. 6.
            1927. S. 2—3.

Weinheber, Josef

Weinheber 1   Der einsame Mensch. Gedichte. Wien, Leipzig: Ibach [1920].
Weinheber 2   Boot in der Bucht. Gedichte. Wien: Krystall 1926.

Weiß, Emil Rudolf

Weiß, E. 1   Der Wanderer. Zweite Ausgabe. Berlin: Bard 1907.

Weiß, Konrad

Weiß 1   Tantum dic verbo. Gedichte. Leipzig: Wolff (1918).

Werfel, Franz

Werfel 1   Das lyrische Werk. Herausgegeben von Adolf D. Klaarmann. (Frankfurt:)
           Fischer 1967. (= Gesammelte Werke. Das lyrische Werk.)

Wieprecht, Christoph

Wieprecht 1   Erde. Zweite Auflage. Duisburg: Echo (1924).

Wiese, Georg

Wiese 1   Der Wanderer. Weimar: Biewald 1920.

Wießner, Georg Gustav

Wießner 1   Einsames Wandern. Verse. Nürnberg: Der Bund 1919.

Wöhrle, Oskar

Wöhrle 1   Die frühen Lieder. Stuttgart: Schrader 1914.

           Ein deutscher Handwerksbursch der Biedermeierzeit. Auf der Walze durch
           den Balkan und Orient. Stuttgart: Die Lese 1916.
           Der Baldamus und seine Streiche. Berlin: Der Bücherkreis 1927.

Wolters, Friedrich

Wolters 1   Der Wandrer. Zwölf Gespräche. Berlin: Bondi 1924.

Zech, Paul

Zech 1   Schollenbruch. Gedichte. Berlin: Meyer (1912).
Zech 2   Die eiserne Brücke. Neue Gedichte. Leipzig: Weiße Bücher 1914.

Zerfaß, Julius

Zerfaß 1   Ringen und Schwingen. Gedichte eines Proletariers. Berlin: Neues Leben
         1912.
Zerfaß 2   Glühende Welt. Gedichte. Berlin: Arbeiterjugend 1928.

Zerkaulen, Heinrich

Zerkaulen 1   Liebe schöne Laute. Neue Lieder. Cöln: Salm 1917.
Zerkaulen 2   Mit dem Fiedelbogen. Gesammelte Verse. Essen: Fredebeul und Koenen
         [1919].
Zerkaulen 3   Lieder vom Rhein. Warendorf: Heimat 1923.

Zerzer, Julius

Zerzer 1   Das Drama der Landschaft. Graz: Leuschner und Lubensky 1925.

Ziese, Otto

Ziese 1   Straße — endlose Straße. Gedichte. Stuttgart: Verlag der Vagabunden
         [1928].

Zillich, Heinrich

Zillich 1   Strömung und Erde. Gedichte. Kronstadt: Klingsor 1929.

Zoozmann, Richard

Zoozmann 1   Lustiges Narrenschiff. Allerhand Schwänke, lustige Reimereien und
         Eulenspiegeleien. 3. u. 4., veränderte Auflage der »Narrenchronik«. Köln:
         Hoursch und Bechstedt 1923. (S. 71—83: Von der Landstraße.)

2. Anthologien

Es werden neben den im Sinne des Themas begrenzten Anthologien wenige allgemeine der Zeit ausgewählt.

Anthologie 1   Auf, auf, Ihr Wandersleut! Was Dichter und Denker über Natur
         und Wandern sagen. Ausgewählt von Fritz Eckardt. Hilchenbach: Reichsver-
         band für Deutsche Jugendherbergen [1929].
Anthologie 2   Auf, auf, Ihr Wandersleut! Heitere und ernste Worte zum Nach-
         denken über Volkstum, Natur und Wandern. Ausgewählt von Fritz Eckardt.
         Berlin: Limpert [1934].

Anthologie 3   Bern, Maximilian (Hrsg.): Die zehnte Muse. Dichtungen fürs Brettl und vom Brettl. Berlin: Elsner 1902. (S. 214—234: Vagabundenlieder.)

Anthologie 4   Bern, Maximilian (Hrsg.): Die zehnte Muse. Dichtungen vom Brettl und fürs Brettl. Neue, wesentlich verbesserte Ausgabe. Berlin: Elsner 1920. (S. 257—270: Vagabundenlieder.)

Anthologie 5   Zoozmann, Richard (Hrsg.): Die zehnte Muse. Dichtungen vom Brettl und fürs Brettl. Neue Folge. Berlin: Elsner 1925. (S. 139—150: Vagabunden-lieder.)

Anthologie 6   Breuer, Hans (Hrsg.): Der Zupfgeigenhansl. 10. Auflage. Leipzig: Hofmeister 1913.

Anthologie 7   Bröger, Karl (Hrsg.): Jüngste Arbeiterdichtung. 2., erweiterte Auf-lage. Berlin: Arbeiterjugend 1929.

Anthologie 8   Fahrbach, Georg (Hrsg.): Natur, Heimat und Wandern. Verse und Sprüche. Stuttgart: Schwäbischer Albverein (1956).

Anthologie 9   Fehse, Willi, Klaus Mann (Hrsg.): Anthologie jüngster Lyrik. Ham-burg: Enoch (1927).

Anthologie 10 Fehse, Willi, Klaus Mann (Hrsg.): Anthologie jüngster Lyrik. Neue Folge. Hamburg: Enoch (1929).

Anthologie 11 Goetz, Bruno (Hrsg.): Die jungen Balten. Gedichte. Berlin: Lehmann 1916.

Anthologie 12 Heuschele, Otto (Hrsg.): Deutsche Dichter auf Reisen. Hamburg: Hoffmann und Campe 1948.

Anthologie 13 Kleines Kommersbuch. Ein Liederbuch fahrender Schüler. 1. und 2. Theil. 2. Auflage. Leipzig: Reclam [1889].

Anthologie 14 Kraushaar, Adalbert (Hrsg.): Vagantenfährte. Aus dem Liederschatz der Fahrenden. (Zürich:) Sanssouci (1966).

Anthologie 15 Laudan, Max (Hrsg.): Hamburger Jugendlieder. Erstes Heft. Wan-derlieder von Michel Englert, Max Laudan, Walter Gättke u. a. Hamburg: Hammerbrook 1924.

Anthologie 16 Liedersträußchen für Freunde der Natur. 4. vermehrte Auflage. Oranienburg: Möller 1915. (S. 30—36: Turner- und Wanderlieder.)

Anthologie 17 Löpelmann, Martin (Hrsg.): Himmel und Hölle der Fahrenden. Dichtungen der großen Vaganten aller Zeiten und Länder. Berlin: Neff 1940.

Anthologie 18 Offenburg, Kurt (Hrsg.): Arbeiterdichtung der Gegenwart. Frank-furt: Mittelland (1925).

Anthologie 19 Ostwald, Hans (Hrsg.): Lieder aus dem Rinnstein. Erster Band. Berlin: Harmonie (1903).

Anthologie 20 Ostwald, Hans (Hrsg.): Lieder aus dem Rinnstein. Zweiter Band. Leipzig, Berlin: Henkell (1904).

Anthologie 21 Ostwald, Hans (Hrsg.): Lieder aus dem Rinnstein. Dritter Band. Berlin: Harmonie [1908].

Anthologie 21 a Ostwald, Hans (Hrsg.): Lieder aus dem Rinnstein. Neue Ausgabe. München: Rösl 1920.

Anthologie 22 Preuß, Friedrich (Hrsg.): Vom deutschen Wandern. Siegen: Montanus 1918.

Anthologie 23 Reinhardt, Hans (Hrsg.): Der Tippelbruder. Fünfzig schöne Lieder, so ehrbare Gesellen und reisende Brüder auf der Landstraße und in der Her-berg singen, zu Nutz und Frommen aller Wanderer mit Unterstützung von Hanns Heeren getreulich aufgezeichnet von Hans Reinhardt. Bad Rothenfelde: Holzwarth (1926).

Anthologie 24   Rockenbach, Martin (Hrsg.): Naturdichtung der jungen Generation. — In: Orplid 5 (1928) Heft 3/4.

Anthologie 25   Schade, Oskar (Hrsg.): Deutsche Handwerkslieder. Wiesbaden: Sändig (1865). (Unveränderter Neudruck 1970.) (S. 105—188: Gesellen- und Wanderlieder.)

Anthologie 26   Schenk, Walter (Hrsg.): Jugend heraus! Gedichte und Prologe für Kundgebungen und Feste. 3., vermehrte Auflage. Berlin: Arbeiterjugend 1922.

Anthologie 27   Schöllenbach, Karl Albert, Hanns Altermann (Hrsg.): Es taget in dem Osten. Gedichte neudeutscher Jugend. Heilbronn: Lichtkampf 1921.

Anthologie 28   Schulz, Gerd (Hrsg.): Gottes ewige Kinder. Vagantenlyrik aus zwölf Jahrhunderten. Stuttgart: Cotta (1961).

Anthologie 29   Selter, Mimi (Hrsg.): Wandern, das heißt leben! Von deutscher Wanderlust. Gedichte und Aussprüche. Bonn: Stollfuß 1921.

Anthologie 30   Sergel, Albert (Hrsg.): Saat und Ernte. Die deutsche Lyrik unserer Tage. 2. Auflage. Berlin, Leipzig: Bong 1924.

Anthologie 31   Singer, Erich: Bänkelbuch. Neue deutsche Chansons. Leipzig, Wien, Zürich: Tal 1920.

Anthologie 32   Soergel, Albert (Hrsg.): Kristall der Zeit. Eine Auslese aus der deutschen Lyrik der letzten fünfzig Jahre. Leipzig, Zürich: Grethlein (1929).

Anthologie 33   Stiewe, Willy, Hans Philipp Weitz (Hrsg.): Lieder der Gosse. Berlin: Hackebeil [1922].

Anthologie 34   Ummen, H., E. von Stromer (Hrsg.): Wandern — o Wandern! Sprüche, Aussprüche und Gedichte. Bremen: Brandau [1914].

Anthologie 35   Der Vagant. Lieder für Fahrt und Rast von Hermann Löns, Alfred Ehlers u. a. Singweisen und Gitarrebegleitungen von Toni Meindl. München: Hoetschl 1928.

Anthologie 36   Volkmann, Hans von (Hrsg.): Jungbrunnen. Deutsche Wanderlieder in Bildern. Berlin: Fischer und Franke 1900.

Anthologie 37   Deutsches Wanderliederbuch. Stuttgart: Verband Deutscher Gebirgs- und Wandervereine 1964.

Anthologie 38   Weber, Ernst (Hrsg.): Der deutsche Spielmann. Eine Auswahl aus dem Schatz deutscher Dichtung für Jugend und Volk. Band 2: Wanderer. München: Callwey und Haushalter 1903.

Anthologie 39   Wiechmann, Hermann Adolf (Hrsg.): Der frohe Wandersmann. Ein Buch vom Wandern und Leben für Jung und Alt. München: Wiechmann 1925. (= Die Bücherei des Säemanns. 8.)

Anthologie 40   Wirnsberg, Georg (Hrsg.): Vom Reichtum der deutschen Seele. Ein Hausbuch deutscher Lyrik. 2. Auflage. Leipzig: Dollheimer 1928. (S. 197—210: Wandern und Singen.)

Bliss Carman, Richard Hovey (Hrsg.): Songs from Vagabondia. Drei Bände. Boston: Small 1900 ff. (Der Titel war mir nicht zugänglich.)

Walter Werckmeister (Hrsg.): Fahrenden Gesellen Liederborn. Halle: Deutschnationale Buchhandlung 1910. (Der Titel war mir nicht zugänglich.)

3. Zeitschriften

Kunde 1—4   Der Kunde. Zeit- und Streitschrift der Vagabunden. Herausgeber: Die Bruderschaft der Vagabunden (Gregor Gog) Stuttgart. Jg. 1 (1927/28) — Jg. 2 (1928/29) — Jg. 3 (1929/30); Jg. 4 (1931) als »Der Vagabund«.

Der Taugenichts. Blätter eines kleinen Kreises. Herausgegeben von Herbert Fritsche. (Nr. 1: Zusammen mit Eberhard van Hazebrouck.) Nr. 1—3. Berlin: Die Mitternacht 1930 f.

Straubinger 1—6 Der arme Teufel. Spalt 1904. — Jg. 2 (1905/06): Bruder Straubinger. (Der arme Teufel.) Das Leben auf der Landstraße in Kundenpoesie und Vagabundengeschichten. Unterhaltung und Humor für Alle. — Jg. 3 (1906/07): Bruder Straubinger. Das Leben auf der Landstraße und das obere Zehntausend! Unterhaltung, Humor und Satire für jedermann. — Jg. 4 (1907/08) — Jg. 5 (1908/09) — Jg. 6 (1909/10): Bruder Straubinger. Das Leben auf der Landstraße. Unterhaltung, Humor und Satire für jedermann.

Vagabundenblätter. Herausgegeben von H. E. Steenken und Kurt Hillmer. (Die Zeitschrift war mir nicht zugänglich.)

Der Walzbruder. Grenchen/Schweiz 1913 ff. (Die Zeitschrift war mir nicht zugänglich.)

4. Wanderliteratur

1 Arnold, Hanns: Die Technik des Wanderns. Leipzig: Hachmeister und Thal (1913).
2 Bräuer, Martin: Unser Wandern. Ratschläge und Winke zum sozialen und kulturellen Schauen. Berlin: Arbeiterjugend 1925.
3 Buschmann, Fritz: Der Wanderer. Ein politischer Skizzenblock. Stuttgart: Greiner und Pfeiffer 1922.
4 Chrosciel, Gustav: Wanderlust. Ein Weg zur Kraft durch Freude. Theoretisch-praktische Anleitung zum Wandern, Kriegsspiel und Entfernungsschätzen. Halle: Schroedel (1912).
5 Diete, Kurt (Hrsg.): Wanderheil! Eine Sammlung von Wanderfahrtberichten und allgemeinen Aufsätzen über das Wandern. Halle: Kaemmerer (1909).
6 Dreydorff, Rudolph: Vom freudigen Wandern. Ein Büchlein für den Lebensweg. Berlin: Wiegandt und Grieben 1928.
7 Eckardt, Fritz (Hrsg.): Deutsches Wanderjahrbuch. Jg. 1 (1911) — Jg. 4 (1914). Leipzig, Berlin: Teubner 1911—1914.
8 Eckardt, Fritz, Hermann Raydt: Das Wandern. Anleitung zur Wanderung und Turnfahrt in Schule und Verein. 2. Auflage. Leipzig, Berlin: Teubner 1909.
9 Fendrich, Anton: Der Wanderer. Stuttgart: Franckh 1913.
10 Fendrich, Anton: Wanderungen. 9.—13. Tsd. Konstanz: Reuß und Itta (1916).
11 Fendrich, Anton: Tagebuch eines rein sachlichen Vagabunden. Freiburg: Urban 1926.
12 Fischer, Frank: Wandern und Schauen. Gesammelte Aufsätze. Hartenstein: Greifen 1921.
13 Gerstenberg, Heinrich: Deutsches Wandern. Stuttgart, Berlin, Leipzig: Union [1924].
14 Götz, Karl: 50 Jahre Jugendwanderungen und Jugendherbergen. 1909—1959. Detmold: Deutsches Jugendherbergswerk (1959).
15 Häfker, Hermann: Wanderkunst. — In: Kunstwart 38/2 (1925) S. 183—190.
16 Heinrich, Hermann: Kriegsbetrachtungen über das Wandern. — In: Der Tourist 31 (1914) S. 481—482.

17 Hitchcock, Ambrose Dyason: Das Jugendwandern als Erziehungs- und Bildungsmittel in geschichtlicher Betrachtung. Phil. Diss. München 1926.

18 Hofmiller, Josef (Hrsg.): Das deutsche Wanderbuch. Wanderfahrten von Goethe bis zur Gegenwart. München: Callwey 1931.

19 Hofmiller, Josef: Wanderbilder und Pilgerfahrten. 3. Auflage. Leipzig: Rauch 1938.

20 Kolb, Fritz: Wir wandern. Wien: Jungbrunnen (1931).

21 Lindner, Werner: Vom Reisen und vom Wandern in alter und neuer Zeit. Berlin: Furche 1921.

22 Loening, Arthur: Der Krieg und das deutsche Wandern. — In: Der Tourist 31 (1914) S. 433—434.

23 Marbitz, Heinz: Wandern und Weilen. Ein Wegweiser durch die Wanderliteratur. Magdeburg: Serno 1911.

24 Mittendorf-Wolff, Lotte: Vagabundenseele. — In: Kunstwart 39/1 (1925/26) S. 385—386.

25 Mülbe, Otto von der: Poesie beim Wandern. — In: Der Tourist 29 (1912) S. 1—3.

25 a Müller-Marquardt, F.: Das Wandern. Leipzig: Quelle und Meyer 1927.

26 Pfarre, Alfred: Wanderfreiheit. — In: Deutsches Volkstum (Bühne und Welt 21) 1919, S. 238—245.

27 Pritschow, Karl: Wanderlust. Spaziergänge in Halle an der Saale und Ausflüge in die nähere und weitere Umgebung. 3. Auflage. Halle: Selbstverlag (1909).

28 Rast auf der Wanderung. Eine Sommergabe deutscher Dichter. Bad Rothenfelde: Holzwarth 1920.

29 Raydt, Hermann: Fröhlich Wandern. 2., erweiterte Auflage. Leipzig, Berlin: Teubner 1913.

30 Schirrmann, Richard: Vom Jugendwandern und welchen Gewinn ich mir davon verspreche. — In: Pädagogische Abhandlungen. Neue Folge (Bielefeld) 15 (1911/12) Heft 4, S. 49—64.

31 Schönbrunn, Walter: Jugendwandern als Reifung zur Kultur. Berlin: Hensel 1927.

31 a Schulten, Emil: Deutsche Wanderkunde. Gründliche Einführung ins Kartenlesen und in die Kunst zünftigen Wanderns. Dresden: Limpert (1930). (S. 308 bis 320: Bibliographie.)

32 Schwindrazheim, Otto: Jugendwanderungen. 56. Flugschrift des Dürerbundes. München: Callwey [1909].

33 Ströhmfeld, Gustav: Die Kunst zu wandern. Frankfurt: Verlag des Tourist 1910.

34 Trojan, Ernst Walter: Wanderkunst — Lebenskunst. Mit einem Geleitwort von August Trinius. 2. Auflage. München: Lammers 1910.

35 Wandern und Reisen. 14. Flugschrift des Dürerbundes. München: Callwey [1906].

5. Berichte Vagierender

Der (fikitive) Vagabundenroman, gleich welcher Art, ist hier ausgeschlossen.

36 Berghoff, Stephan: Von Stromern und Vagabunden. Nach ihren eigenen Geständnissen erzählt. Freiburg: Herder 1931.

37 Bonn, Peter (Hrsg.): Aus dem Nachtasyl. Wahrheitsgetreue Geschichten aus dem Leben der Obdachlosen und Gescheiterten. Kevelaer, Leipzig: Butzon und Berdker [1912]. (= Aus Vergangenheit und Gegenwart. 108.)

38 Ettighoffer, Paul Coelestin: Servus Kumpel. Als Landstreicher durch Städte, Dörfer und Herbergen. Köln: Gilde 1932.

39 Franck, Harry: Als Vagabund um die Erde. Frankfurt: Rütten und Loening 1913.

40 Hasemann, Arminius: Himmel und Hölle auf der Landstraße. 2. Auflage. Berlin, Leipzig: Behr (1919).

41 Heye, Artur: Wanderer ohne Ziel. Von abenteuerlichem Zwei- und Vierbein. Berlin: Safari 1927.

42 Kessler, Walter: Wonne des Wanderns. Ein Landstreicherbuch. Luzern: Rex (1949).

43 Landstraßen und Asyle. Aus den Tagebuchaufzeichnungen eines Tippelbruders. — In: Rheinischer Merkur 6 (1951) Nr. 8, S. 20.

44 Lynen, Adam R.: Kentaurenfährte. Logbuch eines Vagabunden. (München:) Kindler (1963). (Mit einem Rotwelsch-Index.)

45 Ostwald, Hans: Landstreicher. Berlin: Marquardt [1903]. (= Die Kultur. 8.)

46 Ostwald, Hans: Vagabonden. Berlin: Cassirer 1900. (7. Auflage 1928.) (Roman) S. Anthologie 19—21a u. Nr. 104, 105.

47 Rocholl, D.: Dunkle Bilder aus dem Wanderleben. Aufzeichnungen eines Handwerkers. Bremen: Wiegand 1885. (Mit einem Vagabundenlexikon.)

48 Rügheimer, Joachim: Als Landstreicher durch Deutschland. Erlebnisse in Herbergen und Asylen, auf der Landstraße und in Arbeitshäusern. Minden, Berlin, Leipzig: Köhler (1931).

49 Scherer, Johann Peter: Wir Vagabunden. Rapperswil: Meyer (1944). (= Neue Schweizer Bibliothek. 72.)

50 Schroeder, Mathias: Auf zerrissenen Sohlen. Mein Vagabundenbuch. Freiburg: Herder (1942).

51 Winnig, August: Das Buch Wanderschaft. Hamburg: Hanseatische Verlagsanstalt (1941).

52 Zimmermann, Werner: Weltvagant. Erlebnisse und Gedanken. (7. Auflage.) Lauf, Bern: Die neue Zeit (1927).

B. Sekundärliteratur

Die Sekundärliteratur zu den einzelnen Lyrikern ist unter A 1. verzeichnet.

1. Zu literaturwissenschaftlichen sowie juristischen, soziologischen und psychologischen Fragen

53 Aderhold, Dieter: Nichtseßhaftigkeit. Eine Gesamtdarstellung des Problems der Nichtseßhaften in der modernen Gesellschaft nach Erscheinungsformen, statistischer Struktur und Ursachen. (Köln:) Dt. Gemeindeverlag (1970).

54 Anderson, Nels: The Hobo. The Sociology of the Homeless Man. Chicago: The University of Chicago (1923).

55 Anonym: Vom Kampf wider die, welche verschwinden müssen. — In: Der Wanderer 55 (1938) S. 140—142.

56 Arendt, Dieter: Der Mensch unterwegs. Wanderschaft und Reise in der Dichtung. — In: Zeitwende 38 (1967) S. 688—698.

57 Arnold, Hermann: »Geh bloß nicht in die Pfalz.« Ein Kapitel über die Vagantenpoesie. — In: Pfälzische Heimatblätter (Neustadt) 6 (1958) Nr. 11/12, S. 85.

58 Bach, D.: Vagabonden. — In: Die Neue Zeit 19 (1901) S. 23—26.

59 Baumeister, W.: Strandgut des Lebens. Nach Veröffentlichungen der Vagabundenliteratur. — In: Caritas 38 (1933) (= NF XII) S. 296—302.

60 Bezdeka, Johanna: Der Heimkehrer in der Dichtung der Gegenwart. Phil. Diss. Wien 1941.

61 Blanck, Karl: Dichtervagabunden. — In: Bibliothek der Unterhaltung und des Wissens. Band IV. Stuttgart [usw.]: Union 1933. S. 149—159.

62 Bonhoeffer, Karl: Ein Beitrag zur Kenntnis des großstädtischen Bettel- und Vagabundentums. Eine psychiatrische Untersuchung. Berlin: Guttentag 1900.

63 Braun, Karl: Die Vagabunden-Frage. Berlin: Simion 1883.

64 Braune, P.: Wieviel Wanderer gibt es in Deutschland? — In: Der Wanderer 48 (1931) S. 192—196.

65 Brinkmann, Hennig: Werden und Wesen der Vaganten. — In: Preußische Jahrbücher 195 (1924) S. 33—44.

66 Busse: Psychologie der Wanderer und deren seelische Betreuung. — In: Der Wanderer 49 (1932) S. 227—232.

67 Calow: Das Vagabundenproblem. — In: Deutsche Gemeindezeitung (Berlin) Nr. 31 v. 3. 8. 1929. S. 241 f.

68 Carls, [Hans]: Der Arbeitsplatz. Ein Beitrag zum Wanderarmen-, Arbeitslosen- und Obdachlosen-Problem. Freiburg: Caritas 1926.

69 Carls, [Hans]: Vagabondage und Berufsleben und ihre Bedeutung für die Entwicklung von Psychopathien. — In: Religion und Seelenleiden 3 (1928) S. 280—301.

70 Christensen, Jes: Lumpazivagabundus. Ein soziales Problem, das mit dem ersten Weltkrieg seinen Abschluß fand. — In: Die Heimat (Kiel) 65 (1958) S. 305—309.

71 Dawson, William Harbutt: The Vagrancy Problem. London: King 1910.

72 Dieckmann, Maria: Wanderernot — Wandererhilfe. — In: Jb. d. Caritaswissenschaft (Freiburg) 1932, S. 150—159.

73 Dvorak, Robert: Lyriker und Vaganten. — In: Neue Rundschau 52 (1941) S. 122—124.

74 Engels, Paul: Die äußeren Stilmittel in vagantenhafter Lyrik und bei Gottfried von Straßburg. Ein Beitrag zur Kenntnis der Beziehungen zwischen der deutschen und der lateinischen Literatur des Mittelalters. Phil. Diss. Köln 1928.

75 Feise, Ernst: Wanderer auf und über der Welt. Sonntagsbetrachtung auf dem Mount Mansfield. 20. 7. 1946. — In: Ernst Feise: Xenion. Baltimore: Hopkins 1950. S. 293—303.

76 Frank, Peter (Hrsg.): Unstet und flüchtig.... Wesen und Ursache der Nichtseßhaftigkeit. Bethel b. Bielefeld 1962.

77 Gäfgen, Hans: Reisen und Wandern in deutscher Dichtung. — In: Weserzeitung Bremen v. 16. 7. 1922.

78 Gillinger, Irmgard: Der Vagabund und seine Brüder in der deutschen Dichtung der Gegenwart. Phil. Diss. Wien 1940.

79 Goldbeck, Ernst: Die jugendliche Persönlichkeit. — In: Monatsschrift für höhere Schulen 1921, S. 278—291.

80 Groß, Richard: Sprache, Zeichen und Poesie der Landstraße. Lexikon der Landstreichersprache. 2. verbesserte Auflage. Schwerin: Selbstverlag 1919.

81 Gump, Margaret: Zum Problem des Taugenichts. — In: DVjS 37 (1963) S. 529—557.

82 Haldy, B.: Der Vagabund. — In: Die Gartenlaube 1924 Nr. 52, S. 1028.

83 Hennemann, Greta: Landstreicher. — In: Christ und Welt Nr. 50 v. 11. 12. 1958. S. 13.

84 Hermand, Jost: Der ›neuromantische‹ Seelenvagabund. — In: Wolfgang Paulsen (Hrsg.): Das Nachleben der Romantik in der modernen deutschen Literatur. Die Vorträge des 2. Kolloquiums in Amherst/Mass. Heidelberg: Stiehm (1969). S. 95—115. Wieder abgedruckt in: Jost Hermand: Der Schein des schönen Lebens. Studien zur Jahrhundertwende. (Frankfurt:) Athenäum (1972). S. 128—146.

85 Hilka, Alfons, Otto Schumann (Hrsg.): Carmina Burana. Zweiter Band: Kommentar. Heidelberg: Winter 1930.

86 K., F.: Die Liquidation der Vagabunden. — In: Vossische Zeitung Nr. 485 v. 11. 10. 1933.

87 Kahle, Carl: Die fahrenden Leute der Gegenwart und ihre Sprache. Ein Beitrag zur Geschichte des Vagantentums und des Gaunerwesens. 2. Auflage. Gera: Bauch 1889.

88 Kreuzer, Helmut: Die Bohème. Beiträge zu ihrer Beschreibung. Stuttgart: Metzler 1968. (S. 226—238: Vagabundage und Bohème.)

89 Kreuzer, Helmut: Zum Begriff der Bohème. — In: DVjS Sonderheft 1964, S. 170—207.

90 Kurz-Elsheim, Franz: Das fahrende Volk in der Lyrik. — In: Der Artist Nr. 1076 v. 24. 9. 1905.

91 Mailänder: Gibt es noch Landstreicher? — In: Landgemeinde (Ausgabe D Stuttgart) 67 (1938) S. 172—173.

92 Maraun, Frank: Die Straßen rufen.... Ein Streifzug durch die Vagabundendichtung unserer Zeit. — In: Westermanns Monatshefte 151 (1931/32) (Jg. 76) S. 444—448.

93 Marsh, Benjamin C.: Causes of Vagrancy and Methods of Eradication. — In: Annals of the American Academy of Political and Social Science (Philadelphia) 23 (1904) Nr. 3, S. 445—456.

94 Mayer, Ludwig: Der Wandertrieb. Eine Studie auf Grund vorhandener Literatur, eigener Beobachtungen und Untersuchungen. Phil. Diss. Würzburg 1934.

95 Der nichtseßhafte Mensch. Ein Beitrag zur Neugestaltung der Raum- und Menschenordnung im Großdeutschen Reich. In Zusammenarbeit mit dem Bayrischen Staatsministerium des Innern herausgegeben vom Bayrischen Landesverband für Wanderdienst. München: Beck 1938.
Rez.:
Anonym: Der nichtseßhafte Mensch. — In: Nachrichtendienst des dt. Vereins für öffentliche und private Fürsorge (Berlin) 19 (1938) S. 365—367.
Ernst Seelig: Der nichtseßhafte Mensch. — In: Monatsschrift für Kriminalbiologie und Strafrechtsreform (München) 30 (1939) S. 141—148.

96 Meuter, Hanna: Die Heimlosigkeit. Ihre Einwirkung auf Verhalten und Gruppenbildung der Menschen. Jena: Fischer 1925. (Vorher Phil. Diss. Köln 1924.)

97 Michels, Robert: Zur Soziologie der Bohème und ihrer Zusammenhänge mit dem geistigen Proletariat. — In: Jbb. f. Nationalökonomie und Statistik 136 (1932) (= III. Folge, 81. Band) S. 801—816.

98 Moll, Willem Hendrik: Über den Einfluß der lateinischen Vagantendichtung auf die Lyrik Walthers von der Vogelweide und die seiner Epigonen im 13. Jahrhundert. Phil. Diss. Amsterdam 1925.

99 Mosbach, Nils: Die Tippelbrüder sind müde geworden. Zur Soziologie der letzten Landstreicher. — In: Das neue Journal 11 (1962) Heft 9, S. 26—28.

100 Muschg, Walter: Die Vaganten. — In: Walter Muschg: Tragische Literaturgeschichte. Bern: Francke 1948. S. 183—201.

101 Muschg, Walter: Tragische Literaturgeschichte. 4. Auflage. Bern, München: Francke (1969).

102 Neumann, Friedrich H.: Auf der Straße leben. Die Landstreicher von einst sind ungebetene Gäste der Großstädte geworden. — In: Christ und Welt Nr. 51 v. 20. 12. 1963. S. 8.

103 Osswald, Heinrich: Über den Nutzen des Wanderns. — In: Kulturwarte 7 (1961) S. 156—160.

104 Ostwald, Hans: Die Bekämpfung der Landstreicherei. Darstellung und Kritik der Wege, die zur Beseitigung der Wanderbettelei führen. Stuttgart: Lutz 1903.

105 Ostwald, Hans: Rinnsteinsprache. Lexikon der Gauner-, Dirnen- und Landstreichersprache. Berlin: Harmonie 1906.

106 Pope, Elfrieda Emma: The Taugenichts Motive in Modern German Literature. Phil. Diss. Ithaca 1933.

107 Poritzky, J. E.: Vagabunden-Romane. — In: Berliner Börsencourier Nr. 195 (1908) S. 7—8.

108 Reinhold, Herbert: Menschen unterwegs. Romanhafte Reportage, zugleich Versuch einer soziologischen Analyse der Wanderarmenfrage. Zürich, Prag: Avanti 1932.

109 Ribton-Turner, Charles J.: A History of Vagrants and Vagrancy and Beggars and Begging. London: Chapman and Hall 1887.

110 Roth, Richard R.: Zwanzig Divisionen Tippelbrüder. Das Landstreicherheer in der Bundesrepublik. — In: Die Kultur Nr. 137 v. 1. 8. 1959. S. 4—5.

111 Schwarz, Georg: Vagabundische Literatur. — In: Die Literatur 32 (1929/30) S. 501—502. (S. 503—508: Proben und Stücke. Vagabundische Literatur.)

112   Silten, Ulrich: Die Wanderer-Gestalt in jüngster Dichtung. — In: Lebendige
       Dichtung 2 (1935/36) S. 4—6.
113   Soergel, Albert: Ahasver-Dichtungen seit Goethe. Leipzig: Voigtländer 1905.
       (= Probefahrten. 6.) (Zugleich Phil. Diss. Leipzig 1905.)
114   Speck, Peter Alexander: The Psychology of the Floating Workers. — In:
       Annals of the American Academy of Political and Social Science (Philadelphia)
       69 (1917) S. 72—78.
115   Spelmeyer: Schach dem Landstreichertum. — In: Der Wanderer 55 (1938)
       S. 209—217.
116   Spunda, Franz: Neuere deutsche Reisedichtungen. — In: Kunstwart 40/2 (1927)
       S. 250—255.
117   Stechert, K.: Der Vagabund und seine Welt. — In: Urania (Jena) 5 (1928/29)
       S. 86—89.
118   Stekel, Wilhelm: Impulshandlungen. Wandertrieb, Dipsomanie, Kleptomanie,
       Pyromanie und verwandte Zustände. Berlin, Wien: Urban und Schwarzenberg
       1922. (= Störungen des Trieb- und Affektlebens. 6.) (S. 15—71: Wandertrieb.)
119   Stenzel, Arnold: Die anthropologische Funktion des Wanderns und ihre päd-
       agogische Bedeutung. Phil. Diss. Tübingen 1955.
120   Süssmilch, Holm: Die lateinische Vagantenpoesie des 12. und 13. Jahrhunderts
       als Kulturerscheinung. Leipzig: Teubner 1917. (= Beiträge zur Kulturgeschichte
       des Mittelalters und der Renaissance. 25.) (Zugleich Phil. Diss. Leipzig 1917.)
121   Theiß, Konrad: Jugend auf der Landstraße. — In: Jb. d. Caritaswissenschaft
       (Freiburg) 1932 S. 144—149.
122   Tramer, Moritz: Vaganten. Arbeitswanderer, Wanderarbeiter, Arbeitsmeider
       einer »Herberge zur Heimat« in der Schweiz. Berlin: Springer 1916. — Zu-
       gleich in: Zs. f. d. gesamte Neurologie und Psychiatrie 35 (1916) S. 1—150.
123   Tramer, Moritz: Motive und Formen der jugendlichen Vagabundage. — In:
       Schweizer Zs. f. Gemeinnützigkeit (Zürich) 71 (1932) S. 413—427.
124   Vexliard, Alexandre: Le Clochard. Étude de Psychologie Sociale. (Brügge:)
       Brouwer (1957).
125   Waddell, Helen: The wandering scholars. London: Constable 1927.
126   Weber, Richard: Zur Psychologie des Vagabundentums. — In: Zs. f. Medizinal-
       beamte 25 (1912) S. 851—856.
127   Westphal, J.: Wanderschaft in Lied und Dichtung. — In: Der Wanderer 48
       (1931) S. 234—237.
128   Wilmanns, Karl: Zur Psychopathologie des Landstreichers. Eine klinische Studie.
       Leipzig: Barth 1906.
129   Wilmanns, K[arl] (Hrsg.): Das Leben der fahrenden Leute. Aufzeichnungen
       eines Landstreichers über das Landstreicher- und Bettlerwesen. — In: Der
       Wanderer 25 (1908) S. 97—110, 129—138.
130   Wilmanns, Karl: Vagabundentum in Deutschland. — In: Zs. f. d. gesamte Neu-
       rologie und Psychiatrie 168 (1940) S. 65—111.
       Dazu Nr. 25, 223, 229, 234, 238.

2. Zu Fragen des Einflusses

a. Romantik und Nachromantik

131   Brieger, Lothar: Die Romantik als Heilmittel. — In: Kunstwart 35/1 (1921/22)
       S. 350—352.

132 David, Claude: Über den Begriff des Epigonischen. — In: Werner Kohlschmidt, Herman Meyer (Hrsg.): Tradition und Ursprünglichkeit. Akten des III. Internationalen Germanistischen Kongresses 1965 in Amsterdam. Bern, München: Francke (1966). S. 66—78.

133 Emrich, Berthold: Butzenscheibenlyrik. — In: Reallexikon der deutschen Literaturgeschichte. Begründet von Paul Merker und Wolfgang Stammler. 2. Auflage neu bearbeitet und unter redaktioneller Mitarbeit von Klaus Kanzog sowie Mitwirkung zahlreicher Fachgelehrter herausgegeben von Werner Kohlschmidt und Wolfgang Mohr. Erster Band. Berlin: de Gruyter 1958. S. 203—204.

134 Friedrich, Heinz: Wirkungen der Romantik. Ein Beitrag zum Problem der poetischen Wirklichkeit. Frankfurt: Eremitenpresse 1954.

135 Gish, Theodore: Wanderlust and Wanderleid. The motif of the wandering hero in German romanticism. — In: Studies in romanticism 3 (1963/64) S. 225—239.

136 Guthke, Karl S.: Gottfried Keller und die Romantik. Eine motivvergleichende Studie. — In: Der Deutschunterricht 11 (1959) Heft 5, S. 14—30.

137 Herzog, August: Romantische Strömungen im deutschen Geistesleben. — In: Die Nation (Berlin) 17 (1899/1900) S. 423—425.

138 Kaim, Julius Rudolf: Die romantische Idee im heutigen Deutschland. München: Rösl 1921.

139 Kind, Hansgeorg: Das Kind in der Ideologie und der Dichtung der deutschen Romantik. Phil. Diss. Leipzig 1936.

140 Kluckhohn, Paul: Die deutsche Romantik. Bielefeld, Leipzig: Velhagen und Klasing 1924.

141 Kluckhohn, Paul: Die Fortwirkung der deutschen Romantik in der Kultur des 19. und 20. Jahrhunderts. — In: ZfdB 4 (1928) S. 57—69.

142 Kluckhohn, Paul: Das Ideengut der deutschen Romantik. Halle: Niemeyer 1941.

143 Klugen, Alexander von: Die Absage an die Romantik in der Zeit nach dem Weltkriege. Zur Geschichte des deutschen Menschen. Berlin: Juncker und Dünnhaupt 1938. (= Neue Forschungen. 33.)

144 Lersch, Philipp: Der Traum in der deutschen Romantik. München: Hueber 1923.

145 Martin, Alfred von: Das Wesen der romantischen Religiosität. — In: DVjS 2 (1924) S. 367—417.

146 Müller, Andreas: Landschaftserlebnis und Landschaftsbild. Studien zur deutschen Dichtung des 18. Jahrhunderts und der Romantik. (Stuttgart:) Kohlhammer (1955).

147 Pauls, Eilhard Erich: Romantik und Neuromantik. — In: ZfdU 32 (1918) S. 129—146.

148 Petzet, Erich, Werner Kohlschmidt: Münchener Dichterkreis. — In: Reallexikon der deutschen Literaturgeschichte. Begründet von Paul Merker und Wolfgang Stammler. 2. Auflage neu bearbeitet und unter redaktioneller Mitarbeit von Klaus Kanzog sowie Mitwirkung zahlreicher Fachgelehrter herausgegeben von Werner Kohlschmidt und Wolfgang Mohr. Zweiter Band. Berlin: de Gruyter 1965. S. 432—439.

149 Rempel, Hans: Aufstieg der deutschen Landschaft. Das Heimaterlebnis von Jean Paul bis Adalbert Stifter. Gießen: Mittelhessische Druck- und Verlagsanstalt 1964.

150 Romantik. Eine Zweimonatsschrift. Herausgegeben von Kurt Bock. Berlin 1918 ff.

151 Sch.: Arbeit und Romantik. — In: Kunstwart 35/2 (1922) S. 65—68.

152 Schmitz, Günther: Der Seelenaufschwung in der deutschen Romantik. Phil. Diss. Münster 1935.

153   Schultze, Siegmar: Die Entwicklung des Naturgefühls in der deutschen Litteratur des 19. Jahrhunderts. Teil 1: Das romantische Naturgefühl. Halle: Trensinger 1907.

154   Sieber, Walter: Der Münchner Dichterkreis und die Romantik. Phil. Diss. Bern 1937.

155   Steinmeyer, Hans: Mensch und Landschaft der Romantik unter besonderer Berücksichtigung der Rheinansichten. Köln: Bachem 1928.

156   Thalmann, Marianne: Romantiker entdecken die Stadt. (München:) Nymphenburger (1965).

157   Weidekampf, Ilse: Traum und Wirklichkeit in der Romantik und bei Heine. Phil. Diss. Berlin 1932.

158   Wiesmann, Louis: Das Dionysische bei Hölderlin und in der deutschen Romantik. Basel: Schwabe 1948. (= Basler Studien zur deutschen Sprache und Literatur. 6.) (Zugleich Phil. Diss. Basel.) (S. 77—145: Hauptmotive der romantischen Dichtung.)

159   Windfuhr, Manfred: Der Epigone. Begriff, Phänomen und Bewußtsein. — In: Archiv für Begriffsgeschichte 4 (1959) S. 182—209.

160   Ziolkowski, Theodore: Das Nachleben der Romantik in der modernen deutschen Literatur. Methodologische Überlegungen. — In: Wolfgang Paulsen (Hrsg.): Das Nachleben der Romantik in der modernen deutschen Literatur. Die Vorträge des 2. Kolloquiums in Amherst/Mass. Heidelberg: Stiehm (1969). (= Poesie und Wissenschaft. 14.) S. 15—31.

Dazu Nr. 84, 221, 255, 257.

Einzelne Autoren

161   Baumbach, Rudolf: Lieder eines fahrenden Gesellen. Leipzig: Liebeskind 1878.

162   Baumbach, Rudolf: Neue Lieder eines fahrenden Gesellen. Leipzig: Liebeskind 1880.

163   Baumbach, Rudolf: Spielmannslieder. 10. Tausend. Leipzig: Liebeskind 1886.

164   Baumbach, Rudolf: Von der Landstraße. Lieder. Leipzig: Liebeskind 1888.

165   Baumbach, Rudolf: Reise- und Wanderlieder. Stuttgart, Berlin: Cotta 1914.

165a   (Baumbach, Rudolf:) Aus Rudolf Baumbachs Liedertruhe. Ausgewählt und zusammengestellt von Julius Kober. Würzburg: Nonnes 1961. (=Thüringer Heimatbücherei. 7.)

166   Selka, Alfred: Rudolf Baumbach. Ein Lebensbild. Meiningen: Keyßner 1924.

167   Berner, Else: Vagantenlieder. Amsterdam: Kampen 1919.

168   Butzbach, Johannes: Wanderbüchlein. Chronika eines fahrenden Schülers. Aus der lateinischen Handschrift übersetzt von D. J. Becker. Leipzig: Insel (1912).

169   Dencker, Willy: Vagantenlieder: München, Leipzig: Mickl 1901.

170   Eichendorff, Joseph Freiherr von: Sämtliche Werke. Hist.-krit. Ausgabe. In Verbindung mit Philipp August Becker hrsg. von Wilhelm Kosch und August Sauer. Regensburg: Habbel 1908 ff.

171   Eichendorff, Joseph von: Gesammelte Werke. 6 Bände. Herausgegeben von Paul Ernst und Heinz Amelung. München: Müller 1909—1913.

172   Eichendorff, Joseph von: Werke und Schriften. Neue Gesamtausgabe in 4 Bänden. (Hrsg. von Gerhart Baumann in Verbindung mit Siegfried Grosse.) Darmstadt: Wiss. Buchgesellschaft 1958—1959.

173 Eichendorff-Kalender. Ein romantisches Jahrbuch. Herausgegeben von Wilhelm Kosch. Regensburg: Habbel 1910 ff.

174 Bormann, Alexander von: Natura loquitur. Natur und emblematische Formel bei Joseph von Eichendorff. Phil. Diss. Tübingen 1968.

175 Fuchs, Gerhard: Josef von Eichendorff. — In: ZfdU 23 (1909) S. 209—224.

176 Grosser: Eichendorff, der Dichter des Waldes. — In: Der Oberschlesier 3 (1921) S. 728—729.

177 Lämmert, Eberhard: Eichendorffs Wandel unter den Deutschen. Überlegungen zur Wirkungsgeschichte seiner Dichtung. — In: Hans Steffen (Hrsg.): Die deutsche Romantik. Poetik, Formen und Motive. Göttingen: Vandenhoeck und Ruprecht (1967). (= Kleine Vandenhoeck-Reihe. 250 S.) S. 219—252.

178 Lauerbach, Christel: Das Motiv der Wanderschaft in der Dichtung Joseph von Eichendorffs. Phil. Diss. Freiburg i. Br. 1957.

179 Stöcklein, Paul (Hrsg.): Eichendorff heute. Stimmen der Forschung mit einer Bibliographie. München: Bayr. Schulbuchverlag (1960).

180 Wiese, Benno von: Joseph von Eichendorff: Aus dem Leben eines Taugenichts. — In: Benno von Wiese: Die deutsche Novelle von Goethe bis Kafka. Interpretationen I. Düsseldorf: Bagel 1959. S. 79—96.
Dazu Nr. 81, 106.

181 Eschelbach, Hans: Vagantenlieder. — In: Anthologie 38, 37—38.

181a Flaischlen, Cäsar: Perkeolieder. Scholarenlieder. Jungmannenlieder. — In: Cäsar Flaischlen: Gesammelte Dichtungen. 5. Band: Zwischenklänge. Stuttgart, Berlin: DVA (1921). S. 131—191.

182 Geibel, Emanuel: Lieder eines fahrenden Schülers. I—III. — In: Emanuel Geibel: Gesammelte Werke. In acht Bänden. Erster Band. Stuttgart: Cotta 1883. S. 163—166.

183 Hinck, Walter: Epigonendichtung und Nationalidee. Zur Lyrik Emanuel Geibels. — In: ZfdPh 85 (1966) S. 267—284.

184 Geißler, Max: Lied eines Fahrenden. — In: Max Geißler: Ausfahrt. Dichtungen. Dresden: Lehmann 1893. S. 79—80.

185 George, Stefan: Sänge eines fahrenden Spielmanns. — In: Stefan George: Werke. Ausgabe in zwei Bänden. Band 1. München, Düsseldorf: Küpper 1958. S. 93—96.

186 Herzog, Rudolf: Vagantenblut. Gedichte. Leipzig: Friedrich 1892.

187 Heyse, Paul: Der Jungbrunnen. Märchen eines fahrenden Schülers. 2., neubearbeitete Auflage. Berlin: Paetel 1878.

188 Hirsch, Franz: Vagantenlieder. — In: Maximilian Bern (Hrsg.): Deutsche Lyrik seit Goethes Tod. Neue Ausgabe. 10., verbesserte Auflage. Leipzig: Reclam (1886). S. 244—250.

189 Hoffmann von Fallersleben, Heinrich: Des fahrenden Schülers Lieben und Leiden. — In: Heinrich Hoffmann von Fallersleben: Gesammelte Werke. Herausgegeben von Heinrich Gerstenberg. Erster Band: Lyrische Gedichte. Berlin: Fontane 1890. S. 201—205.

190 Jahn, Friedrich Ludwig: Deutsches Volkstum. Bearbeitet und herausgegeben von Ernst Walter Trojan. Berlin: Lebensform 1910.

191 Jahn, Friedrich Ludwig: Das deutsche Volksthum. Nach der Originalausgabe von 1810. Vorwort Edmund Neuendorff. Dresden: Limpert [1928].

192 Jahn, Friedrich Ludwig: (Auszug). — In: Wandervogel. Monatsschrift für deutsches Jugendwandern 6 (1911) S. 159—162.

193 Angerstein, [Ed.]: Friedrich Ludwig Jahn. — In: ADB 13 (1881) S. 662—664.

194 Antonowytsch, Michael: Friedrich Ludwig Jahn. Ein Beitrag zur Geschichte der Anfänge des deutschen Nationalismus. Berlin: Ebering 1933. (= Historische Studien. 230.)

195 Eckardt, Fritz: Friedrich Ludwig Jahn. Eine Würdigung seines Lebens und Wirkens. Dresden: Limpert 1924.

196 Gerstenberg, Heinrich (Hrsg.): Friedrich Ludwig Jahns Erbe. Ein Auszug aus seinen Schriften. Hamburg: Hanseatische Verlagsanstalt [1923].

197 Löscher, Friedrich Hermann: Vaterländische Wanderungen. Eine Würdigung des Turnvaters Jahn zum 100jährigen Gedächtnis seines »Deutsches Volkstum«. — In: Der Tourist 27 (1910) S. 301—303, 346—347.

198 Neuendorff, Edmund: Turnvater Jahn. Sein Leben und Werk. Jena: Diederichs 1928.
Dazu Nr. 343, 344, 369.

199 Piechowski, Paul: Friedrich Ludwig Jahn. Vom Turnvater zum Volkserzieher. Gotha: Klotz 1928.

200 Stoldt, Adalbert: Friedrich Ludwig Jahns »Deutsches Volkstum« von 1810. Hamburg: Evert 1937.

201 Ueberhorst, Horst: Zurück zu Jahn? Gab es kein besseres Vorwärts? Bochum: Universitätsverlag (1969).

202 Voretzsch, Karl: Jahns »Deutsches Volksthum« und unsere Zeit. Halle: Niemeyer 1923. (= Hallische Universitätsreden. 19.)

203 Wildt, Klemens: Friedrich Ludwig Jahn und das deutsche Turnen. Phil. Diss. Leipzig 1931.

204 Krüger, Mary: Vagantenlieder. Leipzig: Modernes Verlagsbüro 1907.

205 Laistner, Ludwig: Golias. Studentenlieder des Mittelalters. Aus dem Lateinischen. Stuttgart: Spemann 1879.

206 Lauff, Josef: Lauf' ins Land. Lieder. Berlin, Köln, Leipzig: Ahn [1896].

207 Leuthold, Heinrich: Spielmannsweisen. — In: Heinrich Leuthold: Gedichte. Dritte vermehrte Auflage. Frauenfeld: Huber 1884. S. 26—28.

208 Novalis: Schriften. 1. Band: Das dichterische Werk. Herausgegeben von Paul Kluckhohn und Richard Samuel unter Mitarbeit von Heinz Ritter und Gerhard Schulz. (Zweite, nach den Handschriften ergänzte, erweiterte und verbesserte Auflage.) Stuttgart: Kohlhammer (1960).

209 Reder, Heinrich von: Mein Wanderbuch. München: Wohlfahrt [1895].

210 Reder, Heinrich von: Gedichte. Herausgegeben und eingeleitet von Artur Kutscher. München: Die Lese 1910.

211 Riehl, Wilhelm Heinrich: Wanderbuch. Als zweiter Theil zu »Land und Leute«. Stuttgart: Cotta 1869. (= Die Naturgeschichte des Volkes als Grundlage einer deutschen Socialpolitik. 4.)

212 Riehl, Wilhelm Heinrich: Vom Wandern. München: Callwey 1911.

213 Scheffel, Joseph Viktor von: Gaudeamus! Lieder aus dem Engeren und Weiteren. Stuttgart: Metzler 1869.

214 Scheffel, Joseph Viktor von: Reise-Bilder. Vorwort von Johannes Proelß. Stuttgart: Bonz 1887.

215 Scheffel, Joseph Viktor von: Lieder eines fahrenden Schülers. — In: Joseph Viktor von Scheffel: Sämtliche Werke. Herausgegeben von Johannes Francke. Band 9. Leipzig: Hesse und Becker [1917]. S. 25—35.

216 Sigismund, Berthold: Lieder eines fahrenden Schülers. — In: Berthold Sigismund: Ausgewählte Schriften. Herausgegeben, mit Biographie und Anmerkungen versehen von Karl Markscheffel. Langensalza: Beyer 1900. (= Bibliothek pädagogischer Klassiker. 39.) S. 381—405.

217 Wackernagel, Wilhelm: Gedichte eines fahrenden Schülers. Berlin: Laue 1828.

218 Walde, Philo vom [d. i. Johannes Reinelt]: Vaganten-Lieder. Mit einem Bilde des Verfassers. Großenhain, Leipzig: Bammert und Ronge [1888].

219 Wolff, Julius: Der fahrende Schüler. Eine Dichtung. (Sämtliche Werke. Herausgegeben mit einer Einleitung und Biographie von Joseph Lauff. 2. Serie. 17. Band.) Leipzig: List (1913).
Dazu Anthologie 13.

b. Jugendbewegung

220 Berghäuser, Ernst: Von Wandervogels Art und Fahrt. Aus Wandervogel-Zeitungen zusammengestellt. Rudolstadt: Greifen 1925.

221 Bernays, Ulrich: Jugendbewegung und Romantik. — In: Cimbria. Festschrift der philosophisch-historischen Verbindung Cimbria Heidelberg zu ihrem 50-jährigen Bestehen 1926. S. 219—226.

222 Blüher, Hans: Wandervogel. Geschichte einer Jugendbewegung. 6. Auflage. Prien: Kampmann und Schnabel 1922.

223 Bojarzin, Otto: Vom Wandern und vom bunten Rock. Skizzen und Erzählungen. Wolfenbüttel: Zwißler 1916.

224 Copalle, Siegfried, Heinrich Ahrens: Chronik der Deutschen Jugendbewegung. Band 1: Die Wandervogelbünde von der Gründung bis zum 1. Weltkrieg. Bad Godesberg: Voggenreiter (1954).

224a Frobenius, Else: Mit uns zieht die neue Zeit. Eine Geschichte der deutschen Jugendbewegung. Berlin: Deutsche Buch-Gemeinschaft (1927).

225 Gutfleisch, Albert: Volkslied in der Jugendbewegung, betrachtet am Zupfgeigenhansl. Phil. Diss. Frankfurt 1934.

226 Helwig, Werner: Die blaue Blume des Wandervogels. Vom Aufstieg, Glanz und Sinn einer Jugendbewegung. (Gütersloh:) Mohn (1960).

227 Herrle, Theo: Die deutsche Jugendbewegung in ihren kulturellen Zusammenhängen. 3. Auflage. Gotha, Stuttgart: Perthes 1924.

228 Höckner, Hilmar: Die Musik in der deutschen Jugendbewegung. Wolfenbüttel: Kallmeyer 1927.

229 Jantzen, Walther: Die lyrische Dichtung in der Jugendbewegung. Phil. Diss. Breslau 1928. Neudruck: Frankfurt: dipa (1974). (= Quellen und Beiträge zur Geschichte der Jugendbewegung. 17.)

230 Jöde, Fritz (Hrsg.): Musikalische Jugendkultur. Anregungen aus der Jugendbewegung. Hamburg: Saal 1918.

231 Kindt, Werner (Hrsg.): Grundschriften der deutschen Jugendbewegung. Herausgegeben im Auftrage des »Gemeinschaftswerkes Dokumentation der Jugendbewegung«. (Düsseldorf, Köln:) Diederichs (1963). (= Dokumentation der Jugendbewegung. 1.)

232 Kindt, Werner (Hrsg.): Die Wandervogelzeit. Quellenschriften zur deutschen Jugendbewegung 1896—1919. Herausgegeben im Auftrage des Gemeinschaftswerkes »Archiv und Dokumentation der Jugendbewegung«. (Düsseldorf, Köln:) Diederichs (1968). (= Dokumentation der Jugendbewegung. 2.)

233 Kistner, Albrecht (Hrsg.): Die deutsche Jugendbewegung. Antiquariatskatalog. Nürnberg: Edelmann (1960). (= M. Edelmann. Antiquariatskatalog. 68.)

234 Krausse, Karl: Die Jugendbewegung im Spiegel deutscher Dichtung. Würzburg: Triltsch 1939.

235 Laqueur, Walter Z.: Die deutsche Jugendbewegung. Eine historische Studie. Köln: Wissenschaft und Politik (1962).

236 Pross, Harry: Das Gift der Blauen Blume. Eine Kritik der Jugendbewegung. — In: Harry Pross: Vor und nach Hitler. Zur deutschen Sozialpathologie. Olten, Freiburg: Walter (1962). S. 104—128.

237 Pross, Harry: Jugend · Eros · Politik. Die Geschichte der deutschen Jugendverbände. Bern, München, Wien: Scherz (1964).

238 Rockenbach, Martin (Hrsg.): Jugendbewegung und Dichtung. Leipzig, Cöln: Kuner (1924). (= Wege nach Orplid. 1.)

239 Schult, Johannes: Aufbruch einer Jugend. Der Weg der deutschen Arbeiterjugendbewegung. (Bonn:) Schaffende Jugend (1956).

240 Tietz, Walther (Hrsg.): Wandervogel-Jahrbuch. Eine Sammlung von Aufsätzen und Bildern aus den Zeitschriften der Jugendbewegung. Zwei Bände. Leipzig: Neulandhaus 1922.

241 Vogels, Walter: Die deutsche Jugendbewegung und ihr Ertrag für Jugendleben und Kultur. Phil. Diss. Tübingen 1949.

242 Wandervogel. Monatsschrift für deutsches Jugendwandern. Jg. 6 ff (1911 ff).

243 Ziemer, Gerhard, Hans Wolf (Hrsg.): Wandervogel und Freideutsche Jugend. 2. Auflage. (Bad Godesberg:) Voggenreiter (1961).

Dazu Anthologie 6, Nr. 2, 5, 12, 31, 258, 322.

c. Friedrich Nietzsche

244 Nietzsche, Friedrich: Werke. Kritische Gesamtausgabe. Herausgegeben von Giorgio Colli und Mazzino Montinari. Berlin, New York: de Gruyter 1967 ff.

245 Nietzsche, Friedrich: Werke und Briefe. Historisch-kritische Gesamtausgabe. Erster Band. Jugendschriften 1854—1861. Herausgegeben von Hans Joachim Mette. München: Beck 1933.

246 Nietzsche, Friedrich: Götzendämmerung. Der Antichrist. Ecce Homo. Gedichte. Mit einem Nachwort von Alfred Baeumler. Stuttgart: Kröner (1964). (= Kröner Taschenausgabe. 77.)

247 Nietzsche, Friedrich: Die Unschuld des Werdens. Der Nachlaß. Ausgewählt und geordnet von Alfred Baeumler. Erster Band. Stuttgart: Kröner (1956). (= Kröner Taschenausgabe. 82.)

248 Nietzsche, Friedrich: Briefe an Peter Gast. Herausgegeben von Peter Gast. (3. Auflage.) Leipzig: Insel 1924.

249 Böckmann, Paul: Die Bedeutung Nietzsches für die Situation der modernen Literatur. — In: DVjS 27 (1953) S. 77—101.

250 Deesz, Gisela: Die Entwicklung des Nietzsche-Bildes in Deutschland. Würzburg: Triltsch 1933.

251 Eckertz, Erich: Nietzsche als Künstler. München: Beck 1910.

252 Erfurth, Käte: Der Lyriker Friedrich Nietzsche. — In: Bücherkunde 11 (1944) Nr. 5, S. 152—153.

253 Friedrich, Paul: Friedrich Nietzsche als Lyriker. Leipzig: Verlag für Literatur, Kunst und Musik 1906. (= Beiträge zur Literaturgeschichte. 22.)

254 His, Eduard: Friedrich Nietzsches Heimatlosigkeit. — In: Basler Zs. f. Geschichte u. Altertumskunde 40 (1941) S. 159—186.
255 Joel, Karl: Nietzsche und die Romantik. Jena, Leipzig: Diederichs 1905.
256 Klein, Johannes: Die Dichtung Nietzsches. München: Beck 1936.
257 Langer, Norbert: Das Problem der Romantik bei Nietzsche. Münster: Helios 1929.
258 Schütz, Oskar: Friedrich Nietzsche als Prophet der deutschen Jugendbewegung. — In: Neue Jbb. f. Wissenschaft und Jugendbildung 5 (1929) S. 64—80.
259 Stavrou, Constantin Nicholas: Whitman and Nietzsche. A comparative study of their thought. Chapel Hill: University of North Carolina 1964.
260 Ziegler, Theobald: Friedrich Nietzsche. Berlin: Bondi 1900.

d. François Villon

261 Villon, François: Des Meisters Werke. Ins Deutsche übertragen von K. L. Ammer. Berlin: Hyperion [1907].
262 Villon, François: Des Meisters Werke. Übersetzt und herausgegeben von K. L. Ammer. Berlin: Hyperion [1918].
263 Villon, François: Balladen. Ins Deutsche übertragen und mit einem Nachwort versehen von K. L. Ammer. Berlin: Kiepenheuer 1930.
264 Villon, François: Le Testament (= Haringer 8).
265 Die Werke Maistre François Villons. Mit Einleitungen und Anmerkungen herausgegeben von Wolfgang von Wurzbach. Erlangen: Junge 1903.
266 Die Balladen und lasterhaften Lieder des Herrn François Villon in deutscher Nachdichtung von Paul Zech. Weimar: Lichtenstein 1931.

267 Armbrust, Wilhelm: François Villon, ein Dichter und Vagabonde. — In: Archiv für das Studium der neueren Sprachen und Literaturen 65 (1881) S. 179—198.
268 Chapiro, Joseph: Der arme Villon. Berlin, Wien, Leipzig: Zsolnay (1931).
269 Fox, John: The Poetry of Villon. London: Nelson (1962).
270 Habeck, Fritz: François Villon oder Die Legende eines Rebellen. Wien, München, Zürich: Molden (1969).
271 Hodann, Paul: François Villon. Kind seiner Zeit und sein Verhältnis zur Religion. Eine psychologisch-historische Studie. Phil. Diss. Marburg 1927.
272 Klabund: Der himmlische Vagant. Ein lyrisches Porträt des François Villon (= Klabund 3).
273 Lenz, Leo: François Villon. Romantische Komödie in vier Akten nach Justin Huntley McCarthy »If I were king«. Neue veränderte Ausgabe. Dresden, Leipzig: Reißner 1910.
274 Moldenhauer, Gerhard: Stand und Aufgaben der Villon-Philologie. — In: GRM 22 (1934) S. 115—139.
275 Mulertt, Werner: François Villons Fortleben in Wissenschaft und Dichtung. — In: Die Neueren Sprachen 28 (1921) S. 315—332.
276 Omans, Glen: The Villon Cult in England. — In: Comparative Literature 18 (1966) S. 16—35.
277 Rice, Winthrop Huntington: The European Ancestry of Villon's Satirical Testament. Phil. Diss. New York 1941.
278 Stimming, Albert: François Villon. — In: Archiv für das Studium der neueren Sprachen 48 (1871) S. 241—290.

e. Anderes

279 *Bellman* — Brevier. Aus Fredmans Episteln und Liedern. Deutsch von Hanns
     von Gumppenberg. München: Langen (1909).
280 Niedner, Felix: Carl Michael Bellman, der schwedische Anakreon. Berlin:
     Weidmann 1905.
281 Baumgartner, Walter: Der Vagant und der Tod. Eine Linie in der schwedischen
     Liedtradition. — In: Neue Zürcher Zeitung Nr. 123 v. 15. 3. 1970. S. 53.
282 Baron, Edith: Das Symbol des Wanderers in *Goethes* Jugend. — In: Deutsche
     Beiträge zur geistigen Überlieferung 5 (1965) S. 73—107.
283 Schmidlin, Bruno: Das Motiv des Wanderns bei Goethe. Winterthur: Keller
     1963. (Zugleich Phil. Diss. Bern 1963.)
284 Schrimpf, Hans Joachim: Gestaltung und Deutung des Wandermotivs bei
     Goethe. — In: Wirkendes Wort 3 (1952/53) S. 11—23.
285 Skorna, Hans Jürgen: Das Wanderermotiv im Roman der Goethezeit. Phil.
     Diss. Köln 1961.
286 Müller, Andreas: Die beiden Fassungen von *Hölderlins* Elegie »Der Wanderer«.
     — In: Hölderlin-Jahrbuch 3 (1948/49) S. 103—131.
287 Ruprecht, Erich: Wanderung und Heimkunft. Hölderlins Elegie »Der Wan-
     derer«. Stuttgart: Schmiedel 1947.
288 Hertling, Gunter H.: Der Wanderer in *C. F. Meyers* Versnovellen und in seiner
     Prosa. — In: Revue des langues vivantes 33 (1967) Heft 2, S. 124—138.
289 *Rimbaud*, Arthur: Leben und Dichtung. Übertragen von K. L. Ammer. Einge-
     leitet von Stefan Zweig. Leipzig: Insel 1907.
290 Grimm, Reinhold: Werk und Wirkung des Übersetzers Karl Klammer. — In:
     Neophilologus 44 (1960) S. 20—36.
291 Haug, Gerhart: Arthur Rimbaud in deutscher Nachdichtung. — In: Antares 2
     (1954) S. 40—42.
292 Küchler, Walther: Arthur Rimbaud. Bildnis eines Dichters. Heidelberg: Schnei-
     der (1948).
293 Schmidt-Garre, Helmut: Arthur Rimbaud: Der klassische Gammler. — In:
     Hochland 62 (1970) S. 143—147.
294 Löscher, Friedrich Hermann: Die Bedeutung Jean Jacques *Rousseaus* für das
     Wandern. Zum Gedächtnis seines 200jährigen Geburtstages. — In: Der Tourist
     29 (1912) S. 482—483.
295 Binder, Gerhart: Die Wirkung Paul *Verlaines* im Raume der deutschen Dich-
     tung. — In: Die Westmark 9 (1941/42) S. 596—598.
296 Kämmer, Karl: Die Versdichtungen Baudelaires und Verlaines in deutscher
     Sprache. Phil. Diss. Köln 1921.
297 Law-Robertson, Harry: Walt *Whitman* in Deutschland. Gießen: Kindt 1935.
     (= Gießener Beiträge zur deutschen Philologie. 42.)
298 Schumann, Detlev W.: Observations on Enumerative Style in Modern German
     Poetry. — In: PMLA 59 (1944) S. 1111—1155.
     Dazu Nr. 259.

3. Zu Sonderfragen (Arbeiterdichtung, Vagabundenkongreß, Lied, Wanderideologie usw.)

299 Anzengruber, Karl (Hrsg.): Fahrende Sänger von heute. Erlebnisse deutscher
Dichter auf ihren Vortragsreisen. Von ihnen selbst erzählt. Wien: Wiener Literarische Anstalt 1921.
300 Arbeiterdichtung. Analysen — Bekenntnisse — Dokumentationen. Herausgegeben von der Österreichischen Gesellschaft für Kulturpolitik. (Wuppertal:)
Hammer (1973).
301 Bab, Julius: Arbeiterdichtung. Berlin: Volksbühne (1924). (= Kunst und
Volk. 3.)
302 Baumgart, Wolfgang: Der Wald in der deutschen Dichtung. Berlin, Leipzig:
de Gruyter 1936. (= Stoff- und Motivgeschichte der deutschen Literatur. 15.)
303 Blech, Hermann: Deutsche Arbeiterdichter. Eine Einführung. Kevelaer: Butzon
und Bercker 1950.
304 Bollnow, Otto Friedrich: Mensch und Raum. Stuttgart: Kohlhammer (1963).
305 Bommersheim, Paul: Mensch und Heimat. Leipzig: Meiner 1938. (= Philos. u.
päd. Forschungen in der Heimat. 2.)
306 Brepohl, Wilhelm: Die Heimat als Beziehungsfeld. Entwurf einer soziologischen
Theorie der Heimat. — In: Soziale Welt 4 (1952/53) Heft 1, S. 12—22.
307 Budzinski, Klaus: Die Muse mit der scharfen Zunge. Vom Cabaret zum Kabarett. München: List (1961).
308 Dolif, Bettina: Einfache Strophenformen, besonders die Volksliedstrophe, in
der neueren Lyrik seit Goethe. Phil. Diss. Hamburg 1968.
309 Fontana, Oskar Maurus: Aufmarsch der Vagabunden. — In: Das Tagebuch
10, 2 (1929) S. 820—827.
310 Funcke, Richard E.: Die Bruderschaft der Vagabunden. Ein Zeitbild. — In:
Christliche Welt 43 (1929) Sp. 990—995, 1047—1052.
311 Gay, Peter: Die Republik der Außenseiter. (Weimar Culture, dt.) Geist und
Kultur in der Weimarer Zeit: 1918—1933. (Frankfurt:) Fischer 1970.
312 Gemkow, Heinrich: Über den bürgerlichen und den sozialistischen Heimat-
begriff. — In: Urania 25 (1962) S. 206—210.
313 Gesell, Michael: Kongreß der Vagabunden. Stuttgart 1929. — In: Zs. d. Ge-
werkschaftsbundes der Angestellten 1929 S. 204.
314 Glaser, Hermann: Spießer-Ideologie. Von der Zerstörung des deutschen Geistes
im 19. und 20. Jahrhundert. Freiburg: Rombach (1964).
315 Goetz, Bruno: Deutsche Dichtung. Ursprung und Sendung. Luzern: Vita Nova
1935.
Rez.:
Reinhold Schneider: Goetz: Deutsche Dichtung. — In: Die Literatur 37
(1934/35) S. 565—566. Dazu Anthologie 11.
316 Götze, Alfred: Das deutsche Volkslied. Leipzig: Quelle und Meyer 1929.
317 Greul, Heinz: Bretter, die die Zeit bedeuten. Die Kulturgeschichte des Kabaretts. Köln, Berlin: Kiepenheuer und Witsch (1927).
318 Greverus, Ina-Maria: Heimweh und Tradition. — In: Schweizerisches Archiv
für Volkskunde 61 (1965) S. 1—31.
319 Hamann, Richard, Jost Hermand: Stilkunst um 1900. Berlin: Akademie 1967.
(= Deutsche Kunst und Kultur von der Gründerzeit bis zum Expressionismus. 4.)
320 Heselhaus, Clemens: Die deutsche Lyrik des 20. Jahrhunderts. — In: Otto
Mann, Wolfgang Rothe (Hrsg.): Deutsche Literatur im 20. Jahrhundert. Struk-

turen und Gestalten. 5. Auflage. Band I: Strukturen. Bern, München: Francke 1967. S. 11—45.

321 Honegger, Johann Jakob: Das deutsche Lied der Neuzeit, sein Geist und Wesen. Leipzig: Friedrich [1891].

322 Hüser, Fritz: Jugendbewegung und Arbeiterdichtung. Die neue Industriedichtung der Dortmunder Gruppe 61. — In: Zwischen Krieg und Frieden. Bewegte Jugend in Dortmund 1918—1924. Rundschreiben des Arbeitsausschusses des Freideutschen Konvents Nr. 111. Ittenbach 1966. S. 1120—1137.

323 Hüser, Fritz, Max von der Grün (Hrsg.): Aus der Welt der Arbeit. Almanach der Gruppe 61 und ihrer Gäste. (Neuwied, Berlin:) Luchterhand (1966).

324 Jelken, Ernst: Die Dichtung des deutschen Arbeiters. Phil. Diss. Jena 1936.

325 Jung, Franz: Der Weg nach unten. Aufzeichnungen aus einer großen Zeit. (Neuwied, Berlin:) Luchterhand (1961).

326 Karbusicky, Vladimir: Ideologie im Lied, Lied in der Ideologie. Kulturanthropologische Strukturanalysen. Köln: Gerig (1973). (= Musikalische Volkskunde. Materialien und Analysen. 2.)

327 Kerken, L[ibert Andreé] van der: Het menselijk geluk. Philosophie der geluks-ervaring. Antwerpen, Amsterdam: Standaard 1952.

328 Klein, Johannes: Geschichte der deutschen Lyrik von Luther bis zum Ausgang des Zweiten Weltkrieges. 2. Auflage. Wiesbaden: Steiner 1960.

329 Klemperer, Klemens von: Konservative Bewegungen zwischen Kaiserreich und Nationalsozialismus. München, Wien: Oldenbourg (1961).

330 Kotzde, Wilhelm: Die Erneuerung des deutschen Menschen. Freiburg: Kanzlei 1923.

331 Kratzsch, Gerhard: Kunstwart und Dürerbund. Ein Beitrag zur Geschichte der Gebildeten im Zeitalter des Imperialismus. Göttingen: Vandenhoeck und Ruprecht (1969).

332 Küpper, Jürgen: Der Baum in der Dichtung. Interpretation deutscher Baumgedichte und ihrer Vorformen. Phil. Diss. Bonn 1953.

333 Lessing, Clemens: Das methodische Problem der Literatursoziologie. Phil. Diss. Bonn 1950.

334 Linschoten, Johannes: Die Straße und die unendliche Ferne. I. Teil. — In: Situation. Beiträge zur phänomenologischen Psychologie und Psychopathologie. Band I. Utrecht, Antwerpen: Spectrum 1954. S. 235—260. [Mehr nicht erschienen.]

335 Loeb, Minna: Die Ideengehalte der Arbeiterdichtung. Phil. Diss. Gießen 1932.

336 Loewy, Ernst: Literatur unterm Hakenkreuz. Das Dritte Reich und seine Dichtung. Eine Dokumentation mit einem Vorwort von Hans-Jochen Gamm. 2. unveränderte Auflage. (Frankfurt:) Europäische Verlagsanstalt (1967).

337 Mahrholz, Werner: Deutsche Dichtung der Gegenwart. Probleme, Ereignisse, Gestalten. Berlin: Wegweiser (1926). (S. 329—341: »Ferne und Fremde« und »Die Renaissance der alten Romantik«.)

338 Maß, Konrad: Deutschtum und Erziehung. Ein Buch vom deutschen Gewissen. Leipzig: Eckardt 1911.

339 Menschen auf der Straße. 42 Variationen über ein einfaches Thema. Stuttgart: Engelhorn (1931).

340 Mersmann, Hans: Volkslied und Gegenwart. Potsdam: Voggenreiter (1937).

341 Mohler, Armin: Die Konservative Revolution in Deutschland. 1918—1932. Grundriß ihrer Weltanschauungen. Stuttgart: Vorwerk 1950.

342 Nespital, Margarete: Das deutsche Proletariat in seinem Lied. Phil. Diss. Rostock 1932.

343 Neuendorff, Edmund: Ewiges Turnertum als Wegbereiter zum dritten Reich. Wittingen: Landsknecht 1934. (= Jungtumbücherei. 5.)

344 Neuendorff, Edmund: Geschichte der neueren deutschen Leibesübung vom Beginn des 18. Jahrhunderts bis zur Gegenwart. Band IV: Die Zeit von 1860 bis 1932. Dresden: Limpert 1938.

345 Nigg, Walter: Des Pilgers Wiederkehr. Drei Variationen über ein Thema. Zürich, Stuttgart: Artemis (1954).

346 Otto, Eduard: Das deutsche Handwerk in seiner kulturgeschichtlichen Entwickelung. 4. Auflage. Leipzig, Berlin: Teubner 1913.

347 Paquet, Alfons: Eine Vagabundentagung. — In: Kreatur 3 (1929/30) S. 293 bis 296.

348 Pazaurek, Gustav M.: Die Bruderschaft der Vagabunden. — In: Der Querschnitt 9 (1929) S. 477—479.

349 Pinthus, Kurt (Hrsg.): Menschheitsdämmerung. Ein Dokument des Expressionismus. Mit Biographien und Bibliographien neu herausgegeben. (51.—58. Tsd.) (Hamburg:) Rowohlt (1964). (= Rowohlts Klassiker. 55/56.)

350 Potthoff, Ossip Demetrius: Kulturgeschichte des deutschen Handwerks, mit besonderer Berücksichtigung seiner Blütezeit. Hamburg: Hanseatische Verlagsanstalt (1938).

351 Radlinger, Andreas: Internationale Bruderschaft der Vagabunden. — In: Jb. der Caritaswissenschaft 1932 S. 159—164.

352 Riha, Karl: Moritat. Song. Bänkelsang. Zur Geschichte der modernen Ballade. Göttingen: Sachse u. Pohl (1965). (= Schriften zur Literatur. 7.)

353 Rülcker, Christoph: Ideologie der Arbeiterdichtung 1914—1935. Eine wissenssoziologische Untersuchung. Stuttgart: Metzler (1970).

354 Rumpf, Max: Deutsches Handwerkerleben und der Aufstieg der Stadt. Stuttgart: Kohlhammer (1955).

355 Ruttkowski, Wolfgang Victor: Das literarische Chanson in Deutschland. Bern, München: Francke (1966). (= Sammlung Dalp. 99.)

356 Schadendorf, Wulf: Zu Pferde, im Wagen, zu Fuß. Tausend Jahre Reisen. München: Prestel (1959).

357 Schulz, Hans Herrmann: Das Volkstumserlebnis des Arbeiters in der Dichtung von Gerrit Engelke, Heinrich Lersch und Karl Bröger. Phil. Diss. Würzburg 1940.

358 Schwarzmann, Julia: Die seelische Heimatlosigkeit im Kindesalter und ihre Auswirkungen. Phil. Diss. Zürich 1948.

359 Schwendter, Rolf: Theorie der Subkultur. (Köln:) Kiepenheuer und Witsch (1971).

360 Seemann, Erich, Walter Wiora: Volkslied. — In: Wolfgang Stammler (Hrsg.): Deutsche Philologie im Aufriß. 2., überarbeitete Auflage. Band II. (Berlin:) Schmidt (1960). Sp. 349—396.

361 Sontheimer, Kurt: Antidemokratisches Denken in der Weimarer Republik. Die politischen Ideen des deutschen Nationalismus zwischen 1918 und 1933. (München:) Nymphenburger (1962).

362 Stavenhagen, Kurt: Heimat als Grundlage menschlicher Existenz. Göttingen: Vandenhoeck und Ruprecht 1939.

363 Stepun, Fedor: Heimat und Fremde. — In: Kölner Zs. f. Soziologie 3 (1950/51) S. 146—159.

364 Stieg, Gerald, Bernd Witte: Abriß einer Geschichte der deutschen Arbeiterliteratur. Stuttgart: Klett (1973). (= Literaturwissenschaft — Gesellschaftswissenschaft. Materialien und Untersuchungen zur Literatursoziologie.)

365　Strasser, Charlot: Arbeiterdichtung. Sieben Vorlesungen. Zürich: VPOD 1930.

366　Sydow, Alexander: Vom Wandern und Singen. — In: Die höhere Schule 5 (1952) S. 87—89.

367　Sydow, Alexander: Das Lied. Ursprung, Wesen und Wandel. Göttingen: Vandenhoeck und Ruprecht (1962).

368　Tombrock, Hans: Internationale Bruderschaft der Vagabunden und ihre Einstellung zum Proletariat. — In: Urania 9 (1933) S. 118—120.

369　Ueberhorst, Horst: Edmund Neuendorff. Turnführer ins Dritte Reich. Berlin, München, Frankfurt: Bartels und Wernitz (1970). (= Turn- und Sportführer im Dritten Reich. 1.)

370　Ueberhorst, Horst: Frisch, frei, stark und treu. Die Arbeitersportbewegung in Deutschland 1893—1933. Düsseldorf: Droste (1973).

371　Weiß, Richard: Heimat und Humanität. — In: Schweizerisches Archiv für Volkskunde 47 (1951) S. 1—10.

372　Wiener, Oskar: Das deutsche Handwerkerlied. Prag: Calve 1907. (= Sammlung gemeinnütziger Vorträge. 348/49.)

373　Wissell, Rudolf: Des alten Handwerks Recht und Gewohnheit. 2., erweiterte und bearbeitete Auflage. Berlin: Colloquium 1971.

374　Ziolkowski, Theodore: Der Hunger nach dem Mythos. Zur seelischen Gastronomie der Deutschen in den Zwanziger Jahren. — In: Reinhold Grimm, Jost Hermand (Hrsg.): Die sogenannten Zwanziger Jahre. Bad Homburg, Berlin, Zürich: Gehlen (1970). (= Schriften zur Literatur. 13.) S. 169—201.

VERZEICHNIS DER SIGLEN UND ABKÜRZUNGEN

ADB   Allgemeine Deutsche Biographie
DVjS   Deutsche Vierteljahrsschrift für Literaturwissenschaft und Geistesgeschichte
EKG   Evangelisches Kirchengesangbuch. Ausgabe für die Landeskirchen Rheinland, Westfalen und Lippe. (Gütersloh: Mohn o. J.)
GGK   Gebet- und Gesangbuch für das Erzbistum Köln. Köln: Bachem 1949.
GRM   Germanisch-romanische Monatsschrift
Jb.   Jahrbuch
Jbb.   Jahrbücher
Ms.   Monatsschrift
NDH   Neue deutsche Hefte
PMLA   Publications of the Modern Language Association of America
ZfdB   Zeitschrift für deutsche Bildung
ZfdPh   Zeitschrift für deutsche Philologie
ZfdU   Zeitschrift für deutschen Unterricht
Zs.   Zeitschrift

NAMENREGISTER

Kursiv gesetzte Seitenzahlen verweisen auf eine ausführlichere Behandlung im Text. Die Namen im Literaturverzeichnis sind nicht berücksichtigt.